John C. Lennox
Gegen den Strom

John C. Lennox

Gegen den Strom

Von Daniel lernen, unangepasst zu leben

Christliche Verlagsgesellschaft mbH
Kompetent. Profiliert. Engagiert.

cvmd

John C. Lennox
Gegen den Strom
Von Daniel lernen, unangepasst zu leben

Christliche Verlagsgesellschaft Dillenburg
Best.-Nr. 271 795
ISBN 978-3-86353-795-1

cmvd, München
ISBN 978-3-9817729-6-8

Titel des englischen Originals:
Against the Flow
The inspiration of Daniel in an age of relativism

Wenn nicht anders angegeben, wurde folgende
Bibelübersetzung verwendet:
Elberfelder Bibel 2006, © 2006 by SCM R. Brockhaus in der
SCM Verlagsgruppe GmbH Witten/Holzgerlingen. (ELB)
Außerdem wurden verwendet:
Neue evangelistische Übersetzung (NeÜ), Zürcher Bibel (ZÜ),
Luther 2017 (LUT), Schlachter (SLT), Neue Genfer Übersetzung (NGÜ),
Neues Leben Bibel (NLB), Einheitsübersetzung (EÜ).

1. Auflage © 2022 Christliche Verlagsgesellschaft Dillenburg
www.cv-dillenburg.de
Übersetzung: Dr. Friedemann Lux
Satz und Umschlaggestaltung: Velimir Milenković (einsrauf.com)

Druck: GGP Media GmbH, Pößneck
Printed in Germany

FSC www.fsc.org MIX Papier aus verantwortungsvollen Quellen FSC® C014496

Inhaltsverzeichnis

Dieses Buch ist meinen Enkelkindern – Janie Grace, Freddie, Herbie, Sally, Lizzie, Jessica und Robin – gewidmet. Möge ihre Generation eine Generation werden, die sich von Daniel inspirieren lässt und gegen den Strom lebt. *—John C. Lennox*

John Lennox *ist emeritierter Professor für Mathematik. Er hat sich besonders mit dem Verhältnis von Wissenschaft und Glauben befasst und öffentlich mit Vertretern des Neuen Atheismus diskutiert. Durch zahlreiche Vorträge ist er auch in Deutschland gut bekannt.*

Danke!

Dieses Buch wäre nie geschrieben worden ohne die Anstöße, die ich über etliche Jahre hinweg von meinem Freund und Mentor Professor David Gooding[1] erhielt. Er war es, der meine Augen für die Reichtümer der Bibel öffnete und mir beibrachte, von der Bibel her zu denken. Seine bahnbrechenden Arbeiten über Daniel, wie sie sich in der Tyndale-Vorlesung von 1981 niederschlugen, brachten mich dazu, über den Wert dieses alten biblischen Buches als Vermittler der biblischen Weltsicht an die heutige Welt nachzudenken.

Ich bin, wie immer, Mrs Barbara Hamilton unendlich dankbar für ihre unschätzbare Hilfe als meine Assistentin und Sekretärin, die so manche grammatische und stilistische Ungeschicktheit ausgebügelt hat.

Ich möchte auch meiner Ehefrau, Sally, danken, die mich immer wieder ermutigt hat weiterzumachen, sowie den vielen Freunden in aller Welt (es sind zu viele, um sie alle aufzuzählen), die mir versichert haben, dass dies ein lohnendes Projekt sei. Ich hoffe, dass ich sie nicht enttäuscht habe.

1 Verstorben im August 2019.

Warum es wichtig ist, das Buch Daniel zu lesen

Die im Buch Daniel erzählte Geschichte ist die eines außerordentlichen Gottvertrauens, vorgelebt auf den Höhen der Macht und im Scheinwerferlicht der Öffentlichkeit. Sie handelt von Schlüsselereignissen im Leben von vier Freunden – Daniel, Hananja, Mischaël und Asarja –, die alle vor ungefähr zweieinhalbtausend Jahren in dem winzigen Staat Juda im Nahen Osten geboren wurden. Als junge Mitglieder der Oberschicht wurden sie – wohl noch im Teenager-Alter – von König Nebukadnezar gefangen genommen und in seine Hauptstadt Babylon verschleppt, um dort zum Einsatz in der babylonischen Administration ausgebildet zu werden. Das Buch Daniel berichtet uns, wie sie es ganz nach oben schafften, und das nicht nur im Babylonischen Reich, sondern auch in dem darauffolgenden Reich der Meder und Perser. (Mir ist bewusst, dass diese traditionelle Datierung des Buches Daniel umstritten ist und dass viele seine Abfassung ins 2. und nicht ins 6. Jh. v. Chr. datieren. Ich werde dieses Problem an mehreren Stellen im Buch ansprechen; vgl. auch zusammenfassend Anhang E.)

Was die Geschichte Daniels und seiner Freunde so bemerkenswert macht, ist, dass sie im Babylonischen Exil den Glauben an ihren Gott nicht nur im stillen Kämmerlein weiter praktizierten, sondern im Scheinwerferlicht der Öffentlichkeit bezeugten, und das in einer pluralistischen Gesellschaft, die diesem Glauben zunehmend ablehnend gegenüberstand. Das ist der Grund, warum ihre Geschichte eine so starke Botschaft für uns heute enthält. In der westlichen Welt sind heute starke pluralistische und säkulare Strömungen dabei, im Schulterschluss mit einer lähmenden Ideologie der politischen Korrektheit die offene Äußerung des Glaubens an den Gott der Bibel so weit wie möglich ins Abseits der reinen Privatsphäre abzudrängen. Gott öffentlich zu erwähnen ist etwas, was »man« immer weniger macht – ganz zu schweigen von öffentlichen Bekenntnissen zu einem Glauben, den man für einzigartig und absolut hält, wie etwa, dass Jesus Christus der Sohn Gottes und Erlöser der Welt ist. Die Gesellschaft toleriert die Praxis des christlichen Glaubens im stillen Kämmerlein und im kirchlichen Gottesdienst, aber sie steht dem öffentlichen christlichen Zeugnis zunehmend ablehnend gegenüber. Relativisten und Säkularisten empfinden die öffentliche Bezeugung des Glaubens an Gott zu sehr als Proselytenmacherei und Fundamentalismus. Sie erscheint ihnen zunehmend als Bedrohung der gesellschaftlichen Stabilität und menschlichen Freiheit.

Die Geschichte von Daniel und seinen Freunden ist ein Weckruf an unsere Christengeneration, mutig zu werden und nicht resigniert zuzuschauen, wie der öffentliche Ausdruck unseres Glaubens immer mehr verdünnt, ins Abseits gedrängt und saft- und kraftlos gemacht wird. Und ihre Geschichte wird uns auch zeigen, dass dieses Aufwachen nicht kostenlos zu haben ist.

Während die politische Korrektheit das christliche Zeugnis in der Öffentlichkeit immer mehr zurückdrängt, scheint der Atheismus immer lauter zu werden. Richard Dawkins mit seinem Buch *Der Gotteswahn,* Sam Harris in seinem *Brief an ein christliches Land,* Christopher Hitchens in *Der Herr ist kein Hirte* und Michel Onfray in *Wir brauchen keinen Gott* blasen zur Attacke auf Gott. Religion sei gefährlich, und am besten schaffe man sie ab. Um dies zu erreichen, spannen die sogenannten »Neuen Atheisten« das beträchtliche kulturelle Prestige der »Wissenschaft« vor ihren ideologischen Karren. Im November 1994 äußerte Steven Weinberg, Nobelpreisträger für Physik (1979), auf einer Konferenz des Salk Institute of Biological Sciences in La Jolla (Kalifornien), dass das Beste, was die Wissenschaft in seiner Generation für die Menschheit tun könne, die komplette Abschaffung der Religion sei.

Für Weinberg und Co. ist der Atheismus die einzige intellektuell vertretbare Weltanschauung. Die grundsätzliche Intoleranz gegenüber allem Religiösen und eine wachsende Verachtung von Menschen mit religiösen Überzeugungen stehen im Zentrum einer Attacke, die zunehmend schrille Töne bekommt. Die mantraartige Wiederholung philosophischer Plattitüden lässt den Leser sich unwillkürlich fragen, ob wir es hier nicht mit einer philosophischen Version von des Kaisers neuen Kleidern zu tun haben.

Ich bin sicher, wenn Daniel und seine drei Freunde heute unter uns lebten, würden sie in der öffentlichen Debatte an vorderster Front stehen und entschlossen die Gegenoffensive anführen gegen die »vier apokalyptischen Reiter des Neuen Atheismus«, wie Dawkins und seine Weggefährten Dennett, Harris und Hitchens sich selbst nennen. In diesem Buch wollen wir versuchen herauszufinden, was es war, das diesen vier Gottesmännern von damals die Kraft und die Überzeugung gab, unter oftmals großen Risiken gegen den Strom ihrer Gesellschaft zu schwimmen und ihren Glauben in aller Öffentlichkeit mutig und unmissverständlich zu bezeugen. Ihr Beispiel soll uns Mut machen, uns nicht nur in die Schusslinie zu begeben, sondern auch, bildlich gesprochen, unsere Schutzhelme anzulegen – d. h. uns in unserem Herzen und Denken gut vorzubereiten –, damit wir nicht von der ersten Salve des Feindes weggefegt werden.

Kapitel 1
Ein wenig Geschichte
Daniel 1

Um uns in die Atmosphäre der Geschichte Daniels versetzen zu können, brauchen wir ein paar historische Hintergrundinformationen.[2] Das winzige Königreich Juda lag an einem geografischen Knotenpunkt des antiken Nahen Ostens, wo die Interessen der damaligen Großmächte häufig aufeinanderprallten, und war daher ständig von Invasionen durch diese mächtigen Nachbarn bedroht. Etwa ein halbes Jahrhundert bevor Daniel geboren wurde, war Assyrien die Supermacht der damaligen Welt (oder jedenfalls der für uns relevanten Welt). 701 v. Chr., zur Zeit Hiskias, einem der besseren Könige von Juda, marschierte der assyrische Herrscher Sanherib gegen Jerusalem. Wie der englische Dichter Lord Byron es in seinem Werk »The Destruction of Sennacherib« formuliert: »Die Assyrer kamen wie Wölfe über die Schafe.« Die Schafe bereiteten sich schon auf einen Holocaust vor, doch dann trat Sanherib völlig überraschend den Rückzug an (aber das ist eine andere Geschichte), und Jerusalem bekam noch eine Gnadenfrist.

612 v. Chr. eroberten die Armeen der Babylonier und Me-

2 Es gibt diverse Zusätze zu dem Buch Daniel, die nicht in den hebräischen Kanon des Alten Testaments aufgenommen wurden und die ich daher in diesem Buch nicht behandeln werde. Es sind dies: »Das Gebet Asarjas im Feuerofen«, »Der Gesang der drei Männer im Feuerofen«, »Suzanna und Daniel« und »Vom Bel zu Babel«. In der Lutherbibel 2017 stehen diese Texte als »Stücke zu Daniel« am Ende der alttestamentlichen Apokryphen, in der katholischen Einheitsübersetzung 2016 sind sie in das Buch Daniel integriert *(Anm. d. Autors/d. Übers.)*. – Zusätzliche historische Hintergrundinformationen bieten die gängigen Bibellexika und Studienbibeln, z. B. Fritz Rienecker u. a., *Lexikon zur Bibel* (Witten: SCM R. Brockhaus, 2013) und *Sein Wort – Meine Welt. Die Studienbibel für das 21. Jahrhundert* (Witten: SCM-R. Brockhaus, 2016). *(Anm. d. Übers.)*

der Ninive, die mächtige Hauptstadt des Assyrischen Reiches. Fortan waren es die Babylonier, die Juda auszulöschen drohten. Und als ob das noch nicht genug wäre, gab es im Süden noch Ägypten, dessen alte Herrlichkeit und Macht damals am Verblassen war, aber das immer noch eine ständige Bedrohung darstellte. Nur wenige Jahre vor dem Fall Ninives hatte Josia, einer der Reform-Könige von Juda, sich vermessen, in einer Militäraktion den Babyloniern in ihrem Kampf gegen die ägyptische Armee zur Seite zu eilen. Die Ägypter siegten bei Megiddo, und Josia fiel in der Schlacht. Der Pharao deportierte darauf Josias Sohn Joahas nach Ägypten und setzte seinen Bruder Eljakim unter dem neuen Namen Jojakim als Vasallenkönig auf den judäischen Thron. Dazu legte er Juda Reparationszahlungen in Höhe von 100 Talenten Silber und einem Talent Gold auf – eine fürstliche Summe in jenen armen Zeiten.

Jojakim erwies sich als unfähig, und bald verlor auch er seinen Thron, allerdings nicht durch die Ägypter, sondern durch den König von Babylon, Nabu-kudurri-usur II., besser bekannt als Nebukadnezar II. (Oder Nebukadrezar II.; es gibt Hinweise auf einen Übergang vom *r* zum *n* bei der Schreibung der babylonischen Namen.) Im Sommer 605 v. Chr. besiegte Nebukadnezar die Ägypter in der Schlüsselschlacht von Karkemisch am Euphrat, nordöstlich von Jerusalem. Bald danach starb Nebukadnezars Vater Nabopolassar, und Nebukadnezar wurde der neue babylonische König. Er stattete den eroberten Gebieten im Westen regelmäßige Besuche ab, um Tribut zu erheben, Menschen für seine Administration zu deportieren und Recht zu sprechen.[3] Es war ein Besuch, der das Leben Daniels und seiner drei Freunde für immer veränderte.[4]

3 Siehe D. J. Wiseman, *Nebuchadnezzar and Babylon: The Schweich Lectures* (Oxford: O. U. P., 1991), S. 22.

4 Zur Datierung dieser und anderer Ereignisse im Buch Daniel siehe A. R. Millard, »Daniel in Babylon – An Accurate Record?«, in: Hoffmeier und Magary (2012), S. 263–280.

Es gehörte zu Nebukadnezars Politik gegenüber den von ihm unterworfenen Nationen, dass er die Elite ihrer jungen Männer mit nach Babylon nahm, um sie dort zu Beamten in seiner Administration ausbilden zu lassen. Daniel und seine Freunde wurden als geeignet befunden, und so mussten sie ihre Verwandtschaft, Gesellschaft und Kultur verlassen und sich in ein fernes, fremdes Land begeben. Sie mussten nicht nur mit dem Trauma des Zwangsauszuges aus ihrem Elternhaus fertigwerden, sondern auch mit einer neuen Umgebung, in der so gut wie alles anders war – die Sprache, die Sitten, das politische System, die Gesetze, das Bildungssystem und die Religion. Es muss ein Schock gewesen sein. Wie wurden die jungen Männer mit alldem fertig?

Gott und die Menschheitsgeschichte

Daniels Erklärung, wie sie es schließlich schafften, ist die Frucht eines Lebens des Nachdenkens über die Ereignisse, die sein Leben und ihn geprägt hatten. Er beginnt sein Buch mit einer knappen Schilderung der für ihn so traumatischen Belagerung Jerusalems durch Nebukadnezar und der darauffolgenden Deportation nach Babylon, der damals berühmtesten aller Hauptstädte.

> *Im dritten Jahr der Regierung Jojakims, des Königs von Juda, kam Nebukadnezar, der König von Babel, nach Jerusalem und belagerte es. Und der Herr gab Jojakim, den König von Juda, in seine Hand und einen Teil der Geräte des Hauses Gottes. Und er brachte sie ins Land Schinar, in das Haus seines Gottes: die Geräte brachte er in das Schatzhaus seines Gottes. Und der König befahl dem Aschpenas, dem Obersten seiner Hofbeamten, er solle einige von den Söhnen Israel bringen, und zwar vom königlichen*

> *Geschlecht und von den Vornehmen; junge Männer, an denen keinerlei Makel sei, von schönem Aussehen und verständig in aller Weisheit, gebildet und von guter Auffassungsgabe, und die somit fähig seien, im Palast des Königs zu dienen; und man solle sie Schrift und Sprache der Chaldäer lehren. Und der König bestimmte ihre tägliche Versorgung von der Tafelkost des Königs und von dem Wein, den er trank, und dass man sie drei Jahre lang erziehen solle; und nach deren Ablauf sollten sie in den Dienst des Königs treten. Und unter ihnen waren von den Söhnen Juda: Daniel, Hananja, Mischaël und Asarja.* (Dan 1,1–6)

Vieles, was Daniel auch noch hätte erwähnen können und auf das wir neugierig sind, wird hier ausgelassen. Wir erfahren z. B. nichts über Daniels Kindheit in Juda oder über die politischen Manöver und Wirren in den Jahren vor der Deportation. Daniel beginnt seine Schilderung mit den Ereignissen des Jahres 605 v. Chr., als Nebukadnezar seine militärische Aufmerksamkeit dem kleinen Jerusalem am Westrand seines Reiches zuwandte. Sie ärgerten ihn, die rebellischen Judäer, und so belagerte er die Stadt. Die Militärmacht Babylons war so gewaltig, dass das Ergebnis von vornherein feststand. Die Stadt wurde eingenommen, der König von Juda wurde ein Vasall Babylons, und die erste Deportationswelle begann. Jerusalem als Stadt überlebte damals noch; erst 586 v. Chr. wurde sie von Nebukadnezar zerstört.

Diese Ereignisse sind detailliert dokumentiert in den antiken babylonischen Chroniken (vgl. das Bild rechts). Diese mit Keilschrift beschriebenen Tontafeln bestätigen uns, dass Daniel über tatsächlich Geschehenes berichtet und nicht über Ausgeburten seiner Fantasie. Wir werden später noch mehr über die Historizität seines Berichtes zu sagen haben, da sie oft bezweifelt worden ist.

Aus der babylonischen Chronik, mit Erwähnung der Eroberung Jerusalems 597 v. Chr.

Die große Frage für jemanden mit Daniels Hintergrund war diese: Warum hatte Gott das zugelassen? War das Volk, zu dem Daniel gehörte, nicht eine ganz besondere Nation? War es nicht das Volk Moses, dem Gott das Gesetz gegeben hatte? War es nicht das Volk, das ebendieser Mose aus der Knechtschaft in Ägypten herausgeführt und in das von Gott verheißene Land gebracht hatte? War es nicht auch die Nation Davids, des großen Königs, der sein Reich konsolidiert und Jerusalem zu seiner Hauptstadt gemacht hatte und dessen Sohn Salomo dem lebendigen Gott einen Tempel – *den* Tempel – gebaut hatte? Hatte Gott nicht zu den Erzvätern, Priestern, Propheten und Königen dieses Volkes immer deutlicher von einem kommenden König, dem *Messias* (»Gesalbten«), gesprochen, der ein Nachkomme Davids sein und ein noch nie gekanntes Zeitalter des Friedens und Wohlstands auf Erden einleiten würde? Diese messianische Vision findet noch heute in den Herzen von Menschen aus allen Kulturen Widerhall – so sehr, dass sie an der Wand des Gebäudes der Vereinten Nationen in New York prangt. Jeder kann dort lesen:

> *Dann werden sie ihre Schwerter zu Pflugscharen umschmieden und ihre Speere zu Winzermessern. Nicht mehr wird Nation gegen Nation das Schwert erheben, und sie werden den Krieg nicht mehr lernen.* (Jes 2,4)

Was würde aus dieser Vision werden, wenn Jerusalem zerstört und die Linie Davids beendet würde? Würde damit die Verheißung des Messias in der übervollen Mülltonne gescheiterter utopischer Träume landen? Und was wäre mit Gott selbst? Würde er eine solche Niederlage »überleben«? Wie konnten Daniel und seine Freunde weiter glauben, dass es einen Gott gab, der sich ihrem – jawohl, ihrem – Volk auf eine ganz besondere Weise offenbart hatte? Wenn Gott Realität war, wie konnte dann ein Heide wie Nebukadnezar die Heiligkeit von Gottes Tempel verletzen und ungestraft bleiben? *Warum tat Gott nichts?* Dies ist die Mutter aller Fragen, die sich uns heute noch in tausend Varianten stellt. Warum nimmt die Geschichte der Menschheit so oft eine Wendung, die unseren Glauben an einen Gott, der für uns sorgt, erschüttert?

Für den säkularen Historiker stellen sich solche Fragen natürlich nicht. Für ihn ist die Eroberung Judas durch die Babylonier nur ein weiterer Fall für das Machtgesetz des Dschungels: Eine hochgerüstete Großmacht zerschlägt ein Zwergkönigreich. Juda hatte einfach nicht die erforderliche »Feuerkraft«, um den bestens gedrillten und schwerbewaffneten Truppen Nebukadnezars etwas entgegenzusetzen. Wenn Bogenschützen auf Panzer treffen, ist das Ergebnis vorprogrammiert. Was sollte daran besonders sein?

Und der Säkularist könnte hier fortfahren und argumentieren, dass dann, wenn die Sache anders ausgegangen wäre und Juda die Babylonier in die Flucht geschlagen hätte, man vielleicht darüber nachdenken könnte, ob hier Gott im Spiel war. Aber die Sache ging nicht anders aus, sondern so, wie es sich jeder damals ausrechnen konnte. Und die säkularen Historiker kommen zu dem Schluss, dass das Gerede von dem messianischen Davidssohn nicht mehr als ein Stammesmythos war, den man in die Welt gesetzt hatte, um eine recht wacklige Königsdynastie in einem winzigen Nahoststaat zu stützen. Der Tempel in Jerusalem war ein Gebäude wie andere auch, und die schönen und wertvollen Kultgegenstände in ihm waren Beispiele menschlichen Kunstschaffens, aber mehr auch nicht. Die ganze Vorstellung, dass Gott (wenn es ihn denn gibt) sich für solche Kleinigkeiten interessieren könnte, ist doch eigentlich absurd. Ist die einfachste (und weitaus plausibelste) Erklärung nicht die, dass es gar keinen Gott gibt, der der »Eigentümer« dieses Tempels sein konnte? Was konnte Nebukadnezar schon passieren, wenn er die Tempelgeräte mitgehen ließ? Wie oft werden heute Kunstgegenstände aus Kirchen gestohlen? Stoppt Gott die Diebe etwa mit einem Blitz vom Himmel?

Diese Sicht der Dinge erscheint heute vielen plausibel, und wenn es nur deswegen ist, weil sie die einzige ist, die für den Säkularisten infrage kommt. Aber es war definitiv nicht die Sicht Daniels, der ja immerhin in diese Dinge persönlich involviert war. Er wusste, was für seine persönliche Glaubwürdigkeit auf dem Spiel stand, wenn er offen behauptete, dass hinter Nebukadnezars Sieg Gott selbst stand: »Und der Herr gab Jojakim, den König von Juda, in seine Hand …« (Dan 1,2).

Das Allererste, was Daniel in seinem Buch über Gott aussagt, ist, dass Gott persönlich in die Geschichte der Menschheit eingreift. Dies ist eine Behauptung mit immenser Tragweite, wenn sie denn wahr ist. Daniel begnügt sich nicht damit, uns zu informieren, *was* damals geschah; ihn interessiert vielmehr, *warum* es geschah. Er deutet Geschichte, und dies auf eine Art, die für den modernen Menschen gelinde gesagt provokativ ist. Die Behauptung, dass hinter der Geschichte ein Gott steht, steht völlig gegen den Strom des heute herrschenden Säkularismus und erntet an der durchschnittlichen historischen Fakultät einer heutigen Universität lediglich mitleidigen Spott. Aber, wie Lesslie Newbigin schreibt: »... von Augustinus bis ins achtzehnte Jahrhundert war die göttliche Vorsehung für die europäischen Historiker ein Teil des Geschichtsverständnisses.«[5] Doch die Zeit ist lange vorbei, in der ein führender Historiker wie Herbert Butterfield die Vorsehung Gottes freiweg als »lebendig wirksamen Faktor« bezeichnen konnte, »sowohl in ihm [dem Christen] selbst wie über die Länge und Breite der Geschichte hin.«[6]

Es ist eine Illusion zu glauben, dass eine Geschichtsdeutung, die jegliche Möglichkeit eines Eingreifens Gottes verneint, »objektiv« sei, während Daniels Sicht »subjektiv« sei. *Alle* Geschichte ist gedeutete Geschichte. Die eigentliche Frage lautet: Gibt es Belege dafür, dass die Sicht Daniels die wahre ist?

5 Lesslie Newbigin, *Das Evangelium in einer pluralistischen Gesellschaft* (Neukirchen-Vluyn: Neukirchener Aussaat, 2017), S. 80.
6 Herbert Butterfield, *Christentum und Geschichte* (Stuttgart: Engelhornverlag Adolf Spemann, 1952), S. 128.

Glaube und Beweise

> *Wie wäre es, wenn Sie das nächste Mal, wenn Ihnen jemand sagt: »Das und das ist wahr!«, ihn fragen: »Kannst du das belegen?« Und wenn er Ihnen dann keine gute Antwort geben kann, überlegen Sie es sich hoffentlich dreimal, bevor Sie ein Wort von dem, was er sagt, glauben.*[7]

Ich kann Dawkins hier nur von ganzem Herzen zustimmen. Es ist, wie schon David Hume aufzeigte, in der Tat ein Muss für jeden Wissenschaftler, nur das zu glauben, wofür es Belege gibt. So weit, so gut. Aber dann trifft Dawkins eine Unterscheidung zwischen dem legitimen evidenzbasierten Denken, das den Wissenschaftler kennzeichnet, und dem, was er (religiösen) Glauben nennt und was für ihn in eine ganz andere Kategorie gehört:

> *Nach meiner Überzeugung kann man durchaus die Ansicht vertreten, dass eine der größten [...] Bedrohungen – vergleichbar mit dem Pockenvirus, aber schwieriger auszurotten – der Glaube ist. Glaube – eine Überzeugung, die sich nicht auf Belege stützt – ist das Hauptübel jeder Religion.*[8]

Es wäre ein Fehler, diese extreme Position für die des typischen Wissenschaftlers zu halten. Vielen Atheisten macht ihre Militanz Bauchschmerzen, ganz zu schweigen von ihrem repressiven, ja, totalitären Beiklang. Aber es sind solche Extremaussagen, die von den Medien verbreitet werden, mit dem Ergebnis,

7 Richard Dawkins, *A Devil's Chaplain* (London: Weidenfeld and Nicholson, 2003), S. 248.
8 Richard Dawkins, *Forscher aus Leidenschaft. Gedanken eines Vernunftmenschen* (Berlin: Ullstein, 2017), S. 296.

dass viele Menschen sie kennen und von ihnen beeinflusst werden. Es wäre daher töricht, sie zu ignorieren. Wir müssen sie ernst nehmen.

Das, was Dawkins äußert, macht jedoch klar, dass eines der Dinge, die ihn (leider) zu einem Feind des Glaubens an Gott gemacht haben, sein Eindruck ist, dass, während »der Glaube des Wissenschaftlers auf öffentlich nachprüfbaren Belegen gründet, der religiöse Glaube nicht nur jeglicher Belege ermangelt; seine Unabhängigkeit von Belegen ist geradezu seine Freude und Wonne, die er jedem zuruft, der es hören will.«[9] Mit anderen Worten: Für Dawkins ist religiöser Glaube *immer* blinder Glaube. Aber wenn wir Dawkins' eigenen, gerade zitierten Rat ernst nehmen, müssen wir fragen: Was für Belege gibt es denn, dass religiöser Glaube sich auf keine Belege gründet? Leider gibt es Menschen, die sich als gottgläubig bezeichnen und gleichzeitig schroff antiwissenschaftliche, ja, obskurantistische Positionen vertreten. Mit dieser beklagenswerten Einstellung bringen sie den Glauben an Gott in Verruf. Vielleicht hat Richard Dawkins das Pech gehabt, unverhältnismäßig viele Beispiele für diese Einstellung kennenzulernen.

Aber das ändert nichts an der Tatsache, dass der normale Christ betont, dass Glaube und Tatsachen nicht voneinander zu trennen sind. Glaube ist eine Reaktion auf Nachweise und nicht ein Jubeln über die Abwesenheit von Beweisen. Der Apostel Johannes hat die Abfassung seines Evangeliums so begründet: »Was hier berichtet ist, wurde aufgeschrieben, damit ihr glaubt ...« (Joh 20,31; NeÜ). Das bedeutet, er betrachtet die Dinge, die er niedergeschrieben hat, als Teil der Belege, auf die sich der Glaube an Jesus gründet. Und der Apostel Paulus spricht genau das aus, was viele Pioniere der modernen Wissenschaft glaubten: dass die Natur einer der Beweise für die Existenz Gottes ist:

9 *The Daily Telegraph Science Extra*, 11. September 1989.

> *Seine unsichtbare Wirklichkeit, seine ewige Macht und göttliche Majestät sind nämlich seit Erschaffung der Welt in seinen Werken zu erkennen. Die Menschen haben also keine Entschuldigung.* (Röm 1,20; NeÜ)

Die Bibel geht nicht davon aus, dass man Dinge glauben sollte, die sich nicht belegen lassen. Glaube, Verstand und Beweise gehören zusammen – gerade so wie in der Wissenschaft. Dawkins' Definition des Glaubens als »blinder Glaube« erweist sich als das genaue Gegenteil von Glauben im biblischen Sinne. Es ist merkwürdig, dass Dawkins diese Diskrepanz nicht zu bemerken scheint.

Dawkins' eigenwillige Definition des Glaubens ist ein schlagendes Beispiel für genau das Denken, das er angeblich verabscheut – ein Denken, das nicht auf Nachweisen gründet. In einem Salto mortale der Inkonsequenz liefert er keinerlei Beweise für seine Behauptung, dass der Glaube mit Freuden auf Beweise verzichte. Und warum liefert er keine Beweise? Weil es keine gibt. Man braucht nicht lange zu recherchieren, um zu dem Ergebnis zu kommen, dass kein seriöser biblischer Gelehrter oder Denker Dawkins' Definition des christlichen Glaubens unterschreiben würde. Fast möchte man der Versuchung nachgeben, Dawkins' Grundsatz auf ihn selbst anzuwenden – und kein Wort von dem, was er über den christlichen Glauben sagt, zu glauben.

Geschichte und Moral

Welche Hinweise bildeten die Grundlage für Daniels Deutung der Menschheitsgeschichte? Es waren viele, und in gewissem Sinne bestehen sie aus seinem ganzen Buch. So teilt er uns z. B. in Kapitel 9 mit, dass es sein Glaube an Gott war, der ihn die Eroberung Jerusalems durch die Babylonier erwarten ließ. Man könnte sagen, dass er davon so überzeugt war, dass es für seinen Glauben an Gott problematisch gewesen wäre, wenn Nebukadnezar durch eine unerwartet beherzte Verteidigung durch Juda oder sogar durch ein direktes göttliches Eingreifen aufgehalten worden wäre. Aber lassen wir die Details im Augenblick beiseite und konzentrieren wir uns auf das Grundthema: die Beziehung zwischen Geschichte und Moral.

Von seinen Eltern und Lehrern in Jerusalem wird Daniel gelernt haben, dass nach dem Schöpfungsbericht die Menschen moralische Wesen sind, die nach Gottes Bild erschaffen sind. Dies war die Basis für Daniels Verständnis des Universums und des Lebens. Das Universum war ein moralisches Universum. Der Schöpfer war keine Art kosmischer Zauberer, der in einem Tempel wohnte und durch Magie seine Besitztümer oder seine Lieblinge beschützte. Der moralische Charakter Gottes verlangte, dass er gegenüber dem Verhalten der Menschen nicht neutral war. Dies war eine der zentralen Botschaften der Schriften der hebräischen Propheten. In den Jahren vor der Eroberung Jerusalems hatte Jeremia die Nation wiederholt vor den Folgen ihrer immer größeren Kompromisse mit den unmoralischen Praktiken und dem Götzendienst der sie umgebenden Heidenvölker gewarnt. Doch sie hörten nicht auf Jeremia, und es dauerte nicht lange, bis die Babylonier das Land überrannten und einen Großteil der Bevölkerung ins Exil führten, so wie von Jeremia ausdrücklich prophezeit.

Juda hatte nicht begriffen, dass Gottes Treue zu seinem eigenen Wesen und damit auch zu seinen eigenen Geschöpfen ernste Konsequenzen hat. Einige der Führer Judas waren der irrigen Meinung verfallen, dass es keine große Rolle spiele, wie die Nation oder ihre Obrigkeit sich verhielten, da sie doch Gottes erwähltes Volk waren. Dies war jedoch ein gefährlicher Irrtum, der die Moral des Volkes untergrub, weil er zu der billigen Rechtfertigung unmoralischen Verhaltens führte, die bei den Nachbarvölkern üblich waren, jedoch mit den Geboten Gottes unvereinbar sind. Ein Nebeneffekt dieses Verhaltens war, dass es den Anspruch, Gottes auserwähltes Volk zu sein, Lügen strafte und absurd erscheinen ließ.

Auch heute macht das moralisch fragwürdige Verhalten von Menschen, die behaupten, Christus nachzufolgen, den christlichen Glauben zum Gespött der Leute. Was die Führer Judas und auch viele der gewöhnlichen Leute nicht sahen, war, dass Gott keine Lieblinge hat, deren Sünden er einfach übersieht. Bei Gott gibt es kein Ansehen der Person, egal, aus welchem Volk oder welcher Gesellschaftsschicht sie stammt.

Daniel war nicht der Erste, der dies erkannte. Der bekannte Historiker Herbert Butterfield, der an der Universität Cambridge (England) lehrte, schreibt:

> *Es ist bemerkenswert, in welcher Weise die alten Hebräer den Glauben an eine Sittlichkeit im Wirken und im Gang der Geschichte bis zum logischen Ende entwickelten. Sie erkannten, dass die sittliche Natur des Menschen, wenn überhaupt, dann allzeit vorhanden wäre und das wichtigste Element im Verhalten des Menschen darstelle und dass auch das Leben, die Erfahrung und die Geschichte mit ihren Begriffen interpretiert werden müssten.*[10]

Mose und die Propheten hatten immer wieder klargemacht, dass Gott sein Volk bestrafen würde, wenn es die moralischen Forderungen seines Gesetzes ignorierte. Gerade das Königreich Juda hätte dies wissen müssen. Etwa ein Jahrhundert zuvor waren exakt aus diesem Grund die Assyrer in das Nordreich Israel eingefallen und hatten den Großteil der dortigen Bevölkerung deportiert. Gott hatte die Israeliten durch Jesaja gewarnt, aber sie hatten nicht darauf gehört. Und jetzt wiederholte sich die Geschichte: Juda, der Rest der jüdischen Nation, raste mit

10 Butterfield, *Christentum und Geschichte,* S. 81.

voller Geschwindigkeit an allen roten Signalen vorbei auf das gleiche Los zu, das seine Schwester Israel ereilt hatte.

Nicht lange bevor Nebukadnezar Jerusalem belagerte, hatte Jeremia eindringlich davor gewarnt, was auf das Volk zukommen und warum dies geschehen würde:

> *So spricht der HERR: Übt Recht und Gerechtigkeit und befreit den Beraubten aus der Hand des Unterdrückers! Und den Fremden, die Waise und die Witwe unterdrückt nicht und tut ihnen keine Gewalt an und vergießt nicht unschuldiges Blut an diesem Ort! Denn wenn ihr dieses Wort wirklich tut, werden durch die Tore dieses Hauses Könige einziehen, die auf dem Thron Davids sitzen, die mit Wagen und Pferden fahren, er und seine Knechte und sein Volk. Wenn ihr aber nicht auf diese Worte hört, soll dieses Haus – ich habe es bei mir geschworen, spricht der HERR – zur Trümmerstätte werden. Denn so spricht der HERR über das Haus des Königs von Juda: Wie Gilead warst du mir, wie der Gipfel des Libanon. Wenn ich dich nicht zur Wüste mache, zu unbewohnten Städten! Und ich werde Verderber gegen dich heiligen, jeden mit seinen Waffen, und sie werden deine auserlesenen Zedern umhauen und ins Feuer werfen. Und viele Nationen werden an dieser Stadt vorüberziehen, und sie werden zueinander sagen: Warum hat der HERR das an dieser großen Stadt getan? Und man wird sagen: Weil sie den Bund des HERRN, ihres Gottes, verlassen und sich vor anderen Göttern niedergeworfen und ihnen gedient haben.* (Jer 22,3–9)

Juda hörte nicht auf Gott, und das Unvermeidliche geschah. Daniel weist in der Einleitung seines Buches darauf hin, wenn er erwähnt, dass Nebukadnezar Jerusalem belagerte, »und der Herr gab Jojakim, den König von Juda, in seine Hand«. Dieses Stückchen Menschheitsgeschichte hatte einen Sinn, wenn man es aus einer moralischen Perspektive im Licht der Warnungen Gottes betrachtete. Die Strafe entsprach dem Vergehen: Das Volk hatte sich auf Unmoral, Ungerechtigkeit und Götzendienst eingelassen, und so wurde es jetzt von der götzendienerischsten Nation auf Erden in die Gefangenschaft geführt.

Ja, die Eroberung Judas durch Nebukadnezar war aus Gottes Perspektive moralisch voll verständlich. Aber dies bedeutet nicht, dass Daniel und seine Freunde sich achselzuckend damit abfanden. Wenn etwas Turbulentes oder Traumatisches geschehen ist, ist es eines, nach Jahren des Nachdenkens zu einem nüchternen Urteil darüber zu kommen; es ist etwas ganz anderes, dieses Geschehen bewusst durchleben zu müssen wie damals Daniel und seine Freunde. Sicher, auf der einen Seite konnten sie in dem Geschehen das Gericht Gottes über das Verhalten des Volkes und vor allem über seine Führer sehen. Aber als Menschen mit all ihren Gedanken und Gefühlen hatten sie bestimmt ihre Fragen, wie wir das auch gehabt hätten.

Warum z. B. mussten sie für etwas leiden, was andere verbrochen hatten? (Ja, warum sollten *wir* für so etwas leiden?) Sie waren ganz normale junge Leute, voller Energie und Pläne, aber in ihren Herzen waren sie fest entschlossen, mit Gott zu leben. Warum mussten ausgerechnet *sie* das Trauma der plötzlichen Trennung von ihren Lieben durchmachen? Es gab (und gibt noch heute) keine schnellen, einfachen Antworten auf solche Fragen, und die Antworten, die sie schließlich bekamen, ließen vielleicht lange auf sich warten. Aber im Laufe der Zeit begriffen Daniel und seine Freunde, dass Gott sich nicht nur für die große Weltgeschichte interessiert, sondern auch für die persönliche Geschichte der Menschen, die ohne eigene Schuld unter die Räder der »großen« Geschichte geraten sind.

Mir ist natürlich bewusst, dass einige Zweifel anmelden werden, ob es überhaupt so etwas wie einen »Sinn« in der Menschheitsgeschichte gibt. Sie betrachten dies als ein Relikt des mittlerweile überholten »jüdisch-christlichen Denkens«. John Gray,

Professor für europäische Geistesgeschichte an der London School of Economics, hat es in seinem Buch *Von Menschen und anderen Tieren* so ausgedrückt:

> *Wenn Menschen Tiere sind, kann es so etwas wie die Geschichte der Menschheit nicht geben, sondern nur das Leben einzelner Menschen. Wenn wir überhaupt von der Geschichte der Spezies sprechen können, dann nur im Sinne einer Summe dieser einzelnen Leben, die mit dem Verstand nicht zu durchdringen ist. Ebenso wie bei anderen Tieren gilt, dass manche ein glückliches und andere ein elendes Leben haben. Kein Leben hat eine Bedeutung, die über es hinausweist. Nach dem Sinn der Geschichte zu fragen ist so ähnlich, wie wenn man in Wolken Figuren zu erkennen versucht. Nietzsche wusste das, konnte sich aber nicht damit abfinden. Er war im Kreidekreis christlicher Hoffnungen gefangen.*[11]

Ich frage mich, woher Gray das wissen will. Ich nehme einmal an, dass er mir zustimmen würde, dass sein Buch, aus dem ich gerade zitiert habe, ein Teil seines Lebens und seiner Geschichte ist. Dann kann aber, wenn er denn mit seiner Behauptung recht hat, sein Buch keine Bedeutung haben, die über es hinausweist – und kann damit auch keine Bedeutung für Sie und mich haben. Seine Theorie von der Sinnlosigkeit der Geschichte gilt damit nicht für uns, sodass er gar nicht wissen kann, dass Ihre oder meine Geschichte keinen Sinn hat. Der logische Zirkel, in den er sich hineinmanövriert hat, ist aus massiverem Material als Kreide. Wie alle, die einen solchen Relativismus vertreten, verfällt er dem Irrtum, sich selbst und seine eigenen Ideen von

11 John Gray, *Von Menschen und anderen Tieren. Abschied vom Humanismus* (Stuttgart: Klett-Cotta, 2010), S. 63.

den logischen Konsequenzen seiner Ideen auszunehmen. Damit aber ist seine Erkenntnistheorie widersprüchlich.

Eine ganz andere Sicht vertritt Herbert Butterfield in seinem Werk *Christentum und Geschichte:*

> *Was die Verquickung von Religion und Geschichte bedeutete, trat besonders zutage, als sich das kleine Volk der Hebräer eingekeilt fand zwischen den um die Macht ringenden Reichen Ägyptens und Assyriens oder Babylons, sodass die Israeliten Mithandelnde und in einem besonders tragischen Sinne Opfer jener Art des Geschichtemachens wurden, die sich in ungeheuren Machtkämpfen vollzieht. (...) Im Ganzen gesehen handelt es sich hier um die größten und eindringlichsten Versuche, die je unternommen wurden, das Schicksal zu überwinden, die Geschichte zu deuten und einen Sinn im menschlichen Drama zu entdecken; vor allem aber mit den moralischen Schwierigkeiten, vor die die Geschichte das fromme Gemüt stellt, fertigzuwerden.*[12]

Mit anderen Worten: Der Sinn der Geschichte liegt außerhalb von ihr. Dies ist ein konkretes Beispiel für das Prinzip, dass der Sinn eines Systems außerhalb dieses Systems liegt. Der Philosoph Ludwig Wittgenstein hat es klassisch so formuliert:

> *Der Sinn der Welt muss außerhalb ihrer liegen. In der Welt ist alles, wie es ist, und geschieht alles, wie es geschieht; es gibt in ihr keinen Wert – und wenn es ihn gäbe, so hätte er keinen Wert. Wenn es einen Wert gibt, der Wert hat, so muss es außerhalb alles Geschehens und So-Seins liegen. Denn alles Geschehen und So-Sein ist zufällig. Was es nicht-zufällig macht, kann*

12 Butterfield, *Christentum und Geschichte,* S. 10.

nicht in der Welt liegen, denn sonst wäre dies wieder zufällig. Es muss außerhalb der Welt liegen.[13]

Der Kern des Monotheismus besteht darin, dass Gott, der außerhalb der Geschichte steht, der große Sinn-Garant ist. Als der, der außerhalb des sich entfaltenden Kosmos steht, ist er – und nur er – in der Lage, ihm einen Sinn zu geben. Einer der Schwerpunkte des Buches Daniels ist das Ringen mit den ethischen Problemen, mit denen die Geschichte uns konfrontiert. Doch ebenso wie die anderen Verfasser der Bibel will Daniel damit nicht auf einen Fatalismus oder Determinismus hinaus, der die Menschen zu hilflosen Schachfiguren macht, deren persönliches Leben, Vorlieben, Entscheidungen, Erfolge und Misserfolge letztlich keine Bedeutung haben. Es versteht sich von selbst, dass in einem völlig deterministischen Universum Liebe und echte Wahlmöglichkeiten nicht möglich wären.

Als der Apostel Paulus auf dem ehrwürdigen Areopag in Athen vor den griechischen Intellektuellen sprach, erklärte er, dass weder das Weltbild der Stoiker mit seinem Determinismus noch das der Epikureer mit seinen Zufallsprozessen die Komplexität der Welt ausreichend erfassen können:

Aus einem einzigen Menschen hat er alle Völker hervorgehen lassen. Er wollte, dass sie die Erde bewohnen, er bestimmte die Zeit ihres Bestehens und die Grenzen ihres Gebietes. Er wollte, dass sie nach ihm fragen, dass sie sich bemühen, ihn irgendwie zu finden, obwohl er keinem von uns wirklich fern ist. (Apg 17,26–27; NeÜ)

Für Paulus ist es letztlich Gott, der den Lauf der Geschichte lenkt, aber dies schließt die menschliche Verantwortung nicht

13 Ludwig Wittgenstein, *Tractatus Logico-Philosophicus,* Abschnitt 6.41 (Frankfurt/M: Suhrkamp, 9. Aufl. 2919), S. 107f.

aus, es setzt sie auch nicht außer Kraft oder umgeht sie, denn der Mensch soll Gott suchen und sich nach ihm ausstrecken.

Dieses Thema wird seit Jahrhunderten von den Philosophen diskutiert. Aber die Bibel liefert uns nicht so sehr eine philosophische Abhandlung darüber, sondern richtet unsere Aufmerksamkeit darauf, wie es sich konkret in der Geschichte der Menschheit auswirkt. Dies ist eine Möglichkeit, wie man Ideen kommunizieren kann, die wir auch in der großen russischen Literatur finden. Die Philosophen Russlands sind auch in einem sehr realen Sinn seine Romanautoren. Wenn die Russen tiefen und komplexen Ideen nachgehen wollen (wie z. B. dem Problem des Bösen und des Leides), schreiben sie Romane darüber; bekannte Beispiele sind Tolstois *Krieg und Frieden* und Dostojewskis *Die Brüder Karamasow.*

Ganz ähnlich ist es in der Bibel. In Römer 9–11 zeigt Paulus auf, dass die (recht komplizierte) Geschichte des Erzvaters Jakob uns einen Einblick in das Verhältnis von Gottes Wirken in der Geschichte und der Verantwortung des Menschen geben kann. Schon vor Jakobs Geburt erfahren seine Eltern von Gott, dass er eine ganz besondere Rolle haben wird. Was, wie der weitere Fortgang der Erzvätergeschichte zeigt, keinesfalls einen göttlichen Determinismus bedeutete, der Jakob seine Entscheidungsfreiheit nahm. Der biblische Bericht zeigt uns detailliert, wie Gott Jakob zur Verantwortung zog für die Methoden, mit denen er seiner besonderen Rolle nachzuhelfen versuchte, ja, ihn bestrafte, insbesondere durch die Beziehungen zu seinen Kindern. Jakob hatte seinen eigenen, fast erblindeten Vater betrogen, als er sich durch das Tragen eines Ziegenfells für seinen älteren Bruder Esau ausgab. Nun, viele Jahre später, täuschten seine eigenen Söhne den Tod seines Lieblingssohns Josef vor, indem sie ihm Josefs Obergewand brachten, das sie in das Blut eines Ziegenbocks getaucht hatten. Allein diese Geschichte lässt uns ahnen, wie komplex Gottes Lenken der Menschheitsgeschichte ist, wenn man ein gewisses Maß an echter menschlicher Freiheit und Verantwortung zugesteht.

Solche Geschichten zeigen uns auch, dass wir in unserer menschlichen Begrenztheit niemals in der Lage sein werden, das Verhältnis zwischen Gottes Wirken in der Geschichte und der Freiheit und Verantwortung des Menschen vollständig zu verstehen. Das bedeutet jedoch nicht, dass wir nicht an beides glauben sollten. Die meisten von uns glauben ja auch an die Existenz von Energie, obwohl niemand genau weiß, was das ist. Der Glaube, dass sowohl Gottes Lenken als auch die Freiheit des Menschen Realität ist, ist vor allem deswegen plausibel, weil diese Sicht (wie ein Wissenschaftler es formulieren würde) eine erhebliche Erklärungskraft hat. (Ähnlich wird es in der Physik akzeptiert, dass man das Licht sowohl als Welle als auch als Teilchenstrom erklären kann, ohne dass man eine dieser Erklärungen als »falsch« ausschließen muss.) Die biblische Geschichte, ja, die Geschichte überhaupt, macht einfach mehr Sinn, wenn wir sie als komplexes Ineinander von Gottes Lenken und menschlicher Freiheit sehen und nicht einen dieser Faktoren ausblenden. Hier braucht es nicht zuletzt auch ein großes Maß an Demut, denn letztlich (und wahrscheinlich notwendigerweise) stehen wir hier auch vor einem Geheimnis.

Erklärungskraft

Ich hatte gerade in einer großen wissenschaftlichen Einrichtung in England einen Vortrag über die Beziehung zwischen Naturwissenschaft und Theologie gehalten, als ein Physiker auf mich zukam und fragte, wie ich es fertigbrächte, als Mathematiker im 21. Jahrhundert an das zentrale Dogma des Christentums zu glauben, dass Jesus Christus gleichzeitig Mensch und Gott war. Ich erwiderte ihm, dass ich gerne auf diese Frage antworten würde, wenn er mir zuerst eine wesentlich leichtere wissenschaftliche Frage beantworten könne. Er war einverstanden.

»Was ist Bewusstsein?«, fragte ich ihn.

Er zögerte etwas, dann antwortete er: »Das weiß ich nicht.«

»Gut«, sagte ich. »Nehmen wir etwas anderes. Was ist Energie?«

»Also«, sagte er, »wir können sie messen und die Gleichungen aufschreiben, die ihre Erhaltung regeln.«

»Das weiß ich, aber das war nicht meine Frage. Meine Frage war: Was *ist* Energie?«

Er grinste. »Das wissen wir nicht. Aber das ist Ihnen ja wohl klar.«

»Jawohl. Auch ich habe meinen Feynman[14] gelesen, und der sagt, dass niemand weiß, was Energie ist. Und damit komme ich zur Hauptsache: Gehe ich recht in der Annahme, dass Sie gerade im Begriff standen, mich (und meinen Glauben an Gott) für irrelevant zu erklären, falls ich Ihnen nicht erklären kann, warum Jesus Christus gleichzeitig Mensch und Gott ist?«

Er grinste wieder und schwieg. Ich fuhr fort: »Drehen wir den Spieß um: Wäre es für Sie in Ordnung, wenn ich Sie und all Ihr physikalisches Wissen für irrelevant erklärte, weil Sie mir nicht erklären können, was Energie ist? Und Energie ist ja wohl per Definition um einiges weniger komplex als der Gott, der sie erschaffen hat, oder?«

»Nein, tun Sie das bitte nicht!«, sagte er.

»Keine Angst, ich werde es nicht tun. Aber ich möchte Ihnen noch eine Frage stellen: Warum glauben Sie an die Begriffe ›Bewusstsein‹ und ›Energie‹, obwohl Sie sie nicht vollständig verstehen? Liegt das nicht an der Erklärungskraft, die diese beiden Begriffe haben?«

14 Richard Feynman, amerikanischer Physiker und Nobelpreisträger des Jahres 1965. *(Anm. d. Übers.)*

»Ich verstehe, worauf Sie hinauswollen«, erwiderte er. »Sie glauben, dass Jesus Christus Gott *und* Mensch war, weil dies das Einzige ist, was das, was wir über ihn wissen, befriedigend erklären kann?«

»Ganz genau.«

Wenn wir uns von Argumenten wie denen meines Kollegen nicht einschüchtern lassen wollen, müssen wir uns darüber klar sein, dass nicht nur gottgläubige Menschen an Dinge glauben, die sie nicht vollständig begreifen. Naturwissenschaftlern geht es genauso. Einen Menschen, der an Gott glaubt, nicht ernst zu nehmen, weil er das Wesen Gottes nicht befriedigend erklären kann, ist genauso töricht und willkürlich, wie einen Wissenschaftler nicht ernst zu nehmen, weil er nicht weiß, was Energie ist. Und doch ist es genau das, was häufig geschieht.

Diese Erkenntnis ist nicht nur in der akademischen Diskussion hilfreich, sie kann uns auch helfen, mit den Stürmen des praktischen Lebens umzugehen. Daniel gibt uns in seinem Buch keine detaillierte philosophische Erklärung, die die Spannung zwischen Gottes Souveränität und menschlicher Verantwortung auflöst – auch wenn er mit seiner Kenntnis der Heiligen Schrift dazu wahrscheinlich sehr wohl in der Lage gewesen wäre. Aber wie dem auch sei, bestimmt waren für ihn und seine Freunde die Prophezeiungen Jeremias eine enorme Hilfe bei der Vorbereitung auf die dunklen und turbulenten Tage ihrer Deportation:

> *Denn so spricht der HERR: Erst wenn siebzig Jahre für Babel voll sind, werde ich mich euer annehmen und mein gutes Wort, euch an diesen Ort zurückzubringen, an euch erfüllen. Denn ich kenne ja die Gedanken, die ich über euch denke, spricht der HERR, Gedanken des Friedens und nicht zum Unheil, um euch Zukunft und Hoffnung zu gewähren. Ruft ihr mich an, geht ihr hin und betet zu mir, dann werde ich auf euch hören. Und*

> *sucht ihr mich, so werdet ihr mich finden, ja, fragt ihr mit eurem ganzen Herzen nach mir, so werde ich mich von euch finden lassen, spricht der HERR.* (Jer 29,10–14)

Aus Daniels Analyse der Menschengeschichte wird klar, dass er sich Jeremias Worte zu Herzen genommen hatte. Und auch wir sollten sie uns zu Herzen nehmen. In Krisenzeiten ist es enorm tröstlich zu wissen, dass der Gott, der letztlich der Herr über die Geschichte dieser Erde ist, nicht irgendwo weit weg von den Höhen und Tiefen unseres persönlichen Lebensweges ist. Gott hat Pläne, ganz individuelle Pläne für den, der auf ihn vertraut. Das wird für die vier Teenager nicht so ausgesehen haben, als sie Jerusalem verlassen mussten und durch ihre Tränen hindurch zu den immer kleiner werdenden Gesichtern ihrer schockierten Eltern zurückschauten. In diesem schmerzlichen Augenblick haben sie sich vielleicht nicht vorstellen können, dass Gott ihnen »Zukunft und Hoffnung« geben würde. Aber er gab ihnen beides.

Und das sollte uns Mut machen, wenn unser Gottvertrauen hart auf die Probe gestellt wird, wenn unsere Gebete an den offenbar undurchdringlichen Mauern des Himmels zurückzuprallen scheinen und widrige Umstände und immer stärkere öffentliche Angriffe auf den christlichen Glauben Zweifel in uns hochkommen lassen. In ihren aufgewühlten Gefühlen fanden Daniel und seine Freunde echten Trost in dem Wissen, dass ja das, was ihnen da widerfuhr und was so traumatisch war, von den Propheten vorhergesagt worden war. Und wir können es ihnen gleichtun. Hat Jesus nicht mit deutlichen Worten gesagt, dass die, die ihm nachfolgen, genauso behandelt werden würden wie er selbst?

> *Ich sage euch diese Dinge, damit ihr euch durch nichts vom Glauben abbringen lasst. Man wird euch aus den Synagogen ausschließen. Ja, es kommt*

> *eine Zeit, wo jeder, der euch tötet, meint, Gott damit einen Dienst zu erweisen.* (Joh 16,1–2; NGÜ)

Jesus sagte dies seinen Jüngern im Voraus, sodass sie dann, wenn die Verfolgungen kamen, wussten, dass sie nicht aus Gottes Hand gefallen waren. Vielleicht kann ein Beispiel uns hier helfen. Denken Sie an eine Straßenkarte. Solange Sie auf einer Hauptstraße sind und die Schilder gut lesen können, brauchen Sie diese kaum. Aber wenn die Straße immer schmaler wird und Sie sich nicht mehr sicher sind, wo sie hinführt, ist es sehr hilfreich, eine Karte zur Hand zu haben, die Ihnen zeigt, dass dieses schwierige Terrain genau das ist, was Sie auf diesem Abschnitt Ihrer Reise zu erwarten haben, wenn Sie auf dem richtigen Weg sind. So eine »Karte« kann uns wirklich helfen, wenn die »Straße« unseres Lebens rau wird. Für Daniel war sie sehr rau, aber auf Jeremias »Straßenkarte« war sie deutlich eingezeichnet.

Wenn wir realistisch sind, wissen wir natürlich, dass es hier noch viele schwierige Fragen gibt. Was genau meint Jeremia, wenn er sagt, dass Gott Frieden und nicht Unheil für uns im Sinn hat? Was war denn friedlich daran, als Daniel und seine Freunde aus der Geborgenheit ihres Zuhauses herausgerissen und nach Babylon verfrachtet wurden? Ist eine schwere Krankheit oder Verletzung, Verfolgung oder Hunger kein Unheil für den Betreffenden? Ist es etwa nicht furchtbar für den Ehemann und die Kinder, wenn die Ehefrau und Mutter vom Krebs dahingerafft wird? Was ist denn damit gemeint, dass Gott Gedanken des Friedens und nicht des Unheils für uns hat? Wir kommen einer Antwort vielleicht näher, wenn wir uns anschauen, was Unheil aus Gottes Perspektive ist. Jesus hat gesagt:

> *Und fürchtet euch nicht vor denen, die den Leib töten, die Seele aber nicht zu töten vermögen; fürchtet aber vielmehr den, der sowohl Seele als auch Leib zu verderben*

> *vermag in der Hölle! Werden nicht zwei Sperlinge für eine Münze verkauft? Und nicht einer von ihnen wird auf die Erde fallen ohne euren Vater. Bei euch aber sind selbst die Haare des Hauptes alle gezählt. Fürchtet euch nun nicht! Ihr seid wertvoller als viele Sperlinge.* (Mt 10,28–31)

Jesus stellt hier klar, dass die Art Unheil, die den Körper tötet, nicht das ist, was in Gottes Augen Unheil ist. Der Apostel Petrus hat etwas Ähnliches gesagt, um den Glauben von Christen, die Verfolgungen gegenüberstanden, zu stärken:

> *Und wer würde euch schaden wollen, wenn ihr euch bemüht, das Gute zu tun? Wenn ihr aber trotzdem leiden müsst, weil ihr tut, was vor Gott recht ist, dann dürft ihr euch glücklich preisen. Habt also keine Angst vor ihren Drohungen und lasst euch nicht einschüchtern.* (1Petr 3,13–14; NeÜ)

Es ist eine traurige Tatsache, dass bekennende Christen manchmal Schwierigkeiten und Leiden über sich bringen, weil sie Unrecht getan haben. Petrus spricht hier aber die an, die leiden, weil sie getan haben, was vor Gott recht ist, und fordert sie auf, keine Angst zu haben.

Was macht den Unterschied aus? Könnte es sein, dass das, was wir für Unheil halten, aus Gottes ewiger Perspektive anders aussieht? Wenn mit dem physischen Tod alles aus ist, wie uns die Atheisten versichern, sind Petrus' Worte leer, ja, schlimmer noch, sie sind ein Betrug. Aber wenn der Tod nicht das Ende ist, sondern eine Tür zu etwas, das viel größer ist als das irdische Leben, dann sieht alles anders aus.

Daniel hatte diese größere Perspektive. Er beendet sein Buch mit der unverblümten Hoffnung auf die Auferstehung. Die letzten Worte, die er aufgeschrieben hat, sind Worte, die ihm ein Bote aus einer anderen Welt gebracht hatte:

> *Aber du, geh deinen Weg bis zum Ende! Du wirst dich zur Ruhe legen und am Ende der Zeit auferstehen, um dein Erbe in Empfang zu nehmen.* (Dan 12,13; NeÜ)

Eine zukünftige Welt, die Auferstehung von den Toten – das sind lauter rote Tücher für die »Neuen Atheisten«. Oder vielleicht nicht ganz. Andere Welten – das können sie noch akzeptieren, glauben sie doch an eine universale Evolution, die eine Fülle von Leben hervorgebracht haben muss. Aber eine Auferstehung können sie sich nicht vorstellen. Eine übernatürliche Bruchstelle in der Geschichte kann es definitionsgemäß nicht geben, wenn man durch die Brille einer materialistischen (oder naturalistischen) Weltanschauung blickt. Aber das beweist nicht, dass es diese Bruchstelle nicht gibt. Ein Gerät, das so gebaut ist, dass es nur Licht im sichtbaren Spektrum registriert, wird niemals Röntgenstrahlen entdecken, aber das bedeutet nicht, dass es keine Röntgenstrahlen gibt.

Und es gibt eine solche, gut bezeugte Bruchstelle in der Menschheitsgeschichte, ein Phänomen, das in keine reduktionistische Theorie der Geschichte oder der Wissenschaft hineinpasst. Wie der Theologe C. F. D. Moule, Professor an der Universität Cambridge (England), ausführt:

> *Wenn das Auftreten des Nazareners – ein Phänomen, das vom Neuen Testament unleugbar bezeugt wird – eine Riesenbruchstelle in die Geschichte reißt, eine Bruchstelle von der Größe und Gestalt der Auferstehung, womit will der säkulare Historiker diese stopfen? [...] Die Geburt und der schnelle Aufstieg der christlichen Kirche [...] müssen für jeden Historiker ein*

> *Rätsel bleiben, der sich weigert, die einzige Erklärung ernst zu nehmen, die die Kirche selbst ihm bietet.*[15]

Die Geschichte bezeugt bereits etwa 600 Jahre nach Daniels Zeit die leibliche Auferstehung von Jesus. Sie ist ein mächtiger Beleg dafür, dass er der Messias war, der Sohn Gottes. Und sie zeigt, dass der leibliche Tod nicht das Ende ist.

Aber jetzt sind wir zu schnell. Lassen wir das Ende des Buches Daniel, bis wir das entsprechende Kapitel erreicht haben. Ich erwähne die Auferstehung hier nur, um zu zeigen, dass wir die Stabilität und die Zielstrebigkeit von Daniels Leben erst dann verstehen können, wenn wir die innere Einstellung begreifen, von der es geprägt war. Er lebte *in* dieser gegenwärtigen Welt, aber er lebte nicht *für* sie. Er investierte sein Leben in eine andere Welt, und dort genießt er jetzt sein Erbteil.

Es versteht sich von selbst, dass es verrückt wäre, für eine andere Welt zu leben, wenn es diese Welt nicht gäbe. Das wäre in der Tat eine Illusion. Aber wenn es diese andere Welt gibt, wäre es doch genauso realitätsfremd, unser Leben *nicht* in sie zu investieren, oder?

15 C. F. D. Moule, *The Phenomenon of the New Testament* (London: SCM Press, 1967), S. 3 u. 13.

Kapitel 2
Stadt der Götzen
Daniel 1

Selbst das Trauma der schmerzvollen Monate, die hinter ihnen lagen, werden nicht verhindert haben, dass Daniel und seine Freunde mit offenen Mündern dastanden, als sie das erste Mal Babylon sahen. Wir werden Daniel, seine Entscheidungen und ihre Tragweite besser verstehen, wenn wir uns etwas Zeit nehmen, um selbst einen Blick auf die Stadt zu werfen.

Alan Millard, ein Experte des alten Nahen Ostens, kommentiert das so:

> *Das Buch Daniel gibt, in Übereinstimmung mit Herodot und anderen antiken griechischen Schriftstellern, die Bautätigkeit Nebukadnezars korrekt wieder und auch den Gebrauch des Aramäischen am babylonischen Hof – eine ohne Zweifel allgemein bekannte Tatsache.*[16]

Babylon war eine atemberaubende Stadt, weit jenseits dessen, was ein junger Mann aus Juda kennen oder sich auch nur vorstellen konnte. Mit einer Fläche von über 1000 Hektar war sie die größte Stadt in der damaligen Welt. Verglichen mit dieser Metropole am Ostufer des mächtigen Euphrat-Flusses muss Daniels Hauptstadt Jerusalem wie ein Dorf gewirkt haben.

16 In: J. K. Hoffmeier und D. R. Magary (ed.), *Do Historical Matters Matter to Faith? A Critical Appraisal of Modern and Postmodern Approaches to Scripture* (Wheaton: Crossway, 2012), S. 279.

Tonziegel mit dem Namen Königs Nebukadnezars II., des Königs von Babylon, ca. 604–561 v. Chr.

Etwa ein Jahrhundert zuvor hatte der Assyrerkönig Sanherib Babylon zerstört. Die neuen babylonischen Könige, insbesondere Nebukadnezar, setzten ein massives Wiederaufbauprogramm in Gang, das zur Zeit der Ankunft Daniels mehr oder weniger abgeschlossen war. Auf neun Zehnteln der später ausgegrabenen Ziegel der Stadt findet sich Nebukadnezars Name – eine Praxis, die viele Jahrhunderte später Saddam Hussein mit weniger Erfolg imitieren sollte. Nebukadnezar machte Babylon zu einer einzigartigen Stadt. Als der griechische Historiker Herodot sie viel später, 450 v. Chr., besuchte, notierte er, dass sie an Pracht alle anderen Städte der damals bekannten Welt übertraf.

Babylon zur Zeit Nebukadnezars (Modell)

Die Stadt war ungefähr rechteckig angelegt. Von Norden nach Süden wurde sie vom Euphrat durchflossen. Der von Norden kommende Besucher betrat die Stadt, den Euphrat zu seiner Rechten, durch ein überaus prachtvolles Tor, das (wie auch die anderen großen Stadttore) nach einem der babylonischen Götter benannt war – das Ischtar-Tor. Ischtar (»Lichtbringerin«) war die Göttin der Fruchtbarkeit, der Liebe und des Krieges und als solche die große Muttergöttin am babylonischen Götterhimmel. Nicht weit von dem Tor entfernt stand in der Stadt ein prächtiger Tempel, der ihr geweiht war.

Das Ischtar-Tor war eines von insgesamt acht befestigten Stadttoren und wie diese ein Teil der überaus massiven Stadtmauer, die dem Betrachter uneinnehmbar erscheinen musste. (Laut Herodot war die Stadtmauer ca. 24 Meter stark, 95 Meter hoch und 90 Kilometer lang, obwohl die Archäologen eher von einer Länge von 18 Kilometern ausgehen und die Höhe deutlich niedriger ansetzen.) Der mächtige Turm, zu dem das Ischtar-Tor gehörte, war mit leuchtend tiefblauen Keramikziegeln verkleidet, in die weiße und gelbe Löwen-, Drachen- und Stierdarstellungen eingelassen waren. Wer durch dieses Tor ging, sollte gleich den richtigen Eindruck bekommen von der Macht, dem Reichtum, der Pracht und der Unvergänglichkeit des Babylonischen Reiches – und nicht zuletzt natürlich von der glorreichen Majestät des Königs Nebukadnezar selbst.

Rekonstruktion des Ischtar-Tores im Pergamon-Museum in Berlin.

Nebukadnezars Weihe-Inschrift am Ischtar-Tor:

Nebukadnezar, König von Babylon, der treue Fürst, durch den Willen Marduks ernannt, der höchste Priesterkönig, von Nabu geliebt, von weisem Rat und ein Schüler der Weisheit, der ihr [der Götter] göttliches Wesen ergründet hat und ihre Majestät verehrt, der unermüdliche Statthalter, der sich stets die Anbetung in Esagila und Ezida zu Herzen nimmt und unermüdlich dem Wohl von Babylon und Borsippa dient, der Weise, der Demütige, der Hausverwalter von Esagila und Ezida, der erstgeborene Sohn Nabopolassars, des Königs von Babylon.

Die beiden Tore Imgur-Ellil und Nemetti-Ellil waren nach dem Auffüllen der Straße von Babylon immer niedriger geworden. Daher riss ich diese Tore ab und legte ihre Fundamente mit Erdpech und Ziegeln am Grundwasserspiegel neu und ließ sie neu erbauen mit blauen Ziegeln, auf denen wunderbare Stiere und Drachen abgebildet waren. Ihre Dächer bedeckte ich, indem ich majestätische Zedernstämme der Länge nach über sie legte. In alle Toröffnungen hängte ich Torflügel aus mit Bronze verziertem Zedernholz. An den Mauern der Tore brachte ich wilde Stiere und grimmige Drachen an und schmückte sie so mit verschwenderischer Pracht, auf dass jedermann sie mit Staunen betrachten konnte.

Ich ließ den Tempel des Esiskursiskur (das höchste Haus zu Ehren von Marduk, dem Herrn der Götter, ein Ort der Freude und des Jubels für die großen und kleinen Götter) fest wie einen Berg aus Erdpech und gebrannten Ziegeln in der Stadt Babylon errichten.

Gleich außerhalb des Ischtar-Tors war der Akitu-Tempel, der in der babylonischen Tradition ihrer Geschichtsinterpretation eine Schlüsselrolle spielte. Jedes Jahr fand dort ein großes Frühlingsfest statt, bei dem die Menschen in die Erneuerung der Natur miteinbezogen wurden. Die Babylonier glaubten, dass mit dem Ende des Winters, wenn das All zurück ins Chaos sank, die bisherige Geschichte aufhörte. Jetzt hing das Schicksal des ganzen Landes an dem Urteil der Götter, und das Frühlingsfest sollte die Götter besänftigen und die Krise abwenden. Bei diesem Fest trugen die Priester das Bildnis des Gottes Nabu aus seinem Tempel in Borsippa zum Akitu-Tempel. Nabu war der Schutzgott der Weisheit und der Schrift und ein Sohn Marduks, des Obersten der Götter. Es folgte eine Reihe prächtiger Zeremonien, in deren Mitte das Verlesen eines der berühmtesten Texte der babylonischen Literatur stand – des *Enuma Elisch* (*»Als oben [der Himmel noch nicht genannt war]«*, benannt nach der ersten Zeile des Epos), einer Beschreibung des Krieges zwischen den Göttern und der Erschaffung des Universums.

Die Tempelpriester hatten eine enorme Macht. Ihnen unterstand ein Großteil des Landes, was ihnen beträchtliche Einnahmen verschaffte. Selbst der König hatte diese Realität öffentlich anzuerkennen. Auf dem Höhepunkt des Frühlingsfestes musste sich Nebukadnezar einer öffentlichen rituellen Demütigung durch die Priester unterziehen, bei der es üblich war, ihn zu ohrfeigen, bis ihm die Tränen kamen.[17] Damit sollte für alle sichtbar dokumentiert werden, dass die Priester die eigentliche Macht hinter dem Thron waren, und erst im Anschluss an diese Zeremonie konnte das große Festmahl, das den Frühling einläutete, beginnen.

Das Ischtar-Tor lag an dem einen Ende der großen »Prozessionsstraße«, die die ganze Stadt durchquerte. Fast 20 Meter breit und von ebenso großen wie prächtigen Gebäuden gesäumt, flößte sie dem Besucher unwillkürlich Ehrfurcht und Bewunderung ein. Die Babylonier waren vorzügliche Architekten und Baumeister. Die Skyline der Stadt wurde beherrscht von einer monumentalen Zikkurat (ein Stufenturm; akkadisch *zaqqaru* bedeutet »sich hoch erheben«), der *Etemenanki* (das

17 Siehe z. B. die *Jerusalem Post*, 14. Oktober 2014.

sumerische Wort bedeutet »Haus der Fundamente von Himmel und Erde«). Man fühlt sich hier unwillkürlich an das ursprüngliche Babel erinnert, das an der gleichen Stelle lag wie Nebukadnezars Babylon, bekannt durch den Versuch, einen Turm zu bauen, der bis an den Himmel reichte (1Mo 11,4).

Der ursprüngliche Turm zu Babel war natürlich längst zu Staub zerfallen, und der Bau des neuen Turmes hatte 100 Jahre gedauert. In sieben gewaltigen Stufen erhob er sich fast 100 Meter über Straßenniveau und dürfte die größte Annäherung der Antike an die modernen Wolkenkratzer gewesen sein. In der obersten Stufe lagen diverse Kulträume, die den Hauptgöttern der Babylonier geweiht waren. Marduk, der oberste der Götter, teilte sein Gemach mit seiner Frau Sarpanitum. In einem zweiten Raum residierten der Schreiber-Gott Nabu und dessen Frau Tashmetu. Weitere Räume beherbergten den Gott des Wassers, Ea, den Gott des Lichts, Nusku, und den Gott des Himmels, Anu. Es gab auch einen Platz für Marduks Vorgänger, den sumerischen Gott Enlil (»Herr der Luft«). Ein siebter Raum trug den Namen »Haus des Bettes«. In ihm standen ein Thron und ein Bett. Ein weiteres Bett gab es im Innenhof des Tempels, auf der obersten Plattform der Zikkurat. Es ist nicht klar, wozu diese Betten dienten. Einige behaupten, dass der oberste Gott Bel (Marduk) persönlich dort schlief, andere, dass eine babylonische Frau sie benutzte. Es ist wahrscheinlich, dass das Dach der Zikkurat als Observatorium genutzt wurde. Die Beobachtung des Sternenhimmels war in Babylon, das die Astrologie hochhielt, weit entwickelt.

Noch viele andere prächtige Bauten säumten die Prozessionsstraße, darunter, knapp westlich des Ischtar-Tors, der Palast Nebukadnezars, dessen sumerischer Name »Das Haus des staunenswerten Wunders der Menschheit« bedeutete. Der Thronsaal war spektakulär und so geschaffen, dass er jeden Besucher mit Ehrfurcht, ja, zitternder Angst vor dem König erfüllte. Die Dachgärten (die »Hängenden Gärten« von Babylon) zählten zu den Sieben Weltwundern der Antike. Man erzählte sich, dass Nebukadnezar sie hatte anlegen lassen, damit seine auf dem Land geborene Frau sich heimischer fühlte, indem ein Teil der Stadt wie ihr Herkunftsort gestaltet war. Die Spekulationen darüber, wie sie konkret ausgesehen haben, ist Gegenstand zahlreicher Gemälde.

Gleich hinter dem *Etemenanki* und auf derselben Seite der Prozessionsstraße lag der *Esagila* (»Das Haus, das sein Haupt erhebt«), der große Tempelkomplex, der Marduk, dem obersten Gott, geweiht war. Marduk galt als so heilig, dass sein Name nie ausgesprochen wurde; man sagte stattdessen *Bel* (»der Herr«). Aber Babylon war weit mehr als nur ein religiöses Zentrum, es war auch ein Hort der Wirtschaft und der Gelehrsamkeit. Viele Tempel verfügten über große Bibliotheken, und es gab Zentren, die sich dem Studium von Recht, Astronomie und Astrologie, Architektur, Bauwesen, Medizin und Kunst widmeten. Heute würde man Babylon als Universitätsstadt bezeichnen.

Vor allem zwei Dinge müssen Daniel und seinen Gefährten auf Anhieb aufgefallen sein. Das Erste waren die unerhörte Größe und Eleganz der Architektur und das Niveau von Gelehrsamkeit und Wissenschaft, das diese Stadt erreicht hatte. Das Zweite war die schier unglaubliche Allgegenwart des Götzendienstes, der die gesamte Gesellschaft durchdrang. Es wimmelte nur so von Göttern; die Haupttore waren nach ihnen benannt, und es gab Tempel in Hülle und Fülle – über 1000 zu jener Zeit.

Das Nebeneinander dieser beiden Dinge muss für Daniel und seine Freunde eine schwierige Frage gewesen sein. Ihre hebräischen Propheten hatten ihnen klargemacht, dass die Götter der Babylonier menschengemachte Vergötterungen der Grundkräfte der Natur waren – Sexualität, Aggression, Gier, Macht, Reichtum usw. Aber wenn das so war, wie konnte sich dann eine solche Hochkultur entwickelt haben, die der Kultur Daniels, die er zurückgelassen hatte, in vielerlei Hinsicht weit überlegen war? Wie konnte eine solche Kultur aus so unzulänglichen, primitiven und ihrer Meinung nach völlig falschen religiösen und philosophischen Vorstellungen hervorgehen? War es wirklich möglich, dass so eine Wirtschaft, Kultur und Bildung aus solch einer falschen Religion entstehen konnten? Oder war dies der nächste Hinweis darauf, dass ihr eigener Gott eine Illusion war?

Sie werden viel gegrübelt haben in ihren ersten Tagen in Babylon.

Kapitel 3

Eine Frage der Werte

Daniel 1

Der Herr gab König Jojakim in die Gewalt Nebukadnezzars und ließ auch einen Teil der Tempelgeräte in seine Hand fallen. Nebukadnezzar brachte sie ins Land Schinar und ließ sie in der Schatzkammer im Tempel seines Gottes aufbewahren. (Dan 1,2; NeÜ)

Dass extra erwähnt wird, dass Nebukadnezar einen Teil der Geräte aus dem Tempel in Jerusalem nach Babylon bringen ließ, mag uns auf den ersten Blick merkwürdig, ja, überflüssig erscheinen. Man könnte annehmen, dass der Sturz des judäischen Königs und die Deportation von Daniel und vielen anderen viel wichtiger waren. Aber Daniel erwähnt die Tempelgeräte ganz bewusst, weil sie noch eine wichtige Rolle spielen werden.

Möglicherweise lag die hier erwähnte »Schatzkammer« in dem Esagila-Tempelkomplex. Sie dürfte ähnlich wie ein Museum gewesen sein, mit einem Raum nach dem anderen mit unzähligen kostbaren Kunstgegenständen – das Feinste von den »Tributzahlungen« (oder vielleicht besser: Beutestücken). Nebukadnezar erhob regelmäßig Tribut von den Vasallenstaaten, die er unterjocht hatte. Viele dieser Gegenstände kann man noch heute in den großen Museen der Welt bestaunen.

Im Buch Esra finden wir eine Übersicht der Schätze, die Nebukadnezar in Jerusalem erbeutet hatte – oder jedenfalls der Gegenstände, die der Perserkönig Kyrus den aus dem Babylonischen Exil nach Jerusalem zurückkehrenden Juden mitgab. Die Gesamtzahl der goldenen und silbernen Geräte betrug 5400 (Esr 1,11).

Eine Frage der Werte

Es ist gut möglich, dass Daniel und seine Freunde dann und wann in Nebukadnezars »Museum« gingen, um die Kultgegenstände, die er aus Jerusalem mitgenommen hatte, zu bewundern und über ihre Bedeutung nachzudenken. Für sie waren diese glitzernden Gefäße »heilig« im ursprünglichen Sinne des Wortes, d. h. sie waren Gegenstände, die für die Verehrung Gottes reserviert waren. Das Gold, aus dem sie bestanden, war damals das wertvollste Metall, das man kannte. Speziell in Israel war es eine Seltenheit, was es besonders geeignet dazu machte, die Herrlichkeit Gottes darzustellen und die Tatsache auszudrücken, dass er sozusagen der »höchste Wert« der jüdischen Nation war. Diese Tempelgeräte aus Jerusalem waren von Kunsthandwerkern gefertigt worden, die Gott ebenso so liebten, wie es Daniel und seine Freunde taten.

Christen sollte der Begriff des Heiligen wohlvertraut sein. Als Jesus seine Jünger das Beten lehrte, gebot er ihnen, mit folgenden Worten anzufangen: »Unser Vater im Himmel! Dein Name werde geheiligt« (Mt 6,9; LUT). Ein gläubiger Christ sollte als Erstes und Wichtigstes den Namen Gottes bewusst als etwas ganz Besonderes wertschätzen. Gott soll sein höchster Wert sein, und jedes Mal, wenn er ihn anruft, soll er sich das in Erinnerung rufen. (Umso trauriger ist es, wenn diese für das christliche Frömmigkeitsleben so fundamentale Tatsache untergeht in dem Pflichtgemurmel einer Gemeinde, die das Vaterunser herunterleiert.)

Diese schönen Goldgefäße standen für das, was im Leben der vier jungen Männer das Wichtigste war. Sie waren für sie eine greifbare Verbindung zum Tempel Gottes in Jerusalem und zu alldem, wofür er stand. Dass sich die Gefäße nicht mehr in diesem Tempel befanden, war eine schmerzliche Erinnerung an die moralische und geistliche Katastrophe, die ihr Vaterland getroffen hatte. Es erinnerte sie daran, dass ihr Volk den Sinn für die Herrlichkeit und Heiligkeit Gottes verloren hatte.

So etwas kann auch heute geschehen. Wir müssen nicht lange nachdenken, um zu erkennen, dass in den Augen vieler heutiger Menschen Gott seine Ehre und seinen Wert verloren hat. Das Wort »heilig« ist nur noch negativ besetzt; es erweckt keine Assoziationen an Glanz und Herrlichkeit mehr, sondern an graue Öde und triste Leblosigkeit – das genaue Gegenteil von Herrlichkeit.

Wenn wir die Bilder des Hubble-Teleskops sehen, die uns die atemberaubende Schönheit des nächtlichen Sternenhimmels zeigen, dessen Lichtkaleidoskop aus Milliarden Sternen besteht, oder auch wenn wir nur durch ein einfaches Teleskop schauen – wie können wir auch nur auf die Idee kommen, der Schöpfer sei trist und langweilig?

Aber manchmal verwehren dunkle Wolken oder auch die »Lichtverschmutzung« durch die vielen künstlichen Lichtquellen auf der Erde es uns, den Nachthimmel in seiner ganzen Schönheit zu sehen. Könnte es sein, dass es ähnlich eine moralische und geistliche Verdunkelung und Lichtverschmutzung gibt, die die Herrlichkeit Gottes verdunkelt? Und könnte es vielleicht auch sein, dass uns selbst jenes Gespür für die Unzulänglichkeit und Sündhaftigkeit von uns Menschen teilweise abhandengekommen ist, das den Propheten Jesaja überfiel, als er lange Zeit vor Daniel die Herrlichkeit Gottes im Tempel in Jerusalem sah?

> *Im Todesjahr des Königs Usija, da sah ich den Herrn sitzen auf hohem und erhabenem Thron, und die Säume seines Gewandes füllten den Tempel. Serafim standen über ihm. Jeder von ihnen hatte sechs Flügel: Mit zweien bedeckte er sein Gesicht, mit zweien bedeckte er seine Füße, und mit zweien flog er. Und einer rief dem andern zu und sprach: Heilig, heilig, heilig ist der HERR der Heerscharen! Die*

> *ganze Erde ist erfüllt mit seiner Herrlichkeit! Da erbebten die Türpfosten in den Schwellen von der Stimme des Rufenden, und das Haus wurde mit Rauch erfüllt. Da sprach ich: Wehe mir, denn ich bin verloren. Denn ein Mann mit unreinen Lippen bin ich, und mitten in einem Volk mit unreinen Lippen wohne ich. Denn meine Augen haben den König, den HERRN der Heerscharen, gesehen.* (Jes 6,1–5)

Die Ehrfurcht vor der Heiligkeit Gottes, die die Pracht des Tempels in Jerusalem den Menschen nahebringen wollte, geht leicht verloren – und dann ist die Gefahr groß, dass Symbole, die einst den Weg zu tiefen geistlichen und moralischen Realitäten wiesen, zu ästhetischen Selbstzwecken werden. Bewunderung für die Architektur alter Kirchen oder die Wertschätzung religiöser Kunstwerke und Rituale ist nicht dasselbe wie die Anbetung eines herrlichen Gottes. Man muss nicht unbedingt an Gott glauben, um die himmelstürmenden Türme und hohen Deckengewölbe eines alten Doms zu bewundern oder den Gesang eines geübten Kirchenchors zu genießen.

Für die nach Babylon verschleppten Jünglinge waren jene goldenen Tempelgeräte Lichter in der Finsternis, Erinnerungen an das Herz des Wertesystems, das ihr Leben geprägt hatte. Für sie waren Gott, sein Name und sein Ruf absolut heilig.

Mache ich zu viel Aufhebens um diese Geräte aus dem Jerusalemer Tempel? Wohl kaum, denn wir werden ihnen in der Mitte dieses Buches wieder begegnen, wo sie beim Gastmahl König Belsazars und seinem dramatischen Ende eine prominente Rolle spielen werden.

Die Relativierung des Absoluten

Noch ein wichtiges Detail hat Daniel über die Tempelgeräte zu sagen. Er betont, dass sie nicht nur in einem anderen Tempel landeten, sondern dass Nebukadnezar sie in die *Schatzkammer* des Tempels seines eigenen Gottes tat. Das Wort »Schatzkammer« unterstreicht, dass es hier um Werte geht – aber diesmal waren es die Werte Nebukadnezars. Mit der Unterbringung der goldenen Geräte aus Jerusalem in der Schatzkammer wollte Nebukadnezar ohne Zweifel demonstrieren, dass sie für ihn einen gewissen Wert hatten. Es waren ja Kunstschätze, er hatte sie erbeutet, und zweifellos ging er davon aus, dass dies die Überlegenheit seiner Götter und seiner selbst demonstrierte. Aber – und dies ist wichtig – sie waren in seinen Augen nicht mehr wert als die zahllosen anderen Objekte seiner Beutekunstsammlung. Die Tempelgeräte aus Jerusalem hatten für ihn gewiss nicht den absoluten Wert, den sie für Daniel hatten; sie hatten nur einen relativen Wert.

Es kann gut sein, dass Daniel diese Tempelgeräte gleich zu Beginn seines Buches erwähnt, weil das, was Nebukadnezar mit ihnen machte, ein Beispiel für etwas war, was Daniel in seinem langen Leben immer wieder beobachten sollte. Es ist ein Vorgehen, das sich in allen möglichen Kulturen und Gesellschaften im Laufe der Menschheitsgeschichte zeigt, nämlich etwas von absolutem Wert auf etwas von lediglich relativem Wert zu reduzieren.

Was Nebukadnezar mit den Tempelgeräten machte, war nicht weniger als eine Relativierung des Absoluten. Indem er Kultgegenstände, die Symbole für den allein wahren Gott und Schöpfer des Himmels und der Erde waren, auf eine Ebene mit den Kultgegenständen anderer Götter stellte, degradierte Nebukadnezar Gottes Absolutheit (ob ihm das bewusst war oder nicht) und machte ihn zu einer von vielen anderen Gottheiten.

Eine solche Relativierung des Absoluten ist auch für die postmoderne »Selbstbedienungsgesellschaft« unseres eigenen Jahrhunderts typisch, vor allem im Westen. Ob ich an Jesus, Buddha, die Beatles, Heilsteine, Mutter Erde oder an sonst etwas glaube, von dem ich fasziniert bin – für den Relativisten sind sie alle gleich »wahr«. Viele Menschen sind davon überzeugt, dass sie mit dieser Position auf der sicheren Seite sind. Absolutes, so sagen sie, sei gefährlich – vor allem dann, wenn es auch noch religiös ist. Sam Harris schreibt: »Nur allmählich begreifen wir, in welchem Ausmaß religiöser Glaube die Unmenschlichkeit, die zwischen Mensch und Mensch herrscht, am Leben erhält.«[18] Sein Lösungsvorschlag ist radikal: »Begriffen wie ›Gott‹ oder ›Allah‹ muss es ebenso ergehen wie ›Apollo‹ oder ›Baal‹, sonst werden sie diese Welt an den Abgrund führen.«[19] Harris möchte diese Begriffe nicht nur relativieren, er möchte sie ins Museum der Geschichte überholter Ideen verbannen; für ihn ist der Atheismus die einzige Option.

Nun, die Geschichte hat uns gezeigt, dass es so einfach nicht ist. Man nehme nur die mehr als offensichtliche, aber gerne übersehene Tatsache, dass der atheistische Kommunismus für mehr Blutvergießen verantwortlich ist als sämtliche religiös motivierten Konflikte zusammengenommen, egal, wie sehr Dawkins, Harris, Hitchens und andere sich auch bemühen, dies herunterzuspielen (vgl. Kapitel 4 in meinem Buch *Gott im Fadenkreuz*). Allerdings sollten wir ihre Kritik ernst nehmen, denn die Geschichte des Christentums ist von so manchen skandalösen, unentschuldbaren Dingen getrübt worden – nicht zuletzt den Kreuzzügen des Mittelalters und der Gewalt in Nordirland –, und es ist sehr wichtig zu sehen, warum sie unverzeihlich sind: Der, für den die Kreuzritter zu kämpfen behaupteten, hatte seinen Jüngern ausdrücklich verboten, ihn

18 Sam Harris, *Das Ende des Glaubens. Religion, Terror und das Licht der Vernunft* (Winterthur: Edition Spuren, 2007), S. 11.
19 Ebd., S. 10.

und seine Botschaft mit dem Schwert zu verteidigen. Diese Kämpfer waren weit davon entfernt, Christus nachzufolgen, sie waren schlicht ungehorsam. (Man beachte hier, dass die Frage der Verteidigung eines Landes oder einer Nation nicht mit der Frage der Verteidigung Christi und seiner Botschaft gleichzusetzen ist.)

Wir müssen unserer Generation (in der viele die Fakten nur vage kennen, wenn überhaupt) neu klarmachen, dass Jesus, als er vor dem römischen Prokurator wegen angeblicher staatsfeindlicher Umtriebe angeklagt wurde – d. h. wegen Anstiftung zum Terrorismus –, öffentlich von Pilatus für nicht schuldig erklärte wurde. Im Kreuzverhör erläuterte Jesus ihm sorgfältig das Wesen seines Königreiches und seiner Herrschaft: »Mein Reich ist nicht von dieser Welt; wenn mein Reich von dieser Welt wäre, so hätten meine Diener gekämpft« (Joh 18,36). Es war für den römischen Statthalter völlig klar, dass Jesus keinerlei revolutionäre Bedrohung darstellte. Pilatus wusste, dass Jesus ehrlich war mit seiner Aussage, denn zweifellos wird er einen Bericht über Jesu Verhaftung bekommen haben. D. h. er wusste, dass einer von Jesu Jüngern (Petrus) ein Schwert gezogen und einem Diener des Hohen Priester ein Ohr abgeschlagen hatte – und dass Jesus Petrus darauf befohlen hatte, sein Schwert wegzustecken, und das Ohr geheilt hatte. Um es deutlich zu sagen: Wer das Schwert oder andere Formen der Gewalt benutzt, um Jesus und sein Reich zu verteidigen, der schlägt immer Ohren ab, und wenn es nur im übertragenen Sinne ist. Der Einsatz von Gewalt im Namen des Christentums ist bis heute einer der Hauptgründe dafür, dass viele Menschen von der Botschaft Christi nichts wissen wollen.

Die entscheidende Schlussfolgerung aus alldem ist offensichtlich: Jeder, der irgendeine Form von Gewalt benutzt, um den Menschen die Botschaft Christi aufzuzwingen, handelt entgegen dem, was Christus ausdrücklich befohlen hat. Mit anderen Worten: Er verhält sich antichristlich und straft seine

Behauptung, ein Jünger Jesu zu sein, Lügen. Aber ebenso gilt: Dass Falschgeld in Umlauf ist, ist noch lange kein Beweis dafür, dass es kein echtes Geld gibt, auch wenn man sich vielleicht etwas anstrengen muss, um das echte Geld zu finden.

Den Anspruch Christi mit der Begründung abzuweisen, dass er absolutistisch sei und unweigerlich zu Mord und Totschlag führe, ist vorschnell und unausgewogen. Es wäre weitaus fairer und würde der Geschichte wesentlich gerechter, wenn wir Jesu Anspruch vor dem Hintergrund betrachten, dass sich das wahre Christentum von der ersten Stunde an der Schwachen und Schutzlosen in der Gesellschaft angenommen hat.

Die Relativierung der Wahrheit

Der Trend zum Relativieren endet nicht bei der Religion. Ein wenig Nachdenken zeigt uns, dass jegliches Relativieren unweigerlich auch Werte trifft und letztlich die Wahrheit selbst. Dieser Aspekt der Postmoderne ist nichts Neues. Etwa drei Jahrhunderte nach Daniel verwarf der griechische Philosoph Protagoras den Begriff der absoluten Wahrheit mit der Begründung, dass man ja auch verschiedener Meinung sein könne, ob der Wind gerade kalt oder warm sei. Später deckte Sokrates den Fehler in Protagoras' Argumentation auf, indem er zwischen der objektiven Wahrheit und unserer subjektiven Reaktion darauf unterschied. Man fragt sich, was Protagoras von einem Thermometer gehalten hätte.

Im Zentrum des postmodernen Denkens liegt ein tiefer Selbstwiderspruch. Es verlangt von uns die Anerkennung der absoluten Wahrheit, dass es keine absolute Wahrheit gibt. Wir sollten uns dieses verhängnisvolle fehlerhafte Grundmerkmal relativistischen Denkens klarmachen: Es versucht die eigenen Behauptungen von seinem Grundurteil auszuschließen. Tatsache ist, dass niemand ohne ein Konzept von absoluter Wahrheit leben kann. Sie glauben das nicht? Dann versuchen Sie einmal, dem Zweigstellenleiter Ihrer Bank klarzumachen, dass die roten Zahlen, die sein Computer für Ihr Konto ausweist, keine absoluten Werte sind.

Tatsache ist, dass wir in unserem normalen Alltag meist nur bei solchen Dingen Relativisten sind, die Meinungssachen und keine Tatsachen sind. Wir alle gehen davon aus, dass unsere Armbanduhr uns die Wahrheit über die aktuelle Uhrzeit anzeigt. Wir sind keine Pluralisten, wenn es darum geht, ob London die Hauptstadt von England ist oder ob 2 + 2 4 ergibt. Die »Neuen Atheisten« sind alles andere als postmodern-relativistisch, wenn es darum geht, die Wahrheit des Atheismus zu behaupten und die Existenz Gottes zu leugnen.

Ich möchte diesen Punkt ausdrücklich betonen. Man macht es sich zu einfach, wenn man sagt, jemand sei ein Relativist – aus dem einfachen Grund, dass niemand je auf allen Gebieten des Lebens ein Relativist ist. Auf den meisten Gebieten entpuppt er sich als ein Verfechter des Absoluten.

Kapitel 4

Eine Frage der Identität

Daniel 1

Nebukadnezar war ohne Zweifel ein rücksichtsloser absoluter Herrscher, aber er war intelligent und weitsichtig genug, um im Umgang mit den so unterschiedlichen Völkern in seinem Reich nicht komplett auf Unterdrückung zu setzen. Er glaubte, die Menschen verändern zu können, und so wählte er, wenn er das nächste Land erobert hatte, die Fähigsten aus dessen Bevölkerung aus, um sie für seine Zwecke auszubilden. Es mussten junge Leute sein (Ältere lassen sich nicht mehr so leicht formen), sie mussten gesund sein, von beeindruckendem Äußeren, dazu intelligent und mit administrativer Begabung. Sie hatten die Sprache und Literatur der Babylonier zu lernen. Nebukadnezar wusste um die Bedeutung von Sprache und Kultur für den Prozess der Assimilation, und seine künftige Elite musste eine dreijährige intensive Einführung in die babylonische Kultur durchlaufen. Sein Ziel war eindeutig, dass diese Leute nach Absolvierung dieser Ausbildung Babylonier wären und keine Ausländer mehr. Manche der Absolventen dieses Studiums wurden anschließend zurück in ihre Heimatländer geschickt, um dort die Regierung von Babylon zu vertreten, doch Daniel und seine Freunde bewährten sich so außerordentlich gut, dass man sie im Zentrum der Macht, in Babylon, behielt.

Daniel ist sparsam mit Details. Nur eine Begebenheit berichtet er, die sich schon bald nach der Ankunft in Babylon zutrug und uns einen aufschlussreichen Einblick in das Programm der kulturellen Umerziehung gibt, das zur Strategie der Babylonier gehörte. Es ging um die Namen der jungen Leute. Aschpenas, der Beamte, der die neuen Elitestudenten der Universität von Babylon unter sich hatte, eröffnete Daniel und seinen Gefährten, dass sie neue Namen bekommen würden – babylonische Namen anstelle ihrer alten hebräischen. Das mag harmlos klingen, aber diese Umbenennung hatte eindeutig den Sinn, jegliche Unterscheidbarkeit, die in den hebräischen Namen liegen mochte, zu beseitigen.

Es waren Unterscheidbarkeiten, die der babylonischen Obrigkeit wohl kaum genehm gewesen wären, denn die ursprünglichen Namen der vier wiesen nicht nur auf ihre hebräische Herkunft hin, sondern auch auf den Gott, an den sie glaubten, und sie hätten diese Namen im Gespräch mit ihren Mitstudenten aus Babylon leicht benutzen können, um gewisse Eigenschaften Gottes zu vermitteln, die diesen Studenten völlig neu waren.

Was Namen erzählen

Stellen wir uns ein Gespräch zwischen Daniel und seinen Freunden und drei babylonischen Mitstudenten vor, die wir Adapa, Ninurta und Nabu nennen wollen. Unsere vier Freunde haben gerade erfahren, dass Adapa nach dem ersten Menschen benannt ist, dem Sohn der Götter Enlil und Ninlil, dass der Name Ninurta »Herr der Erde« bedeutet und für den sumerischen Gott des Krieges, der Fruchtbarkeit und des Südwindes steht und dass Nabu der Name des Sohnes des Gottes Marduk ist.

»Ist das bei den Hebräern ähnlich mit den Namen?«, fragt Nabu.

»Ja«, antwortet Daniel. »Mein Name bedeutet ›Gott ist mein Richter‹.«

»Richter?«, fragt Adapa. »Das ist ziemlich heftig, das klingt nach einer deprimierend engen Sicht von Gott – als wäre euer Gott ein Spielverderber, der ständig herumschnüffelt, um etwas zu finden, für das er dich bestrafen kann.«

»So darfst du das nicht sehen«, erklärt Daniel. »Wir verstehen unter einem Richter nicht einfach jemanden, der einem Gericht vorsteht, obwohl auch das natürlich zu seinen Funktionen gehört. In einem früheren Abschnitt unserer Geschichte, bevor wir Könige wie David hatten, wurden wir von sogenannten ›Richtern‹ regiert, und für mich beinhaltet das Wort ›Richter‹ vor allem die Vorstellung, dass Gott der Herr und Führer meines Lebens ist, was doch etwas sehr Positives ist. Es bedeutet, dass Gott nicht irgendwo weit weg von mir ist, sondern sich für mein Leben interessiert und das Beste für mich will. Darum befolge ich sein Gesetz.«

»Das klingt mir immer noch ziemlich eng und gesetzlich«, wirft Ninurta ein.

»Wirklich?«, fragt Asarja. »Ich finde das nicht logisch. Ich meine, du spielst doch die Leier, und wir hören dir gerne zu. Ich habe gemerkt, dass du, bevor du spielst – und manchmal sogar, während du spielst – auf diesen Tonziegel mit den Noten schaust. Das machst du doch bestimmt, weil du ohne die Noten nicht so gut spielen würdest. Nur wenn du die Noten kennst und sozusagen ihren Geboten folgst, kannst du gute Musik machen. So ist das auch bei uns. Wir wollen Musik mit unserem Leben machen, und die Qualität dieser Musik hängt davon ab, wie gut wir uns an die ›Partitur‹ unseres Gesetzes halten – an die Thora.«

»Diese Analogie hat aber ihre Grenzen«, protestiert Mischaël. »Wir dürfen nicht den Eindruck erwecken, als seien wir einfach Maschinen, die wie mechanisch gehorchen. Unsere Thora gibt uns allgemeine Prinzipien und nicht so sehr detaillierte Gebrauchsanweisungen, und wir müssen jedes Mal gut nachdenken, wie wir die Prinzipien in einer bestimmten Situation anwenden.«

»Gut, da hast du recht«, sagt Asarja. »Vielleicht muss ich das Beispiel mit der Musik noch ein bisschen verfeinern. Die Noten zeigen mir, was der Musiker zu spielen hat, aber die genaue Betonung, das Timbre und die Phrasierung werden von Ninurta selbst bestimmt, sodass er Spielraum zur Entfaltung seiner Persönlichkeit hat. Wenn zwei verschiedene Musiker die gleichen Noten spielen, ist das Ergebnis nie dasselbe, ja, es ist noch nicht einmal dasselbe, wenn derselbe Musiker zweimal die gleichen Noten vorspielt!«

»Aber du hast doch gerade angedeutet, Daniel, dass das mit dem Richter auch eine juristische Seite hat. Kannst du da noch mehr drüber sagen?«

»Ja, sicher. Für manche Menschen ist die Vorstellung von einem Gericht – vor allem vom Jüngsten Gericht – etwas Negatives. Aber wenn es kein Gericht gibt, dann gibt es logischerweise auch keine letzte Verantwortung, sodass es eigentlich egal ist, was ich tue, weil ich mich ja nie dafür verantworten muss. Eine Gesellschaft, die nach diesem Prinzip funktioniert, kann nur in Anarchie enden. Deswegen habt ihr ja den Codex Hammurabi, nach dem eure Gerichte Recht sprechen. Für den babylonischen Staat müssen Gesetze strafbewehrt sein, sonst nützen sie nichts. Wenn dies auf der Ebene des Staates Sinn macht, dann doch wohl auch für unsere Beziehung zu Gott, oder?

Es geht doch letztlich darum, dass Rechenschaftspflicht den Menschen Würde und Wert verleiht. Im normalen Leben will keiner von uns so behandelt werden, als sei er nicht rechenschaftspflichtig oder verantwortlich. Gott hat uns mit einem gewissen Maß an Freiheit erschaffen. Wir können Entscheidungen treffen. Eine letztendliche Verantwortlichkeit zu leugnen mindert meinen Wert als Mensch, denn wenn das, was ich tue, eigentlich egal ist, dann bin ich selbst auch egal.

Aber mehr noch: Wenn es keine Rechenschaftspflicht gibt, dann ist der Sinn für Gerechtigkeit, den wir doch offenbar alle haben, eine bloße Illusion. Es gibt dann keine objektive moralische Realität, der er entsprechen würde, und die Hoffnung, dass eines Tages alles in Ordnung gebracht werden wird, ist eine Täuschung.

Vor diesem Hintergrund könnt ihr vielleicht verstehen, warum unsere Dichter oft geradezu darüber gejubelt haben, dass Gott eines Tages eingreifen und die Welt richten wird. Hier ein Beispiel:

Es freue sich der Himmel, und es jauchze die Erde!
Es brause das Meer und seine Fülle!
Es frohlockt das Feld und alles, was darauf ist!
Auch alle Bäume im Wald sollen jubeln vor dem HERRN!
Denn er kommt, denn er kommt, die Erde zu richten.
Er wird die Welt richten in Gerechtigkeit und die Völker in seiner Wahrheit. (Ps 96,11–13)

Der Dichter stellt sich vor, wie die ganze Schöpfung jubelt vor Vorfreude darauf, dass Gott eines Tages in die Geschichte hineintreten und sein Urteil sprechen wird. Das ist doch etwas Gutes, oder?«

»Aber ich mag diese Sache mit dem Gericht nicht«, protestiert Nabu, »vor allem dann nicht, wenn das Gericht endgültig ist. Ich bin mir nicht sicher, ob ich mich vor einem Gott verantworten will, und dann auch noch vor eurem! Und wenn es wirklich nur *einen* Gott gibt und er so heilig ist, wie ihr das behauptet, wird es dann für euch nicht auch unangenehm werden? Ich meine, vollkommen seid ihr ja auch nicht, oder?«

(In seinem berühmten Roman *Die Brüder Karamasow* schrieb Fjodor Dostojewski: »Wenn es keinen Gott gibt, dann ist alles erlaubt.« Dostojewski will damit nicht sagen, dass ein Atheist nicht moralisch handeln könne. Es gibt Atheisten, die bekennende Christen beschämen. Was er andeutet, ist, dass es keine Grundlage für Moral gibt, wenn es keinen Gott gibt. Viele moderne Denker sehen das anders und behaupten, dass man eine brauchbare Moral auch aus Aspekten der Biologie ableiten könne oder dass sie sogar genetisch bedingt sei. Meine kritischen Anfragen an diese Position habe ich in meinem Buch *Gott im Fadenkreuz* formuliert.[20])

»Da kann Hananja dir vielleicht besser Auskunft geben«, erwidert Daniel. »Denn mein Name sagt uns noch nicht alles über Gott.«

»Ja, das stimmt«, sagt Hananja. »*Mein* Name bedeutet nämlich ›Der Herr erweist Gnade‹.«

»Was ist Gnade?«, will Adapa wissen.

»Nun, Gnade, das ist die Großzügigkeit Gottes, indem er uns gibt, was wir nicht verdient haben. Meint ihr z. B., dass ich es verdient hatte, bei der Belagerung Jerusalems von Nebukadnezar verschont zu werden, wo doch so viele andere umkamen? Oder hatte ich meine wunderbaren Eltern und Verwandten verdient, während andere ein kaputtes Zuhause hatten? Oder habe ich es verdient, dass ich hier in Babylon so gute neue Freunde bekommen habe – eben euch? Ich sehe dies und noch vieles andere als einen Ausdruck der Gnade Gottes.«

»Augenblick mal! Du redest ja ganz anders als Daniel! Betet Daniel den Richter-Gott an und du den Gnaden-Gott? Dann habt ihr *doch* ganz verschiedene Götter, wie wir auch!«

»Aber nein!« Die vier sagen es wie aus einem Munde. »Es gibt nur *einen* Gott. Ihr müsst euch das so vorstellen: Wir sagen, dass die Menschen nach Gottes Bild erschaffen sind, was bedeutet, dass ich etwas über Gott lernen kann, wenn ich mir die Menschen anschaue. Insbesondere sind wir Personen, gerade so wie Gott. Und jetzt denkt einmal an jemanden, den ihr besonders schätzt. Dieser Mensch ist *eine* Person, aber seine Persönlichkeit ist nicht monolithisch und undifferenziert, sondern hat bestimmte Charakterzüge. Er kann z. B. freundlich, aber auch streng und entschieden sein. Unsere Namen spiegeln

20 John Lennox, *Gott im Fadenkreuz. Warum der Neue Atheismus nicht trifft* (Witten: SCM R. Brockhaus, 2013), Kap. 4, S. 125–148.

einen Teil der ganzen Breite des Wesens des einen wahren Gottes wider. Könnt ihr jetzt besser verstehen, was wir meinen?«

»Dazu möchte ich etwas sagen«, sagt Mischaël, »weil nämlich mein Name mit dieser Einzigartigkeit Gottes zu tun hat. Er bedeutet: ›Wer ist wie Gott?‹ Auf diese Frage erwartet man natürlich eine negative Antwort: ›Niemand ist wie Gott. Er ist einzigartig.‹ Ich glaube, meine Eltern sind durch den Propheten Jesaja auf diesen Namen gekommen: ›Mit wem wollt ihr Gott vergleichen, und was für ein Abbild wollt ihr ihm gegenüberstellen?‹ (Jes 40,18). Mit diesen Worten protestierte Jesaja im Namen des einen wahren Gottes gegen den Polytheismus.«

»Und du, Asarja? Was bedeutet dein Name?«

»Er bedeutet: ›Der Herr hilft‹,« erwidert Asarja. »Meine Eltern wollten mit diesem Namen ihre Dankbarkeit für Gottes Hilfe in ihrem Leben ausdrücken. Aber das ist nicht nur meinen Eltern so gegangen. Wir selbst haben die Hilfe Gottes erfahren. Sein Wort hat unser Leben gerettet. Wenn wir z. B. nicht nur durch Jeremia im Voraus gewusst hätten, dass Nebukadnezar in unser Land einfallen und viele von uns verschleppen würde, sondern auch, *warum* das so kommen musste, wir hätten nicht damit umgehen können. Wenn ich auf mein Leben zurückblicke, dann muss ich sagen, dass Gott uns oft durch sein Wort hilft – wenn wir merken, dass wir darin seine Stimme hören.«

»Entschuldigung«, fällt Nabu ein, »aber ist das nicht ein bisschen dünn? Das ist doch nur eure subjektive Art, die Dinge zu deuten. Vielleicht sollte ich betonen, dass mein Name der des Schutzgottes der Wissenschaft ist – tja, und ich bin tatsächlich ein Wissenschaftler. Ihr sagt, dass wir Menschen nach Gottes Bild erschaffen sind. Aber könnte es nicht auch genau andersherum sein? Wir haben einen Psychologieprofessor, der uns gesagt hat, dass alle Götter im Wesentlichen Projektionen unserer eigenen Vorstellungen sind und dass sie deswegen alle so furchtbar und berechenbar menschlich sind; sie haben halt keine eigene Existenz. Die Priester mögen es übrigens überhaupt nicht, wenn man so redet, und dieser Professor muss aufpassen, was er in der Öffentlichkeit sagt. Es ist gefährlich, sich gegen die herrschende Lehre zu stellen.

Und was eure Behauptungen betrifft, dass euer Gott euch hilft – nun, dann könnte *ich* genauso gut sagen, dass Nabu mir geholfen hat, ein Wissenschaftler zu werden und gute Prüfungen abzulegen, oder dass Ischtar mir eine tolle Freundin verschafft hat. Das wäre doch dasselbe wie bei euch, oder? Ihr kommt um die großen erkenntnistheoretischen Fragen nicht herum: Woher *wisst* ihr denn, dass euer Gott euch hilft? Woher wisst ihr, dass ihr diese Deutung der Dinge nicht einfach in eure Erfahrungen hineinlest, weil euch das in den Kram passt?«

»Du hast gut aufgepasst!«, entgegnet Asarja. »Deine Frage ist vollkommen berechtigt. Aber sie ist ein zweischneidiges Schwert. Gesetzt den Fall, ich frage dich, woher du weißt, dass deine bezaubernde Freundin dich liebt? Jedes Argument, das du dazu vorbringst, kann ich mit einem Gegenargument kontern. Beweise im strengen Sinn des Begriffs, wie Hananja sie gerne in seiner Mathematik hat, sind bei der Liebe unmöglich. Aber die äußere Wahrnehmung ist nicht unmöglich, oder? Wenn ich dich und deine Freundin eine Weile beobachten würde, ich glaube, ich würde merken, ob sie dich liebt oder nicht. Warum beobachtest du uns also nicht die nächsten Monate lang genau? Wenn ihr dann nichts davon merkt, dass unser Gott in unserem Alltag bei uns ist und uns hilft, können wir uns unsere schönen Behauptungen sparen. Aber ich hoffe, ihr werdet merken – ja, vielleicht durch uns –, dass unser Gott eine Realität ist.«

Solche Gelegenheiten, ihre Namen als Anknüpfungspunkte zu Gesprächen zu nutzen, hatten die vier nicht lange – falls sie sie denn überhaupt je hatten. Schon sehr bald ließ Aschpenas, der für die ausländischen Studenten zuständige Beamte, sie zu sich kommen, um sie zu informieren, dass sie zur besseren Integration in die babylonische Gesellschaft neue, babylonische

Namen bekämen. Ab sofort waren die ausländischen Namen verboten.

Ihre neuen Namen waren bereits festgelegt. Daniel hieß fortan *Beltschazar (Balat su ussur,* »Möge Bel [Marduk] sein Leben beschützen« oder möglicherweise, und das ist sehr interessant, »Schatzmeister des Bel«). Aus Hananja wurde *Schadrach* (»Befehl des Aku«, des Mondgottes) und aus Asarja *Abed-Nego* (»Diener des Nabu«, des Sohnes Marduks). Nabu bzw. Nego ist ein Teil von Nebukadnezars Namen *(Nabu kudurri usur),* sodass sowohl Asarja als auch Daniel Namen erhielten, die Teile des Namens des Königs enthielten. Aber am heftigsten traf es Mischaël. Sein neuer babylonischer Name klang ähnlich wie sein hebräischer Name und war eine Parodie auf ihn. Er wurde zu *Meschach* (»Wer ist wie Aku?«, der Mondgott). Keine Spur blieb mehr von der Einzigartigkeit des einen wahren Gottes.

Es ist wohl kaum anzunehmen, dass die vier Freunde im Gespräch untereinander nicht weiter ihre alten, hebräischen Namen benutzten. Vielleicht konnten sie sogar manchen Menschen die Bedeutung dieser Namen erklären, wobei sie allerdings sehr vorsichtig sein mussten, denn Babylon wollte, dass diese Namen und ihre Bedeutung in Vergessenheit gerieten. (Es gibt übrigens die Theorie, dass Daniel einige dieser babylonischen Namen absichtlich falsch schreibt, als wolle er sagen: »Es ist eigentlich egal, wie ihr mich nennt; meine Identität verändern könnt ihr sowieso nicht.«)

Diese Namensänderungen waren keine harmlose Formsache, sondern ein frühes Beispiel für systematische soziale Assimilierung und Manipulation (die Gelehrten sprechen von »social engineering«). Es ging darum, lästige Unterschiede zu beseitigen und Einheitsbürger zu schaffen, die leichter zu kontrollieren waren. Solche Versuche sind in der Menschheitsgeschichte oft mit der Verletzung der Menschenwürde einhergegangen. Ein modernes Beispiel für dieses Phänomen ist die »politische Korrektheit«, die ursprünglich Beleidigungen vorbeugen sollte, aber längst zu einem Maulkorb für öffentliche Diskussion und Meinungsfreiheit geworden ist.

Es muss ein schwieriger Augenblick für Daniel und seine Freunde gewesen sein. Hätten sie sich am liebsten gewehrt gegen die neuen Namen? Wir lesen nichts davon und können nur spekulieren, doch eines ist klar: Babylon konnte ihre Namen ändern, aber nicht ihre Identität. Es ist eine historische Tatsache, dass Daniels alter Name das Babylonische Reich überlebt hat dank des biblischen Buches, das er uns hinterlassen hat. Und seine Identität hat er definitiv nicht verloren, und wir können wohl davon ausgehen, dass die vier untereinander weiter ihre alten Namen benutzt haben.

Babylon und die Suche nach Sinn

Wir müssen in diesem Zusammenhang noch mehr sagen über Namen und Identitäten, denn dieses Thema hat eng mit der Gründung der Stadt Babylon in der biblischen Urgeschichte zu tun. In 1. Mose 11,1–4 lesen wir:

> *Und die ganze Erde hatte ein und dieselbe Sprache und ein und dieselben Wörter. Und es geschah, als sie von Osten aufbrachen, da fanden sie eine Ebene im Land Schinar und ließen sich dort nieder. Und sie sagten einer zum anderen: Auf, lasst uns Ziegel streichen und hart brennen! Und der Ziegel diente ihnen als Stein, und der Asphalt diente ihnen als Mörtel. Und sie sprachen: Auf, wir wollen uns eine Stadt und einen Turm bauen, und seine Spitze bis an den Himmel! So wollen wir uns einen* ***Namen*** *machen, damit wir uns nicht über die ganze Fläche der Erde zerstreuen!* (Hervorhebung durch den Autor.)

Jede große Hauptstadt in der Welt sieht sich gerne als Symbol für die Ideologie, die die Nation prägt. Im Kalten Krieg war es üblich, im Radio Nachrichten nach folgendem Muster zu hören: »Moskau sagt X, worauf Washington Y erwidert, aber London findet, dass Z.« Jeder Hörer wusste, wofür Moskau, Washington und London standen: unterschiedliche Ideologien. Nun, dieser Abschnitt aus dem 1. Buch Mose sagt uns, wofür Babylon stand. Der Kernsatz »So wollen wir uns einen Namen machen« zeigt uns die Philosophie, auf der es erbaut war, und seine großen Ziele.

Wir sollten dies jedoch gründlich durchdenken. Man könnte ja sagen, dass das mit dem »Namen« und dem Turmbau einfach bedeutet, dass Babylon nach seiner Identität suchte. Was ist denn daran falsch? Wollen wir nicht alle eine Identität haben? Gehören nicht die Bedeutung und der Sinn, die unsere Identität ausdrücken, zu den fundamentalen Dingen unseres Lebens, die es zu dem machen, was es ist? Was ist denn falsch daran, danach zu suchen?

Gar nichts! Der Text aus 1. Mose 11 will uns nicht sagen, dass wir nicht nach Sinn suchen dürfen. Aber es ist nicht egal, *wie* wir das tun. In Gottes Augen stimmte etwas nicht mit dem Turmbauprojekt dieser Menschen damals, denn er griff ein und setzte ihm ein abruptes Ende.

Babel suchte seine Identität durch ein weithin sichtbares Symbol des damals aktuellsten wissenschaftlichen und technischen Fortschritts. Wir haben bereits gesehen, dass die alten Babylonier geschickte Architekten und Baumeister waren, und ihr Hang, die imposantesten Bauten der Erde zu errichten, fand seinen Ausdruck unter der Herrschaft einer Reihe von Königen, nicht zuletzt unter Nebukadnezar.

Und das hat sich seitdem nicht geändert. Immer höher sind die Gebäude geworden, die demonstrieren, was der Mensch kann: die Pyramiden der Ägypter und der Mayas, das Empire State Building, die Petronas-Türme, der Shard, der Burj Khalifa;

Gebäude, die noch höher sind, sind in der Planung. Diese himmelragenden Gebäude sind Symbole – so mächtige Symbole, dass arabische Terroristen, die die USA besonders hart treffen wollten, die Twin Towers als Ziel wählten.

Es ist nichts Falsches daran, nach Spitzenleistungen in Architektur und Ingenieurskunst zu suchen, und wir bewundern mit Recht die Leistungen der Babylonier und anderer Nationen auf diesen Gebieten. Was ist dann das Problematische an der Art, wie sie nach dem großen Sinn suchten? Das 1. Buch Mose sagt es uns gleich im nächsten Kapitel, das uns berichtet, wie Gott Daniels Urahn Abraham befahl, die Stadt Haran (sie lag in der gleichen Region wie Babylon) zu verlassen:

> *Und der HERR sprach zu Abram: Geh aus deinem Land und aus deiner Verwandtschaft und aus dem Haus deines Vaters in das Land, das ich dir zeigen werde! Und ich will dich zu einer großen Nation machen, und ich will dich segnen, und ich will deinen* ***Namen*** *groß machen, und du sollst ein Segen sein! Und ich will segnen, die dich segnen, und wer dir flucht, den werde ich verfluchen; und in dir sollen gesegnet werden alle Geschlechter der Erde!* (1Mo 12,1–3; Hervorhebung durch den Autor)

Die Berufung Abrahams war eines der wichtigsten Ereignisse in der Geschichte der Welt. Lord Sacks, ehemaliger Großrabbiner des United Kingdom, schreibt in seinem Buch *The Great Partnership:*

> *Alle anderen Zivilisationen kommen und gehen. Der Glaube Abrahams bleibt […] Was Abrahams Monotheismus so einzigartig machte, ist, dass er dem Leben Sinn gab. Das ist etwas, was nur wenige verstehen […] Wir machen einen großen Fehler, wenn wir den Monotheismus als eine Weiterentwicklung des Polytheismus betrachten, gerade*

> *so, als wenn die Menschen zuerst viele Götter verehrt und ihre Zahl dann auf einen reduziert hätten. Der Monotheismus ist dem Wesen nach etwas völlig anderes. Der Sinn eines Systems liegt außerhalb dieses Systems, und daher liegt der Sinn des Universums außerhalb des Universums. Durch seine Entdeckung des transzendenten Gottes, der außerhalb des Universums steht und es erschaffen hat, machte der Monotheismus es zum ersten Mal in der Geschichte der Menschheit möglich, daran zu glauben, dass das Leben einen tiefen Sinn hat. Das ist viel mehr als eine bloße mythologische oder wissenschaftliche Erklärung.*[21]

Die Philosophie Babylons entspricht dem heutigen Szientismus, der uns Sinn und Erlösung in Wissenschaft und Technologie suchen lässt. Aber wissenschaftliche Analysen und Erklärungen können uns nicht den Sinn geben, nach dem wir als Personen suchen. Babylon wird uns leer zurücklassen.

Aber Gott wird uns nicht leer zurücklassen, wie der Philosoph Ludwig Wittgenstein deutlich sah:

> *An einen Gott glauben heißt, die Frage nach dem Sinn des Lebens verstehen. An einen Gott glauben heißt sehen, dass es mit den Tatsachen der Welt noch nicht abgetan ist. An Gott glauben heißt sehen, dass das Leben einen Sinn hat.*[22]

Der transzendente Herr offenbart sich Abraham und sagt ihm, wo er den Sinn seines Lebens finden wird: »Ich will deinen Namen groß machen …!« Diese Aussage, die im Bibeltext fast direkt nach der Beschreibung der Ideologie Babels kommt, lädt uns dazu ein, die Grundphilosophie Babels mit Abrahams Got-

21 Jonathan Sacks, *The Great Partnership: God, Science and the Search for Meaning* (London: Hodder and Stoughton, 2011), S. 8.

22 Ludwig Wittgenstein, *Tagebücher 1914–1916*, in *Schriften* (Frankfurt: Suhrkamp, 1963), 8. 7. 16, S. 166f.

tesglauben zu vergleichen. Aber mehr noch: Im Neuen Testament wird Abrahams Glaube zur Grundphilosophie einer anderen Stadt, die in der Bibel das genaue Gegenteil von Babylon ist. Diese Stadt ist das himmlische Jerusalem.

Der Hebräerbrief hat Folgendes darüber zu sagen, warum Abraham die Stadt Ur verließ:

Aufgrund des Glaubens gehorchte Abraham dem Ruf Gottes. Er verließ seine Heimat und zog in ein anderes Land, das Gott ihm zum Erbbesitz geben wollte. Er ging, ohne zu wissen, wohin er kommen würde. Aufgrund des Glaubens siedelte er sich in dem zugesagten Land an, auch wenn er dort wie ein Fremder lebte und mit Isaak und Jakob, denen Gott dieselbe Zusage gegeben hatte, in Zelten wohnte. Er wartete auf die Stadt, die feste Fundamente hat, deren Baumeister und Schöpfer Gott selbst ist. Aufgrund des Glaubens erhielt selbst Sara die Kraft, Mutter zu werden, obwohl sie unfruchtbar war und schon ein Alter erreicht hatte, in dem sie nicht mehr schwanger werden konnte. Sie war nämlich überzeugt, dass Gott sein Versprechen halten würde. Deshalb stammt auch von einem einzigen Mann, noch dazu von einem, der schon so gut wie tot war, ein ganzes Volk ab, ein Volk, so unzählbar wie die Sterne am Himmel und wie die Sandkörner am Ufer des Meeres.

All diese Menschen haben Gott bis zu ihrem Tod vertraut, obwohl sie noch nicht erhielten, was er ihnen zugesagt hatte. Doch sie sahen die Erfüllung der Zusagen von fern und freuten sich darauf. Ganz offen sagten sie, dass sie hier auf der Erde nur Gäste und Fremde seien. Damit gaben sie zu verstehen, dass sie noch auf der Suche nach einer Heimat waren. Hätten sie dabei an das Land gedacht, aus dem sie gekommen waren, dann hätten sie genügend Zeit gehabt, dorthin zurückzukehren. Aber sie suchten nach etwas Besserem, einer Heimat im Himmel. Deshalb schämt

Gott sich nicht, ihr Gott genannt zu werden, denn er hat ihnen eine Stadt im Himmel gebaut. (Hebr 11,8–16; NeÜ)

Wie wir alle hatte auch Abraham ein natürliches und legitimes Interesse an seiner eigenen Identität. Aber der Unterschied zwischen seiner Einstellung und der der Leute von Babel war, dass diese auf ihre eigenen Fähigkeiten und Anstrengungen vertrauten, sich einen »Namen« bzw. eine Identität zu schaffen. Ihr Motto war: »Mach dein Ding!« Abraham dagegen war bereit, die Identität und die Bedeutung zu akzeptieren, die Gott ihm gab. Damit wurde er zu einem Menschen von bemerkenswertem Gottvertrauen. Und dieser »Glaube« (im Sinne von »Vertrauen«) ist das Grundprinzip der himmlischen Gottesstadt. Gott ist nicht gegen Städte! Es kommt darauf an, wofür diese Städte stehen.

Die große Frage für Abraham, für Daniel und für uns ist nicht so sehr, *in* welcher Stadt wir leben, sondern *für* welche Stadt wir leben. So betrachtet ist die Bibel die Geschichte zweier Städte. Wir werden auf diesen Gedanken zurückkommen, wenn wir uns Daniel 9 anschauen.

Was Abraham tat, war leichter gesagt als getan. Viele von uns, wenn nicht sogar alle, kämpfen ebenfalls mit diesem Identitätsproblem. Es gibt Zeiten, in denen es uns schwerfällt, Sinn in unserem Leben zu finden, und in denen wir resigniert fragen: »Was soll das alles?« Und gleichzeitig sehen wir, wie andere ein scheinbar erfülltes und gelingendes Leben führen, und möglicherweise wünschen wir uns, in ihre Haut schlüpfen zu können. Wir finden, dass sie begabter sind als wir oder mehr darstellen, und oft meinen wir sogar, dass sie relativ wenige Probleme im Leben haben – persönlich, in ihrer Verwandtschaft oder in ihrem Beruf. Sie scheinen einen leicht erkennbaren »Namen« zu haben, und wir nicht. Sie scheinen zu wissen, wofür sie leben, und wir nicht.

Aber wenn wir ehrlich sind, ist es selbst für Menschen, die an Gott glauben, manchmal ein Kampf, die Bedeutung zu akzeptieren, die Gott ihnen gegeben hat. Es ist nur zu leicht, den Sinn des Lebens in etwas anderem als Gott zu suchen und sich darüber schier aufzureiben.

Die Frage »Wer bin ich?« ist eine der tiefsten Fragen, die wir stellen können. Die Psychologin Nola Passmore bringt es auf den Punkt:

> *Das Herz der Menschen sehnt sich nach Sinn und Ziel, nach Geborgenheit, wenn menschliche Beziehungen nicht ausreichen, nach dem Wissen, dass wir bedingungslos geliebt sind, wie auch unsere Situation aussieht. Wir wollen wissen, dass wir kein Zufall und keine Laune der Natur, sondern gewollt und geschaffen sind. Wir wollen wissen, dass wir eine Zukunft und eine Hoffnung haben, auch wenn alles um uns herum einzustürzen scheint.*

Viktor Frankl, der Wiener Psychotherapeut, der den Holocaust überlebte, schrieb ein Buch mit dem Titel *Der Mensch auf der Suche nach Sinn,* in welchem er eine psychotherapeutische Behandlungsmethode beschrieb, die er »Logotherapie« nannte (nach dem griechischen Wort *logos,* das »Wort« bzw. »Sinn« bedeutet und das die stoischen Philosophen zur Bezeichnung des rationalen Prinzips benutzten, das hinter dem Universum steht und das dann von Christen im Neuen Testament zur Bezeichnung Christi als dem Wort Gottes verwendet wurde). Für Frankl war die größte Motivationskraft im Menschen die Suche nach Sinn, und die Tatsache, dass sein Buch millionenfach verkauft und in viele Sprachen übersetzt wurde, demonstriert die schmerzhafte Leere in jedem menschlichen Herzen. Frankl glaubte, dass das Wichtigste, was wir für unsere Mitmenschen tun können, darin bestehe, ihnen eine Zukunftshoffnung zu geben. Gott gab Abraham Hoffnung, indem er ihm eine Verheißung gab, die er später erfüllte. Er gab ihm ein *logos*, ein Wort der Hoffnung.

In diesem Zusammenhang sollten wir nicht nur an die Namen von Einzelpersonen denken, sondern auch an die Gattungsbezeichnung der Menschheit, also an das Wort »Mensch« allgemein. Woher stammt es? Die Antwort der Bibel ist: von Gott. In 1. Mose 5,1–2 (NeÜ) lesen wir:

> *Es folgt das Verzeichnis der Nachkommen Adams.*
> *Als Gott den Menschen schuf, gestaltete er ihn als*
> *Abbild von sich. Er schuf sie männlich und weiblich.*
> *Dann segnete er sie und gab ihnen noch am Tag ihrer*
> *Erschaffung den Namen »Mensch«* [hebr. adam].

Es ist hochinteressant, dass es nach dem Schöpfungsbericht ansonsten relativ wenig in der Schöpfung gibt, dem Gott bei der Erschaffung einen Namen gab (Tag, Nacht, Himmel, Erde und Meer, vgl. 1Mo 1,5.8.10), während Adam die Aufgabe erhielt, die Tiere zu benennen.

Die ausdrückliche Namensbenennung der Menschen durch Gott soll ohne Zweifel die Tatsache betonen, dass die Menschen ihre tiefste Bedeutung durch ihre Gottesebenbildlichkeit erhalten. Das aber heißt: Wenn wir uns von Gott trennen, verlieren wir diese Bedeutung. (Damit will ich nicht sagen, dass Atheisten ihrem Leben keinen Sinn beimessen können; sie können das sehr wohl. Was ich meine, ist vielmehr, dass ihre eigene Weltanschauung ihnen einen tiefen, letzten Sinn verwehrt.)

Die zentrale Aussage des Christentums ist, dass Jesus das Wort *(Logos)* ist, das von Anbeginn mit Gott identisch und bei Gott war (Joh 1,1–2). Er ist das Wort, das Mensch wurde, damit wir von ihm Worte hören konnten, die unserem Leben Sinn geben. Aus dieser Motivation heraus wurde dieses Buch geschrieben: Wenn wir lesen, was Daniel zu sagen hat, werden wir die Stimme Gottes hören, die zu uns spricht. Denn das macht das

Buch Daniel aus: Es ist die Stimme Gottes an Daniel und durch ihn auch an uns. Dies ist eine kühne Behauptung in unserer skeptischen, säkularen Gesellschaft, doch dazu später mehr.

Zum Schluss dieses Abschnitts möchte ich auf einen wichtigen Unterschied zwischen Daniel und Abraham aufmerksam machen. Abraham wurde von Gott aus Mesopotamien herausgerufen. Er ging freiwillig und zog als Nomade in das Land, das später den Namen seines Enkels Israel (Jakob) tragen sollte. Er lernte, was es bedeutete, Gott zu vertrauen, und das Neue Testament sieht ihn als Vorbild, dem wir nacheifern sollten (Hebr 11). Daniel dagegen wurde gezwungen, aus dem Land der Verheißung zurückzugehen in das Gebiet, das Abraham einst verlassen hatte. Als wahrer Sohn Abrahams wurde er dazu berufen, in Babylon zu leben und dort seinen Glauben an Gott öffentlich zu bezeugen. Dies ist die andere Lektion für uns. Wenn wir wie Abraham gelernt haben, Gott auf der Pilgerreise unseres Lebens zu vertrauen, schickt Gott uns zurück in die Gesellschaft, um dort »Salz« und »Licht« zu sein (Mt 5,13–14), d. h. um dort den Durst nach Gott zu wecken und um den Weg zu ihm durch seinen Sohn Jesus Christus zu zeigen.

Doch oftmals, in der Welt Straßengewühl
oder im lautem Streitgelärm
erhebt ein unaussprechlich Sehnen sich
nach dem verborgenen Leben tief in uns.
Ein Durst, mit ruheloser Willenskraft
zu finden unsern wahren, rechten Weg.
Ein sehnsüchtiges Fragen
nach dem Geheimnis unseres Herzensschlags,
so wild und tief in uns – zu wissen,
woher wir kommen und wohin wir gehn.
(Matthew Arnold, »The Buried Life«, 1852)[23]

23 Übersetzung F. Lux.

Hat man sein »Warum?« des Lebens,
so verträgt man sich fast mit jedem »Wie?«.
(Friedrich Nietzsche, »Götzen-Dämmerung« [»Sprüche und Pfeile« Nr. 12], 1889)

Die Sprachverwirrung

Der Abschnitt im 1. Buch Mose, der über den Ursprung Babylons berichtet, erklärt uns auch die Bedeutung des Namens der Stadt:

> *Und der HERR fuhr herab, um die Stadt und den Turm anzusehen, die die Menschenkinder bauten. Und der HERR sprach: Siehe, ein Volk sind sie, und eine Sprache haben sie alle, und dies ist erst der Anfang ihres Tuns. Jetzt wird ihnen nichts unmöglich sein, was sie zu tun ersinnen. Auf, lasst uns herabfahren und dort ihre Sprache verwirren, dass sie einer des anderen Sprache nicht mehr verstehen! Und der HERR zerstreute sie von dort über die ganze Erde; und sie hörten auf, die Stadt zu bauen. Darum gab man ihr den Namen Babel; denn dort verwirrte der HERR die Sprache der ganzen Erde, und von dort zerstreute sie der HERR über die ganze Erde.* (1Mo 11,5–9)

Die Bibel lokalisiert den Ursprung der sprachlichen Vielfalt auf der Erde im alten Babylon. Die babylonische Sprachverwirrung führte u. a. dazu, dass sich das Hebräische vom Aramäischen und Chaldäischen unterscheidet. Wie wir bereits sahen, war Nebukadnezar entschlossen, durch sein Bildungsprogramm die Auswirkungen der sprachlichen und kulturellen Unterschiede rückgängig zu machen, indem er verordnete, dass junge Gefangene wie Daniel und seine Freunde die Sprache und Literatur des Babylonischen Reiches zu erlernen hatten. Noch weiter ging er mit der Änderung ihrer Namen; es war fast so, als wolle er die alten Namen aus dem Verkehr ziehen.

Man mag mir vorwerfen, zu viel in diese Dinge hineinzulesen, aber selbst wenn ich dies tun sollte, macht es das, was ich jetzt sagen will, nicht weniger wahr. Die Welle des Relativismus, die gerade das westliche Denken überflutet, versucht mit massivem Druck, gewisse Wörter aus unseren Sprachen zu entfernen und durch andere zu ersetzen, die das säkulare Programm der »Dekonstruktion« des Wesens des Menschen und der Gesellschaft, in der wir leben, vorantreiben.

Da gibt es Worte, die als nicht mehr »politisch korrekt« gelten, z. B. »Wahrheit«, »Gebot«, »Dogma«, »Glaube«, »Gewissen«, »Moral«, »Sünde«, »Keuschheit«, »Nächstenliebe«, »Recht«, »Autorität«, »Ehemann«, »Ehefrau«, während sich gleichzeitig ein ganzer Schwarm anderer Begriffe und Konzepte in den Vordergrund drängt, z. B. »meine Rechte«, »Diskriminierungsverbot«, »Wahlfreiheit«, »Gleichstellung der Geschlechter«, »Pluralität«, »kulturelle Vielfalt« u. a.

Diese tiefgreifenden Veränderungen sind das Ergebnis einer postmodernen »Dekonstruktion« der Wahrheit, die die Wahrheit aus dem Bereich des Objektiven in den des rein Subjektiven verbannt und damit relativiert und beliebig macht. Kardinal Joseph Ratzinger warnte, kurz bevor er Papst Benedikt XVI. wurde, in seiner Predigt im Petersdom vom 18. April 2005 als Dekan des Kardinalskollegiums vor einer »Diktatur des Relativismus« in Europa. Ratzinger wörtlich:

> *Es entsteht eine Diktatur des Relativismus, die nichts*
> *als endgültig anerkennt und als letztes Maß nur*
> *das eigene Ich und seine Gelüste gelten lässt.*[24]

24 https://www.vatican.va/gpII/documents/homily-pro-eligendo-pontifice_20050418_ge.html

Das klingt paradox, ist es aber nicht. Der Konformitätsdruck macht sich in dem Augenblick bemerkbar, wo man irgendeinen Aspekt des Relativismus infrage stellt – z. B., dass alle Lebensstile akzeptiert werden müssen. Das Recht auf Wahlfreiheit sticht alles andere aus, einschließlich der Tradition und der göttlichen Offenbarung. Es ist der eine absolute Fels in einem Meer des Relativismus, wie widersprüchlich dies auch sein mag.

Wir haben festgestellt, dass zur Postmoderne der offensichtliche Selbstwiderspruch gehört, dass der Satz, dass »es keine absolute Wahrheit gibt«, als absolute Wahrheit dargestellt wird. Es überrascht von daher nicht, dass die Sprache der Postmoderne sehr verworren ist. Sprachliche Ambivalenz ist geradezu das Lebenselixier der Postmoderne. Ihr Ziel ist es, aus unserer Wahrnehmung der »Realität« jegliche Objektivität zu entfernen und alles auf »Texte« zu reduzieren, die man »interpretieren« muss, wobei angeblich jede Interpretation gleich gültig ist, und dies nicht zuletzt im Bereich der Werte.

Jürgen Habermas (wohlgemerkt, ein Atheist) hat 1999 in einem »Gespräch über Gott und die Welt« mit deutlichen Worten vor den Gefahren dieses Übergangs von einer jüdisch-christlichen Grundlage unserer Ethik zur Postmoderne gewarnt:

> *Der egalitäre Universalismus, aus dem die Ideen von Freiheit und solidarischem Zusammenleben, von autonomer Lebensführung und Emanzipation, von individueller Gewissensmoral, Menschenrechten und Demokratie entsprungen sind, ist unmittelbar ein Erbe der jüdischen Gerechtigkeits- und der christlichen Liebesethik. In der Substanz unverändert, ist dieses Erbe immer wieder kritisch angeeignet und neu interpretiert worden. Dazu gibt es bis heute keine Alternative. Auch angesichts der aktuellen Herausforderungen einer post-*

> *nationalen Konstellation zehren wir nach wie vor von dieser Substanz. Alles andere ist postmodernes Gerede.*[25]

In der Tat: ein postmodernes »Babel«!

25 Jürgen Habermas, *Zeit der Übergänge. Kleine politische Schriften IX* (Frankfurt/M: Suhrkamp, 2001), S. 175.

Kapitel 5

Der Entschluss und der Protest

Daniel 1

Daniel und seine Freunde werden kaum eine Möglichkeit gehabt haben, gegen ihre neuen heidnischen Namen zu protestieren. Genaues wissen wir nicht, da der Bibeltext hier schweigt. Aber wir beobachten gespannt den weiteren Verlauf der Geschichte. Wann werden die jungen Hebräer anfangen, ihren Gott an der Universität Babylons zu bekennen? Nun, es wird nicht lange dauern.

Studienfach: Heiligkeit

Daniel berichtet, dass Elitestudenten wie er selbst und seine Freunde drei Jahre lang ein breit angelegtes Studium absolvieren mussten, das sie in Sprache, Kultur und Literatur der Babylonier einführte. Die Regierung scheute hier keine Kosten, und da die babylonische Kultur Gesundheit, Fitness und Aussehen einen hohen Stellenwert gab, bekamen die Studenten das allerbeste Essen; es waren die gleichen Speisen und Getränke, die man auch dem König servierte – für die Studenten ein großes Privileg. Wir können sicher sein, dass diesen vier Gefangenen aus einer Stadt, die die Belagerer buchstäblich ausgehungert hatten und die an magere Kriegsrationen gewohnt waren, die Augen übergingen beim Anblick ihrer Speisekarte.

> *Aber Daniel nahm sich in seinem Herzen vor, sich nicht mit der Tafelkost des Königs und mit dem Wein, den er trank, unrein zu machen.* (Dan 1,8)

Es ist nichts Neues, dass Studenten das Mensa-Essen nicht mögen. Generationen von Studenten haben Qualität und Quantität der Gerichte bemängelt. Nun, hier in Babylon gab es nichts zu bemängeln. Die Mahlzeiten, direkt aus der Küche des Königs, waren etwas für Feinschmecker. Warum um alles in der Welt wehrte sich Daniel gegen diese Kost?

Seine eigene Erklärung ist, dass er sich nicht »unrein machen« wollte. Wir haben es hier mit einem inneren Herzensentschluss zu tun, der vor dem äußeren Schritt kam, den Daniel ergriff, und der mit Daniels biblischen Überzeugungen in Bezug auf »Heiligkeit« zu tun hatte. Der Begriff »Heiligkeit« hat positive und negative Aspekte. Positiv bedeutet er die völlige Hingabe und Verpflichtung Gott gegenüber. Wie wir wissen, war es Daniels Absicht, im Lichte dessen zu leben, wofür die goldenen und silbernen Tempelgeräte standen – der Herrlichkeit und Heiligkeit Gottes.

In der zweiten Hälfte von Daniel 1 sehen wir, dass es Daniel sehr klar war, dass er dann, wenn er die Herrlichkeit und Heiligkeit Gottes bezeugen wollte, darauf achten musste, dass sein eigenes Wesen und seine Persönlichkeit von dieser Heiligkeit geprägt waren. Das aber hieß, dass er sich nicht verunreinigen durfte. Bevor wir fragen, worum es dabei konkret ging, sollten wir innehalten und uns ein paar allgemeine Gedanken über Daniels Entscheidung machen, da sie der Schlüssel für unser Verständnis des Wesens und der Kraft von Daniels Zeugnis ist. Es war eine Entscheidung, die er in seinem Herzen traf, *bevor* er zur Aktion schritt. Der Apostel Petrus hat die bekannte Aussage gemacht, dass Christen jederzeit bereit sein sollten »zur Verantwortung jedem gegenüber, der Rechenschaft über die Hoffnung in euch fordert« (1Petr 3,15).

Zumindest ist das der Teil, der gerne zitiert wird. Aber die Aussage ist ohne ihren Kontext unvollständig, der wie folgt lautet:

> *Den Schrecken, den sie verbreiten, fürchtet nicht, und lasst euch nicht irremachen! Den Herrn aber, Christus, haltet heilig in euren Herzen. Seid stets bereit, Rede und Antwort zu stehen, wenn jemand von euch Rechenschaft fordert über die Hoffnung, die in euch ist. Tut es jedoch mit Sanftmut und Ehrfurcht, mit einem guten Gewissen, damit die, die euren guten Lebenswandel in Christus schlechtmachen, beschämt werden, wenn sie euch in Verruf bringen.* (1Petr 3,14–16; ZÜ)

Das vollständige Zitat kann uns nicht nur helfen, besser zu verstehen, warum Daniel damals seinen Entschluss fasste, sondern auch, wie er ihn ausführte. Das Erste, was auffällt, ist, dass der Entschluss in einem Kontext der Angst erfolgte. Zu Petrus' Zeit war es die Angst vor feindseligen, ja, vielleicht gewaltsamen Reaktionen auf die christliche Botschaft. Aber auch Daniel und seine Freunde werden Angst gehabt haben. Wir sahen bereits, dass in Babylon Anpassung und Konformität gefragt waren; niemand hatte Lust hinauszuposaunen, dass seine Religion »anders« war. Doch diese Studenten standen im Begriff, etwas zu tun, das unweigerlich zu Nachfragen führen würde – und wer wusste, wozu sonst noch. Es muss ein banger Augenblick gewesen sein, und auch wenn wir selbst noch nie gewaltsame Anfeindungen wegen unseres Glaubens erfahren haben, können wir uns die Angst der vier gut vorstellen, wenn wir schon einmal unseren Glauben an Christus öffentlich bekannt haben.

Was stärkte die Herzen von Daniel und seinen Gefährten, sodass sie den Mut bekamen, die natürliche Angst vor dem Unbekannten zu überwinden? Das war ohne Zweifel die Tatsache, dass sie Gott in ihrem Herzen den Platz des Heiligen eingeräumt hatten. Sie hatten ihn zum alleinigen Herrn ihres Lebens gemacht. Und das ist genau das, wozu Petrus uns auffordert. Wenn wir unsere Angst wirksam bekämpfen und fähig werden wollen, für unseren Glauben Rede und Antwort zu stehen, müssen wir als Allererstes Christus zum Herrn unserer Herzen machen. Wie wollen wir sonst überzeugend das Evangelium weitergeben? Es gehört zum geistlichen Einmaleins dazu, dass wir dann, wenn wir andere Menschen davon überzeugen wollen, dass Gott existiert und dass man eine lebendige, sinnstiftende Beziehung zu ihm haben kann, zunächst einmal selbst ihm und seinem Sohn gegenüber loyal sein müssen. Es bedeutet, ein Leben zu führen, das mit dem christlichen Grundbekenntnis »Jesus Christus ist der Herr« übereinstimmt. Daniel wusste, dass jede Verunreinigung seines Lebens seine Gottesbeziehung trüben und sein persönliches Zeugnis sabotieren konnte. Und das gilt auch für uns.

Und Daniel wusste auch, dass Gott Israel durch Mose und zahlreiche Propheten wiederholt vor der Gefahr der Verunreinigung durch die Praktiken der benachbarten heidnischen Kulturen gewarnt hatte, insbesondere der Kanaaniter, die berüchtigt waren für ihre Unmoral, ihren Kindesmord (in Form der Opferung von Kindern) und ihren Götzendienst. Im Neuen Testament warnt Gott uns vor ähnlichen Gefahren. Niemand von uns ist immun gegen den Verführungsdruck einer Welt, der Gott egal ist. Wenn wir ehrlich sind, braucht uns niemand darüber aufzuklären, womit wir uns alles beschmutzen können. Wir kennen diese Dinge nur zu gut, vor allem im Zeitalter des Internets, wo das Böse nur ein paar Mausklicks entfernt ist. Wenn wir Gott dienen wollen, müssen wir den Kampf gegen diese Versuchungen aufnehmen; es geht um nicht weniger als unsere Treue zu Gott.

Die jüdischen Speisegesetze

Zu Beginn der Geschichte Israels als Nation vermittelte Gott die Bedeutung von Heiligkeit in Form gewisser Ritualgesetze. So wies er das Volk an, sich gewisser »unreiner« Speisen zu enthalten. Solche Gesetze machten das Miteinander mit anderen Kulturen zwangsläufig schwierig. Ein Beispiel dafür finden wir in dem Bericht über den Besuch des Apostels Petrus im Haus des römischen Hauptmanns Kornelius (Apg 10). Als frommer Jude, der nur koschere Speisen aß, konnte Petrus die Einladung des Kornelius eigentlich nicht annehmen. Gott musste ihn durch eine Vision vorbereiten, die ihn an das erinnerte, was Jesus gelehrt hatte – nämlich, dass die alten Speisegesetze aufgehoben waren. Jesus hatte klargestellt, dass Speisen an sich einen Menschen nicht verunreinigen können und dass das, was wirklich gefährlich ist, die moralische und geistliche Verunreinigung der Seele ist.

> *Begreift ihr nicht, dass alles, was von außen in den Menschen hineingeht, ihn nicht verunreinigen kann? Denn es geht nicht in sein Herz hinein, sondern in den Bauch und es geht heraus in den Abort. Damit erklärte er alle Speisen für rein. Er sagte aber: Was aus dem Menschen herauskommt, das verunreinigt den Menschen. Denn von innen aus dem Herzen der Menschen kommen die bösen Gedanken hervor: Unzucht, Dieberei, Mord, Ehebruch, Habsucht, Bosheit, Arglist, Ausschweifung, Neid, Lästerung, Hochmut, Torheit; alle diese bösen Dinge kommen von innen heraus und verunreinigen den Menschen.* (Mk 7,18–23)

Es war also Gottes Verbot, das gewisse Speisen »unrein« machte. Was natürlich die Frage aufwirft, warum Gott die Speisegebote überhaupt erließ. Warum sagte er nicht einfach, dass sie sich innerlich rein halten sollten? Paulus gibt uns die Antwort in seinem Brief an die Galater. Er schreibt dort, dass so, wie in der Antike ein Kind unter dem Schutz eines Vormunds stand, bis es volljährig war, für Israel das Gesetz (die Thora) als Vormund diente, bis Christus kam. Gott behandelte das junge Israel gewissermaßen als Kind, das man mit verschiedenen Regeln und Verboten schützt, bis es größer geworden ist.

Diese Analogie zeigt uns einen möglichen Grund für die Errichtung von Barrieren gegen mögliche negative Einflüsse von außen. Nehmen wir ein anderes Beispiel: Nur eine kleine Minderheit der Erwachsenen missbraucht kleine Kinder. Aber wir finden es gut und weise, wenn Eltern ihre Kinder dazu anhalten, keine Geschenke von Erwachsenen entgegenzunehmen, die sie nicht kennen. Ähnlich waren zur Zeit Daniels nicht alle Heiden moralisch verwerflich. Aber es gab genügend, die es waren, und so errichtete Gott Schutzzäune, um Israel für die Gefahren der faulen Kompromisse mit dem Götzendienst und den dazugehörigen Praktiken zu sensibilisieren.

Aber es gibt eine offensichtliche Gefahr eines solchen Systems: Jemand, der damit aufgewachsen ist, kann leicht dem gefährlichen Irrtum verfallen, dass das Einhalten der äußerlichen, rituellen Reinheitsgebote mit dem Vorhandensein innerer moralischer Reinheit einhergeht. Und er könnte sich dann für etwas Besseres halten, obwohl er das gar nicht ist. Möglicherweise bildet er sich sogar ein, Gott angenehm zu sein, egal, was er in seinem Leben sonst an Bösem tut (wie manche Israeliten dies taten und heute leider auch manche Christen), während die Heiden angeblich von Gott abgelehnt werden, egal, wie viel Gutes sie tun. Was natürlich moralischer Unfug ist.

Als Christus kam, hob er das System der Speisegebote auf (Mk 7,19) und brachte stattdessen etwas völlig Neues: den Heiligen Geist, der in den Gläubigen wohnt und ihnen die innere Kraft gibt, den Verführungen zu widerstehen, sodass sie sich mit ihrem Glaubenszeugnis unter die Heiden begeben können, ohne sich von solchen Denk- und Verhaltensweisen anstecken zu lassen, die antigöttlich sind.[26] Doch zur Zeit Daniels waren

26 Ich verweise auf die detaillierte Erklärung bei D. W. Gooding, *True to the Faith* (London: Hodder & Stoughton, 1990; Myrtlefield House, 2013), S. 172ff.

die alttestamentlichen Speisegebote noch in Kraft und damit ein starkes Motiv für ihn und seine Freunde, die Kost von der Tafel des Königs abzulehnen.

Ein zweiter Grund für ihr Verhalten hatte mit dem Schlachten der Tiere und dem Zubereiten des Fleisches zu tun. Die alttestamentlichen Reinheitsgesetze verboten den Verzehr von Blut und Blutprodukten, »denn des Leibes Leben ist im Blut« (3Mo 17,11; LUT). Dieses Verbot sollte Israel auf symbolische Weise an die Heiligkeit allen Lebens erinnern, aber für den babylonischen Fleischmarkt wird das kaum eine Rolle gespielt haben.

Gott oder die Götzen?

Ein dritter möglicher Grund für die Weigerung Daniels könnte gewesen sein, dass das Fleisch vor dem Verzehr Götzen geopfert worden war oder irgendeine Rolle im heidnischen, babylonischen Kult gespielt hatte. Im Text selbst ist hier von dergleichen nicht die Rede, sodass viele Ausleger dies für bloße Spekulation halten. Wir wissen jedoch, dass die babylonische Kultur auf eine Art und Weise vom polytheistischen Götzendienst durchdrungen war wie kaum eine andere in der Antike. In seinem maßgebenden Werk über das alte Mesopotamien schreibt Georges Roux:

> *Über 3000 Jahre lang wurden die Götter von Sumer von Sumerern wie Semiten gleichermaßen verehrt, und über 3000 Jahre lang spielten die religiösen Vorstellungen der Sumerer eine ganz außerordentliche Rolle im öffentlichen und privaten Leben der Menschen in Mesopotamien. Sie formten ihre Institutionen, prägten ihre Kunst und Literatur, durchdrangen jegliche Aktivitäten, von den höchsten Funktionen des Königs bis hinab zu den*

> *Alltagsbeschäftigungen seiner Untertanen. In keiner anderen antiken Gesellschaft spielte die Religion solch eine herausragende Rolle, weil in keiner anderen antiken Gesellschaft der Mensch sich so total vom Willen der Götter abhängig erlebte.*[27]

Vor allem Bibliotheken und Bildungseinrichtungen waren in den großen Städten des Reiches an die Tempel angeschlossen. Die Archäologen versichern uns, dass Babylon zur Zeit Nebukadnezars Tempel in Fülle hatte – über 1000. Im heutigen, mittlerweile säkular geprägten England wird an den meisten Colleges in Oxford und Cambridge vor den gemeinsamen Mahlzeiten immer noch ein lateinisches Tischgebet durch einen Dozenten oder ein Mitglied der Akademie gesprochen. Es wäre kaum vorstellbar, dass es an der Universität von Babylon, die so vom Heidentum durchdrungen war, bei den Mahlzeiten keine heidnischen Rituale gegeben hätte. Opfer und Trinksprüche für die unterschiedlichen Götter müssen allgegenwärtig gewesen sein.

Daniel nennt ein wichtiges Detail, das stark in diese Richtung deutet. Er schreibt, dass er nicht nur vorhatte, die Speisen des Königs abzulehnen, sondern auch seinen Wein. Die alttestamentlichen Gesetze sagten nichts gegen Weingenuss (außer dass sie vor dem Exzess warnten). Warum erwähnt Daniel dann hier den Wein? Die Antwort ist nicht schwer zu finden, denn nur ein paar Kapitel weiter im Buch Daniel spielt der Wein eine zentrale Rolle – in dem berüchtigten Gastmahl des Belsazar, wo dieser die Tempelgefäße holen ließ, die Nebukadnezar aus dem Tempel in Jerusalem gestohlen hatte, um sie mit Wein zu füllen und um in einem bewussten Akt der Gotteslästerung mit seinen Edlen auf die heidnischen Götter aus Holz und Stein

27 Georges Roux, *Ancient Iraq* (London: Penguin, 1992), S. 85.

anzustoßen. Gott blieb nicht untätig und schrieb sein vernichtendes Urteil an die Wand des Palastes.

Beim verhängnisvollen heidnischen Gastmahl in Kapitel 5 kamen die goldenen und silbernen Gefäße aus dem Tempel, die im ersten Teil von Kapitel 1 erwähnt werden, mit dem Wein in Zusammenhang, der im zweiten Teil des Kapitels erwähnt wird.

In Anbetracht dessen gehen wir sicher nicht zu weit, wenn wir annehmen, dass sich bereits der junge Student Daniel der Gefahr bewusst war, seine Loyalität zu Gott zu kompromittieren. Er verweigerte sich jener heidnischer Trinkrituale, die schließlich zur Schrift an der Wand und dem Ende Belsazars und des Reiches führten. Gleich zu Anfang seines Studiums traf Daniel den ebenso richtigen wie mutigen Entschluss, seinen inneren Kompass auf Gott auszurichten und Grenzen zu ziehen, die er nicht überschreiten würde.

Wenn dies tatsächlich so war, dann war Daniels Protest im Kern ein Protest gegen die heidnische, von Götzen geprägte babylonische Weltanschauung, die das Fundament und Paradigma des Bildungssystems des Reiches bildete. Er war fest entschlossen, sich nicht mit dieser Weltanschauung zu vermischen, und ich glaube, wir können ihn gut verstehen. An den Universitäten des heutigen Westens wird weithin der Atheismus als einzig mögliche intellektuell vertretbare Weltanschauung gesehen, was den Protest derjenigen von uns erfordert, die das für falsch halten.

Aber wie soll das geschehen? Daniel erzählt uns, wie er und seine Freunde auf ihre Situation reagierten. Das sagt uns natürlich nicht, wie wir dies in unserer heutigen Situation umsetzen können. Denn die damalige Kultur ist zumindest auf den ersten Blick ganz anders als unsere heutige. Wir sollten also mit Bedacht vorgehen und genau analysieren, worum es damals in Babylon ging und ob und wie wir daraus Schlüsse für uns heute ziehen können.

Kapitel 6

Das Weltbild von Babylon

Daniel 1

Unsere erste Aufgabe ist, ein wenig mehr über das babylonische Weltbild herauszufinden, gegen das Daniel protestierte, um zu sehen, wo es sich von seinem eigenen Weltbild unterscheidet.

Gott, die Götter und das Universum

Nehmen wir die Frage nach dem Ursprung der Welt. Daniel glaubte, dass es nur einen wahren Gott gab, der Himmel und Erde erschaffen hatte. Die Babylonier dagegen glaubten an eine Vielzahl von Göttern, und sie werden in den literarischen Werken vorgestellt, die Daniel studieren musste, z. B. in dem berühmten babylonischen Schöpfungsepos *Enuma Elisch.* Dies ist ein Mythos über den Ursprung sowohl des Universums (Kosmogonie) als auch der Götter (Theogonie), der den Machtkampf zwischen den Göttern beschreibt, der dazu führte, dass Enlil als höchster Gott des mesopotamischen Götterhimmels durch Marduk verdrängt wurde.

Im *Enuma Elisch* erfahren wir, dass die Götter aus einer Art Urverbindung zwischen dem ewigen Süßwasser *Apsu* und dem Salzwasser *Tiamat* entstanden. Hier die ersten Zeilen des Epos:

Als droben der Himmel noch nicht benannt war,
als drunten die Erde Namen noch nicht hatte,
als die Wasser des uralten Apsu [= Süßwasserozean],
ihres Vaters,
und der Mutter Tiamat [= der Urozean],
die sie alle gebar, noch vermischt waren,

als nicht Binsen entstanden,
nicht Schilfdickicht gesehen,
kein Gott erschaffen war, kein Name genannt,
kein Schicksal bestimmt –
da wurden die Götter erschaffen:
Lachmu und Lachamu erschienen,
mit Namen wurden sie gerufen ... [28]

In dieser poetischen Beschreibung sehen wir, dass die babylonischen Götter im Prinzip zur Grundmaterie des Universums gehörten, obwohl in der babylonischen Mythologie der allererste Anfang noch tiefer im Nebel der Urzeit verborgen liegt, bei Nammu, der Göttermutter, die das Universum gebar.

Die Vorstellungen der Griechen waren sehr ähnlich. Die *Theogonie* des frühen Philosophen Hesiod wurde um das 7. Jh. v. Chr. geschrieben, dürfte sich aber auf Quellen stützen, die älter sind. Hesiod schreibt:

[...] das ehrwürdige Geschlecht der Götter, dabei zu Beginn die, die Gaia [die Erde] und der weite Uranos [Himmel] erzeugten [...] [Zeile 44f.]

Das berichtet mir, ihr Musen, die ihr olympische Wohnungen innehabt, von Anfang an und sagt mir, was von diesem als Erstes entstand. Zuallererst wahrlich entstand das Chaos, aber dann die breitbrüstige Gaia [...] [Zeile 114ff.]

[...] und der dämmerige Tartaros im Innern der breitstraßigen Erde und der Eros, der schönste unter den unsterblichen Göttern [...] [Zeile 119f.] [29]

28 Zitiert nach: Eugen Sitarz, *Kulturen am Rande der Bibel* (Stuttgart 1992) 73.

29 Hesiod, *Theogonie*, hg., übersetzt und erläutert von Karl Albert (Kastellaun: A. Henn Verlag, 1978). Daraus die folgenden Zitate.

Der klassische Philologe Werner Jaeger hat den fundamentalen Unterschied zwischen dem griechischen und dem hebräischen Weltbild herausgearbeitet:

> *Im Übrigen enthüllt der Vergleich der hesiodischen Hypostase des weltschöpferischen Eros mit derjenigen des Logos im jüdischen Schöpfungsbericht einen tiefgehenden Unterschied in der Anschauung beider Völker. Der Logos ist die Verselbstständigung einer geistigen Eigenschaft bzw. Kraft Gottes des Schöpfers, der außerhalb der Welt stehend diese durch seinen persönlichen Befehl hervorbringt. Die griechischen Götter stehen innerhalb der Welt, sie stammen ab von Himmel und Erde [...] und werden erzeugt durch die in der Welt als alles hervorbringende Grundkraft waltende Macht des Eros. Sie unterstehen also nach unseren Begriffen von vornherein dem natürlichen Gesetz [...] Das philosophische Denken, das das Denken Hesiods ablösen wird, wird im Gegensatz zu der aus der Genesis erwachsenen Theologie das Göttliche in der Welt nicht jenseits von ihr suchen.*[30]

Der Schlüsselsatz ist hier: »Die griechischen Götter stehen innerhalb der Welt.« Wir dürfen nicht denken, dass der einzige Unterschied zwischen dem hebräischen und dem griechischen Weltbild der ist, dass die Hebräer die Zahl der Götter auf einen reduzierten. Der hebräische Monotheismus ist keine abgespeckte Version des heidnischen Polytheismus. Der Gott der Hebräer steht *außerhalb der Welt.* Es handelt sich nicht um einen quantitativen Unterschied, sondern um einen absoluten Kategorien-Unterschied. Und das ist auch der Grund dafür, wie wir bereits sahen, dass der Gott der Hebräer der Welt Sinn

30 Werner Jaeger, *Die Theologie der frühen griechischen Denker* (Stuttgart: W. Kohlhammer, 1953), S. 25f.

verleiht, was die heidnischen Götter nicht können. Noch einmal: Den Sinn eines Systems findet man nicht in dem System selbst.

Hier entpuppt sich der Fehler in einem zunehmend populären atheistischen Argument, das den Menschen, die an den Gott der Bibel glauben, vorwirft: »Ihr seid doch auch Atheisten – in Bezug auf Artemis, Baal, Diana, Wotan, Zeus und Tausende andere Götter. Wir nehmen halt noch einen Gott dazu.«

Manche halten dies für ein kluges Argument, aber es verkennt den Punkt, den wir gerade besprochen haben. Der Gott der Bibel ist eben nicht »noch ein Gott dazu« im großen Götterhimmel. Die heidnischen Götter sind gewissermaßen Produkte von Himmel und Erde, während der in der Bibel geoffenbarte Gott Himmel und Erde *erschaffen* hat. Dieser Unterschied ist absolut und macht das atheistische Argument zunichte.

Wir können das klassische heidnische Weltbild wie folgt zusammenfassen:

- Die Materie ist ewig und existierte schon vor den Göttern.
- Die Materie war ursprünglich ein formloses, unstrukturiertes, grenzenloses Chaos.
- Irgendein Gott hat diesen Grundstoff des Universums (des Kosmos) geordnet und strukturiert, und dieser Prozess wird als »Schöpfung« bezeichnet.
- Doch selbst dieser Gott, wie alle anderen auch, ist aus der Urmaterie hervorgegangen und gehört zum Grundstoff des Universums bzw. ist eine der Kräfte des Universums.
- Alles im Universum ist aus diesem Gott hervorgegangen wie die Sonnenstrahlen aus der Sonne, was bedeutet, dass in einem gewissen Sinne alles Gott ist.

In diesem Weltbild ist die Materie der Grundstoff des Universums, und alles andere – einschließlich der Götter – ist aus ihr hervorgegangen. Die oben erwähnte Göttermutter Nammu wird manchmal als ein Urmeer beschrieben, aus dem die Götter heraufstiegen. Die Vorstellung von einem Urmeer (bzw. einer Ursuppe) ist also nichts Neues! In diesem Sinne war die Philosophie der antiken Völker im Wesentlichen naturalistisch, ja, materialistisch. Viele ihrer Götter waren Vergötterungen der grundlegenden Mächte und Triebkräfte, die sie in der Natur vorfanden. Ihr Weltbild war damit diametral entgegengesetzt zu dem der Bibel, für das nicht die Materie ewig und in sich selbst existierend ist, sondern Gott, der Geist ist. Gott ist nicht aus irgendetwas anderem hervorgegangen. Er hat die Materie erschaffen und nicht die Materie ihn. Die Materie und alles andere gehen auf Gott als Urheber zurück.

Der materialistische Reduktionismus: nichts Neues unter der Sonne

Ich möchte an dieser Stelle der Frage nachgehen, inwieweit das Denken der Babylonier dem unserer heutigen Welt entspricht. Die Vorstellung, dass Masse und Energie fundamental sind und dass alles andere aus ihnen herrührt, ist der Kern des materialistischen Reduktionismus, der heute den Westen zu beherrschen versucht. Nach dieser Sicht unterliegen diese Masse und Energie den Naturgesetzen (wo immer diese herkommen – eine Frage, die man leicht vergisst, aber die der Materialist sich stellen muss) und müssen die latente Fähigkeit besitzen, alles, was wir um uns herum sehen, hervorzubringen – einschließlich des Lebens, des menschlichen Gehirns, des menschlichen Denkens und der Gottesvorstellung (der Gottes*vorstellung*, denn selbstverständlich gibt es nach dieser Hypothese keinen Gott).

Ist es nicht ironisch, dass dieselben Menschen, die Gott abgeschafft haben, anschließend blinden, ungesteuerten, rein materiellen Prozessen schöpferische Kräfte zuschreiben? In der geschlossenen Welt des materialistischen Reduktionisten ist natürlich keine alternative Erklärung möglich. Wie der Harvard-Genetiker Richard Lewontin es ausdrückt: Wir dürfen es nicht erlauben, dass sich ein göttlicher Fuß in den Türspalt schiebt.

> *Nicht, dass die Methoden und Institutionen der Wissenschaft uns dazu zwingen würden, eine materialistische Erklärung der Welt der Phänomene zu akzeptieren, sondern ganz im Gegenteil: Unser A-priori-Festhalten an materiellen Ursachen zwingt uns dazu, einen Forschungsapparat und Begriffe zu schaffen, die zu materialistischen Erklärungen führen, egal, wie scheinbar abwegig und rätselhaft sie dem Nichteingeweihten vorkommen […] Und dieser Materialismus ist absolut, denn wir dürfen es nicht zulassen, dass sich ein göttlicher Fuß in den Türspalt schiebt.*[31]

Lewontin ist sehr ehrlich. Er sagt, dass sein Materialismus *a priori* ist, d. h. er ist ein überzeugter Anhänger des Materialismus, *bevor* er überhaupt mit dem Forschen anfängt. Er versucht gar nicht erst zu behaupten, dass sein Materialismus aus seiner Wissenschaft abgeleitet ist, sondern erklärt ganz offen, dass er seinen Materialismus in seine Wissenschaft hineinträgt und es zulässt, dass er sie in eine bestimmte Richtung beeinflusst.

So stark ist diese materialistische Überzeugung in den Köpfen vieler Wissenschaftler, dass selbst dann, wenn sie Hinweise auf eine höhere Intelligenz im Universum fänden, viele von ihnen behaupten würden, dass diese Intelligenz selbstverständlich nicht übernatürlich sein könne, sondern dass es sich um eine natürliche Intelligenz handeln müsse, die wie alles andere das Produkt blinder, ungesteuerter Naturkräfte sei. So ist für

31 Richard Lewontin, Rezension von Carl Sagan, *The Demon Haunted World: Science as a Candle in the Dark* (New York Review of Books, 9. Januar 1997).

Paul Davies die Feinabstimmung des Universums – also die Tatsache, dass die fundamentalen physikalischen Konstanten des Kosmos innerhalb eines unglaublich schmalen Toleranzbereichs liegen müssen, damit die Entstehung von Leben möglich ist – ein Hinweis auf das Wirken irgendeiner höheren Intelligenz. Er schreibt:

> *Es sieht geradezu so aus, als ob irgendjemand die Zahlenwerte in der Natur so fein abgestimmt hat, dass das Universum entstand. [...] Der Eindruck eines Planes drängt sich förmlich auf.*[32]

Aber dann erwidert Davies auf die Frage, was für eine Intelligenz das sein könnte, dass diese halt zum Grundstoff des Universums gehören müsse; sie könne übermenschlich sein, aber nicht übernatürlich. In seinem Denken scheint Davies nicht sehr weit von den alten Babyloniern entfernt zu sein.

Auf ein fremdes Weltbild reagieren

Die Welt der alten Babylonier war also nur auf den ersten Blick ganz anders als unsere. Schauen wir genauer hin, dann sehen wir, dass Daniel in einem sehr realen Sinne mit einem Weltbild konfrontiert war, das dem heutigen naturalistischen sehr ähnlich ist. Und seine tiefe Loyalität zu Gott ließ ihn zu diesem Weltbild Nein sagen. Wir sollten an dieser Stelle aber zur Kenntnis nehmen, dass Daniel nicht gegen das Studium an der Universität Babylon als solches aufbegehrte. Er war eindeutig ein fleißiger Student, und vieles wird ihm sogar Spaß gemacht haben. Er und seine Freunde vertieften sich so in die fremden

32 Paul Davies, *The Cosmic Blueprint* (New York: Simon and Schuster, 1988), S. 203.

Sprachen, die Literatur, Philosophie, Wissenschaft, Wirtschaft, Geschichte usw., dass sie zu den besten Studenten ihres Studienganges gehörten und die höchsten Auszeichnungen erhielten. Daniel protestierte nicht als jemand, der außerhalb des Systems stand, sondern als jemand, der zu ihm gehörte.

Es ist wichtig, das nicht zu vergessen, vor allem dann, wenn wir im Zusammenhang mit dem Buch Daniel den Begriff »apokalyptische Literatur« hören – ein Wort, das gerne Bilder von wirren Weltuntergangspropheten heraufbeschwört, die die Menschen auffordern, aus der Gesellschaft zu flüchten, sich wie Einsiedlermönche gegen die Welt zu verbarrikadieren und auf die große Katastrophe zu warten, die das Ende der Geschichte bringen wird. Wenn *das* mit dem Wort »apokalyptisch« gemeint ist, trifft es auf Daniel und seine Freunde eindeutig nicht zu. Nein, ich leugne nicht, dass Daniel in seinem Buch vieles über die Zukunft zu sagen hat und dass nicht alles davon schön ist. Aber die Zukunftsvisionen, die er bekam, ließen ihn nicht den großen Rückzug aus der Welt und aus der Verantwortung antreten, sondern ein erfülltes Berufsleben führen in den Top-Etagen der Administration des Reiches. Daniels Erkenntnis Gottes führte ihn nicht in eine Ghetto-Mentalität, sondern dazu, dass er eine wichtige Rolle im Leben von Babylon spielte.

Es ist wichtig zu sehen, dass Daniels Position kein fauler Kompromiss war. Sie war durch und durch biblisch. Er war wohlvertraut mit den Schriften Jeremias, eines Propheten, der nicht nur das Babylonische Exil vorhergesagt hatte, sondern auch einen Brief an die Führer der jüdischen Exulanten geschrieben hatte:

> *Und dies sind die Worte des Briefes, den der Prophet Jeremia von Jerusalem an den Rest der Ältesten der Weggeführten und an die Priester und an die Propheten und an das ganze Volk sandte, das Nebukadnezar von Jerusalem nach Babel gefangen weggeführt hatte – nachdem der*

König Jechonja und die Herrin und die Hofbeamten, die Obersten von Juda und Jerusalem und die Schmiede und Schlosser Jerusalem verlassen hatten –, durch Elasa, den Sohn des Schafan, und Gemarja, den Sohn des Hilkija, die Zedekia, der König von Juda, nach Babel zu Nebukadnezar, dem König von Babel, sandte: So spricht der HERR der Heerscharen, der Gott Israels: An alle Weggeführten, die ich von Jerusalem nach Babel gefangen weggeführt habe: Baut Häuser und wohnt darin! Pflanzt Gärten und esst ihre Früchte! Nehmt Frauen und zeugt Söhne und Töchter! Und nehmt Frauen für eure Söhne, und eure Töchter gebt Männern, damit sie Söhne und Töchter gebären, damit ihr euch dort vermehrt und nicht vermindert! Und sucht den Frieden der Stadt, in die ich euch gefangen weggeführt habe, und betet für sie zum HERRN! Denn in ihrem Frieden werdet ihr Frieden haben. Denn so spricht der HERR der Heerscharen, der Gott Israels: Lasst euch von euren Propheten, die in eurer Mitte sind, und von euren Wahrsagern nicht täuschen! Und hört nicht auf eure Träume, die ihr euch träumen lasst! Denn Lüge weissagen sie euch in meinem Namen; ich habe sie nicht gesandt, spricht der HERR.Denn so spricht der HERR: Erst wenn siebzig Jahre für Babel voll sind, werde ich mich euer annehmen und mein gutes Wort, euch an diesen Ort zurückzubringen, an euch erfüllen. Denn ich kenne ja die Gedanken, die ich über euch denke, spricht der HERR, Gedanken des Friedens und nicht zum Unheil, um euch Zukunft und Hoffnung zu gewähren. Ruft ihr mich an, geht ihr hin und betet zu mir, dann werde ich auf euch hören. Und sucht ihr mich, so werdet ihr mich finden, ja, fragt ihr mit eurem ganzen Herzen nach mir, so werde ich mich von euch finden lassen, spricht der HERR. Und ich werde euer Geschick wenden und euch sammeln aus allen Nationen und aus allen Orten, wohin ich euch vertrieben habe, spricht

> *der HERR. Und ich werde euch an den Ort zurückbringen, von dem ich euch gefangen weggeführt habe.* (Jer 29,1–14)

Ich habe bewusst so viel aus diesem Brief zitiert, damit jeder sehen kann, dass Daniel ihn kannte, denn in Daniel 9 zitiert er die Vorhersage der Dauer des Exils. Wir wissen nicht, ab wann ihm alle Details dieser Botschaft bekannt waren, aber es ist offensichtlich, dass er ganz ihrem Geist entsprechend handelte. Jeremias Botschaft gilt auch noch für uns heute, die wir den Vormarsch eines neuen Babylons erleben. Jeremias Worte können eine enorme Hilfe sein für jeden jungen Menschen, der ein christliches Zuhause verlässt, um ein Studium zu beginnen. Als Botschafter unseres himmlischen Königs sollen auch wir »den Frieden der Stadt« suchen – zunächst an unserer Hochschule und danach in der Welt draußen.

»Halt!«, werden jetzt manche vielleicht sagen, »in Psalm 137 lesen wir doch von einer ganz anderen Reaktion auf Babylon!«

> *An den Strömen Babels, da saßen wir und weinten, wenn wir an Zion dachten. An die Pappeln dort hängten wir unsere Zithern. Denn die uns gefangen hielten, forderten dort von uns die Worte eines Liedes, und die uns wehklagen machten, forderten Freude: »Singt uns eins der Zionslieder!« Wie sollten wir des HERRN Lied singen auf fremder Erde? Wenn ich dich vergesse, Jerusalem, so werde vergessen meine Rechte! Es klebe meine Zunge an meinem Gaumen, wenn ich deiner nicht gedenke, wenn ich Jerusalem nicht zu meiner höchsten Freude erhebe!* (Ps 137,1–6)

Natürlich ist dies eine andere Reaktion, aber sie ist nicht unvereinbar mit der Botschaft Gottes durch Jeremia. Es wird durchaus Stunden gegeben haben, wo Daniel und seine Freunde weinten und ihnen ihre Psalmen nicht fröhlich über die Lippen kommen wollten. Es wäre sehr merkwürdig, wäre es anders gewesen. Die Menschen damals kannten Heimweh genauso wie wir heute. Der Botschaft Jeremias gehorsam zu sein bedeutete nicht, dass man Jerusalem und all das, wofür es stand, vergessen musste. Vielen Judäern passierte dies natürlich trotzdem, doch Daniel und seine Freunde vergaßen ihre nationale und geistliche Identität nicht. Sie suchten das Wohl Babylons, indem sie in dieser Stadt als Salz und Licht für Gott lebten, und das bedeutete auch, dass sie sich zum Fenster hinauslehnen und gegen das Weltbild protestieren mussten, das dem System Babel zugrunde lag – und dass sie anschließend die Konsequenzen tragen mussten. Es war nicht so, dass sie Jerusalem vergaßen oder niemals über sein Los weinten.

Die Sprache des Protestes

Wie ist das mit uns heute? Wenn wir von der biblischen Weltsicht überzeugt sind, sollten wir dann nicht gegen den Säkularismus protestieren, der uns in den westlichen Ländern zu überrollen droht? Sollten wir nicht offen gegen die Vorstellung vorgehen, der Atheismus sei die einzige Alternative für denkende Menschen? Das können wir natürlich machen, aber dabei sollten wir in der Art, wie wir die Sprache des Protestes gebrauchen, vorsichtig sein, denn unsere Welt ist voll von gewalttätigen und brutalen Protesten, die das Leben von Millionen Menschen verletzen und kaputt machen. Wir müssen uns immer wieder neu vor Augen führen (wie oben in Kapitel 3), dass Christus den Einsatz von Gewalt zur Durchsetzung der Wahrheit verboten hat. Es wäre ohnehin nicht *möglich,* Wahrheit mit Gewalt durchzusetzen!

Der Kampf, in welchem Christen stehen – und es *ist* ein Kampf –, ist der gleiche gewaltlose Konflikt, zu dem auch Daniels Protest gehörte. Es ist ein Kampf der Gedanken, der Ideen und Weltbilder und nicht der militärischen Waffen. Der Apostel Paulus hat ihn so beschrieben:

> *Natürlich sind wir auch nur Menschen, aber wir kämpfen nicht wie die Menschen dieser Welt. Denn die Waffen unseres Kampfes sind nicht menschlich, sondern es sind die mächtigen Waffen Gottes, geeignet zur Zerstörung von Festungen. Mit ihnen zerstören wir Gedankengebäude und jedes Bollwerk, das sich gegen die Erkenntnis Gottes erhebt, wir nehmen jeden solcher Gedanken gefangen und unterstellen sie Christus.* (2Kor 10,3–5; NeÜ)

Paulus redet hier von begründeten, durchdachten Argumenten. Überall, wo die frühen Apostel hinkamen, redeten und diskutierten sie mit den Menschen. In den Synagogen, auf den Marktplätzen und, wenn möglich, in den akademischen Auditorien traten sie in den Dialog ein (vgl. Apg 17,2.17; 18,4; 19,9–10). Das griechische Wort *apologia,* von dem unser Fremdwort »Apologet« stammt, bedeutet schlicht »Verteidiger«. Es ist wichtig, darum zu wissen, denn das Neue Testament macht keinen Unterschied zwischen Evangelisation und Apologetik; zum Evangelisieren gehörte immer auch die Verteidigung des Evangeliums. Die frühen Christen wurden ständig mit Einwänden gegen ihre Botschaft konfrontiert. Oft wurden sie missverstanden und aufrührerischer oder unmoralischer Umtriebe oder der Einführung fremder Götter beschuldigt, und so mussten sie, um freie Bahn für die Botschaft des Evangeliums zu schaffen, die Barrieren in den Köpfen der Menschen überwinden. Sie taten dies, indem sie das Gespräch mit ihnen suchten, ihre Fragen beantworteten und die christliche Botschaft gegen Missverständnisse, Verdrehungen und Diffamierungen verteidigten. Es gehörte (und gehört noch heute) zur Überzeugungskraft der christlichen Botschaft, dass sie glaubwürdige Antworten liefert. Was diese Männer und Frauen praktizierten, war »Evangelisieren durch Überzeugen«.[33] Dies ist das christliche Zeugnis, zu dem auch wir berufen sind.

Aufruf zur Hingabe

Aber gerade weil dieser Kampf so beschaffen ist, muss sich der, der in ihn eintreten will, gut vorbereiten. Die wichtigste Voraussetzung haben wir bereits genannt – unsere Loyalität zu Jesus Christus, die sich darin zeigt, dass wir ihn ganz bewusst zum Herrn unserer Herzen machen. Aber das ist noch nicht alles; wir brauchen nicht nur eine moralische, sondern auch eine gedankliche und geistliche Loyalität.

Es ist relativ leicht zu verstehen, was ich mit moralischer Loyalität meine, da wir alle gut um die Dinge wissen, die unsere moralische Integrität bedrohen. Aber was ist gedankliche und geistliche Loyalität? Paulus hat es den Christen in Korinth folgendermaßen erklärt:

> *Mit göttlichem Eifer werbe ich um euch. Denn mit einem einzigen Mann habe ich euch verlobt, um euch ihm, dem Christus, als reine Jungfrau zuzuführen. Ich fürchte aber, eure Gedanken könnten abgelenkt werden von der ungeteilten Hinwendung zu Christus, so wie es der Schlange gelang, Eva mit ihrer List zu betrügen.*
>
> *Denn wenn einer daherkommt und euch einen anderen Jesus verkündigt, als wir verkündigt haben, oder wenn ihr einen anderen Geist empfangt, als ihr empfangen habt, oder ein anderes Evangelium, als ihr angenommen habt, so nehmt ihr das ohne weiteres hin!* (2Kor 11,2–4; ZÜ)

33 Vgl. hierzu den vorzüglichen Artikel von Peter May, »What is evangelism?«, unter: www.bethinking.org

Paulus macht sich Sorgen um die geistige und geistliche Hingabe dieser Menschen an Christus. Das Bild, das er dabei benutzt, ist bezeichnend. Er redet von einer »Verlobung« – der Beziehung zwischen einem Mann und einer Frau, wie sie in der Antike der Eheschließung voranging. Sie war etwas sehr viel Stärkeres als unsere heutige Verlobung. In gewissem Sinne war sie bereits wie die Ehe, denn zu ihrer Auflösung bedurfte es einer förmlichen Scheidung. Bevor eine Frau verlobt wurde, konnte sie jeden möglichen Verehrer in Erwägung ziehen. Aber sobald sie verlobt war, *hatte* sie sich gebunden; jetzt noch ihre Augen oder ihr Herz zu einem anderen Mann schweifen zu lassen, wäre verwerflich gewesen und nicht weniger als ein Akt der Untreue gegenüber ihrem zukünftigen Ehemann.

Dies ist eine treffende Analogie. Die Christen in dem pluralistischen und polytheistischen Korinth hatten ihr Leben Christus gegeben. Sie hatten ihn in ihren Herzen zu ihrem Herrn gemacht und ihm, und nur ihm, Treue geschworen. Behaupteten sie jedenfalls. Doch Paulus war alarmiert durch hartnäckige Gerüchte, dass diese Treue in Gefahr war. Die Loyalität der Korinther zu Christus war »rein« gewesen, also ausschließlich auf Christus konzentriert. Aber jetzt warben Stimmen um die Aufmerksamkeit der Christen in Korinth, die nicht mit der historischen christlichen Lehre zufrieden waren, und einige dieser Christen ließen sich von diesen neuen, berauschenden Ideen verführen.

Im langen Lauf der Kirchengeschichte war es immer wieder das Gleiche. Irgendwann treten Erneuerer auf den Plan und präsentieren ihre »Neuinterpretation« des Evangeliums. Sie predigen einen »anderen« Jesus, der seiner Einzigartigkeit und Gottheit beraubt und auf das Niveau aller anderen Lehrer herabgesetzt ist, wie großartig sie auch sein mögen. Oder einen anderen Geist; sie versuchen z. B., das Evangelium mit dem Animismus oder Spiritismus zu vermischen. Oder sie predigen statt des Evangeliums von der Erlösung allein durch den

Glauben eines, das die Leistungen des Menschen betont und das man vermarkten kann. Oder sie fallen in das andere Extrem und predigen ein Pseudo-Evangelium, in welchem »Liebe« ein Freibrief für Unmoral ist. Die Liste ist lang.

Heute werden im Namen der »Toleranz« die Einzigartigkeit Christi und andere Kernstücke des christlichen Glaubens angegriffen wie nie zuvor. Der Druck ist gewaltig, und die Versuchung ist groß, mit theologischen Ideen zu liebäugeln, die Christus verraten. Viele in unseren Kirchenbänken, auf den Kanzeln und in den theologischen Ausbildungsstätten haben unter dem Dauertrommelfeuer pseudowissenschaftlicher »Aufklärung« den Glauben an die Präexistenz Christi, seine Jungfrauengeburt, seine Wunder, seine Auferstehung und Himmelfahrt aufgegeben und sich in einen vagen Agnostizismus zurückgezogen.

Wir alle sollten unsere intellektuelle und theologische Loyalität zu Christus regelmäßig auf den Prüfstand stellen, und dazu müssen wir immer wieder neu unsere Bibel aufschlagen. Viele wissen gar nicht mehr, wie die Bibel überhaupt in ihre Hände gelangt ist. John Wycliffe und William Tyndale übersetzten unter Einsatz ihres Lebens die Bibel ins Englische. Tyndale landete, von einem Engländer verraten, im heutigen Belgien auf dem Scheiterhaufen. Die Reformatoren Cranmer, Ridley und Latimer wurden in Oxford verbrannt. Diese mutigen Männer waren entschlossen, die Bibel unter das Volk zu bringen. Sie entzündeten ein Feuer in den Herzen von Männern und Frauen in aller Welt. Sie machten einfachen Leuten Mut, selbst die Bibel zu lesen und auf die Stimme Gottes zu hören, anstatt sich am Gängelband diktatorischer Kirchenfürsten führen zu lassen. Was würden sie wohl denken, wenn sie sehen könnten, wie die Bibel heute in vielen Häusern ungelesen auf dem Bücherregal verstaubt – eine Bibel, für deren ungehinderte Verbreitung sie sich so abgemüht haben?

Wir alle lieben es, unsere Kontakte zu pflegen, und so kommt es, dass heute in den Händen und Taschen von Christen in unseren Ländern mehr Smartphones als Bibeln zu finden sind (auch wenn natürlich manche Smartphones eine Bibel-App haben!). Wie wichtig es auch sein mag, unsere Kontakte zu pflegen – der wichtigste Kontakt überhaupt ist doch Gott, auf ihn sollten wir zuerst hören. Das zumindest ist eine der besonderen Herausforderungen aus Daniels Leben.

Kapitel 7

Die Art und Weise des Protestes

Daniel 1

Die Art und Weise, wie Daniel bei seinem Protest vorging, ist ein Vorbild für uns. Lesen wir noch einmal 1. Petrus 3,14–16:

> *Den Schrecken, den sie verbreiten, fürchtet nicht, und lasst euch nicht irremachen! Den Herrn aber, Christus, haltet heilig in euren Herzen. Seid stets bereit, Rede und Antwort zu stehen, wenn jemand von euch Rechenschaft fordert über die Hoffnung, die in euch ist. Tut es jedoch mit Sanftmut und Ehrfurcht, mit einem guten Gewissen, damit die, die euren guten Lebenswandel in Christus schlechtmachen, beschämt werden, wenn sie euch in Verruf bringen.* (ZÜ)

Die Notwendigkeit von Sensibilität

Schauen wir uns den letzten Teil von Petrus' Aufforderung an, in dem es darum geht, *wie* wir für unseren Glauben Rechenschaft ablegen sollen. Wir sollen dies »mit Sanftmut und Ehrfurcht« tun (NeÜ: »freundlich und mit dem gebotenen Respekt«). Daniel selbst ist das beste Beispiel für diese Einstellung. Er wendet sich an Aschpenas, den Obersten der Kämmerer am Hof, der offenbar ein Verwaltungsbeamter und für das Wohlergehen der Studenten zuständig war. Daniel bittet ihn um die Erlaubnis, nicht die Kost des Königs zu essen. Er schlägt nicht plötzlich auf den Tisch des Speisesaals und verlangt (im Namen seiner Religion, der Menschenrechte oder was auch immer) eine andere Kost. Er fragt Aschpenas höflich unter vier Augen.

Dem wird es anders zumute, *und er gibt dies vor Daniel zu.* Wie ist das möglich? Der Text gibt die Antwort: »Gott sorgte dafür, dass der oberste Hofbeamte Verständnis für ihn zeigte« (Dan 1,9; NeÜ). Wir wissen es nicht genau, aber bestimmt hat Daniel vor diesem Gespräch gebetet. Und aus dem, was jetzt folgt, können wir ersehen, dass Daniel diesem Hofbeamten freundlich und respektvoll begegnet war und sein Vertrauen gewonnen hatte. Ähnlich müssen wir heute, wenn wir Zugang zu Menschen bekommen wollen, ihnen freundlich und mit Respekt begegnen. Es ist eine traurige Tatsache, dass manchen Christen dies sehr schwerfällt; woran liegt das?

In manchen christlichen Köpfen führt die Überzeugung, dass sie »die Wahrheit kennen«, zu einer aggressiven Haltung, die nach Hochmut riecht und die Menschen abstößt. Sie vergessen, dass derjenige, für den sie da Zeugnis ablegen – und der die Wahrheit war (Joh 14,6) –, der Sanftmütigste unter den Menschen war. Jesus war »sanftmütig und von Herzen demütig« (Mt 11,29). Was nicht bedeutet, dass er ein Mann ohne Rückgrat war, mit dem man machen konnte, was man wollte. Jesus besaß Zivilcourage und Vollmacht, und wo nötig, konnte er den Zorn des Gerechten an den Tag legen. Aber er war immer höflich und respektvoll. Und diejenigen unter uns, für die es Schwerarbeit ist, Menschen mit anderer Meinung mit Respekt und Freundlichkeit zu begegnen, müssen sich sehr anstrengen, um Respekt und Freundlichkeit zu *lernen.*

Wie leicht vergessen wir, dass die Person, mit der wir sprechen, ja, wie wir ein Geschöpf Gottes ist, das nach seinem Bild erschaffen und damit unendlich wertvoll ist. Diese Tatsache gehört ja zu der herrlichen Botschaft dazu, die wir unseren Mitmenschen bringen wollen. Sie sind keine Launen der Natur, sondern haben eine Würde, die Gott selbst als ihr Schöpfer ihnen gegeben hat. Wenn wir diese Würde nicht in unserer Haltung widerspiegeln, stolpern wir schon an der ersten Hürde. Aber wir sollen den anderen auch zeigen, dass Gott die Welt geliebt hat – so sehr, dass er für sie seinen Sohn in den Tod gab –, und wir erweisen dieser Botschaft einen Bärendienst, wenn wir sie in einer Haltung des Hochmuts oder der Geringschätzung kommunizieren. Unser Ziel sollte es sein, den Menschen als Freund zu begegnen, so wie Jesus dies tat, und sie nicht nur als Zielscheibe unserer Bekehrungsversuche zu sehen. Wenn der Mensch, mit dem ich rede, mich als Person nicht interessiert, darf ich mich nicht wundern, wenn er sich nicht für mich oder meinen Glauben interessiert.

Wie gehen wir mit der richtigen Motivation auf andere zu? Hier kann uns (wieder einmal) C. S. Lewis helfen, der einmal Folgendes gesagt hat: Wenn wir wissen wollen, was es bedeutet, einen Menschen zu lieben, sollten wir uns fragen, was wir tun würden, wenn wir diesen Menschen liebten – und dann entsprechend handeln! Das Gleiche gilt für den Respekt: Wir müssen uns überlegen, was wir tun würden, wenn wir den Menschen, mit dem wir da reden, respektierten – und dies dann in die Tat umsetzen. Wir warten dabei nicht ab, bis unsere Motive perfekt sind, sondern wir tun einfach das, was richtig ist, und lassen die Motive für sich selbst sorgen.

Ich brauche wohl nicht hinzuzufügen, dass den anderen zu respektieren *nicht* bedeutet, dass ich alles und jedes, was er tut, billige. Jesus hat nie über Sünde hinweggesehen. Er deckte sie auf und brachte sie ans Licht, aber (und das ist entscheidend) er tat dies auf eine solche Weise, dass Menschen, die ihre Sünde bereuten, begriffen, dass er ihnen ohne Wenn und Aber Vergebung anbot. Jesus billigte die Sünde der Ehebrecherin in Johannes 8,1–11 nicht. Er forderte sie auf, nicht mehr zu sündigen – und bot ihr seine Vergebung und einen Weg zurück in ein anständiges Leben an, indem sie ihre Sünde bereute und ihm vertraute. Und gleichzeitig deckte er die Doppelmoral in den Herzen der Männer auf, die sie verurteilten.

Oder nehmen wir die beiden Verbrecher, die mit Jesus gekreuzigt wurden (heute würde man sie Terroristen nennen). Er billigte ihre Gewalttaten nicht, aber er war barmherzig zu dem bußfertigen Verbrecher und versicherte ihm dort am Kreuz, kurz bevor sie beide starben, dass er noch am selben Tag mit ihm im Paradies sein würde (Lk 23,39–43).

Es ist wahrlich wunderbar und schön, mit welchem Feingefühl Jesus mit solchen Menschen umging. Sagt uns nicht eine innere Stimme, dass er uns damit ein Vorbild gegeben hat, damit wir (wie unvollkommen auch immer) in seinen Fußtapfen folgen?

Ruhig und zuversichtlich

Aschpenas sagt Daniel nicht einfach, dass er Angst hat. Er hat genug Vertrauen zu ihm, um ihm auch den *Grund* seiner Angst zu verraten:

> *Ich fürchte meinen Herrn, den König, der eure Speise und euer Getränk bestimmt hat. Denn warum sollte er sehen, dass eure Gesichter schlechter aussehen als die der jungen Männer eures Alters, sodass ihr meinen Kopf beim König verwirkt?* (Dan 1,10)

Aschpenas hatte Daniel und seinen Gefährten andere Namen gegeben, gemäß der Gleichmachungsstrategie Nebukadnezars. Jetzt hat er Angst, dass Daniel, wenn er ihm seinen Wunsch erfüllt, in einem schlechteren äußeren Zustand wäre als die anderen Studenten und dass er (Aschpenas) dafür verantwortlich gemacht werden würde. Diesmal geht es nicht um die Identität, sondern um das Image. Wie in vielen antiken Kulturen war in Babylon das Äußere eines Menschen sehr wichtig. Wer ein hohes Amt anstrebte, hatte nicht nur gut zu sein, sondern auch gut auszusehen. (Kommt Ihnen das bekannt vor?) Wie Menschen aussehen, kann wichtiger sein als das, was sie sagen, selbst in

Politik und Verwaltung. Stimmt mein Image? Wenn nicht, wie kann ich es aufpolieren?

Aschpenas lebte lange vor der Zeit teurer PR-Berater, aber auf ihm lastete eine ähnliche Verantwortung: dafür zu sorgen, dass seine Schützlinge präsentabel waren. Es konnte ihn buchstäblich Kopf und Kragen kosten, wenn Daniel nicht so fit aussah wie die anderen Studenten. Das konnte er nicht riskieren. Es kam ihm gar nicht erst in den Sinn, dass, wenn er Daniels Wunsch erfüllte, das Ergebnis ganz anders aussehen konnte. Es gab doch wohl nur *eine* Möglichkeit, wenn seine Studenten gesund und gut aussehen sollten: dass sie die vom König befohlene Kost aßen.

Und hier hätte die Geschichte zu Ende sein können, aber Daniel gab sich nicht so leicht geschlagen. Er erkannte, dass es nichts brachte, Aschpenas zu sehr zu drängen, und so ging er zu dessen Untergebenen, dem Aschpenas die vier Studenten anvertraut hatte. Der dürfte gewusst haben, was sein Vorgesetzter Daniel geantwortet hatte, doch er war von Daniel so beeindruckt, dass er sich seinen Vorschlag anhörte. Daniel schlug ihm etwas vor, was man heute ein kontrolliertes Experiment nennen würde – das erste in der Menschheitsgeschichte, das uns überliefert ist. Der Versuch bestand darin, dass die vier jüdischen Studenten zehn Tage lang eine schlichte vegetarische Kost zu sich nehmen würden, mit Wasser statt Wein, und danach sollte der Aufseher sie begutachten und eine Entscheidung treffen. Nun, das Experiment war erfolgreich. Die vier sahen besser aus als die Studenten, die die Tafelkost des Königs aßen, und durften nun ihre einfache Ernährung beibehalten.

Daniels Überzeugung, dass er Gott gehorchen musste, egal, was die Folgen wären, ist beeindruckend, aber ebenso die hochsensible Art, wie er seinen Protest vorbrachte. Er wusste um die Verantwortung und die Ängste der Hofbeamten und nahm Rücksicht auf ihre Gefühle. Er gab dem Aufseher genügend Zeit, um sich davon zu überzeugen, dass an Daniels Aussagen etwas dran war. Das erforderte Mut, und Gott honorierte diesen Mut.

Wir können hier etwas lernen, das ebenso einfach wie wichtig ist. Daniel nahm sich Zeit. Er überstürzte nichts, und er nahm Rücksicht auf das Bedürfnis der anderen nach Abstand. Manchmal vergessen wir, dass die Botschaft der Bibel für viele Menschen etwas ganz Neues, ja, Befremdliches ist. Sie enthält Vorstellungen, die ihnen nicht vertraut sind und die sie erst einmal in Ruhe verarbeiten müssen. Man kann leicht jemanden, der sich grundsätzlich für den christlichen Glauben interessiert, mit so vielen Argumenten auf einmal überschütten, dass er sich bedrängt fühlt. Wir müssen den Menschen genügend Luft lassen, sonst schrecken wir sie nur ab – und das ist dann unsere Schuld.

Wir gut sehen *wir* aus? Ist dies nicht eines der Dinge, die unsere Bereitschaft, für unseren Glauben einzustehen, dämpfen können? Ich weiß noch gut, wie ich zum ersten Mal mit dieser Wahrheit konfrontiert wurde. Als ich noch studierte, war ich einmal zu einem Dinner eingeladen, und neben mir saß ein Nobelpreisträger. Ich versuchte – nun ja, so gut ich das damals konnte –, mit ihm ein Gespräch über die Realität Gottes zu beginnen. Nach dem Abendessen lud er mich zusammen mit ein paar seiner Mitprofessoren zum Kaffee in sein Büro ein. Ich war der einzige Student in dem Raum, und die Atmosphäre war, gelinde gesagt, einschüchternd. Als wir es uns gemütlich gemacht hatten (ich etwas weniger), fragte er mich, ob ich eine ernsthafte wissenschaftliche Karriere anstreben wolle oder nicht. Ich antwortete: »Ja, Sir.« Darauf der Nobelpreisträger: »Dann geben Sie diese kindische Sache mit Gott auf, die beschädigt nur Ihr intellektuelles Ansehen unter Ihren Kollegen.«

Es war ein echter Schlüsselmoment. Ich fragte den Mann, was er denn als vernünftige Erklärung des Universums und seiner Gesetze zu bieten habe, als Alternative zu Gott. Zu meiner Überraschung erklärte er, dass eine Art »Lebenskraft« dafür verantwortlich sei. Ich hatte gedacht, dass solche Ideen längst erledigt seien. Ich versuchte vorsichtig zu erklären, dass mir eine solche Lösung weit weniger vernünftig erschien als das, was ich glaubte. Ich wurde brüsk abgewiesen.

Heute wird der Druck stetig stärker. Wenn Sie in der Welt der Wissenschaft ein gutes Image haben wollen, werden Sie am besten Atheist. Eine brillante Biologiestudentin aus Oxford berichtete mir, dass ihre Dozenten ihr genau das gesagt hatten. Sie sagten ihr, dass jede weltanschauliche Überzeugung, die sie habe, ihre Wissenschaft nur behindern würde. Als ob der Atheismus dieser Dozenten keine weltanschauliche Überzeugung wäre! Die Neuen Atheisten nennen sich, mit den Worten von Dan Dennett, »The Brights« (wörtlich: »Die Hellen«), was dann wohl heißt, dass Andersdenkende finstere Ignoranten sind.

Wer heute als tolerant gelten will, sollte besser nicht in der Öffentlichkeit sagen, dass Jesus Christus »der Weg und die Wahrheit und das Leben« ist (Joh 14,6). Er hat anzuerkennen, dass alle Religionen gleichermaßen gültige Wege der Suche nach einer Art ultimativer Realität seien: Gott, Götter oder was auch immer. Die Welt sei ein »globales Dorf«, und ein Dorf könne es sich nicht leisten, durch unterschiedliche absolute Wahrheiten gespalten zu werden. Und so weiter und so fort …

Es wird heute zunehmend schwierig, der Marginalisierung zu entgehen, wenn man aus der politisch korrekten Linie ausschert. Es kann einen viel kosten. Daniel und seine Freunde waren bereit, den Preis dafür zu zahlen, dass sie an Gott als ihrem höchsten Gut festhielten.

Wir lesen in der Bibel, dass Gott dies honorierte, und zwar nicht nur durch eine bessere körperliche Verfassung: Er schenkte ihnen Lernfähigkeit und Kompetenz in aller Weisheit und im Umgang mit der Literatur. Darüber hinaus erwies sich Daniel als besonders begabt im Verständnis von Visionen und Träumen – eine Gabe, in der er sich schon bald bewähren sollte. Als die vier Juden am Ende ihres dreijährigen Intensivstudiums von Nebukadnezar persönlich geprüft wurden, stellte ein stolzer Aschpenas fest, dass seine Schützlinge zur absoluten Spitze ihres Studienjahrgangs gehörten. Der König befand sie für zehnmal fähiger als alle Weisen in seinem Reich. Sie hatten eine große Karriere vor sich.

Doch es wäre ein großer und möglicherweise schmerzhafter Fehler, die Geschichte Daniels und seiner Freunde als Garantie dafür zu deuten, dass wir ebenfalls zu solch intellektuellen und administrativen Genies werden, wenn *wir* als Zeugen unseres Gottes auftreten. Es ist vollkommen richtig, dass Gott *ihnen* diese Gaben schenkte. So handelte er mit diesen vier jungen Männern damals. Aber das ist keine Garantie, dass er es bei uns genauso machen wird. Er hatte damals einen sehr konkreten Auftrag für Daniel und seine Freunde, und er hat auch einen Auftrag für uns, und so, wie er sie für ihren Auftrag ausrüstete, wird er uns für unseren ausrüsten, aber diese Aufträge können sehr unterschiedlich sein. Christlich ausgedrückt: Es hat Gott gefallen, uns zu Gliedern des großen Leibes Christi (also der organischen Einheit, die seine Kirche ist) zu machen, und jeder von uns hat eine andere Funktion. Alle Funktionen sind dabei gleich wichtig und wertvoll, obwohl nicht alle gleich sichtbar sind (vgl. 1Kor 12). Wir müssen lernen, zufrieden zu sein mit der Rolle, die Gott uns gibt, wie damals Abraham (wir sahen dies bereits in dem Kapitel über die Ideologie Babylons), und diese Zufriedenheit kommt in dem Maße, wie wir begreifen, dass Gott uns ganz bewusst zu dem gemacht hat, wer wir sind.

Damit sind wir am Ende des ersten Abschnitts von Daniels Bericht. Er und seine Freunde haben den Kompass ihres Lebens auf Gott eingestellt. Der Rest des Buches wird uns zeigen, wie diese Richtungsentscheidung ihr ganzes Leben prägte.

Kapitel 8
Gliederung und logische Struktur des Buches Daniel

Wir haben uns einige der Themen angeschaut, mit denen das Buch Daniel beginnt. Nun wollen wir uns einen Überblick über die Gesamtstruktur des Buches verschaffen und sehen, wie es aufgebaut ist. Das wird uns helfen, den Gedankengang und die Dynamik des Buches besser zu erkennen und uns zu eigen zu machen.

Verglichen mit den Werken der großen Propheten wie Jesaja und Jeremia ist das Buch Daniel kurz. Als einziges in der biblischen Literatur ist es in zwei Sprachen verfasst. Auf einen kurzen hebräischen Teil folgt ein längerer aramäischer Teil und darauf wieder ein hebräischer Teil. Das Aramäische war damals eine *Lingua franca* (also eine allgemeine Verkehrssprache) und wurde daher von wesentlich mehr Menschen verstanden als das geografisch sehr viel begrenztere Hebräisch. Vielleicht hat Daniel an unterschiedliche Leserkreise gedacht, aber darüber können wir nur spekulieren. Interessant ist, dass der aramäische Teil ein in der ersten Person verfasstes, persönliches Statement von Nebukadnezar enthält, in welchem er darstellt, wir er dazu kam, die Existenz und Macht des einen wahren Gottes zu erkennen und ihn anzubeten. Dieses schriftliche Zeugnis des Königs wird den jüdischen Verbannten gute Dienste geleistet haben für ihre Verkündigung Gottes unter den Heiden.

Ich stütze mich bei meinen folgenden Bemerkungen über die Struktur des Buches Daniel unter anderem auf den maßgebenden Artikel von Professor D. W. Gooding von der Royal Irish

Academy.[34] Eine erste Vorstellung vom Inhalt des Buches bekommen wir, indem wir ein Inhaltsverzeichnis erstellen.

Inhaltsverzeichnis des Buches Daniel

1. Daniel lehnt die Tafelkost des Königs ab
2. Nebukadnezars Traum von dem Standbild
3. Nebukadnezars goldenes Standbild;
   die drei Männer im Feuerofen
4. Bestrafung und Rehabilitation Nebukadnezars
5. Das Gericht über Belsazar;
   Ende des Babylonischen Reiches
6. Daniels Weigerung, König Darius anzubeten;
   Daniel in der Löwengrube
7. Daniels Vision der vier Tiere
8. Daniels Vision vom Widder und Ziegenbock
9. Jeremias Prophezeiung über Jerusalem;
   Daniels Bußgebet
10. Das Buch der Wahrheit; die Endzeit

Wir erhalten zehn Abschnitte im Buch Daniel. Die ersten neun entsprechen den Kapiteleinteilungen (die erst lange nach der Abfassung des Buches vorgenommen wurden) in unseren Bibelübersetzungen,[35] der zehnte umfasst die Kapitel 10 bis 12, die eindeutig eine literarische Einheit bilden.

Welcher Logik folgt die Gesamtstruktur? Die ersten sechs Abschnitte geben offenbar die chronologische Reihenfolge

34 David Willoughby Gooding, »The Literary Structure of Daniel and Its Implications«, *Tyndale Bulletin* 1981.

35 In den gängigen deutschen Bibelübersetzungen entspricht der Punkt 4 nicht strikt dem Kapitel Daniel 4, sondern 3,31–4,34. Dies ist eine der Stellen, wo die Verszählungen der englischen und der deutschen Bibelübersetzungen voneinander abweichen. *(Anm. d. Übers.)*

wieder, doch die Abschnitte sieben und acht springen zurück in die Herrschaft Belsazars, sodass nicht die gesamte Struktur chronologisch ist. Es gibt natürlich viele Möglichkeiten, Texte zu strukturieren – chronologisch, geografisch, thematisch usw. –, und jede dieser Strukturen hat ihre eigene Logik. Die Frage ist also, welche logischen Überlegungen Daniel dazu gebracht haben, sein Material so anzuordnen, wie er es getan hat.

Wenn wir uns unser Inhaltsverzeichnis noch einmal anschauen, entdecken wir ein Muster, das einen Rahmen oder Gerüst für den Gedankengang und die Logik des Buches bildet. Dieses Muster zeigt uns die Querverbindungen zwischen den von Daniel ausgewählten Themen. Es ergibt sich daraus die folgende Struktur.

Das Buch beginnt mit einer Szene am Königshof von Babylon; Daniel und seine Freunde weigern sich, die Tafelkost des Königs zu essen. In den folgenden beiden Abschnitten geht es um zwei Standbilder von kolossalen Ausmaßen: Auf das Traumbild, das Nebukadnezar sieht, folgt die kolossale Statue, die er aufrichten lässt. Das erste Bild hat ein Haupt aus Gold, das Daniel als Nebukadnezar selbst deutet. Das zweite Standbild besteht ganz aus Gold.

In den nächsten beiden Abschnitten geht es um Gottes Strafgericht über zwei Könige. Als Erstes bestraft er Nebukadnezar für seinen ungeheuren Stolz. Sieben Jahre lang lebt der König in geistiger Verwirrung, mehr wie ein Tier als ein Mensch. Aber danach bekommt er seine alte Macht und Herrlichkeit zurück. Und zweitens bestraft Gott Belsazar für seine gotteslästerliche Benutzung der Gefäße aus dem Jerusalemer Tempel, um seinen Götzen zuzuprosten. Es erscheint das Menetekel an der Wand, das ihn verurteilt, und noch in derselben Nacht wird er von der medo-persischen Armee getötet, die in die Stadt eingedrungen ist. Das ist das Ende der Großmacht Babylon. Babylon fällt, um nie wieder aufzustehen.

Der Fall Babylons ist eindeutig ein Höhepunkt des Buches. Er markiert das Ende seiner ersten Hälfte. Dies wird durch zwei zusätzliche Überlegungen bestätigt:

1. In jedem der ersten fünf Kapitel ist Nebukadnezar eine der handelnden Personen. In den ersten vier ist er dies direkt, im fünften indirekt, als Daniel Belsazar erklärt, dass *sein* Urteil endgültig sein wird, weil er doch wusste, dass Gott zu Nebukadnezar geredet hatte (wie in den vorangehenden Abschnitten berichtet), und trotzdem keine Buße tat. Nebukadnezar ist mithin ein thematischer roter Faden, der die ersten fünf Kapitel zusammenhält – was den Gedanken nahelegt, dass es ganz nützlich sein könnte, die berichteten Geschehnisse mit seinen Augen zu betrachten.
2. Die goldenen und silbernen Geräte, die Nebukadnezar aus dem Tempel Gottes in Jerusalem nach Babylon brachte, werden erstmals in Kapitel 1 erwähnt und bekommen in Kapitel 5 eine zentrale Rolle. Wir haben bereits gesehen, dass sie mit der Wertfrage zu tun haben, aber Werte sind auch eines der Hauptthemen in den Kapiteln 2 bis 4. Das Traumbild in Kapitel 2 besteht aus Metallen mit abnehmendem Wert (beginnend mit Gold). Das Standbild in Kapitel 3 besteht gänzlich aus Gold, und in Kapitel 4 geht es um die Werte Nebukadnezars, in Besonderheit seinen Stolz auf die Herrlichkeit und Größe seiner Stadt Babylon. Das Thema »Werte« durchzieht also die ganzen ersten fünf Kapitel. Die beiden Erwähnungen der Tempelgeräte aus Jerusalem in den Kapiteln 1 und 5 sind dabei gleichsam die Eckpfeiler dieses Themas, sodass es vernünftig erscheint, sie als eines der Hauptthemen der ersten Hälfte des Buches zu betrachten.

Ein zweiter Blick auf den Inhalt dieser Kapitel zeigt uns, dass sie einem einfachen Muster folgen:

Szene am Königshof (babylonische Administration);
Zwei Standbilder;
Gottes Bestrafung zweier Könige.

Wenn wir zur zweiten Hälfte des Buches gehen, entdecken wir ein ähnliches Muster.

1. Eine weitere Szene am Königshof, diesmal am Hof der Meder und Perser, die inzwischen die Macht übernommen haben. Wie in der ersten Hofszene in Kapitel 1 geht es auch hier (Kapitel 6) um eine Weigerung: Daniel weigert sich, sein Gebet zu Gott einzustellen und stattdessen König Darius anzubeten.
2. Es folgen zwei Tiervisionen, die Daniel schon früher hatte, zur Zeit Belsazars.
3. Und drittens finden wir die Deutung zweier Schriftstücke. Das erste ist der Brief des Propheten Jeremia an die Verbannten, in welchem es um die Dauer ihres Exils in Babylon geht. Das zweite ist das von Daniel sogenannte »Buch der Wahrheit« (Dan 10,21) – eine Offenbarung Gottes, in der ihm ein Blick in die ferne Zukunft gewährt wird.

Dies ergibt folgende Struktur für die zweite Buchhälfte:

Szene am Königshof (medo-persische Administration);
zwei Tiervisionen; Erklärung zweier Schriftstücke.

Legen wir die beiden Hälften des Buches nebeneinander und fügen noch ein paar Details hinzu, bekommen wir das folgende Inhaltsverzeichnis:

Teil A	**Teil B**
Kapitel 1 **Babylonischer Hof** Daniel weigert sich, die Tafelkost des Königs zu essen. Er und seine Freunde werden von Gott bestätigt.	*Kapitel 6* **Medo-persischer Hof** Daniel widersteht dem Gebot des Königs, nicht zu seinem Gott zu beten. Er wird von Gott bestätigt.
Zwei Standbilder	**Zwei Tiervisionen**
Kapitel 2 Nebukadnezars Traum-Standbild *Kapitel 3* Nebukadnezars goldenes Standbild	*Kapitel 7* Vier Tiere *Kapitel 8* Zwei Tiere
Gottes Bestrafung zweier Könige	**Erklärung zweier Schriftstücke**
Kapitel 3,31–4,34 Bestrafung und Rehabilitation Nebukadnezars *Kapitel 5* Die »Schrift an der Wand« und das Ende Belsazars Das Ende Babylons	*Kapitel 9* Die Prophezeiung im Buch Jeremia über die Zerstörung und Wiederherstellung Jerusalems *Kapitel 10–12* Das »Buch der Wahrheit«, die letztendliche Zerstörung des »Königs«, das Ende der Weltgeschichte

Wir erhalten hier eine symmetrische Gesamtstruktur des Buches. Aber Strukturen sind nicht alles. Eine Struktur ist nur dann plausibel, wenn sich zeigt, dass sie den gedanklichen Fluss des Werkes trägt. Die Bedeutung der Struktur des Buches Daniel wird sich daher nach und nach zeigen, wenn wir das Buch im Detail analysieren. (Eine detaillierte Gliederung findet sich in Anhang C. Der Leser, der mehr über die technischen Details und die Bedeutung solcher Strukturen erfahren möchte, sei auf den Artikel von D. W. Gooding verwiesen.[36])

36 https://legacy.tyndalehouse.com/tynbul/Library/TynBull_1981_32_02_Gooding_LiteraryDaniel.pdf

Kapitel 9
Träume und Offenbarungen
Daniel 2

Wir sahen oben, dass Nebukadnezar in jedem der ersten fünf Kapitel des Buches Daniel explizit erwähnt wird. Kapitel 3,31–4,34 stammt sogar von ihm selbst und beschreibt, wie er zum Glauben an den Gott Daniels kam. In Kapitel 5 wird Belsazar von Gott bestraft, weil er sich, obwohl er genau wusste, was mit Nebukadnezar geschehen war, bewusst von dem wahren Gott abgewandt hatte.

Zur inneren Entwicklung der Kapitel 1 bis 4 gehört also, dass Nebukadnezar nach und nach die Realität des wahren Gottes erkennt, bis er sich schließlich zu ihm »bekehrt«. Am Ende des ersten Kapitels weiß der König lediglich, dass vier bemerkenswert fähige Absolventen seiner Universität in seinen Dienst treten. Sie sind den anderen intellektuell um Längen voraus, aber noch weiß er nicht, warum dies so ist.

Doch das wird sich bald ändern, denn Nebukadnezar wird eine Quelle des Wissens entdecken, zu der selbst seine weisesten und erfahrensten Experten keinen Zugang haben. Er wird entdecken, dass es einen Gott im Himmel gibt, der die Geheimnisse der Menschen sowie das, was in der Zukunft geschehen wird, offenbaren kann. Das große Thema von Kapitel 2 ist somit die Frage: Gibt es so etwas wie Offenbarung? Es versteht sich von selbst, dass Daniels bejahende Antwort auf diese Frage ein Affront für den heutigen Säkularismus ist, der in atheistischer Manier das Universum als geschlossenes System von Ursache und Wirkung betrachtet.

Göttliche Offenbarung und die Datierung des Buches Daniel

Die Datierung der Abfassung des Buches Daniel ist höchst umstritten. Das hat unter anderem sehr direkt mit dem gerade erwähnten Thema der Offenbarung zu tun. Daniel traf ja Vorhersagen über das, was sich in späteren Jahrhunderten ereignen würde, und es zeigte sich, dass er richtig lag.

Dies sollte eigentlich nicht völlig abwegig erscheinen, selbst denjenigen nicht, die nicht an Gott glauben. Viele von uns haben George Orwells Roman *1984* gelesen oder Aldous Huxleys *Schöne neue Welt* oder Alvin Tofflers *Der Zukunftsschock,* und wir finden diese Bücher deswegen so interessant, weil ihre Verfasser bei einigen Einschätzungen der Zukunft richtig lagen. Was ist dann das Problem bei Daniel? Nun, manche Zeitgenossen finden, dass er *zu* richtig lag!

Seinem Buch gemäß hat Daniel einen dramatischen Wendepunkt in der Weltgeschichte persönlich miterlebt: das Ende des Babylonischen Reiches und den Aufstieg des Reichs der Meder und Perser. Auf das medo-persische Reich folgte dann, nach Daniels Zeit, das griechische Reich Alexanders des Großen, das nach dessen Tod unter vier seiner Generäle aufgeteilt wurde.

Daniel skizziert diese Entwicklung sowie die weitere Geschichte der hellenistischen Periode im letzten Abschnitt seines Buches, vor allem in Kapitel 11. Er nennt nicht die Namen der Herrscherpersonen, dafür aber eine ganze Reihe korrekter Details über die komplexen Beziehungen zwischen dem nördlichen Reich der Seleukiden und dem südlichen der Ptolemäer. Im Weiteren konzentriert er sich auf die Aktivitäten eines Seleukidenherrschers, der leicht als Antiochus IV. »Epiphanes« zu identifizieren ist. Vergleichen wir die Aussagen Daniels mit späteren historischen Dokumenten aus der hellenistischen Periode, sehen wir, dass Daniel bis in die Details richtig lag.

Aber dann kommt der Knackpunkt: Manche Gelehrten argumentieren, dass der Autor des Buches Daniel all diese historischen Details unmöglich kennen konnte, es sei denn, er hätte *nach* den Ereignissen gelebt, die er da beschreibt. Folglich – so fahren sie fort – könne die Abfassung oder mindestens die Fertigstellung des Buches Daniel frühestens im 2. Jh. v. Chr. erfolgt sein. Daniel mochte ein Genie gewesen sein, aber die historischen Details, die er erwähnt, könne er nicht gewusst und auch nicht erraten haben. Und da diese Wissenschaftler bestreiten, dass es so etwas wie Offenbarung gibt, glauben sie nicht, dass es irgendwelche Quellen gibt, die *im Voraus* zuverlässig Details über die Weltgeschichte liefern könnten. Die Kirchenväter Hieronymus und Augustinus berichten, dass diese »späte« Datierung des Buches Daniel erstmals von einem Gegner des Christentums aus dem 3. Jh. vertreten wurde, dem griechischen Philosophen Porphyrios von Tyros, einem Schüler des Neoplatonikers Plotin. Die Erwiderung des Kirchenvaters Methodios von Olympos ist hochinteressant:

> *Und da Porphyrios sah, dass alle diese Dinge sich erfüllt hatten, und nicht leugnen konnte, dass sie geschehen waren, wich er diesem Anzeichen für die historische Genauigkeit durch die Ausflucht aus, dass alles, was dort über den Antichristen am Ende der Welt vorhergesagt ist, sich in Wirklichkeit unter der Herrschaft von Antiochus Epiphanes erfüllte, aufgrund gewisser Ähnlichkeiten mit Dingen, die sich zu dessen Zeit ereigneten. Doch eben dieser Angriff bezeugt die Genauigkeit Daniels. Denn so bemerkenswert war die Zuverlässigkeit dessen, was der Prophet vorhersagte, dass er den Ungläubigen nicht als Vorher-*

> *sager der Zukunft erschien, sondern vielmehr als Erzähler bereits geschehener Dinge.*[37]

Die Spätdatierung des Buch Daniel in die Zeit der Makkabäer gewann an Popularität mit dem Aufstieg der Bibelkritik und der Aufklärungsphilosophie, die alles Übernatürliche ablehnten. (Diese Datierung wird auch von einigen Forschern unterstützt, die durchaus glauben, dass Gott Daniel im 6. Jh. v. Chr. prophetische Informationen hätte geben können, dies aber aus theologischen Gründen bezweifeln. Das Buch selbst behauptet natürlich, dass Gott Daniel solche Informationen gegeben hat.)

Eine der zentralen Bereiche der Philosophie ist die Erkenntnistheorie (Epistemologie): Woher wissen wir, was wir wissen, und was berechtigt uns zu der Behauptung, dass wir es wissen? Forscher, die einer naturalistischen Erkenntnistheorie anhängen, können gar nicht anders als zu glauben, dass das Buch Daniel nach den darin beschriebenen Ereignissen geschrieben wurde. Aber wir können (und müssen) die Gültigkeit ihrer naturalistischen Grundannahmen hinterfragen, und dies nicht zuletzt deswegen, weil das Buch Daniel selbst sie hinterfragt. Moderne Gelehrte in der rationalistischen Tradition waren nicht die Ersten, die sich mit dem Problem, um das es hier geht, befassten. Kein Geringerer als der König von Babylon hatte es auch schon gesehen, und es spielt im ersten Teil von Daniel 2 eine Rolle. Es ist eine herrliche Ironie, dass Daniel selbst sich schon mit eben dieser Frage befasste, die später einen solchen Sturm bezüglich der Datierung seines Buches entfesseln würde.

Wir werden im Laufe unseres Buches noch mehrmals auf die Frage der Datierung des Buches Daniel zurückkommen.

37 Jerome [Hieronymus], *Commentary on Daniel,* transl. G L. Archer Jr. (Grand Rapids: Baker, 1958), S. 15f.

Der Traum des Königs

Die Karriere Daniels und seiner Freunde in der babylonischen Administration war noch nicht weit vorangeschritten, als es zu einem dramatischen Ereignis kam: Zuerst sah es so aus, als würde es sie den Kopf kosten, aber dann machte es sie über Nacht berühmt und katapultierte sie ganz nach oben. Es begann mit einem Traum Nebukadnezars. Wie im alten Orient üblich nahm er seine Träume sehr ernst. Er beschäftigte ein ganzes Team von Traumdeutern, die in der hohen Kunst der Futurologie ausgebildeten waren. Sie bildeten sozusagen die königliche Denkfabrik und waren die politischen, ökonomischen, soziologischen und religiösen Zukunftsexperten des Reiches. Normalerweise war Nebukadnezar mit ihrer Arbeit zufrieden, was nicht zuletzt daran lag, dass sie in der Kunst der Diplomatie versiert waren – einer wichtigen Disziplin in einer absoluten Monarchie, wo der König einfach das tut, was er will. Nebukadnezar »tötete, wen er wollte« und »erhob, wen er wollte« (Dan 5,19). Diese Männer waren verständlicherweise sehr geschickt darin, ihm das zu geben, was er wollte.

Aber diesmal war es anders. Ganz anders. Als die Berater in den großen Thronsaal traten, bemerkten sie sofort, dass das Gesicht des Königs grimmig aussah. Gut möglich, dass sie sich mit ihren Händen unwillkürlich an die Hälse fuhren, um zu sehen, ob ihre Köpfe noch festsaßen. Der König kam ohne Umschweife zur Sache. »Meine Herren«, begann er, »ich habe einen Traum gehabt, der mich tief beunruhigt. Ich muss unbedingt wissen, was er bedeutet.«

»Zu Diensten, Eure Majestät«, erwiderten die Traumdeuter. »Erzählt uns den Traum, so wollen wir ihn deuten.«

Diese Ratgeber glaubten fest an die Fähigkeit des menschlichen Geistes, historische Bewegungen, wirtschaftliche Entwicklungen und kulturelle Trends zu erforschen, um anschließend dem König Ratschläge für die Zukunft geben zu können.

Ihre Vorfahren, die Babylon gegründet hatten, hatten diesen Glauben ebenfalls gehabt, und noch heute findet man in so gut wie jeder Nation ihre modernen Gegenstücke. Es waren die hellsten Köpfe, die Nebukadnezar zur Verfügung standen, und sie waren nur allzu bereit, seinen Traum zu deuten. Er musste dazu nur den Traum erzählen. Schließlich kann man nur das deuten, was man vorliegen hat. Und wenn keine Daten vorliegen, gibt es kein Expertengutachten.

»Nichts da«, erwiderte der König. »Ich werde euch den Traum nicht erzählen. Ich erwarte von euch, dass ihr den Traum selbst erzählt und ihn dann deutet.«

Große Bestürzung. Der König würde den Experten keine Daten liefern. So etwas hatte es noch nie gegeben. Nebukadnezar mochte ein Autokrat sein, der von seinen Beratern viel erwartete, aber er bezahlte sie gut und verlangte normalerweise nichts, was unmöglich war. Warum jetzt auf einmal das? Aber darüber könnten sie sich später die Köpfe zerbrechen; jetzt wartete er auf ihre Antwort. Mit übergroßer Höflichkeit, hinter der die nackte Angst lag, baten die Experten den König erneut, ihnen den Traum zu erzählen. In einem verzweifelten Versuch, ihn zur Vernunft zu bringen, wiesen sie darauf hin, dass ihres Wissens noch nie ein König von seinen Beratern erwartet hatte, dass sie ihm nicht nur die Deutung, sondern auch den Inhalt des Traums selbst sagten. Sie endeten mit der Beteuerung, dass solch ein Wissen allein bei den Göttern lag, die nicht unter den Sterblichen wohnten. Mit anderen Worten: Sie gaben zu, dass sie keinen Zugang zur göttlichen Sphäre hatten. Es war ein peinlicher Augenblick.

> *Denn die Sache, die der König verlangt, ist zu schwer; und es gibt keinen anderen, der sie vor dem König kundtun könnte, als nur die Götter, deren Wohnung aber nicht bei den Sterblichen ist.* (Dan 2,11)

Es war ein bezeichnendes Eingeständnis. Viele dieser Berater werden ranghohe Priester in den zahlreichen Tempeln der Stadt gewesen sein. Sie galten als Vertraute der Götter, die Zugang zu Informationen hatten, die dem Normalsterblichen verwehrt waren. Dafür wurden sie ja großzügig bezahlt. Offenbar hatte Nebukadnezar beschlossen, ihnen auf den Zahn zu fühlen. Er wollte wissen, ob etwas dran war an ihrer Behauptung, dass sie Kontakt zum Göttlichen hatten und aus dieser Quelle geheime Informationen erhalten konnten. Er hatte sie kalt erwischt.

Aber zu dieser Expertengruppe gehörten auch Daniel und seine Freunde, obwohl wir nicht wissen, wie weit sie bis dahin aufgestiegen waren. Wir haben gerade gehört, dass sie zehnmal besser waren als die anderen Experten im Reich. Aber »besser« ist ein relativer Begriff, und die Frage ist: Ist es, um Wissen zu erlangen, ausreichend, dass man mehr kann als die anderen? Gut, manche Menschen haben hellere Köpfe als andere und sind intelligenter in ihren Prognosen. Aber gibt es nicht noch mehr als Intelligenz? Die babylonischen Weisen schienen das nicht zu glauben. Daniel und seine Freunde sahen das anders, wie wir gleich sehen werden.

Nebukadnezars Chefberater glaubten nicht, dass es so etwas wie Offenbarung gab. Ihre Götter kommunizierten nicht mit Menschen; ihre Erkenntnistheorie war rein naturalistisch. Sie unterschieden sich nicht wesentlich von jenen Gelehrten, die glauben, dass Daniel sein Buch nicht im 6. Jh. v. Chr. geschrieben haben könne, weil er keine Informationen über Ereignisse gehabt haben könne, die noch gar nicht geschehen waren. Auch diese Gelehrten glauben nicht an die Kategorie der Offenbarung. Ihr Universum ist das des Naturalisten oder sogar Materialisten – ein geschlossenes System von Ursache und Wirkung, in dem das Übernatürliche nichts zu suchen hat. Ihre Erkenntnistheorie entspricht der Philosophie der Aufklärung.

Ich kann mir gut vorstellen, dass nichts das Denken so konzentriert und den Adrenalinfluss so anregt wie die plötzliche

Eröffnung, dass man demnächst einen Kopf kürzer gemacht werden soll. Es war Arjoch, der Chef der königlichen Leibwache, der kam, um Daniel und seine Freunde hinzurichten. Es gelang Daniel, ruhig zu bleiben und mit Arjoch zu reden. Warum dieser strenge Befehl des Königs, sie hinzurichten? Dies ist beeindruckend. Die bloße Tatsache, dass es Daniel gelang, Arjoch hinzuhalten, zeigt, mit welchem Fingerspitzengefühl er ihn angesprochen haben muss. Daniel kann zu diesem Zeitpunkt in der Rangfolge noch nicht sehr hoch aufgestiegen sein. Er mag als heller Kopf bekannt gewesen sein, aber warum sollte Arjoch sich die Zeit nehmen, ihn anzuhören? Doch er nahm sie sich.

Es scheint, dass Daniel einer jener Menschen war, auf die man hört. Wahrscheinlich war es nicht das erste Mal, dass er Arjoch über den Weg lief. Dass diese hochrangigen Beamten (erst Aschpenas, jetzt Arjoch) bereit waren, ein Gespräch mit Daniel zu führen, zeigt, dass er ein guter Zuhörer gewesen sein muss. Vielleicht können wir hier etwas von ihm lernen. Bei der Weitergabe unserer Überzeugungen können wir so sehr mit dem beschäftigt sein, was wir sagen wollen, dass wir dem anderen gar nicht mehr zuhören. Dann sollten wir aber auch nicht überrascht sein, wenn dieser kein großes Interesse zeigt, *uns* zuzuhören.

Es gelang Daniel, Arjoch dazu zu bringen, die Hinrichtungen aufzuschieben. Dann bat er um eine Audienz beim König (möglicherweise durch Arjoch; der Bibeltext schweigt dazu) – wohlgemerkt, *ohne* über die Information zu verfügen, die der König haben wollte. Daniel würde sie noch in der nächsten Nacht von Gott offenbart bekommen, aber das wusste er da noch nicht. Er versprach dem König eine Antwort, die er noch gar nicht hatte. Aber woher nahm er die Zuversicht dafür? Er sagt es uns nicht, aber er muss eine tiefe innere Gewissheit gehabt haben, dass eine seiner besonderen Gaben – die Fähigkeit, Träume auszulegen – jetzt auf der allerhöchsten Ebene des Reiches zum Einsatz kommen würde.

Was wir mit Bestimmtheit wissen, ist, dass Daniel sofort seine Freunde ins Vertrauen zog und sie bat, zu Gott zu beten, damit er ihnen gnädig war. Es ist eine bewegende Szene. Vier junge Hebräer, die im antiken Irak ganz allein dastehen, wagen es, zu *glauben* – nicht nur zu glauben, dass ein Gott im Himmel ist, sondern auch, dass sie diesem Gott so wichtig sind, dass er mit ihnen reden und ihre Gebete erhören wird. Es war das erste Studentengebetstreffen der Menschheitsgeschichte, das aufgezeichnet wurde.

Und es sollte nicht das letzte sein. Heute gibt es in aller Welt und an allen möglichen Schulen und Hochschulen viele solcher Gebetsgruppen, die Gott um seinen Segen bitten, damit sie ihren Zeitgenossen ihren Glauben an den lebendigen Gott, der sich in seinem Sohn Jesus Christus offenbart hat, bezeugen können. Wir danken Gott für sie. Viele meiner Leser werden solchen Gebetsgruppen geistlich tief verpflichtet sein. Wo wären manche von uns (ich selbst eingeschlossen) ohne diese treuen Beter gelandet? Wir sollten unsererseits für sie beten und solche Gruppen, wo immer sie auch sind, unterstützen und ermutigen. Sie sind Gottes Vorposten an unseren Hochschulen. Wir werden noch sehen, dass sie viel bewirken können.

Die Gebete Daniels und seiner Gefährten waren kein frommes Geschwätz. Mit dem König war nicht zu spaßen. Sie wären alle des Todes, wenn sie ihm keine überzeugende Antwort liefern konnten. Sie würden alle sterben, wenn es so etwas wie Offenbarung nicht gab. Sie wären erledigt, wenn es keine Weisheit von oben gab. Sie wären allesamt tot, wenn Gott nicht redete.

… und er schweigt nicht lautet der Titel eines Buches von Francis Schaeffer. Er passt exakt auf diese Situation. In der nächsten Nacht sprach Gott zu Daniel. Als der Morgen kam, wusste Daniel genau, was Nebukadnezar geträumt hatte und was es bedeutete. Er wusste, was er dem König sagen musste.

Verstand und Offenbarung

Die Geschichte von Nebukadnezars Traum wirft auch die Frage nach dem Verhältnis von Verstand und Offenbarung auf. Atheistische Denker wittern hier oft einen Gegensatz, gerade so, als ob Offenbarung gegen den Verstand stünde. Unsere Geschichte zeigt, dass dies nicht stimmt. Verstand und Offenbarung gehören nicht einmal zur gleichen Kategorie. Dies gilt schon auf der rein menschlichen Ebene. Die babylonischen Weisen waren bereit, jegliche Daten, die ihnen geliefert wurden, mit ihrem Verstand zu analysieren. Ihr Problem war, dass Nebukadnezar nicht bereit war, ihnen zu offenbaren, was er geträumt hatte. Hätte er ihnen den Traum erzählt, hätten sie ihren Verstand nicht ausgeschaltet, sondern mit ihrem Verstand die neuen Daten analysiert (also den Inhalt des Traumes, den Nebukadnezar ihnen »offenbart« hätte). Aber diese Daten selbst zu produzieren, das konnte ihr Verstand logischerweise nicht leisten; das war nur durch eine »Offenbarung« durch den König möglich.

Dies war Daniels Stunde. Er wusste, dass Nebukadnezar den Inhalt seines Traumes nicht verraten würde. Aber er wusste auch, dass es einen Gott gab, der nicht nur den Inhalt des Traumes kannte, sondern auch seine Bedeutung. Und er glaubte, dass Gott – so er dies denn wollte – ihm diese Information enthüllen konnte. Wir erreichen damit eine tiefere Ebene von »Offenbarung«. Es geht jetzt nicht mehr darum, was Menschen offenbaren, sondern was Gott offenbart.

Aber das Prinzip bleibt dasselbe. Als Gott Daniel den Traum offenbarte, schaltete er damit nicht Daniels Verstand aus; Daniel musste ihn benutzen, um das, was Gott ihm sagte, zu verstehen und um seine Antwort an Nebukadnezar zu formulieren. Und Nebukadnezar musste *seinen* Verstand benutzen, nicht nur um zu erfassen, dass Daniel den Inhalt des Traumes kannte, sondern auch um zu prüfen, ob seine Deutung sinnvoll war.

Diese Unterscheidungen sind so wichtig, dass es sich lohnt, sie etwas ausführlicher zu illustrieren. In Agatha Christies Hercule-Poirot-Krimis untersucht der Held, der Detektiv Hercule Poirot, den Tatort und benutzt dann seine »kleinen grauen Zellen«. Aber ein ebenso wichtiger (wenn nicht sogar noch wichtigerer) Teil seiner Ermittlung besteht darin, mit den Leuten zu reden. Und hier ist er davon abhängig, was die Menschen ihm »offenbaren«. Wenn sie schweigen, erfährt er nichts. Und wenn sie reden, benutzt er wieder seine kleinen grauen Zellen, um ihre Information zu verarbeiten. Es ist offensichtlich, dass Poirot in beiden Fällen seinen Verstand einsetzt, der im zweiten Fall allerdings auf »Offenbarungen« angewiesen ist, auf das, was die Leute sagen. Offenbarungen liefern Information, zu der der Verstand, auf sich allein gestellt, keinen Zugang hat. Die Behauptung, dass Verstand und Offenbarung Gegensätze seien, ist nicht nur falsch, sie ist schlicht sinnlos, weil hier Dinge verglichen werden, die nicht in die gleiche Kategorie gehören; Philosophen sprechen dann auch von einem »Kategorienfehler«.

Es kann natürlich sein, dass der Skeptiker, der behauptet, dass Verstand und Offenbarung einander ausschließen, damit eigentlich sagen will, dass es keinen Grund gibt, an Offenbarung zu glauben. Unsere Geschichte sagt etwas anderes. Als Daniel Nebukadnezar den Inhalt seines Traumes in allen Details berichtete, hatte Nebukadnezar all die Beweise, die er brauchte, um an eine Offenbarung zu glauben. Dieser Glaube war fundiert, denn ohne eine göttliche Offenbarung hätte Daniel niemals den Traum des Königs erfahren können. Damit hatte Nebukadnezar auch jeden Grund, Daniels Behauptung, dass sein Gott ihm auch die *Deutung* des Traums offenbart hatte, ernst zu nehmen. Aber das bedeutete nicht, dass Nebukadnezar unkritisch alles glauben würde, was Daniel ihm sagte; er würde weiter seinen Verstand benutzen, um zu sehen, ob die Deutung plausibel war. Und genauso können wir, die wir den ganzen Bericht vor uns haben, *unseren* Verstand benutzen.

Bevor wir dies tun, sollten wir noch festhalten, dass unsere Geschichte den Kern eines zentralen Aspekts biblischer Prophetie berührt. Der Apostel Petrus schreibt am Ende seines Lebens in seinem zweiten Brief (2Petr 1,14) den Christen ins Stammbuch, dass es noch eine andere Welt als diese irdische gibt; es gibt eine echte ewige Wirklichkeit. Petrus erinnert sich an ein Schlüsselerlebnis, als er zusammen mit Jakobus und Johannes Zeuge der Verklärung Jesu auf einem Berg in Galiläa gewesen war. Das Gesicht Jesu strahlte damals heller als die Mittagssonne. Sie hatten beobachtet, wie Mose und Elia mit Jesus geredet hatten, und vom Himmel hatten sie Gottes Stimme gehört: »Dies ist mein geliebter Sohn, an dem ich Wohlgefallen gefunden habe. Ihn hört!« (Mt 17,5). Dieses Erlebnis überzeugte Petrus für immer davon, dass unsere Welt nicht die einzige ist. Es gibt eine »höhere« Wirklichkeit, die genauso real ist wie die unsere und in welcher Christus nicht verachtet wird, sondern König, Licht und Macht ist. Die Konsequenzen daraus sind klar: Ein Leben, das für Christus gelebt wird, ist mitnichten ein vergeudetes Leben, wie manche meinen.

Petrus wusste natürlich, dass es ein enormes Vorrecht war, damals persönlich dabei gewesen zu sein. Aber was war mit den vielen Jüngern Christi, die nicht dabei waren? Woher wussten sie (ja, woher wissen *wir*), dass das ewige Reich Christi keine Illusion ist? Petrus gibt eine Antwort, in der er auf das Wesen und den Zweck der Prophetie verweist:

> *Und eine noch festere Grundlage haben wir im prophetischen Wort, und ihr tut gut daran, darauf zu achten wie auf ein Licht, das an einem dunklen Ort leuchtet, bis der Tag anbricht und der Morgenstern in eurem Herzen aufgeht. Vor allem aber müsst ihr wissen, dass keine prophetische Aussage der Schrift aus einer eigenen Deutung stammt. Denn niemals wurde eine Weissagung ausgesprochen, weil der betreffen-*

> *de Mensch das wollte. Diese Menschen wurden vielmehr vom Heiligen Geist gedrängt, das zu sagen, was Gott ihnen aufgetragen hatte.* (2Petr 1,19–21; NeÜ)

Nehmen wir als Erstes das *Wesen* der Prophetie. Hier gilt, dass »keine prophetische Aussage der Schrift aus einer eigenen Deutung stammt«. Biblische Prophetie ist nicht das Produkt persönlicher Analysen. Sie ist nicht vergleichbar mit den Vorhersagen der babylonischen Denkfabrik oder irgendwelcher anderer Experten, wo kluge Leute ihre Fähigkeiten und ihr Fachwissen bei der Analyse von Daten aller Art einsetzen, um eine Vorstellung von der Zukunft zu erlangen. Daniel war hochintelligent, aber diese Information über Nebukadnezars Traum (und über viele andere Dinge) kam von Gott. Natürlich war es Daniel, der direkt mit Nebukadnezar sprach; seine Persönlichkeit war dabei nicht ausgeschaltet. Aber da war noch mehr: *Was* er sagte, kam von Gott. Petrus drückt es so aus, dass der Heilige Geist ihn drängte. Als inspirierter Apostel erklärt Petrus uns in Christi Namen, dass die biblische Prophetie eine übernatürliche Dimension hat und dass es äußerst wichtig ist, dass wir dies berücksichtigen. Petrus betont dies ausdrücklich: »Vor allem aber müsst ihr wissen …«

Warum hat für Petrus die Überzeugung, dass Gott selbst durch die Propheten gesprochen hat, für das *Wissen* eines Christen – für unsere christliche Erkenntnistheorie sozusagen – eine solch hohe Priorität? Seine Antwort hat mit dem *Zweck* der Prophetie zu tun. Er erklärt uns, dass das prophetische Wort (einschließlich des Buches Daniel) als »Lichtquelle« für unser Denken und Wissen eine »noch festere Grundlage« darstellt als das Verklärungserlebnis damals auf dem Berg. Das prophetische Wort ist uns von Gott gegeben, um uns die Augen für die Realität des ewigen Reiches Christi zu öffnen, damit wir unser Leben in dieses Reich investieren. Durch die Propheten sollen wir die Stimme Gottes hören, der sich selbst bezeugt und uns versichert, dass das Transzendente und Ewige nicht weniger substanziell ist als das Irdische.

Der enorme Druck des säkularen Naturalismus kann leicht dazu führen, dass Christen vergessen, warum sie sich überhaupt »Christen« nennen – dass sie nämlich Menschen sind, die an Christus glauben. Heute gibt es im »christlichen Abendland« tatsächlich Leute, die glauben, dass Christen lediglich Menschen seien, die »anständig« oder »gutbürgerlich« leben. Aber das Wort »Christus« ist die griechische Übersetzung des hebräischen »Messias« (»der Gesalbte«), und das entscheidende Grundbekenntnis der Christen lautet, dass »Jesus der Christus ist, der Sohn Gottes« (Joh 20,31). D. h., ein Christ ist jemand, der glaubt, dass Jesus der ist, dessen Kommen von den alttestamentlichen Propheten angekündigt wurde und der jahrhundertelang das Zentrum der Hoffnung der Juden war. Die Propheten beriefen sich für ihre Vorhersagen, dass der Messias kommen würde, auf eine übernatürliche Inspiration durch Gott; sie beanspruchten, das Wort Gottes zu reden.

Der übernatürliche Ursprung der biblischen Prophetie

Mit anderen Worten: Die Erfüllung von (übernatürlicher) Prophetie gehört zum Kern des christlichen Glaubens. Es ist ein Widerspruch in sich, sich als Christ zu bezeichnen und dies nicht ernst zu nehmen. Aber ich mache die Erfahrung, dass vielen Christen diese Dimension ihres Glaubens nicht ganz geheuer ist. Zum Teil ist dies die verständliche Folge von gewissen dogmatisch sehr festgelegten Deutungen biblischer Prophetie (nicht zuletzt Deutungen des Buches Daniel), die sich hinterher als peinlich falsch erwiesen. Es ist offensichtlich, dass die richtige Deutung von Prophetien ein Minenfeld ist, aber dies sollte uns nicht davon abhalten, klar zu sehen, dass das ganze Christentum fest in Prophetie und Geschichte verankert ist. Viele der Zentralereignisse (einschließlich der Kreuzigung und Auferstehung Jesu) wurden Jahrhunderte zuvor von Propheten vorhergesagt. Jesus wurde gekreuzigt, weil er beanspruchte, der Menschensohn zu sein (Mt 26,64), der nach Daniel eines Tages auf den Wolken des Himmels kommen würde (Dan 7,13). Er sagte seinen Jüngern wiederholt, dass er von den religiösen Oberen seiner Zeit abgelehnt und gekreuzigt werden würde, um danach von den Toten aufzuerstehen (vgl. z. B. Mt 16,21). Diese Vorhersagen und ihr Eintreffen gehören zu den Beweisen, die uns zeigen, dass Jesus in der Tat der Sohn Gottes ist.

Ich weiß nur zu gut, dass die heutige westliche Kultur dermaßen vom naturalistischen Weltbild dominiert wird, dass jeder, der behauptet, dass es eine übernatürliche Dimension der Realität gibt, mit Argwohn betrachtet, ja, sogar verspottet wird. Als ich auf dem Höhepunkt meiner »Gotteswahn«-Debatte mit Richard Dawkins in Alabama die Auferstehung Christi erwähnte, zeigte Dawkins sich erstaunt über meine, wie er es sah, totale Naivität. »Ach, die Auferstehung Jesu Christi? Das ist etwas so Unbedeutendes, Triviales, Provinzielles; sie ist so erdgebunden, des Universums nicht würdig.«

Richard Dawkins ist der Ansicht, dass wir eine einfache Wahl hätten: Entweder man glaubt an Wunder (und solche Dinge wie biblische Prophetie) oder man glaubt an das wissenschaftliche Verständnis der Naturgesetze – beides zusammen gehe nicht. Und für Dawkins ist natürlich für einen denkenden Menschen die Wissenschaft die einzige Option. In seinem Buch *Der Gotteswahn* schreibt er:

> *Im 19. Jahrhundert war es für einen gebildeten Menschen zum letzten Mal möglich, an Wunder wie die Jungfrauengeburt zu glauben, ohne dass es peinlich gewesen wäre. Hakt man genauer nach, so sind viele Christen auch heute noch so loyal, dass sie Jungfrauengeburt und Auferstehung*

> *nicht leugnen wollen. Andererseits ist es ihnen aber peinlich, denn mit ihrem rationalen Verstand wissen sie, dass es absurd ist. Also wollen sie lieber nicht gefragt werden.*[38]

Genauso würde Dawkins über biblische Prophetie denken.

Aber seine Position ist offenkundig falsch, und er hat keine Entschuldigung dafür. Man findet im 20. und im 21. Jahrhundert zahlreiche gebildete Stimmen, die mit voller Überzeugung und ohne, dass ihnen irgendetwas peinlich wäre, an die Auferstehung Jesu glauben. (Ich bin auch so einer, und ich bin es gerne.) Aber mehr noch: Mein rationaler Verstand sagt mir, dass für einen gebildeten Menschen, der die wissenschaftliche Erforschung des Universums schätzt, nicht der Glaube an die Jungfrauengeburt und die Auferstehung absurd ist, sondern das atheistische Weltbild, weil dieses die Gültigkeit ebenjener Rationalität verneint, die wir brauchen, um überhaupt Wissenschaft zu betreiben. Nach zwei öffentlichen Debatten mit Richard Dawkins und einer Fernsehdebatte über Wunder der Bibel sowie einer ausführlichen Analyse seiner Argumente bin ich mehr denn je überzeugt von der Wahrheit der Auferstehung Jesu und der biblischen Prophetien über ihn.[39]

Das lautstarke Auftreten der »Neuen Atheisten« ändert übrigens nichts an der Tatsache, dass, wie Keith Ward[40] aufzeigt, ihr viel gepriesener Naturalismus bis dato noch eine Minderheitenposition ist – selbst unter den Philosophen.

Aber zurück zu dem Thema, das uns in diese Diskussion geführt hat: die Datierung des Buches Daniel. Gegen die Spät-

38 Richard Dawkins, *Der Gotteswahn* (Berlin: Ullstein, 2016), S. 221.
39 Das Thema »Wunder der Bibel und Wissenschaft« behandele ich ausführlich in meinen Büchern *Hat die Wissenschaft Gott begraben?*, *Stephen Hawking, das Evangelium und Gott* sowie *Gott im Fadenkreuz*. In *Gott im Fadenkreuz* findet der Leser auch eine detaillierte Untersuchung der Indizienlage für die leibliche Auferstehung Jesu.
40 Keith Ward, *Why There Almost Certainly Is a God* (Oxford: Lion Hudson, 2008).

datierung des Buches spricht nicht nur die Fragwürdigkeit der hinter ihr stehenden naturalistischen Grundannahme, sondern es gibt auch historische Indizien, die die frühe Datierung stützen, und diese ergeben sich aus der Entdeckung der Schriftrollen vom Toten Meer (Qumran).

Gerhard Franz Hasel, ein führender Experte für die Schriftrollen, schreibt:

> *Es ist eine Tatsache, dass das Buch Daniel schon zur Zeit von Qumran (ca. 100 v. Chr.) als kanonisch galt. Wie hätte es so schnell in den biblischen Kanon eingehen können, wenn es gerade mal ein halbes Jahrhundert alt war? Wir wissen zwar nicht genau, wie lange es dauerte, bis eine Schrift als kanonisch galt, aber man kann wohl davon ausgehen, dass das Buch Daniel, wenn es bereits damals als Teil des Kanons galt, schon länger existierte als (wie die Datierung in die Makkabäerzeit es verlangen würde) nur fünf Jahrzehnte. Sowohl der kanonische Status als auch die Tatsache, dass Daniel als »Prophet« galt, sprechen für ein hohes Alter des Buches. Eine Zeitspanne von bloß fünf Jahrzehnten zwischen der Abfassung eines biblischen Buches in seiner endgültigen Form und seiner Aufnahme in den Kanon erscheint mir nicht plausibel.*[41]

Dass das Buch Daniel in Qumran bereits als Teil des biblischen Kanons galt, spricht also für eine frühere Abfassung des Buches als im 2. Jh. v. Chr. Bereits 1969 war Roland K. Harrison aufgrund der damaligen Faktenlage bezüglich der Daniel-Texte von Qumran zu dem Schluss gekommen, dass die späte Datierung ins 2. Jh. v. Chr.

41 G. F. Hasel, http://www.biblearchaeology.org/post/2012/07/31/New-Light-on-the-Book-of-Daniel-from-the-Dead-Sea-Scrolls.aspx#Article.

> *von der bei Qumran aufgefundenen Faktenlage absolut ausgeschlossen wird – teils, weil es keinerlei Hinweise darauf gibt, dass die Anhänger der Sekte irgendwelche der dort aufgefundenen biblischen Manuskripte selbst erstellt hatten, und teils, weil es anderenfalls nicht genügend Zeit dafür gegeben hätte, dass Texte aus der Makkabäerzeit unter die Leute kamen, verehrt wurden und von einer makkabäischen Sekte als kanonisch akzeptiert wurden.*[42]

In einer späteren Publikation stellt Harrison fest, dass es angesichts der Schriftrollen von Qumran »keinen möglichen Grund mehr dafür gibt, das Buch Daniel als Produkt der Makkabäerzeit zu betrachten«.[43] Die neuesten Publikationen von Manuskripten des Buches Daniel stützen dieses Fazit.

Wir werden noch sehen, dass Daniels Nacherzählung und Auslegung von Nebukadnezars Traum auch dem Skeptiker einiges zu sagen hat. Aber schauen wir uns zunächst an, wie Daniel reagierte, als Gott ihm den Traum offenbart hatte. Er war so bewegt davon, dass Gott sich dazu herabgelassen hatte, zu ihm zu reden, dass er sein Lob- und Dankgebet für die Nachwelt festhielt:

> *Gepriesen sei der Name Gottes von Ewigkeit zu Ewigkeit! Denn Weisheit und Macht, sie sind sein. Er ändert Zeiten und Fristen, er setzt Könige ab und setzt Könige ein; er gibt den Weisen Weisheit und Erkenntnis den Einsichtigen; er offenbart das Tiefe und das Verborgene; er weiß, was in der Finsternis ist, und bei ihm wohnt das Licht. Dich, Gott meiner Väter, lobe und preise ich, dass du mir Weisheit und Kraft gegeben und mich jetzt hast*

42 Roland K. Harrison, *Introduction to the Old Testament* (Grand Rapids: Eerdmans, 1969), S 1127.

43 Roland K. Harrison, »Daniel, Book of«, in: *International Standard Bible Encyclopedia,* Vol. 1 (Grand Rapids: Eerdmans, 1979), S. 862.

> *wissen lassen, was wir von dir erbeten haben; denn du hast uns die Sache des Königs wissen lassen.* (Dan 2,20–23)

Dies ist an Dankgebet an Gott, der die Quelle der Weisheit ist, für die Gabe der Weisheit. Es findet seinen Widerhall im Neuen Testament, wo der Apostel Jakobus Folgendes über die Weisheit sagt:

> *Wenn aber jemand von euch Weisheit mangelt, so bitte er Gott, der allen willig gibt und keine Vorwürfe macht, und sie wird ihm gegeben werden. Er bitte aber im Glauben, ohne irgend zu zweifeln; denn der Zweifler gleicht einer Meereswoge, die vom Wind bewegt und hin und her getrieben wird. Denn jener Mensch denke nicht, dass er etwas von dem Herrn empfangen wird, ist er doch ein wankelmütiger Mann, unbeständig in allen seinen Wegen.* (Jak 1,5–8)

Der Inhalt der Weisheitsoffenbarung, die Daniel von Gott bekam, ist wichtig. Er erfuhr: Gott »ändert Zeiten und Fristen«. Dies klingt beim ersten Hören merkwürdig. Doch ein paar Verse zuvor haben wir gesehen, wie die Hinhaltetaktik seiner Weisen Nebukadnezar erzürnte, die darauf warteten, »bis die Zeit sich ändert« (Dan 2,9). Sie spekulierten darauf, dass der Zorn des Königs sich legen und er seine Unvernunft einsehen würde. Doch Daniel und seine Freunde spürten, dass Nebukadnezar keine Ruhe geben würde, bis seine Frage beantwortet war. Ihr Leben hing an einem seidenen Faden, und genau deswegen hatte Daniel seine Freunde aufgefordert zu beten. Und jetzt, wo Gott dieses Gebet erhört hatte und Daniel den Traum und seine Bedeutung kannte, sah er, dass »die Zeit sich änderte«, weil Gott eingriff. Die »Zeit« des Zornes Nebukadnezars konnte erst aufhören, wenn er durch Gottes Offenbarung die Antwort auf seine Frage bekommen hatte.

Dies ist nur eines von vielen Beispielen für ein wichtiges Prinzip. Gott kann in den Gang der Dinge eingreifen und tut dies auch als Antwort auf ein vertrauensvolles Gebet. Doch gleichzeitig erkennt Daniel, dass Gott der souveräne Herr der Geschichte ist, der Könige einsetzen und absetzen kann. Er hatte dies ja bereits selbst miterlebt, als Gott König Jojakim von Juda in die »Hand« Nebukadnezars gab (Dan 1,2). So traumatisch dies für Daniel gewesen sein muss, er sah es offensichtlich nicht als Hinweis auf einen starren Determinismus, der jegliches menschliches Handeln und menschliche Verantwortung ad absurdum führt.

Jetzt hatte Daniel also seine Information. Nun galt es, sie weise einzusetzen.

Kapitel 10

Ein Reich nach dem anderen

Daniel 2

Jetzt hatte Daniel die Information, die Nebukadnezar verlangte, und so eilte er zu Arjoch, dem Beamten, der mit der Hinrichtung der entsetzten Futurologen Babylons beauftragt war, und bat ihn um Aufschub und eine Audienz beim König (Dan 2,24).

Es war ein großzügiger Zug von Daniel, typisch für ihn. Er wusste, dass diese »Weisen« zumindest teilweise Scharlatane waren. Sehr wahrscheinlich waren sie auch ranghöher als er. Ein weniger charakterfester Mann wäre, vor allem in jenen Tagen, möglicherweise versucht gewesen, die Hinrichtungen ihren Gang gehen zu lassen, bis die »alte Garde« weggeräumt war und Daniel und seine Freunde freie Bahn hatten. Es waren ja entweder dieselben Männer oder ihre Nachfolger, die Jahre später, in der Epoche der Meder und Perser, das Komplott gegen Daniel schmiedeten, das diesen in die Löwengrube brachte. Doch selbst wenn Daniel das gewusst hätte, hätte er sie wohl beschützt.

Hier zeigt sich ein sehr wichtiges Prinzip. Daniel teilte nicht die Meinungen dieser Weisen; er war ein entschiedener Gegner ihres Weltbildes. Und trotzdem und obwohl es riskant war, setzte er sich für sie und ihr Leben ein. Dies ist eine Lektion in wahrer Toleranz. Wir tolerieren nicht Menschen, mit denen wir einer Meinung sind – das Wort selbst weist darauf hin, dass es Menschen sind, mit denen wir nicht einverstanden sind. Dennoch schützen wir das Recht dieser Menschen, ihre Weltanschauung zu haben und zu äußern, sofern sie dabei nicht zu Gewalt aufrufen. Doch heute ist Toleranz in vielen Ländern zu einer simplifizierenden »politischen Korrektheit« degeneriert, die zu allem Ja und Amen sagt – eine lähmende, sehr gefährliche Haltung, die Menschen davon abhält, zu sagen, was sie denken, aus Angst, dass jemand Anstoß nimmt. Es ist das genaue Gegenteil von Meinungsfreiheit und wirkt lähmend auf den öffentlichen Diskurs.

Arjoch respektierte Daniel genug, um es zu wagen und ihm eine Chance zu geben, und so verschaffte er ihm eine Audienz bei Nebukadnezar. Und Daniel selbst? Aus skeptischer Perspektive betrachtet, riskierte er sein Leben. Wie konnte er denn sicher sein, dass seine nächtliche Vision wirklich von Gott kam? Kannte er den Traum des Königs und seine korrekte Deutung *wirklich?* Nebukadnezar war nicht gerade gut gelaunt, und jeder wusste, was das bedeutete; ein gereizter König war ein sicheres Rezept für rollende Köpfe.

Aber Daniel war ruhig und zuversichtlich, als er auf seine Audienz wartete, und wenn wir uns daran erinnern, was Petrus über das Thema »Prophetie« sagt, ergibt dies tatsächlich Sinn. Wenn Gott das geschriebene prophetische Wort dazu bestimmt hat, seine sich selbst bestätigende Stimme zu übermitteln, sodass wir, wenn wir es lesen, tief in unseren Herzen wissen, dass es von Gott ist, so wäre es sehr verwunderlich, wenn die ursprünglichen Empfänger wie Daniel nicht ein ebensolches, wenn nicht sogar ein noch stärkeres Empfinden für seine Echtheit gehabt hätten.

Daniel vor dem König

Arjoch führt Daniel vor den König und verkündet diesem: »Ich habe einen Mann unter den Weggeführten von Juda gefunden, der dem König die Deutung mitteilen will« (Dan 2,25). Wir lächeln unwillkürlich darüber, wie Arjoch versucht, die Lorbeeren für seine »Entdeckung« einzuheimsen; vergessen wir darüber aber nicht, dass er es war, der Daniel so bereitwillig über die Krise aufgeklärt hatte.

Ich wäre gerne dabei gewesen, um aus erster Hand zu erfahren, was als Nächstes geschah. Ein junger Verbannter, der gerade Anfang 20 sein mag, steht vor dem mächtigsten Mann der Welt, der im prächtigen Thronsaal auf seinem noch prächtigeren Thron sitzt. Nach manchen Quellen waren zu beiden Seiten des Thrones echte Löwen angekettet, um das Bild der höchsten Macht noch zu steigern. Dass dieser junge Mann den Mut hat, hier zu stehen, liegt nur daran, dass er Gott, den himmlischen König der Könige, an seiner Seite weiß.

Nebukadnezar kommt sofort zur Sache: »Bist du imstande, mir den Traum, den ich gesehen habe, und seine Deutung mitzuteilen?« (Dan 2,26). Dies ist eine Frage nach Daniels Fähigkeiten, und wir spüren eine gewisse Skepsis in der Stimme des Königs. Wie kann solch ein junger Mann Einblicke in etwas haben, das selbst für die erfahrensten Berater unmöglich war? Daniel spricht diesen Gedanken offen aus: »Das Geheimnis, das der König verlangt, können Weise, Beschwörer, Wahrsagepriester und Zeichendeuter dem König nicht kundtun« (V. 27). Das Weltbild dieser Futurologen schloss ein solches Wissen *a priori* aus. Es war mehr als peinlich, aber sie hatten dies gegenüber dem König zugeben müssen.

So weit nichts Neues. Aber Daniel ist noch nicht fertig: »Aber es gibt einen Gott im Himmel, der Geheimnisse offenbart; und er lässt den König Nebukadnezar wissen, was am Ende der Tage geschehen wird« (V. 28).

Aber es gibt einen Gott im Himmel … Ist das nicht gewaltig? Ich kann ihn nur bewundern, den Mut dieses jungen Mannes, der da in dem altehrwürdigen Thronsaal steht und ohne Scheu seinen Glauben bezeugt. Gott hatte die Nation der Hebräer dazu berufen, ein Zeugnis für die Heidenvölker zu sein, und sie hatten als Nation schmählich versagt. Aber hier war jemand, der wusste, was für ein Licht die Nachfahren Abrahams in die Welt tragen sollten, und er ließ es hell leuchten.

Es gibt einen Gott im Himmel ... Selbstverständlich glaubte Nebukadnezar an Götter, an jede Menge Götter sogar. Seine Hauptstadt war voll von ihren Tempeln. Aber »der Geheimnisse offenbart« – nein, so etwas hatte Babylon nicht zu bieten. Und es hatte auch keinen Gott, der bereit war, in einem Traum direkt zum König zu reden und ihm dann auch noch jemanden zu schicken, der ihm erklärte, was er da geträumt hatte.

Und ohne zu zögern fährt Daniel fort und beschreibt den Traum, nicht ohne einleitend bescheiden klarzustellen, dass Gott ihm den Traum nicht deswegen offenbart hat, weil er klüger und weiser wäre als alle anderen, sondern damit der König erfährt, dass Gott sich für ihn interessiert und will, dass er dies erkennt.

Im Weltbild der Weisen im alten Babylon – wie auch in dem der Naturalisten heute – gibt es keinen Gott, der die Zukunft enthüllen kann. Danach konnte Daniel per Definition auch keine besonderen Kenntnisse über die Zukunft haben. Es war unmöglich, dass er den Traum des Königs kannte; er konnte allenfalls versuchen, ihn zu erraten. Die babylonischen Weisen hatten auf das Erraten verzichtet, wussten sie doch, dass die Wahrscheinlichkeit, dass sie richtig lägen, verschwindend niedrig war. Sie hätten lieber immer weiter verzögert, statt zu riskieren, dass sie falsch lagen. Die Gesetze der Wahrscheinlichkeit waren definitiv gegen sie. Aus ihrer Perspektive war das, was Daniel hier machte, ein totales Risikospiel mit seinem Leben. Wenn er falsch riet, würde die Wut des Königs grenzenlos sein, und Daniel würde bald einen furchtbaren Tod sterben.

Aber Daniel versuchte es nicht mit Raten. Er kalkulierte nicht mit Wahrscheinlichkeiten. Er *wusste,* was Nebukadnezar geträumt hatte, und ein paar Augenblicke später wusste Nebukadnezar, dass Daniel es wusste. Wie gebannt und ohne ihn zu unterbrechen lauschte er dem jungen Mann, der da vor seinem Thron stand und ihm in klaren Worten den Traum beschrieb, der ihn so beunruhigt und ihm für den Rest der Nacht den Schlaf geraubt hatte.

Nebukadnezar hatte von einem furchterregenden Standbild geträumt, das das Abbild eines riesigen Mannes von fast unerträglichem Glanz war. Es war eine merkwürdige Statue, denn als Nebukadnezars Blick von oben nach unten über sie glitt, sah er, dass sie aus ganz unterschiedlichen Materialien bestand. Der Kopf war aus Gold, Brust und Arme aus Silber, Bauch und Lenden aus Bronze und die Beine aus Eisen. Aber das Merkwürdigste waren die Füße, die aus einer Mischung aus Eisen und Ton zu bestehen schienen. (Daher stammt übrigens die Redensart, dass etwas »auf tönernen Füßen« steht.) Der Betrachter merkte sofort, dass diese Füße nicht besonders stabil waren, so imposant auch die kolossale Statue als Ganze aussah. Und dann kam es: Der König sah in seinem Traum, wie sich unversehens aus einem Berg ein gewaltiger Stein löste, der die Füße des Standbildes traf und zerschmetterte, worauf die ganze Statue zu Boden stürzte und sich in Staub auflöste, der von einem starken Wind davongetragen wurde.

Percy Bysshe Shelley, ein Dichter der englischen Romantik, hat in seinem Gedicht »Ozymandias« etwas von der Szene festgehalten:

Ein Wandrer kam aus einem alten Land,
Und sprach: »Ein riesig Trümmerbild von Stein
Steht in der Wüste, rumpflos Bein an Bein,
Das Haupt daneben, halb verdeckt vom Sand. […]
Nichts weiter blieb. Ein Bild von düstrem Grame,
Dehnt um die Trümmer endlos, kahl, eintönig
Die Wüste sich, die den Koloss begräbt.«[44]

44 Übersetzung von Adolf Strodtmann (1866). Quelle: https://de.wikipedia.org/wiki/Ozymandias#Inhalt. *(Anm. d. Übers.)*

Doch in Nebukadnezars Traum blieb nichts übrig als allein der gewaltige Stein, und er schaute mit fasziniertem Gruseln zu, wie dieser langsam, aber sicher zu einem riesigen Berg anschwoll, der schließlich die ganze Erde ausfüllte, als wollte er den König zerquetschen. Der König wachte in Angstschweiß gebadet auf.

Kein Wunder, dass der Traum ihm Angst machte. Und dass er keine Lust verspürte, ihn seinen Weisen zu verraten. War Nebukadnezar nicht in jedem Sinn der Größte im Reich? Man brauchte nicht viel Fantasie, um sich vorzustellen, wozu die politischen Machtpoker-Spieler im Reich fähig gewesen wären, wenn sie von diesem Traum erfahren hätten. Die Versuchung, nach altorientalischer Manier den Ausgang des Traumes in die eigene Hand zu nehmen, Nebukadnezar zu beseitigen und seinen Thron an sich zu reißen, sie wäre womöglich unwiderstehlich gewesen.

Doch der Traum barg noch andere Rätsel. Warum diese verschiedenen Metalle? Warum diese seltsamen Füße? Gab es in Nebukadnezars Reich vielleicht verborgene Schwachstellen, von denen er nichts ahnte? Und wofür stand der ominöse Stein? Es war eine Szene, wie sie nicht furchterregender sein konnte für ein orientalisches Gehirn, für das Träume keine Schäume waren.

Nebukadnezar war erschüttert.

Aber jetzt stand also dieser junge Mann vor ihm, der ihm selbstbewusst seinen Traum erzählte. Wie kam es, dass er den Traum kannte, ja, sogar seine Bedeutung? Was wusste er sonst noch alles? Nebukadnezar wusste nicht, was er denken sollte. Mit angehaltenem Atem wartete er auf die Deutung des Traumes, die jetzt kommen würde.

Die Deutung des Traums

Die ersten Worte der Deutung des Traumes, »Du, König«, müssen Nebukadnezar wie ein Hammerschlag getroffen haben. Der Traum war also tatsächlich eine Botschaft an *ihn*. Seine schlimmsten Befürchtungen waren also wahr. Oder doch nicht? Denn Daniel war noch nicht fertig:

> *Du, König, du König der Könige, dem der Gott des Himmels die Königsherrschaft, die Macht und die Stärke und die Ehre gegeben hat – und überall, wo Menschenkinder, Tiere des Feldes und Vögel des Himmels wohnen, hat er sie in deine Hand gegeben und dich zum Herrscher über sie alle gesetzt –, du bist das Haupt aus Gold.* (Dan 2,37–38)

Was sagte dieser junge Mann da? Es klang erstaunlich positiv. Er, Nebukadnezar selbst, war also das Haupt aus Gold! Wir sollten hier einen Augenblick innehalten. Man sagt oft, dass die Sprache des Buches Daniel »apokalyptisch« ist – ein Ausdruck, der oft mit finsteren Weltuntergangszenarien gleichgestellt wird. Doch Gottes Beurteilung Nebukadnezars in dem Traum ist nicht durchgehend negativ. Sein Reich hatte etwas Goldenes, Glanzvolles an sich; wer es nicht glaubt, braucht nur ins British Museum in London zu gehen und sich die Exponate aus der Zeit Nebukadnezars anzusehen. Nein, seine Herrschaft war nicht ohne ihre Schattenseiten, wie wir im 4. Kapitel des Buches Daniel noch sehen werden, aber sie hatte einen Glanz, den Gott sah und bestätigte.

Die wichtigste Aussage ist hier, dass Gott selbst Nebukadnezar sein Reich gegeben hat. Sie erinnert uns an die Sätze, mit denen Daniel sein Buch beginnt:

> *Im dritten Jahr der Regierung Jojakims, des Königs von Juda, kam Nebukadnezar, der König von Babel,*

> *nach Jerusalem und belagerte es. Und der Herr gab Jojakim, den König von Juda, in seine Hand und einen Teil der Geräte des Hauses Gottes.* (Dan 1,1–2)

Gott gab dem König von Babylon seine Macht, so wie er sie dem König von Juda genommen hatte. Dies war kein launischer Willkürakt. Daniel wird uns später noch die tiefen moralischen Gründe nennen, die hinter dieser epochalen Wende in der Herrschaft der Könige von Juda liegen. Jesus selbst hat dies später so treffend als »die Zeiten der Nationen« (Lk 21,24) beschrieben. Aber Gott wollte Nebukadnezar hier vor allen Dingen zeigen, dass seine Herrschaft und Autorität eine abgeleitete war; sie wurde ihm von Gott verliehen.

Dies ist natürlich auch die christliche Position, wie wir sie im Neuen Testament finden. Die Regierungen und Obrigkeiten dieser Welt sind »von Gott« eingesetzt, wie Paulus in Römer 13,1 schreibt, und die Christen haben grundsätzlich die Aufgabe, sie zu ehren und zu unterstützen, ja, öffentlich für sie zu beten (1Tim 2,1–2). Christen sind keine Staatsfeinde, obwohl wir in Daniel 3 und 6 noch sehen werden, dass es Situationen geben kann, wo Gläubige der Obrigkeit ungehorsam sein müssen, auch wenn sie von Gott eingesetzt ist.

Die Tatsache, dass Nebukadnezar das goldene Haupt war, aber nicht die ganze Statue, signalisierte ihm, dass seine Herrschaft weder absolut noch dauerhaft war. Es würde nach ihm andere Könige geben. Aber was bedeutete dann der Rest des Standbildes? Seine Nachkommen? Er brauchte nicht lange auf die Antwort zu warten. Daniel fuhr fort:

> *Und nach dir wird ein anderes Königreich erstehen, geringer als du, und ein anderes, drittes Königreich, aus Bronze, das über die ganze Erde herrschen wird. Und ein viertes Königreich wird stark sein wie Eisen …* (Dan 2,39–40)

Die Abfolge der verschiedenen Metalle stand also nicht für eine von Nebukadnezar gegründete Dynastie, sondern für eine Reihe von zukünftigen Weltreichen.

Wir verstehen vielleicht nicht sofort, wie hart diese Aussicht für einen antiken Herrscher wie Nebukadnezar gewesen sein muss. Es hatte vor ihm noch nicht viele Weltreiche gegeben; die beiden einzigen bekannteren in Nebukadnezars Teil der Welt waren Ägypten und Assyrien. Nebukadnezar hatte nicht viel Grund zu befürchten, dass sein Reich nicht für immer bestehen würde. Und jetzt stand da dieser junge, in Gefangenschaft geratene Ausländer vor ihm, der gerade mit dem Studium fertig war, und kündigte ihm an, dass das mächtige Babylon, das den Stempel von Nebukadnezars Größe trug, nicht nur ein Ende haben, sondern durch ein minderwertigeres Reich ersetzt werden würde. Normalerweise hätte dies ausgereicht, um Daniel als Verräter hinrichten zu lassen. Aber diesmal war es anders. Die Beziehung zwischen dem König und Daniel hatte sich für immer verändert. Daniel hatte eine Autorität, die Nebukadnezar nicht besaß, und eine Weisheit, die er selbst dringend brauchte.

Was waren das nun für Reiche, für die diese Statue stand? Wir wissen aus der Geschichte, dass auf das Babylonische Reich die Reiche der Meder und Perser, der Griechen und der Römer folgten. Daniel selbst erlebte noch den Übergang von Babylon zu Medo-Persien mit; er berichtet dies in Kapitel 5 und 6. Manche Gelehrte, die das Element des Prophetischen im Buch Daniel nicht akzeptieren und seine Abfassung in die Zeit der Makkabäer datieren, glauben, dass die Reihenfolge wie folgt war: Babylon, Medien, Persien, Griechenland (also Medien und Persien als zwei separate Reiche). Doch Daniel erwähnt explizit, dass nach dem Ende Babylons das Gesetz, welches das babylonische Recht ersetzte, das der Meder *und* Perser war (Dan 6,9.13). Ja, mehr noch: In Daniels eigener Vision vom Widder und Ziegenbock steht der Widder für die Könige von Medien und Persien und der Ziegenbock für Griechenland (Dan 8,20–21).

In Nebukadnezars Traumvision geht es unter anderem um das Element der Zeit. Es geht um Dinge, die kommen werden, und die Abfolge der Reiche ist explizit eine zeitliche (Dan 2,29.39). Aus der Geschichte wissen wir, dass das Babylonische Reich ungefähr 70 Jahre dauerte. Ihm folgte das medo-persische Reich, das rund 200 Jahre andauerte. Danach kam für die nächsten 130 Jahre das Griechische Reich, bevor Rom auf die Bühne trat. Ein interessantes Detail in diesem Zusammenhang ist, dass der Übergang von den Griechen zu den Römern in etwa parallel zum Übergang von der Bronzezeit zur Eisenzeit verläuft, was gut zu den Metallen passt, die diese Reiche symbolisieren.[45]

Das Römische Reich war sehr langlebig. Das Weströmische Reich bestand bis 476 n. Chr., das Oströmische Reich (Byzanz, dessen Bewohner nie aufhörten, sich als Römer – *Rhomaioi* – zu bezeichnen) bestand noch weitere 1000 Jahre, bis zur Eroberung Konstantinopels 1453 n. Chr. Danach zerfiel Rom, aber von seinem kulturellen Erbe zehren wir bis heute. Die erste Sprache der neuzeitlichen Wissenschaften war jahrhundertelang das Lateinische, das erst ab dem 18. Jahrhundert von modernen europäischen Sprachen abgelöst wurde. Die meisten europäischen Sprachen benutzen das lateinische Alphabet, und das moderne Rechtswesen ist bis heute tief vom römischen Recht geprägt.

Doch das Wichtige an Nebukadnezars Traum ist nicht so sehr die Zuordnung der Teile der Statue zu den verschiedenen Reichen, sondern die Art, wie diese Reiche charakterisiert werden. Dies ist ein wichtiges Detail, denn manche Ausleger sehen in den Teilen der Statue lediglich Symbole oder Chiffren für die Reiche: »Gold« steht für »Babylon«, »Silber« für Medo-Persien usw.

45 Mehr Details hierzu in: Charles Boutflower, *In and around the Book of Daniel* (Grand Rapids: Kregel, 1977).

Man hätte genauso gut einen Zahlencode wie 1, 2, 3 verwenden können.

Aber wenn das alles wäre, warum dann nicht gleich die »richtigen« Namen der Reiche benutzen, ohne den Umweg über Symbole? Aber die Metalle sind kein simpler Code; sie sind Metaphern, die uns helfen sollen, den Schlüsselaspekt des jeweiligen Reiches besser zu verstehen. Wenn Johannes in der neutestamentlichen Offenbarung gesagt wird: »... es hat überwunden der Löwe aus dem Stamm Juda« (Offb 5,5), und er anschließend ein Lamm dastehen sieht, sind die Wörter »Löwe« und »Lamm« nicht bloße Chiffren für den Herrn Jesus, sondern Bilder, die etwas über ihn aussagen: In mancher Hinsicht ist er wie ein Löwe, in anderer Hinsicht wie ein Lamm. Die Symbole tragen eine Bedeutung.

Aber zurück zum Buch Daniel. Der entscheidende Punkt ist, dass der Traum Nebukadnezars wie auch die weiteren Visionen in dem Buch Geschichte nicht nur *vorhersagen,* sondern auch *deuten.*

Die Metalle mit ihrem unterschiedlichen Wert und ihrer relativen Festigkeit verdeutlichen die Tatsache, dass die Reiche sowohl in ihrem Wert als auch in ihrer Stärke unterschiedlich sind. Babylon – das goldene Haupt – hatte eine Aura des Glanzes und der Pracht, aber es war nicht so stark und effizient, wie Rom es sein würde, das »eiserne« Reich. Jedes System hatte seine Stärken und Schwächen, seine Vorteile und Nachteile. Historiker haben mit viel Mühe versucht herauszufinden, warum Zivilisationen entstehen, erblühen und dann wieder zerfallen und sterben – wie die Blumen auf dem Feld. Eine Lektion aus dem Traumbild Nebukadnezars ist durch den Gang der Geschichte voll bestätigt worden: Kein Regierungssystem hat einen absoluten Wert; alle haben ihre Stärken und ihre Schwächen.

Es dürfte nicht leicht gewesen sein, diese Botschaft einem Herrscher wie Nebukadnezar zu vermitteln; auch nicht den nachfolgenden Herrschern von Babylon, Medo-Persien, Griechenland oder Rom. Einer der Gründe dafür ist, dass die allermeisten, wenn nicht alle diese Herrscher sich als von den Göttern persönlich erwählt ansahen (einige betrachten sich sogar selbst als Götter), womit ihre Herrschaft per Definition die bestmögliche war.

Auch in jüngerer Zeit sind viele der Machthaber dieser Welt, ob sie nun an Götter glaubten oder nicht, völlig von der Absolutheit ihrer Herrschaft überzeugt gewesen, mit oft entsetzlichen Folgen für ihre Bevölkerung.

Immer wieder werden wir im Buch Daniel arroganten und stolzen Herrschern gegenüberstehen, und diese Arroganz wird sich als einer der Gründe erweisen, warum ihre Reiche nicht überlebten. Der Historiker Herbert Butterfield schreibt:

> *Es gibt, wie es scheint, ein Grundgesetz von sehr ernsthafter Natur, das diese Frage des Gerichtes betrifft; und wenn ich mich den Propheten des Alten Testamentes zuwende und die Kürze der geschichtlichen Epoche bedenke, aus der sie ihre Schlussfolgerungen herleiten konnten, dann bin ich immer von Neuem überrascht von der auffallenden Geschicklichkeit, mit der sie die richtige Formel fanden, um ihr dann eine besondere Vorrangstellung einzuräumen. Das Gericht in der Geschichte trifft am härtesten diejenigen, die sich Gott gleichsetzen, die sich gegen Vorsehung und Geschichte auflehnen und ihren Glauben in von Menschen gemachte Systeme setzen; die das Werk ihrer eigenen Hände anbeten und sich zu der Behauptung versteigen, dass die Stärke ihres eigenen rechten Arms ihnen zum Siege verhalf.*[46]

46 Butterfield, *Christentum und Geschichte,* S. 72.

Die Tatsache, dass Weltreiche nur einen relativen Wert haben, ist ein Ansporn, dankbar zu sein für jeden Fortschritt, der erzielt worden ist. Wenn wir zurückschauen auf die vergangenen Zivilisationen, die durch das Traumbild Nebukadnezars repräsentiert werden – Babylon, Medo-Persien, Griechenland und Rom –, sehen wir, dass jedes Reich auch seine positiven Beiträge zum Wohlergehen der Menschheit leistete. Wir haben ihnen viel zu verdanken in Kunst und Architektur, Mathematik und Medizin, Musik und Literatur, Recht und Philosophie, Ingenieurskunst und Straßenbau.

Wir sollten dankbar sein, wenn wir in einem Land leben, in dem es Fortschritte gegeben hat in der Art, wie die Bürger behandelt werden. In England etwa ist es noch gar nicht so lange her, dass man an den Galgen kam, wenn man ein Schaf gestohlen hatte, oder in die Sträflingskolonie Australien deportiert wurde, weil man einen Schilling stibitzt hatte. Unsere Kinder müssen nicht mehr in Bergwerken schuften, sodass sie mit 20 Jahren schon eine Staublunge haben, und die Sklaverei ist abgeschafft dank des mutigen, unermüdlichen Einsatzes von William Wilberforce und anderen. Es gibt Länder, in denen es bezüglich der Menschenrechte und der entsprechenden Gesetze echte Fortschritte gegeben hat.

Aber die Medaille hat auch eine andere Seite. Kein Regierungssystem war frei von Fehlern, von denen viele schwerwiegend und folgenschwer sind. Viele Herrscher haben ihre Macht despotisch und grausam missbraucht. Die Geschichte ist voll von den Biografien Mächtiger, die sich auf Kosten ihrer Untertanen bereicherten. Noch heute sind Kinderarbeit, Kindersoldaten und Sklaverei aller Arten Schandflecken auf dem Gesicht der Zivilisation. Und das 20. Jahrhundert, von dem so viele gehofft hatten, dass es eine neue Welt des Friedens und Wohlstands einläuten würde, hat mehr Blutvergießen gesehen als alle Jahrhunderte vor ihm.

Daniels Deutung des Traums gibt nicht allen Reichen das gleiche Gewicht. Das zweite und das dritte Reich werden in einem einzigen Vers abgehandelt. Wesentlich detaillierter wird er beim vierten Reich – dem aus Eisen –, was diesem ein besonderes Gewicht gibt. Aber hören wir ihn selbst:

> *Und ein viertes Königreich wird stark sein wie Eisen, deshalb weil das Eisen alles zermalmt und zerschmettert; wie das Eisen, das alles zertrümmert, wird es all jene zermalmen und zertrümmern. Und dass du die Füße und die Zehen teils aus Töpferton und teils aus Eisen gesehen hast: Das wird ein geteiltes Königreich sein; aber von der Festigkeit des Eisens wird etwas in ihm sein, weil du das Eisen mit lehmigem Ton vermischt gesehen hast. Und die Zehen der Füße, teils aus Eisen und teils aus Ton: Zum Teil wird das Königreich stark sein, und zum Teil wird es zerbrechlich sein. Dass du das Eisen mit lehmigem Ton vermischt gesehen hast: Sie werden sich durch Heiraten untereinander vermischen, aber sie werden nicht aneinander haften, so wie sich Eisen mit Ton nicht mischen lässt.*
>
> *Und in den Tagen dieser Könige wird der Gott des Himmels ein Königreich aufrichten, das ewig nicht zerstört werden wird. Und das Königreich wird keinem anderen Volk überlassen werden; es wird all jene Königreiche zermalmen und vernichten, selbst aber wird es ewig bestehen: Wie du gesehen hast, dass von dem Berg ein Stein losbrach, und zwar nicht durch Hände, und das Eisen, die Bronze, den Ton, das Silber und das Gold zermalmte. Ein großer Gott lässt den König wissen, was nach diesem geschehen wird; und der Traum ist zuverlässig und seine Deutung zutreffend.* (Dan 2,40–45)

Die Gelehrten sind sich einig, dass manche Elemente dieses Textes nicht leicht zu verstehen sind, vor allem die merkwürdige Mischung aus Eisen und Ton, aus dem die Füße und Zehen der Statue bestehen. Das vierte Reich zeichnet sich (jedenfalls anfangs) durch die Stärke des Eisens aus, das »alles zermalmt und zerschmettert« (V. 40). Doch dann wird diese Kraft auf merkwürdige Weise geschwächt durch die Vermischung mit Ton, was die Füße des Standbildes bedenklich instabil macht. Rätselhaft!

Der Stein und das Reich

Bevor wir in die Details gehen, sollten wir noch etwas Offensichtliches zur Kenntnis nehmen: Der Stein gehört *nicht* zum Standbild. Die Metalle gehören alle zur selben Figur; der Stein jedoch kommt von außen.

Dieses Bild zeigt uns auf jeden Fall, dass wir uns das Reich Gottes weder einfach als ein weiteres menschliches Reich in dieser Reihe vorstellen dürfen noch als weiteren Nachfolger von ihnen, der ganz zum Schluss dazukommt. Es ist definitiv keine »Weltregierung«, die eines Tages als Krönung des Fortschritts der Menschheit kommen wird. Es ist überhaupt nichts Politisches. Wie die Beschreibung des Steines zeigt – er bricht »ohne Zutun einer Menschenhand« los (V. 34; NeÜ) –, ist das Reich Gottes ein übernatürliches Reich (vgl. Hebr 9,11), das an die Stelle aller weltlichen Reiche tritt und gleichsam von außen kommt, durch die Kraft Gottes.

Leider haben im Laufe der Geschichte immer wieder Menschen, die sich als Christen verstanden, geglaubt, dass das in ihrem Volk und ihrer Ära herrschende Regierungssystem das Reich Gottes auf Erden sei. Begriffe wie »Heiliges Römisches

Reich«, aber auch »Christenheit«[47] standen für dieses Denken. Zentral für dieses Denken war unter anderem der Begriff des »Gottesgnadentums« des Königs: Der herrschende Monarch untersteht keiner irdischen Autorität, da seine Herrschaftslegitimation direkt von Gott kommt.

Noch heute kann es schwierig sein, Christen klarzumachen, dass das Regierungssystem, unter dem sie leben (z. B. die liberale westliche Demokratie), nicht das Reich Gottes auf Erden ist. Es ist so leicht zu denken, dass wir jetzt endlich das »richtige« System haben. Außerdem ist es möglich, die übernatürliche Dimension völlig aus den Augen zu verlieren. Das war eine der Folgen der Ablehnung des Übernatürlichen durch die Aufklärung:

> *Für das »große eschatologische Ereignis, auf das die Christen so lange gewartet hatten, das zweite Kommen«, gab es nur noch wenig Raum. Der Glaube an die Wiederkehr Christi auf den Wolken wurde durch die Idee vom Gottesreich in dieser Welt ersetzt, das Schritt für Schritt durch die erfolgreiche Arbeit missionarischer Unternehmungen im Ausland und die Schaffung einer egalitären Gesellschaft in der Heimat herbeigeführt werden würde. Gemeinsam mit dem im 19. Jahrhundert bekannten deutschen Theologen Albrecht Ritschl begriffen die Vertreter des amerikanischen Social Gospel Gottes Reich eher als eine präsente sittliche Wirklichkeit denn als eine Macht, die erst in der Zukunft eingeführt würde. […] Das kommende Reich wurde nicht als etwas angesehen, das »beides, Tod und Auferstehung, sowohl Krise wie auch*

47 Engl.: *Christendom*. Der Begriff bezieht sich historisch auf die »christliche Welt«, d. h. auf »christliche Staaten«, Länder mit christlicher Mehrheit und Länder, in denen das Christentum dominiert, vorherrscht oder stark mit der Kultur verflochten ist. *(Anm. d. Verl.)*

Verheißung [mit sich bringen würde], sondern nur die Vervollkommnung der Tendenzen, die jetzt schon bestehen«.[48]

Hinter diesem Denken stehen der Fortschrittsglaube, der für die Aufklärung typisch war, und die großen Fortschritte in Wissenschaft, Technik und Industrie, die Europa so viel Reichtum brachten. Dem Menschen schien alles möglich zu sein, und die heile neue Welt war zum Greifen nahe. Doch die große marxistische Utopie, die sich aus den unaufhaltsamen Gesetzen der Geschichte ergeben sollte, entpuppte sich als Albtraum, der Millionen Todesopfer forderte. Und nicht nur der Marxismus, sondern auch diverse extreme Nationalismen endeten als Albtraum. Die Geschichte hat uns eine harte Lektion erteilt: Es gibt keinen Weg zurück zum Paradies, der das Problem der dunklen Seiten der menschlichen Natur umschiffen könnte.

Der bekannte Harvard-Psychologe Stephen Pinker glaubt, dass – vor allem als Folge des Denkens der Aufklärung – die Gewalt in der Welt immer weniger werde.[49] Der Brite John N. Gray, längere Zeit Professor für europäische Ideengeschichte, hat diese Sicht in seiner Rezension von Pinkers Buch zurückgewiesen. Die Rezension trägt den Titel »Stephen Pinker's Delusions of Peace« [Stephen Pinkers Friedens-Illusionen]. Gray schreibt darin:

Wie andere moderne Verfechter der »Werte der Aufklärung« ignoriert Pinker bewusst, dass zahlreiche Aufklärungsdenker dogmatisch antiliberal waren. Nicht wenige von ihnen befürworteten den groß angelegten Einsatz

48 David J. Bosch, *Mission im Wandel. Paradigmenwechsel in der Missionstheologie,* hg. von Martin Reppenhagen (Gießen: Brunnen Verlag, 2012), S. 378f. – Die Passagen in Anführungszeichen sind Zitate anderer Autoren (James H. Moorhead und H. Richard Niebuhr). *(Anm. d. Übers.)*

49 Stephen Pinker, *Gewalt. Eine neue Geschichte der Menschheit* (Frankfurt/M: Fischer, 2011).

politischer Gewalt, von den Jakobinern, die in der französischen Revolution den Terror für notwendig hielten, bis zu Engels, der von einem Weltkrieg träumte, der die Slawen – diese »Wilden im Herzen Europas« – auslöschen würde.

Die ausgesprochen moderne Idee, dass man durch die rationale Anwendung von Gewalt eine neue Welt schaffen könne, hat Pläne von revolutionären Kriegen und pädagogischem Terror beflügelt, die sich in einer einflussreichen Tradition des radikalen Aufklärungsdenkens finden. Entsprechend wichtig ist es Pinker, diese Tradition herunterzuspielen. Wie so viele andere liberale Humanisten betrachtet er Aufklärung im Kern als Bekenntnis zur Rationalität. Die Tatsache, dass prominente Vertreter der Aufklärung Gewalt als Mittel der gesellschaftlichen Transformation befürwortet haben, ist da, gelinde gesagt, unbequem.

Aber es gibt eine Schwierigkeit, die noch tiefer liegt. Wie so viele moderne Evangelisten des Humanismus geht Pinker davon aus, dass die Wissenschaft die aufklärerische Darstellung der menschlichen Vernunft unterstützt. Da die Wissenschaft eine Schöpfung des Menschen ist, wie könnte der Mensch dann etwas anderes als rational sein? Sind Wissenschaft und Humanismus nicht im Grunde dasselbe? Es ist äußerst merkwürdig, wenn auch absolut typisch für das heutige Denken, die Wissenschaft auf diese Weise mit dem Humanismus zu verknüpfen. Die Wissenschaft ist eine Methode des Forschens und kein fertiges Weltbild, und es gibt keinerlei Garantie, dass die Wissenschaft die Aufklärungsideale der menschlichen Rationalität bestätigen wird. Sie kann genauso gut zu dem Ergebnis kommen, dass diese Ideale nicht realisierbar sind […]

Pinkers Versuch, die Hoffnung auf Frieden in der Wissenschaft zu verankern, ist äußerst lehrreich, denn er illustriert unser bleibendes Bedürfnis nach Glauben.

> *Wir brauchen keine Wissenschaft, um zu wissen, dass Menschen gewalttätige Tiere sind; die Geschichte und die Tageszeitung liefern mehr als genug Belege dafür. Für die liberalen Humanisten besteht die Rolle der Wissenschaft schlicht darin, diese Belege wegzuerklären. Sie erwarten von der Wissenschaft, dass sie uns zeigt, dass auf Dauer gesehen die Gewalt weniger werden wird; daher die vielen Statistiken und Grafiken und die entschlossene Ausblendung unbequemer Tatsachen.*
>
> *Das Endergebnis ist nicht glaubwürdiger als die Versuche der Marxisten, die wissenschaftliche Notwendigkeit des Sozialismus zu beweisen, oder die Versuche von Vertretern der freien Marktwirtschaft, die ewige Dauer dessen aufzuzeigen, was bis vor Kurzem als der »Lange Boom« begrüßt wurde. Der »Lange Friede« ist genauso eine Illusion und ebenso kurzlebig.*[50]

Daniels Deutung von Nebukadnezars Traum ist ein Frontalangriff auf Pinkers Position. Die Königsherrschaft Gottes sollte gewiss eine ethische Realität im Herzen und Leben derer sein, die an ihn glauben, aber sein Königreich in seinem vollen Sinne wird nicht das Ergebnis irgendwelcher gegenwärtiger Strömungen und Tendenzen sein. Die Menschheitsgeschichte wird ihr von Gott verheißenes Ziel nicht aufgrund der in ihr wirkenden Prozesse erreichen, sondern durch ein übernatürliches Eingreifen von außen. Der Stein wird kommen.

Das Bild des Steines muss eine besondere Bedeutung für Nebukadnezar gehabt haben. Erstens gab es um Babylon herum nicht viele Steine und Felsen; deswegen waren seine Gebäude hauptsächlich aus Tonziegeln erbaut. Die Ebene, in der Baby-

50 Im ABC Network unter: http://www.abc.net.au/religion/articles/2013/01/20/3672846.htm.

lon lag, war zudem ständig von Überschwemmungen bedroht. Stein – das bedeutete etwas Solides, Dauerhaftes.

Zweitens heißt es im Bibeltext, dass dieser Stein aus einem Berg herausbrach und, nachdem er das Standbild zerstört hatte, zu einem »großen Berg« wurde, der »die ganze Erde erfüllte« (Dan 2,35). Der Ausdruck »großer Berg« war Nebukadnezar wohlbekannt. Mit ihm wurde der sumerische Gott Enlil beschrieben, dessen Platz Nebukadnezars Gott Marduk usurpiert hatte. Hier ein Auszug aus dem berühmten Hymnus an Enlil:

Ohne Enlil, den Großen Berg,
Würde keine Stadt erbaut, keine Siedlung gegründet,
Keine Ställe errichtet, keine Schafhürden angelegt,
Kein König würde erhoben,
kein Hoherpriester geboren [...]
Die Flüsse – ihre Überflutungen brächten
keinen Überfluss,
Die Fische im Meer würden nicht im Röhricht laichen,
Die Vögel des Himmels keine Nester
auf der wilden Erde bauen,
Im Himmel gäben die treibenden Wolken
ihre Feuchtigkeit nicht ab, Pflanzen und Kräuter,
die Herrlichkeit der Ebene, wüchsen nicht,
Auf Feldern und Wiesen würde
das reiche Korn nicht blühen,
Die Bäume, gepflanzt im Bergwald,
trügen nicht ihre Frucht [...][51]

Weiter bedeutete der Name *Enlil* »Herr der Luft«. Enlil hatte unter anderem den Himmel und die Winde unter sich. In seinem Traum sah Nebukadnezar, wie der Wind alle Spuren der

51 Hymnus an Enlil, in: James B. Pritchard (ed.), *Ancient Near Eastern Texts Relating to the Old Testament,* 3rd ed. (Princeton: Princeton University Press, 1969), S. 575.

pulverisierten Statue wegblies. Die Kombination von großem Berg und Wind könnte für ihn den Eindruck verstärkt haben, dass hier irgendeine Gottheit gemeint war.

Wenn es das ist, was diese Bilder für Nebukadnezar bedeuteten, wie haben wir dies dann zu verstehen? Sprach Gott zu ihm in einer Sprache, die er verstand, die aber (durch Daniels Deutung des Traumes) in einen ganz neuen Kontext gestellt wurde? Denn der Traum handelte ja nicht von Enlil, der nur ein Gott unter vielen war, sondern von dem einen wahren Gott, der Himmel und Erde geschaffen hatte.

So verstanden, könnten wir das Traumbild als eine Parallele zu Paulus' Rede in Athen sehen, wo der Apostel die versammelten griechischen Philosophen an etwas erinnerte, was einer ihrer Dichter gesagt hatte: »Denn in ihm leben wir und bewegen uns und sind wir« (Apg 17,28). In dem Zitat ging es um einen griechischen Gott, aber Paulus betrachtete es als eine hilfreiche Illustration. Er schloss keine Kompromisse mit dem heidnischen Denken, sondern zeigte seinen Zuhörern, dass sie in einem Teil ihres Denkens auf der richtigen Spur waren. Ihre Gottesvorstellung musste korrigiert werden. Das war bei Nebukadnezar genauso. Paulus wie Daniel lenkten den Blick ihrer Zuhörer in die richtige Richtung.

Aber was ist dieses »Stein-Königreich«?

Um die Frage zu beantworten, wollen wir uns zunächst anschauen, wie das Bild des Steines an anderen Stellen in der Bibel gebraucht wird, vor allem in Zusammenhang mit dem Reich Gottes.

Im Neuen Testament finden wir das Bild vom Stein bei der Umbenennung Simons, eines der ersten Jünger Jesu, in *Kephas* (das aramäische Wort für »Stein« oder »Fels«, Joh 1,42). *Petrus* ist die griechische Entsprechung. In seinem ersten Brief hat Petrus später mehrere Verse aus dem Alten Testament zitiert, die alle Jesus als »Stein« bezeichnen:

> *Kommt zu ihm, dem lebendigen Stein! Die Menschen haben ihn zwar für unbrauchbar erklärt, vor Gott aber ist er eine ausgesuchte Kostbarkeit. Und lasst euch selbst als lebendige Steine aufbauen zu einem geistlichen Haus, einer heiligen Priesterschaft, die geistliche Opfer bringt. Durch Jesus Christus nimmt Gott solche Opfer gern an. Darum steht auch in der Schrift: »Seht her, ich lege in Zion einen ausgesucht kostbaren Eckstein als Grund. Wer ihm vertraut und auf ihn baut, wird nie beschämt.« Für euch, die ihr glaubt, ist dieser Stein eine Kostbarkeit.*
>
> *Für die Ungläubigen aber gilt: »Gerade der Stein, der von den Fachleuten verworfen wurde, ist zum Eckstein geworden. Er ist ein Stein, an dem die Menschen sich stoßen, ein Felsblock, an dem sie zu Fall kommen.«* (1Petr 2,4–8; NeÜ; die Zitate stammen aus Jes 28,16 und 8,14.)

Petrus sieht in Jesus den Fundamenteckstein, der in Jerusalem (Zion) gelegt werden wird – ein Stein, der von den Bauleuten, den angeblichen Architekten des Volkes Israel, verworfen wird. Aber er wird sich als der große Eckstein erweisen. Entsprechend nehmen manche Ausleger an, dass der heranrollende Stein in Daniel 2 das erste Kommen Christi in die Welt meint, als er sein (geistliches) Reich proklamierte – ein Reich, das mit jedem Menschen, der durch die Wiedergeburt in es hineintritt, größer wird. Doch andererseits scheint die Zertrümmerung eines Standbildes durch einen riesigen Stein kein sehr geeignetes Bild für die Predigt des Evangeliums zu sein.

Aber es gibt eine Stelle im Neuen Testament, wo Jesus sich mit einem Stein vergleicht, der im Herabfallen zermalmt und zerstört. Es handelt sich um das Gleichnis von den Weingärtnern:

> *Er fing aber an, zu dem Volk dieses Gleichnis zu sagen: Ein Mensch pflanzte einen Weinberg und verpachtete ihn an*

Weingärtner und reiste für lange Zeit außer Landes. Und zur bestimmten Zeit sandte er einen Knecht zu den Weingärtnern, damit sie ihm von der Frucht des Weinbergs gaben; die Weingärtner aber schlugen ihn und schickten ihn leer fort. Und er fuhr fort und sandte einen anderen Knecht; sie aber schlugen auch den und behandelten ihn verächtlich und schickten ihn leer fort. Und er fuhr fort und sandte einen dritten; sie aber verwundeten auch diesen und warfen ihn hinaus. Der Herr des Weinbergs aber sprach: Was soll ich tun? Ich will meinen geliebten Sohn senden; vielleicht, wenn sie diesen sehen, werden sie sich scheuen. Als aber die Weingärtner ihn sahen, überlegten sie miteinander und sagten: Dieser ist der Erbe; lasst uns ihn töten, dass das Erbe unser wird. Und als sie ihn aus dem Weinberg hinausgeworfen hatten, töteten sie ihn. Was wird nun der Herr des Weinbergs ihnen tun? Er wird kommen und diese Weingärtner umbringen und den Weinberg anderen geben.

Als sie aber das hörten, sprachen sie: Auf keinen Fall! Er aber sah sie an und sprach: Was ist denn das, was geschrieben steht: »Der Stein, den die Bauleute verworfen haben, der ist zum Eckstein geworden«? Jeder, der auf jenen Stein fällt, wird zerschmettert werden; auf wen er aber fallen wird, den wird er zermalmen. (Lk 20,9–18)

Hier weist Jesus darauf hin, dass er selbst, als der Sohn des Besitzers des Weinbergs (der Weinberg ist Israel), von den religiösen Führern in Jerusalem, die sich als die Pächter des Weinbergs sahen, abgelehnt und getötet werden wird. Was dazu führen wird, dass der Besitzer des Weinbergs kommen und die Pächter umbringen wird. Im Kontext dieses Kommens redet Jesus von dem Stein, der auf seine Feinde fällt und sie zerschmettert.

Ein Kapitel später erklärt Jesus in seiner Endzeitrede detaillierter, was dieses Gleichnis bedeutet. Er erklärt seinen Jüngern, dass Jerusalem zerstört werden wird, was dann im Jahr 70 n. Chr. geschah, als die Römer die Stadt in Schutt und Asche legten. Und über das Volk Israel prophezeit er: »Die Menschen werden mit dem Schwert erschlagen oder als Gefangene in alle Länder verschleppt. Jerusalem wird so lange von fremden Völkern niedergetreten werden, bis auch deren Zeit abgelaufen ist« (Lk 21,24; NeÜ).

Daraus geht klar hervor, dass die »Zeit« der »fremden Völker« (also die Epoche der Herrschaft der Heidenvölker) einmal zu Ende sein wird. Und dieses Ende wird mit der Wiederkunft Christi verbunden sein:

> *An Sonne, Mond und Sternen werden Zeichen erscheinen, und auf der Erde werden die Völker in Angst und Schrecken geraten und weder aus noch ein wissen vor dem tobenden Meer und seinen Wellen. In Erwartung der schrecklichen Dinge, die noch über die bewohnte Erde kommen, werden die Menschen vor Angst vergehen, denn sogar die Kräfte des Himmels werden aus dem Gleichgewicht geraten. Dann werden sie den Menschensohn mit großer Macht und Herrlichkeit auf einer Wolke kommen sehen. Wenn das alles anfängt, dann hebt den Kopf und richtet euch auf, denn dann ist eure Erlösung nicht mehr weit.* (Lk 21,25–28; NeÜ)

Stellen wir uns die kolossale Statue auf der Seite liegend vor, der Kopf links, die Füße rechts. Wenn wir die Information, die wir gerade gelesen haben, nehmen, ist es eine vernünftige Deutung, die Statue als eine Visualisierung der »Zeit der fremden Völker« bzw. der »Heiden« zu sehen, bis hin zu dem Augenblick, wo Christus, der Stein, wiederkommt, um sein Reich aufzurichten. Daniel und der Herr Jesus meinen bestimmt etwas, das auch heute noch in der Zukunft liegt und das geschehen wird, wenn Jesus Christus zum zweiten Mal auf diese Erde kommt.

Für diese Deutung sprechen außer dem bisher Gesagten die folgenden Details:

Erstens: Der Stein trifft die Statue nicht an ihren Oberschenkeln, die dem Römischen Reich zur Zeit Jesu entsprechen, sondern er trifft ihre Füße, also das allerletzte Stadium dieses Reiches, dessen Fragmente noch das heutige Europa prägen.

Und zweitens: Daniel erwähnt gewisse Könige (in der Mehrzahl), in deren Tagen Gott sein Reich aufrichten wird. Interessanterweise spricht die Johannesoffenbarung von zehn Königen (dieselbe Zahl wie die der Zehen der Statue), die ihre Macht an eine Weltregierung abgeben, die durch die Wiederkunft Christi vernichtet werden wird.[52]

Mir ist klar, dass manche Leser sich bei dem Gedanken unwohl fühlen, dass Gottes Reich eines Tages auf der Erde sichtbar Gestalt annehmen wird. Für sie und alle, die das Thema interessiert, gebe ich in Anhang A eine detaillierte Darstellung des Wesens des Reiches Gottes.

Die Instabilität menschlicher Regierungen

Schauen wir uns jetzt das zweite Hauptmerkmal der Kolossalstatue in Nebukadnezars Traum noch einmal genauer an: ihre Instabilität. Wären die Füße ganz aus Eisen gewesen, hätte das eine gute Standfestigkeit bedeutet. Aber die merkwürdige Mischung aus Eisen und Ton macht die Füße zur großen Schwachstelle. Wie wir schon sahen, trifft der Stein die Füße, worauf die Statue umstürzt. Schauen wir uns die Bibelstelle noch einmal an:

Und ein viertes Königreich wird stark sein wie Eisen,
deshalb weil das Eisen alles zermalmt und zerschmet-

52 Vgl. Offb 17,12–14, *(Anm. d. Übers.)*

> *tert; wie das Eisen, das alles zertrümmert, wird es all jene zermalmen und zertrümmern. Und dass du die Füße und die Zehen teils aus Töpferton und teils aus Eisen gesehen hast: Das wird ein geteiltes Königreich sein; aber von der Festigkeit des Eisens wird etwas in ihm sein, weil du das Eisen mit lehmigem Ton vermischt gesehen hast. Und die Zehen der Füße, teils aus Eisen und teils aus Ton: Zum Teil wird das Königreich stark sein, und zum Teil wird es zerbrechlich sein. Dass du das Eisen mit lehmigem Ton vermischt gesehen hast: Sie werden sich durch Heiraten untereinander vermischen, aber sie werden nicht aneinander haften, so wie sich Eisen mit Ton nicht mischen lässt.* (Dan 2,40–43)

Hier werden mehrere Punkte angesprochen: 1. Eisen ist stark; 2. Ton ist zerbrechlich; und 3. Eisen und Ton vermischen sich nicht. So weit, so gut, aber die spannende Frage lautet jetzt: Was bedeutet die Sache mit dem Sich-Vermischen durch Heiraten?

Im aramäischen Urtext heißt es nicht »Heiraten«, sondern »durch den Samen der Menschen«. Diese merkwürdige Ausdrucksweise hat zu allen möglichen Spekulationen geführt. Könnte sie ein Hinweis auf die Schwächung des Römischen Reiches durch die Invasion durch die Goten sein, die sich schließlich mit den Römern vermischten? Oder sind hier eher unterschiedliche Regierungssysteme gemeint, wobei das Eisen für eine autokratische bis absolutistische Herrschaft stehen würde und der Ton für eine Bevölkerung, die sich selbst regiert, also eine Demokratie?

Welche dieser Deutungen auch die richtige sein mag – Tatsache ist, dass Invasionen durch ausländische Heere entscheidend zur Schwächung und schließlich zum Untergang Roms beitrugen. Und es stimmt auch, dass die Instabilität einer Regierung unter anderem an ihren Führungskräften hängt. Einige bevorzugen (auch heute noch) dominante Leiter, die autokratisch Entscheidungen treffen und erwarten, dass alle anderen diese befolgen. Andere bevorzugen das demokratische System, das dem Volk (genauer gesagt, seinen gewählten Vertretern) eine Stimme gibt. Angesichts der Komplexität des menschlichen Verhaltens ist es nicht schwer zu erkennen, dass sich diese Systeme nicht unbedingt gegenseitig ausschließen. Jedes System bringt seine eigenen Probleme mit sich, und beide können Anhänger in der Gesellschaft haben. Ein Blick in jede seriöse Zeitung zeigt, dass das Potenzial für Spannungen hier geradezu grenzenlos ist.

Das Buch Daniel behauptet, dass es absolute Werte gibt und dass diese Werte von Gott selbst stammen. Könnte es sein, dass die Bewährungsprobe für jede Regierung die Frage ist, inwieweit sie Gottes Werte bejaht? Diese Frage stellt sich im Buch Daniel mehr als einmal, wenn Daniel und seine Freunde mit absolutistischen Herrschern konfrontiert werden. Aber ganz ähnliche Probleme stellen sich heute, wenn durch demokratische Mehrheitsentscheidungen biblische Werte infrage gestellt werden. Heute erleben wir im Westen regelmäßig eine aggressive säkularistische Marginalisierung von Religion im Allgemeinen und von christlichen Werten im Besonderen. Wenn es absolute Werten gibt und die Mehrheit sich gegen sie entscheidet, was macht dann die Minderheit, die diese Werte nach wie vor bejaht?

Doch vielleicht ist die bekannte Redensart, dass jemand oder etwas »auf tönernen Füßen steht« am wichtigsten für unser Verständnis dieses Aspektes der Füße des Standbilds. Dieses Bild wird gerne für Menschen benutzt, die eine einflussreiche Position haben, aber gleichzeitig gewisse (meist verborgene) Charakterschwächen aufweisen, die zu ihrem Sturz führen können. Die Franzosen sprechen hier von der *condition humaine.* Der englische Schriftsteller Anthony Trollope schrieb in einer berühmt gewordenen Anspielung auf Nebukadnezars Traumbild:

»Die Frau [...] entdeckt, dass ihr Gott mit dem Haupt aus Gold einen Körper aus Eisen und Füße aus Ton hat.«[53]

Die tönernen Füße des Kolosses, den Nebukadnezar im Traum sah, führen uns geradewegs zu einem Problem, das allen Regierungssystemen eigen ist. Alle Bürger haben (in unterschiedlichem Maße) Füße aus Ton. Das bedeutet: Die fundamentale Schwäche, die die Statue aufweist, ist eine allgemeinmenschliche Schwäche, die das Regieren erschwert. Es ist eine Schwäche, über die in der Politik viel nachgedacht worden ist und zu der viel Literatur entstanden ist. Wir alle kennen diese Schwäche. Der englische Schriftsteller G. K. Chesterton traf den Nagel auf den Kopf, als er (angeblich) von der *Times* die Aufforderung erhielt, eine Antwort auf die Frage zu schreiben: »Was ist das Grundproblem der Welt?« Chesterton soll geantwortet haben:

Sehr geehrter Herr,
ich bin das Problem.
Hochachtungsvoll,
G. K. Chesterton[54]

Das Problem des Menschen ist der Mensch selbst. Die Geschichte lehrt uns eine beständige Lektion: Es stimmt etwas nicht mit dem Wesen des Menschen. In einer der klarsten Analysen dieser Tatsache schrieb Herbert Butterfield wenige Jahre nach dem Ende des Zweiten Weltkrieges:

Es scheint mir jedoch, dass das Studium der Geschichte dem Menschen hinsichtlich der Beziehungen zwischen menschlicher Natur und Umweltbedingungen die Augen

53 In: *Fortnightly Review* (1865).

54 Andrew Wilson hält Chestertons Brief für nicht echt, aber doch für einen höchst tiefgründigen Text. (Andrew Wilson, *If God, Then What?*, Nottingham: IVP, 2012, S. 104f.)

für eine bedeutsame Tatsache geöffnet hat [...] wenn wir gewisse kunstvolle Sicherheitsschranken innerhalb der Gesellschaft fallen ließen, dann würden eine Reihe von Menschen, die bisher ein achtbares Leben geführt haben, plötzlich durch die Entdeckung all der Dinge, die sie nun ungestraft tun könnten, wie umgewandelt sein; schwache Menschen, die bisher durch ein gewisses gesellschaftliches Gleichgewicht im Gleise gehalten wurden, würden offensichtlich dem Verbrechen verfallen; und man kann bestimmte Lebensbedingungen erzeugen, unter denen Leute anfangen zu rauben und zu plündern, denen vorher ihr ganzes Leben hindurch nicht einmal der Gedanke gekommen ist, dass sie stehlen möchten. Ein ausgedehnter und lang andauernder Polizeistreik z. B. oder Revolution in der Hauptstadt und der Eroberungsrausch in Feindesland können die Kehrseite der menschlichen Natur bei Leuten zum Vorschein bringen, die bis dahin, abgepolstert und gegängelt von den Einflüssen des gewohnten Lebens in der Gesellschaft, der Welt ein achtbares Gesicht zeigten.[55]

Butterfield schließt daraus Folgendes:

Wir können in diesem Zusammenhang in der Tat sagen, dass Kultur und Barbarei geradezu Manifestationen der im Wesentlichen gleichen menschlichen Natur sind, die sich unter verschiedenen Umweltbedingungen auswirkt.[56]

Eins ist jedoch wesentlich: Keiner kann vorgeben, dass die menschliche Natur weniger selbstsüchtig oder egozentrisch geworden sei.[57]

55 Butterfield, *Christentum und Geschichte*, S. 39f.
56 Ebd., S. 41.
57 Ebd., S. 45.

> *In ruhigen Zeiten kommt der Mensch in der Tat leicht dazu, sich in Illusionen zu wiegen [...] Es kommen wenig Verbrechen vor; sieh doch, die Polizei hat nichts zu tun, warum sollten wir eine so überflüssige Organisation nicht beschneiden? Die Schwächen der menschlichen Natur verlassen uns nie [...]*[58]

Butterfield fährt fort, dass nicht erkannte Mängel in der menschlichen Natur, wie Stolz, Gier und Egozentrik, zu einer gefährlichen Selbstgerechtigkeit führen können, die den Menschen einredet, sie seien hundert Prozent im Recht, während die anderen entsprechend falsch lägen. Er schreibt:

> *In einem fundamentalen Sinne scheint mir jedoch das Christentum allein den Herd des Übels in einer Welt, wie wir sie gerade betrachtet haben, anzugreifen [...] Es richtet sich eben gegen jene Kruste von Selbstgerechtigkeit, die es durch die Natur seiner Lehre erst auflösen muss, bevor es sonst irgendetwas mit einem Menschen beginnen kann. Je mehr es dem Menschen an Phantasie mangelt, je unfähiger er einer eingehenden Selbstprüfung ist, umso starrer sehen wir seine Selbstgerechtigkeit werden; so sind es gerade die Dickfelligen, die am allermeisten davon überzeugt sind, dass sie vor allen anderen recht haben. [...] In seiner schlimmsten Form führt es uns zu jenem mythischen Messianismus, jenem messianischen Betrug des zwanzigsten Jahrhunderts, der in bedenklicher Nähe von Forderungen dieser Art steht: »Nur noch einen kleinen Krieg gegen die letzten Feinde der Gerechtigkeit, dann wird die Welt gereinigt sein, und wir können beginnen, das Paradies zu bauen.«*[59]

58 Ebd., S. 43.
59 Ebd., S. 51f.

Wir müssen hier als Erstes zugeben, dass auch das Christentum sich zuweilen solcher Selbstgerechtigkeit schuldig gemacht hat, wenn es Häretiker folterte und verbrannte, um auf diese Weise ihre Seelen zu »retten«. Aber die gleiche Einstellung finden wir eben auch bei etlichen großen politischen Bewegungen wie dem Nationalsozialismus und Marxismus, die einen ungeheuren Blutzoll gefordert haben.

Aber Butterfields Kritik gilt nicht nur der »großen« Politik, sondern auch dem einzelnen Bürger:

> *Dieselbe menschliche Natur, die unter günstigen Bedingungen so zart ist, scheint mir unter schlechteren Bedingungen scheußlicher Vergröberung fähig, es sei denn, sie habe einen Weg gefunden, sich über die Einflüsse von Wind und Wetter hinwegzusetzen. Ich habe kleine Leute so eigensinnig in ihrem kleinen Reich herrschen sehen, dass es mir nur ihr Glück zu sein scheint, dass sie nicht gekrönte Häupter oder Premierminister waren, von deren ruhiger Überlegtheit Krieg und Frieden abhängt.*[60]
>
> *Mir scheint deswegen, dass es vielleicht keine zutreffendere Aussage über den Menschen geben kann, als dass »alle Sünder sind und ich der Erste unter ihnen«, oder der Satz: »Ohne die Gnade Gottes ginge auch ich diesen Weg«.*[61]

Butterfield erinnert schließlich an die Worte eines Bischofs, der gesagt hat, seine Meinung vom Wesen des Menschen sei zu hoch, als dass er glauben könne, dass sein Land von irgendjemandem angegriffen werden würde, wenn es einseitig abrüste. Butterfield sieht das anders:

60 Ebd., S. 55.
61 Ebd., S. 56.

Es liegt vielleicht eine große Tugend darin, abzurüsten und Märtyrer einer guten Sache zu werden; aber wenn man verspricht, dass wir in jener Lage kein Martyrium zu erleiden brauchten, oder wenn man sich auf eine solche Annahme verlässt, so geht das sowohl gegen die Theologie als auch gegen die Geschichte. Es ist wesentlich, kein Vertrauen in die menschliche Natur zu setzen. Ein solches Vertrauen ist eine moderne und sehr unheilvolle Irrlehre.[62]

Mit diesen letzten Sätzen legt Butterfield den Finger auf die zentrale Botschaft von Nebukadnezars Traumbild. Es gibt einen gravierenden Defekt in der menschlichen Natur, aber die Menschen beharren dennoch hartnäckig darauf, ihr weiterhin zu vertrauen.

Ein solcher Leichtgläubiger war Ludwig Feuerbach (1804–1872), dessen Philosophie Karl Marx stark beeinflusst hat. In seinem Hauptwerk *Das Wesen des Christentums* schreibt Feuerbach unter anderem:

Wir haben das außerweltliche, übernatürliche und übermenschliche Wesen Gottes reduziert auf die Bestandteile des menschlichen Wesens als seine Grundbestandteile. Wir sind im Schlusse wieder auf den Anfang zurückgekommen. Der Mensch ist der Anfang der Religion, der Mensch ist der Mittelpunkt der Religion, der Mensch ist das Ende der Religion.[63]

Der andere ist an und für sich der Mittler zwischen mir und der heiligen Idee der Gattung. »Der Mensch ist dem Menschen Gott.«[64]

62 Butterfield, S. 58.
63 Ludwig Feuerbach, *Das Wesen des Christentums* (Stuttgart: Reclam, 2019), S. 283.
64 Ebd., S. 250.

In der Vorrede zu seiner Dissertation schrieb Karl Marx:

> *Die Philosophie verheimlicht es nicht. Das Bekenntnis des Prometheus »Die Götter hasse ich, die mir mit Unrecht vergelten, was ich Gutes ihnen tat« ist ihr eigenes Bekenntnis, ihr eigener Spruch gegen alle himmlischen und irdischen Götter, die das menschliche Selbstbewusstsein nicht als die oberste Gottheit anerkennen.*[65]

Marx war nicht bereit, Gott als Quelle, Schöpfer und Erhalter der Menschen anzuerkennen, weil das Anerkennen eines höheren Wesens, als der Mensch es ist, einer Beschädigung der absoluten Autonomie des Menschen gleichgekommen wäre:

> *Die Religion ist nur die illusorische Sonne,*
> *die sich um den Menschen bewegt, solange*
> *er sich nicht um sich selbst bewegt.*[66]

Für Marx zählte nur eine Theorie, *»welche den Menschen für das höchste Wesen des Menschen erklärt.«*[67]

Diese Ablehnung des Übernatürlichen steht im Zentrum des säkularen Humanismus. Auf einem der ersten Treffen der amerikanischen Annual Humanist Convention im Jahre 1945 sagte Arthur Briggs: »Ein Humanist ist jemand, der an den Menschen als Mitte des Universums glaubt.«[68] Etwas später führte J. A. C. F. Auer von der Universität Harvard diese Definition weiter aus:

65 Karl Marx, Friedrich Engels, Über *Religion* (Berlin: Dietz Verlag, 1958), S. 8, mit Übersetzung des griechischen Prometheus-Zitats nach der Fußnote.

66 Ebd., S. 31.

67 Ebd., S. 44.

68 *The Humanist,* Frühjahr 1945.

> *Der Mensch würde Gott anbeten, wenn er ihn bewundern könnte. Aber wenn dies nicht geschähe, wenn Gott also unter das Niveau moralischer Vorzüglichkeit sinken würde, das er (der Mensch) festgelegt hat, dann würde er die Anbetung verweigern. Das ist Humanismus: Der Mensch ist das Maß aller Dinge, einschließlich der Religion.*[69]

Etliche Jahrzehnte später finden wir die Definition des Humanismus, wie sie von der British Humanist Society vertreten wird. Aktuell (zur Zeit der Abfassung dieses Buches) sieht sie so aus:

> *Humanismus, in dem Sinn, der uns hier interessiert, ist eine Weltsicht, die jeglichen religiösen Glauben ablehnt. [...] Sagen wir es einfach so: Humanisten glauben nicht an die Existenz eines Gottes oder mehrerer Götter. Unter »Götter« verstehen wir dabei Wesen, die wie die Menschen einen Verstand und Willen haben, die Überzeugungen und Wissen haben und die in der Lage sind, Entscheidungen zu treffen, um zu handeln, die jedoch immens kenntnisreicher und mächtiger sind als die Menschen und deren übernatürliche Kraft hinter einigen oder allen Naturkräften steht, die wir im Universum beobachten können.*[70]

Diese Definition des Wortes »Humanismus« darf nicht verwechselt werden mit seiner älteren, historischen Bedeutung, die mit Namen wie Erasmus von Rotterdam und Leonardo da Vinci verbunden ist. Manchmal redet man heute noch von einer »humanistischen« Bildung, die sich auf das Studium der Literatur und Philosophie, der Kunst, der »alten Sprachen« Griechisch und Latein und der philosophischen Anthropologie

69 J. A. C. F. Auer, »Religion as the Integration of Human Life«, *The Humanist*, Frühling 1947, S. 161.
70 Quelle: www.humanism.org.uk

konzentriert.[71] Und in einem dritten, noch allgemeineren Sinn redet man heute manchmal von »Humanismus«, wenn es um den praktischen Einsatz für das Wohlergehen anderer Menschen geht. Doch dies ist nicht die Bedeutung, die die meisten derjenigen, die sich als Humanisten bezeichnen, heute darunter verstehen.

In einem Artikel über Ludwig Feuerbach schreibt Michael J. Inwood, emeritierter Professor am Trinity College (Oxford):

> *Gott ist praktisch das Wesen des Menschen selbst, von den konkreten Einzelpersonen abstrahiert und als für sich stehende Einheit vergegenständlicht und verehrt [...] Wir müssen den Riss zwischen Himmel und Erde heilen und die Liebe zu Gott durch die Liebe zum Menschen ersetzen und den Glauben an Gott durch den Glauben an den Menschen, um zu erkennen, dass das Schicksal des Menschen allein vom Menschen abhängt und nicht von irgendwelchen übernatürlichen Quellen.*[72]

Ein Götze ist eine Person oder Sache, in die der Mensch sein letztes Vertrauen setzt, anstatt es in Gott zu setzen. Damit ist Feuerbachs vorhin zitiertes Diktum »Der Mensch ist dem Menschen Gott« schlicht ein Fall von Götzendienst. Womit wir wieder in Babylon wären, der Stadt, die wie keine andere für den grenzenlosen säkularen Glauben des Menschen an sich selbst steht und die eigenen Leistungen geradezu symbolisiert. Nebukadnezars riesiges Standbild verkörpert das Wesen dieser götzendienerischen Philosophie, und wir werden in den späteren

71 Im Englischen sind die sogenannten Geisteswissenschaften bis heute als »humanities« bekannt. *(Anm. d. Übers.)*

72 Michael J. Inwood, »Feuerbach, Ludwig Andreas«, in: *The Oxford Companion to Philosophy,* ed. Ted Honderich (Oxford, New York: Oxford University Press, 1995), S. 276.

Kapiteln des Buches Daniel noch sehen, dass genau diese Philosophie Daniels großer Gegner ist.

Manchen heutigen Humanisten mag Feuerbachs Diktum etwas plump erscheinen. Aber wenn es darum geht, die Quelle unserer Werte zu benennen, nimmt die British Humanist Society kein Blatt vor den Mund:

> *Nehmen wir die Behauptung, dass der Mensch die Quelle aller Werte ist. Es gibt einen Sinn, in welchem Humanisten dieser Aussage zustimmen sollten, aber es bedarf der richtigen Definition. Es ist offensichtlich, dass er im Gegensatz zu der von vielen religiösen Menschen vertretenen Gegenbehauptung steht, dass wir nur dann wissen, wie wir leben können, wenn wir über eine Reihe moralischer Regeln verfügen, die uns eine göttliche Autorität offenbart hat.*

Der Glaube an den Menschen und das gleichzeitige Wissen um seine Mängel haben in der Vergangenheit zu hochtrabenden »wissenschaftlichen« Plänen zu seiner grundlegenden Verbesserung geführt. So gab es auf dem Kongress der Communist Party von 1961 folgende Aussage:

> *Die Partei betrachtet die Erziehung des neuen Menschen als wichtigste Aufgabe bei der kommunistischen Neugestaltung der Gesellschaft. Solange wir nicht die moralischen Prinzipien der Bourgeoisie mit Stumpf und Stiel ausmerzen und die Menschen im Geiste der kommunistischen Moral erziehen und sie innerlich und moralisch erneuern, wird es uns nicht möglich sein, eine kommunistische Gesellschaft zu errichten.*

Dieses Statement dokumentiert, dass die Partei (vielleicht aus Erfahrung klug geworden) darum wusste, dass es nicht ausreichte, die Menschen systematisch in den Prinzipien der marxistischen Ethik zu schulen und sie anzuhalten, sich in ihrem äußeren Verhalten am strikten Buchstaben der marxistischen Theorie zu orientieren. Was es brauchte, war nicht weniger als die Schaffung und Erziehung eines »neuen Menschen« durch eine geistige und moralische Erneuerung.

Man beachte die Ausdrucksweise in diesem Zitat. Sie ist fast religiös und hat bemerkenswerte Anklänge an das Neue Testament, das ja ebenfalls davon redet, »den neuen Menschen« anzuziehen (vgl. Eph 4,24). Schon lange vor dem Marxismus wusste das Neue Testament, dass die Menschen innerlich und moralisch neu werden müssen, wenn es je zu einer guten, gerechten Gesellschaft kommen soll. So schreibt Paulus in Römer 12,2 (NLB): »Deshalb orientiert euch nicht am Verhalten und an den Gewohnheiten dieser Welt, sondern lasst euch von Gott durch Veränderung eurer Denkweise in neue Menschen verwandeln.«

Diese Ähnlichkeiten lassen die abgrundtiefen Unterschiede zwischen dem Marxismus und dem christlichen Glauben umso stärker hervortreten – sowohl in der Diagnose der Grundursache des Fehlverhaltens des Menschen als auch in der Formulierung des Heilmittels. Für Marx waren Gott und Religion Teile des Systems, das die Entfremdung des Menschen von den Produktionsmitteln möglich und aufrechterhalten hatte. Dann aber warer die Überwindung dieser Entfremdung und die innere und moralische Erneuerung und rechte Erziehung des »neuen Menschen« nur dann möglich, wenn man die Menschheit unter anderem von der »Tyrannei Gottes«, ja, von der bloßen Vorstellung eines Gottes befreite.

Es ist eine historische Tatsache, dass die kommunistischen Regimes das, was sie die Tyrannei Gottes nannten, durch die totale Kontrolle aller Lebensbereiche ihrer Untertanen ersetzten, gerade so, als könne man mit bloßer Gewalt und Zwang die Herzen der Menschen verändern und jenen »neuen Menschen« hervorbringen. Es gibt heute viele, die zu diesem Totalitarismus Nein sagen, aber dennoch dem Marxismus folgen, insofern als sie auch zu Gott als der Autorität hinter der Moral und als der Quelle der moralischen Erneuerung des Menschen Nein sagen. Sie fürchten, dass die Einführung Gottes in die Ethik nur zu einer anderen Art totalitärer Autorität führen würde, die die menschliche Würde und Freiheit beschneidet. Sie behaupten, dass eine auf Gott gegründete Ethik die Menschen wie Kinder behandele und nicht wie Erwachsene, die gut in der Lage sind, ihre eigenen ethischen Regeln zu formulieren und zu befolgen.

Angesichts dieser Befürchtungen ist es nur sinnvoll, einmal genauer zu untersuchen, was der christliche Glaube über die Ursache der unleugbar vorhandenen, allgegenwärtigen moralischen Schwäche der Menschheit zu sagen hat und wie seine Strategie aussieht, um das hervorzubringen, was die Kommunistische Partei »den neuen Menschen« nannte.

Hier kann uns die Traumvision Nebukadnezars in die richtige Richtung weisen, und zwar durch den Gegensatz zwischen der in sich instabilen Statue und dem massiven Stein, der übernatürlichen Ursprungs ist. Dieser Gegensatz ist sehr wichtig, denn er zeigt uns, dass die einzige zufriedenstellende Antwort auf die verhängnisvolle Schwäche des Menschen Gottes übernatürliche Kraft ist, die von »außen« in unsere Welt hineinbricht.

Wir sahen weiter oben, dass Christus selbst den Namen eines seiner Apostel von »Simon« zu »Petrus« (»Fels«) änderte, um die fundamentale Veränderung zu illustrieren, zu der es in seinem Leben gekommen war, als er, wie Petrus selbst es später ausdrückte, »aus unvergänglichem Samen ... wiedergeboren« wurde (1Petr 1,23) und zum Glauben an Christus kam, den ewigen Felsen. Petrus meint hier offensichtlich die »Wiedergeburt« der Bekehrung zu Christus. Jesus selbst diskutierte dieses Thema mit Nikodemus, einem führenden Jerusalemer Theologen, im Zusammenhang mit dem Reich Gottes: »Wenn jemand nicht von Neuem geboren wird, kann er das Reich Gottes nicht sehen« (Joh 3,3).

Es ist von entscheidender Bedeutung zu sehen, dass die christliche Lösung des Problems des neuen Menschen nicht das ist, was viele Menschen denken. Oft wird behauptet, dass die Religion unmöglich hohe Maßstäbe anlege, und das führe unweigerlich zu einer psychologisch ungesunden Fixierung auf Schuld und Versagen, die das Vertrauen in die Möglichkeit der menschlichen Entwicklung untergräbt. Egal, wie dies bei anderen Religionen auch sein mag, auf den christlichen Glauben trifft es definitiv nicht zu. Denn dieser beginnt mit dem Angebot eines neuen Lebens, mit einer neuen Kraft, die den Menschen befähigt, gegen Schwäche und Sünde anzukämpfen.

Die christliche Diagnose der Grundkrankheit des Menschen ist radikal: Die Sünde hat uns von Gott entfremdet, und wir sind nicht in der Lage, daran etwas zu ändern. Und die Lösung, die der christliche Glaube anbietet, ist ebenso radikal: In Christus hat Gott die Last unserer Sünde auf sich genommen und ans Kreuz getragen, und wenn wir unsere Sünde bereuen und Christus vertrauen, bekommen wir von ihm ein neues, übernatürliches Leben als völlig unverdientes Geschenk.

Nebukadnezars Reaktion

Wir haben gesehen, dass Nebukadnezar tief beeindruckt war von Daniels Kenntnis seines Traums und seiner Deutung. Wir können uns kaum vorstellen, was für ein Schock das Ganze für ihn gewesen sein muss. Er hatte gedacht, dass er die Welt um sich herum verstünde und beherrschte. Jetzt dämmerte ihm, dass das ja gar nicht stimmte. Es gab eine andere Welt, der er sich bisher nicht bewusst gewesen war – eine Welt, von der er abhängig war, ohne es zu wissen, für alles, was er sein Eigen nannte. Für jemanden, der lange nichts von Gott geahnt hat, ja, der geleugnet hat, dass es ihn überhaupt gibt, ist es ein demütigendes, ernüchterndes Erlebnis, wenn er plötzlich aufwacht und merkt, dass Gott real ist. C. S. Lewis hat dieses Erlebnis so beschrieben:

> *Ein »unpersönlicher« Gott – schön und gut. Ein subjektiver Gott der Schönheit, Wahrheit und Güte in unseren eigenen Köpfen – noch besser. Eine gestaltlose Lebenskraft, die uns durchwallt, eine ungeheure Macht, die wir anzapfen können – am besten von allem. Aber Gott selbst, der lebendige, der am andern Ende der Schnur zieht, der sich vielleicht mit ungeheurer Geschwindigkeit nähert, der Jäger, König, Bräutigam – das ist eine völlig andere Sache. Es kommt der Augenblick, da Kinder beim Räuber-Spielen plötzlich zusammenzucken: Waren das nicht wirkliche Schritte im Flur? Es kommt der Augenblick, da Menschen, die in der Religion herumgeplätschert haben (»des Menschen Suche nach Gott!«), sich plötzlich zurückziehen. Angenommen, wir haben ihn wirklich gefunden! Dazu wollten wir es doch nicht kommen lassen! Schlimmer noch: Angenommen, er hat uns gefunden?*[73]

Genau das war Nebukadnezars Situation: Gott hatte ihn gefunden, da gab es keinen Zweifel. Und es dämmerte ihm auch, dass es in seinem Reich Menschen gab wie Daniel. Menschen ohne Rang und Namen, die er nicht ernst genommen hatte, aber die diese andere Welt kannten. Sie waren in Kontakt mit ihr und besaßen eine Weisheit und Autorität, von der Nebukadnezar und seine hochdotierten Berater nichts wussten. Seine Reaktion war ebenso spontan wie erstaunlich: Er fiel vor Daniel nieder

73 C. S. Lewis, *Wunder* (Basel, Gießen: Brunnen Verlag, 4. Taschenbuchauflage 1999), S. 111f.

wie vor einem Gott. Es muss Daniel peinlich gewesen sein, und wahrscheinlich hat er protestiert.

> *Da warf König Nebukadnezzar sich vor Daniel nieder, mit dem Gesicht auf dem Boden. Er befahl seinen Dienern, ihm Opfer und Weihrauch darzubringen, und sagte zu Daniel: »Euer Gott ist wirklich ein Gott aller Götter, ein Herr der Könige und ein Offenbarer der Geheimnisse! Denn du hast dieses Geheimnis ja offenbaren können.«* (Dan 2,46–47; NeÜ)

Nebukadnezar hatte etwas sehr Wichtiges über den wahren Gott gelernt: Er ist einzigartig, er ist der Herr über alle Könige, und er kann reden und Geheimnisse enthüllen.

Diese Dinge sind für uns heute nicht weniger wichtig. Die Neuen Atheisten fordern lautstark Beweise für die Existenz eines übernatürlichen Gottes; doch die Ernsthaftigkeit ihrer Forderung ist fraglich, da sie offenbar nicht bereit sind, den Beweisen, die ihnen angeboten werden, die nötige Beachtung zu schenken. Was Daniel uns aufgeschrieben hat, ist ein Teil dieser Beweise, aber es stellt eine solch frontale Bedrohung des Naturalismus dar, dass es wenig Chancen hat, je beachtet zu werden. Wenn ich über die falsche atheistische Definition von »Glaube« als »Für-wahr-Halten, was man nicht beweisen kann« nachdenke, bin ich versucht, den »Glauben der Atheisten« als bewusste Weigerung zu definieren, Beweise und Indizien zu berücksichtigen, die nicht zu atheistischen Schlussfolgerungen führen.

Dieser Abschnitt des Buches Daniel hat die Ansicht widerlegt, dass diese Welt alles ist, was es gibt. Daniel (und inzwischen auch Nebukadnezar) behauptet, dass es einen Gott gibt, der Geheimnisse enthüllt. Und das Geheimnis, das damals enthüllt wurde, kann heute von uns in der Geschichte überprüft werden. Wir haben heute noch mehr Beweise als Nebukadnezar, dass Daniel recht hatte. Daniel sagte voraus, dass es vier Reiche geben würde, von denen er drei in seinem Buch explizit benennt. Und es *hat* diese vier Reiche gegeben, die tatsächlich alle die Merkmale aufwiesen, die Daniel ihnen zuschrieb.

Interessanterweise zeigt die Tatsache, dass sich atheistische Denker bis heute bemühen, Daniel zu diskreditieren, indem sie (trotz eindeutiger gegenteiliger Beweise) behaupten, dass das Buch erst im 2. Jh. v. Chr. geschrieben worden sei, dass sie beunruhigt sind, zutiefst beunruhigt darüber, dass er mit seinen Fakten recht hatte. Bloß nicht den »göttlichen Fuß« in den Türspalt lassen!

Wir haben aufregenden Stoff hinter uns, der bis heute noch fasziniert. Nebukadnezar sollte noch mehr über Gott lernen, und Gott würde es ihm zur rechten Zeit zeigen. Aber erst einmal beförderte er Daniel und machte ihn zum Statthalter über die Provinz Babylon und zu seinem höchsten persönlichen Berater. Und Daniel legte ein Wort für seine Freunde ein, sodass auch sie in hohe Ämter eingesetzt wurden, die sie sicher mehr als verdient hatten.

Kapitel 11
Wenn der Staat Gott wird
Daniel 3

Die Geschichte von Daniels Freunden Schadrach, Meschach und Abed-Nego und dem Feuerofen dürfte eine der bekanntesten Geschichten in der Bibel, ja, vielleicht in der Weltliteratur überhaupt sein. Die Kinder, die das Glück haben, sie noch erzählt zu bekommen, können sie nicht oft genug hören. Es geht darin um eine kolossale Statue aus Gold, die König Nebukadnezar in der Ebene von Dura errichten ließ. Eines der Motive hinter dem Projekt könnte Nebukadnezars Fixierung auf die Tatsache gewesen sein, dass er von Daniel erfahren hatte, dass er selbst das goldene Haupt in der Statue, von der er geträumt hatte, war. Wir wissen nicht genau, ob dies so war, aber wenn ja, dann ist klar, dass Nebukadnezar die Botschaft des Traumes gründlich missverstanden hatte.

Das goldene Standbild sollte die Untertanen des Reiches nicht nur allgemein daran erinnern, dass Nebukadnezar sein unangefochtener Herrscher war. Es ging um mehr. Dass alle hohen Amts- und Würdenträger seines Reiches sich vor dem Standbild verneigen sollten, war ein bewusster Schachzug zum Ausbau und Schutz von Nebukadnezars Macht. Dahinter stand möglicherweise eine durch das Traumbild entstandene, wachsende Angst, dass er früher oder später gestürzt werden würde.

Religion und der Staat

Wir stehen hier vor einem Szenario, das in der Geschichte nur allzu bekannt ist – vor dem Versuch, Religion im Interesse eines totalitären Staates zu instrumentalisieren, indem dieser

Staat zum Gegenstand der Anbetung gemacht wird. Dass dieses Szenario just an dieser Stelle in Daniels Buch vorkommt, gibt ihm ein ganz besonderes Gewicht. Das erste Kapitel des Buches Daniel führte uns die Frage der Werte vor Augen. Was Nebukadnezar mit den Tempelgeräten aus Jerusalem machte, ist ein Beispiel für die allgegenwärtige Tendenz zur Relativierung des Absoluten. Im zweiten Kapitel erfährt Nebukadnezar, dass in Gottes Augen kein Staat oder politisches System einen absoluten Wert hat. Doch jetzt, in Daniel 3, trotzt Nebukadnezar dieser Erkenntnis, indem er sein Reich und sein Regime absolut setzt – so absolut, dass er darauf besteht, dass die Menschen es wie einen Gott verehren. Hatte er bei den Tempelgeräten das Absolute relativiert, so verabsolutiert er jetzt das Relative.

In den Kapiteln 1 und 3 lenkt Daniel unsere Aufmerksamkeit auf zwei parallele und gleichzeitig entgegengesetzte Entwicklungen, die er in seinem langen Leben an der Spitze der Macht beobachten konnte. Einerseits drängt es die Menschen, das Absolute zu relativieren, doch andererseits können sie ohne absolute Werte nicht leben, und so nehmen sie schließlich etwas, das nur einen relativen Wert hat, und setzen es absolut, d. h. sie betrachten es als den zentralen Wert, der ihre Einstellung zu allem anderen bestimmt. Seit jeher waren die offensichtlichen Kandidaten dafür der Staat, die Macht, der Reichtum und der Sex. Daniel dokumentiert hier einen Vorfall, der sich um die beiden ersten Faktoren dreht und der nicht ihn selbst, sondern seine drei Freunde betrifft.

Daniel listet sorgfältig die wichtigsten Gruppen der Amtsträger auf, die der Einweihung des Standbildes beizuwohnen hatten. Die wichtigsten politischen Führer stehen ganz oben auf der Liste, aber wir bemerken vor allem, dass die Richter anwesend waren. Eine der wichtigsten Sicherheitsvorkehrungen einer Gesellschaft besteht darin, dass zwischen dem politischen System und der Justiz ein gewisses Maß an Unabhängigkeit besteht, sodass es Kontrollen und Ausgleich geben kann, um Korruption und Extremismus zu vermeiden. Nebukadnezar gab sich mit solchen Feinheiten nicht ab. Er bestand darauf, dass sich vor seiner Statue auch die Richter zu verneigen hatten. Seine Autorität erstreckte sich auch über die Gerichte.

Wenn sich ein absoluter Monarch wie Nebukadnezar in den Kopf setzt, seine Allmacht beweisen zu müssen, fordert dies unvermeidlich Opfer. Der Leser, der in einer Demokratie westlichen Zuschnitts lebt, mag hier einwenden: »Aber das waren totalitäre Extreme, das könnte uns nie passieren!« Nun, vor nur ein paar Jahrzehnten gab es Länder (wie Albanien, Russland, China oder Kambodscha), wo man die Machthaber quasi wie Götter verehren musste.

Und was speziell das Christentum betrifft, vergisst man leicht, dass auch in unserer Zeit in vielen Teilen der Welt Christen aktiv verfolgt werden.

Seit 27 Jahren publiziert das International Bulletin of Missionary Research jedes Jahr einen »Status of Global Mission Report«, der versucht, die Lage der Christen in der Welt zu erfassen, indem er die Situation des Christentums mit anderen Religionen vergleicht und das aktuelle Ergehen der verschiedenen Gruppierungen innerhalb des Christentums mit dem in der jüngeren (oder auch ferneren) Vergangenheit vergleicht. Der Report ist durchweg aufschlussreich, manchmal schockierend und gelegentlich provokativ. Zum Provokativen im Report von 2011 gehört u. a. das Martyrium. Der Report definiert dabei »Märtyrer« als »an Christus gläubige Personen, die aufgrund feindseliger Reaktionen anderer Menschen ihr Leben in Situationen, wo sie ihren Glauben bezeugten, vorzeitig verloren haben«. Der Report schätzt, dass es im vergangenen Jahrzehnt im Durchschnitt alle 24 Stunden 270 neue christliche Märtyrer gegeben hat, sodass »die Gesamtzahl der Märtyrer [in der Zeit von 2000 bis 2010] *ca. 1 Million betrug.«*[74]

Der Märtyrertod ist natürlich nur das Extrem in einem ganzen Spektrum der Christenverfolgung, zu welchem auch Diskriminierung, Schikanen und viele andere »mildere« Formen der Feindseligkeit gehören. Ein Beispiel für solche Maßnahmen in den westlichen Ländern sind die immer lauter werdenden Forderungen nach der Eliminierung Gottes aus dem öffentlichen Diskurs, die bereits zu ersten Fällen von Diskriminierung geführt haben. Noch größer ist die Gefahr der Rückkehr antichristlicher Intoleranz in Ländern, die noch vor relativ kurzer Zeit totalitäre Staaten waren.

Daniel gibt eine extreme Situation wieder. Viele von uns werden vielleicht nie mit der »Höchststrafe« für das öffentliche Bezeugen unseres Glaubens konfrontiert werden (obwohl die Wahrscheinlichkeit immer größer wird), aber die Prinzipien, die das Verhalten von Daniels drei Gefährten illustriert, gelten auf die eine oder andere Weise auch für uns, und eine Analyse des »äußersten Falles« kann uns viel zeigen, das für unser christliches Zeugnis in unserem normalen Alltag von Bedeutung ist.

Manche Darstellungen der Geschichte der drei Männer im Feuerofen erwecken den Eindruck, dass die drei nicht leiden mussten, denn Gott bewahrte sie doch vor dem Feuer. Doch ein wenig Nachdenken zeigt, dass dieser Eindruck trügt. Die drei litten sehr wohl – zwar nicht im Ofen, aber dafür vorher. Sie waren Menschen wie Sie und ich, wahrscheinlich hatten sie Familien, und so wird der Erlass des Königs sie unweigerlich in große innere Konflikte gestürzt haben.

Es wird ihnen sofort klar gewesen sein, dass dies der härteste Test ihrer Treue zu Gott war, den sie bisher erlebt hatten.

74 George, Weigel, *Christian Number-Crunching*, 9. Februar 2011.

Es war in der Tat die härteste Prüfung, der sich jemand stellen konnte. Es war der ultimative Werte-Test. Auf der einen Seite der Gleichung standen Status, Familie, Geld, Sicherheit, ja, das nackte Leben, auf der anderen Seite war nur – Gott. Das Leben der drei Freunde war schon früher in akuter Gefahr gewesen, als in Kapitel 2 Nebukadnezar befahl, alle Weisen, einschließlich Daniel und seiner Freunde, hinrichten zu lassen, wenn sie ihm seinen Traum nicht sagen konnten. Ob sie am Leben blieben oder nicht, hing damals ganz daran, ob Gott ihnen den Traum des Königs offenbaren würde. Diesmal war es anders. Sie konnten sich retten, indem sie sich einfach vor der Statue verneigten.

Doch war es das wert? Gibt es denn etwas Wertvolleres als ein Menschenleben – vor allem, wenn es *mein* Leben ist?

Stellen Sie sich vor, Sie wären einer dieser drei Männer gewesen und hätten Ihren Verwandten und Freunden Rede und Antwort stehen müssen. Es ist leicht vorstellbar, dass sie versuchen würden, Ihnen den Widerstand gegen Nebukadnezar auszureden:

> *»Wir wissen doch alle, dass das mit dem Niederfallen vor diesem Standbild ein Schwindel ist! Der König will halt, dass wir seine Autorität öffentlich anerkennen, das ist alles. Was macht es denn, wenn man sich äußerlich niederwirft? Die Gedanken sind frei, und über unser Herz bestimmt der König nicht. Und wenn drei so fähige, bewährte, gute Männer wie ihr drei sich weigern und hingerichtet werden, macht das die Situation doch nur noch schlimmer. Ihr habt hohe Ämter inne; wenn ihr nicht mehr da seid, um auf der höchsten Ebene des Staates Gutes zu bewirken, was haben wir anderen dann noch zu hoffen? Und denkt doch mal an eure Frauen und Kinder! Was soll aus denen werden, wenn ihr euer Leben so wegwerft – so völlig unnötig? Nein, ihr müsst bei dieser Zere-*

monie mitmachen, wie die anderen auch! Tut es für uns. Wir brauchen euch doch in den Korridoren der Macht.«

Aber die drei Freunde waren nicht bereit, Kompromisse zu schließen. Ja, das Niederfallen war eine äußere Geste, aber in den Augen Nebukadnezars war diese Geste ein sichtbares Ja zu seinem götzendienerischen Regime, und zu diesem öffentlichen Ja waren die drei Freunde nicht bereit, egal, was es sie kosten würde.

Es muss quälend für sie gewesen sein, mit all dem innerlich zu ringen und mit den Einwänden ihrer Freunde, ja, vielleicht ihrer engsten Verwandten fertigzuwerden. Wir wissen nicht, wie ihre Freunde und Angehörigen reagierten, aber es muss eine furchtbare Situation gewesen sein für alle, und je näher der gefürchtete Tag kam, umso größer wurde die Angst. Lesen wir den Bericht Daniels:

Der König Nebukadnezar machte ein Bild aus Gold: seine Höhe betrug sechzig Ellen, seine Breite sechs Ellen [ca. 27 × 2,7 Meter]. Er stellte es auf in der Ebene Dura, in der Provinz Babel. Und der König Nebukadnezar sandte Boten aus, um die Satrapen, die Statthalter und die Verwalter, die Berater, die Schatzmeister, die Richter, die Polizeibefehlshaber und alle Oberbeamten der Provinzen zu versammeln, damit sie zur Einweihung des Bildes kamen, das der König Nebukadnezar aufgestellt hatte. Daraufhin versammelten sich die Satrapen, die Statthalter und die Verwalter, die Berater, die Schatzmeister, die Richter, die Polizeibefehlshaber und alle Oberbeamten der Provinzen zur Einweihung des Bildes, das der König Nebukadnezar aufgestellt hatte; und sie standen vor dem Bild, das Nebukadnezar aufgestellt hatte. (Dan 3,1–3)

Es war eine beeindruckende Szene, mit dem kolossalen goldenen Standbild im Mittelpunkt, das der König hatte errichten lassen. Es kommt einem unwillkürlich der Gedanke, dass es die Statue darstellt, die Nebukadnezar in seinem Traum gesehen hatte. Seine Botschaft an die vor ihm versammelten Würdenträger lautete eindeutig: »Schaut her, das ist der MENSCH – verkörpert durch Nebukadnezar!« Es war ein Ausdruck des Götzendienstes, der letzten Konsequenz, wenn man den einen wahren Gott ablehnt.

Das beste Orchester des Reiches stand bereit, um aufzuspielen. Ein Herold trat vor und rief:

> *Euch wird befohlen, ihr Völker, Nationen und Sprachen: Sobald ihr den Klang des Horns, der Rohrpfeife, der Zither, der Harfe, der Laute, des Dudelsacks und alle Arten von Musik hört, sollt ihr niederfallen und euch vor dem goldenen Bild niederwerfen, das der König Nebukadnezar aufgestellt hat. Wer aber nicht niederfällt und anbetet, der soll sofort in den brennenden Feuerofen geworfen werden.* (Dan 3,4–6)

Schweigen, während der König und seine Edlen auf das Einsetzen der Musik warteten. Es war kein Zufall, dass es bei dieser Zeremonie neben dem Feuerofen auch ein Orchester gab. Der Ofen war ein plumpes Drohmittel, das dem Abtrünnigen mit dem sofortigen Tod drohte. (Im Codex Hammurabi, dem alten babylonischen Gesetz, war für diverse Vergehen die Todesstrafe durch Verbrennen vorgesehen.) Die Musik hatte eine entgegengesetzte Funktion: die der Verführung. Musik kann unser Denken und Fühlen beeinflussen und Hemmungen abbauen. Die Generation der 1960er war nicht die erste, die dies entdeckte; es ist seit vielen Jahrhunderten bekannt: Der pulsierende Rhythmus kann den Geist taub für den Text machen. Nebukadnezar waren diese Zusammenhänge wohlbekannt;

mit dieser Musik konnte er noch bestehende Bedenken in den Köpfen seiner Beamten zum Schweigen bringen. Die großartige Musik würde jeden noch vorhandenen moralischen oder intellektuellen Widerstand überwinden. (Vielleicht sollten wir uns öfter einmal fragen, wie wir denn die *Texte* der Musik finden, die wir gerne hören ...)

Früher war man der Meinung, dass die hier verwendeten Begriffe für die Musikinstrumente eine Spätdatierung des Buches Daniel im 2. Jh. v. Chr. verlangten, doch die neuere Forschung hat dieses Urteil revidiert. Alan Millard schreibt:

> *Die griechischen Wörter, die die Musikinstrumente in Kapitel 3 bezeichnen, wurden für eine Datierung im 6. Jh. akzeptabler mit der Veröffentlichung von Verpflegungslisten aus dem Palast Nebukadnezars. Neben Jojachin, dem König von Juda, waren noch andere Personen aus dem Gebiet der Levante und aus Anatolien anwesend, darunter auch Griechen. Weitere Erwähnungen von Griechen, die in Babylonien wohnten und sogar Eigentum besaßen, fand man in juristischen Texten.*

Millard macht im Weiteren eine allgemeine Bemerkung über die Sprache im Buch Daniel, die es wert ist, festgehalten zu werden:

> *Die Erforschung der Geschichte des biblischen Hebräischen hat neue Anstöße bekommen, vor allem im Lichte der Schriftrollen von Qumran, mit dem Ergebnis, dass die Unterschiede zwischen den verschiedenen Büchern nicht mehr so eindeutig verschiedene Perioden markieren. Das Hebräisch im Buch Daniel könnte für eine Datierung im 2. Jh. sprechen, aber genauso gut für eine frühere Datierung. Das Vorhandensein von persischen Ausdrücken in einem hebräischen*

(und aramäischen) Buch, das in der persischen Periode geschrieben wurde, ist nicht ungewöhnlich.[75]

Der Preis geistlicher Integrität

Die Veranstaltung schien zunächst ein voller Erfolg zu sein:

> *Deshalb, sobald alle Völker den Klang des Horns, der Rohrpfeife, der Zither, der Harfe, der Laute und alle Arten von Musik hörten, fielen alle Völker, Nationen und Sprachen nieder, indem sie sich vor dem goldenen Bild niederwarfen, das der König Nebukadnezar aufgestellt hatte.* (Dan 3,7)

Vielleicht hatte der König aufgrund der großen Menschenmenge die drei Männer gar nicht bemerkt, die als Einzige stehen geblieben waren, als alle anderen sich vor dem goldenen Standbild niederwarfen. Aber das sollte sich bald ändern:

> *Deshalb traten zur selben Zeit einige Männer heran, nämlich Sterndeuter, die die Juden verklagten. Sie fingen an und sagten zum König Nebukadnezar: König, lebe ewig! Du, König, hast den Befehl gegeben, dass jedermann, der den Klang des Horns, der Rohrpfeife, der Zither, der Harfe, der Laute und des Dudelsacks und alle Arten von Musik hört, niederfallen und das goldene Bild anbeten soll; und wer nicht niederfällt und anbetet, der sollte in den brennenden Feuerofen geworfen werden. Nun sind jüdische Männer hier, die du zur Verwaltung der Provinz Babel eingesetzt hast: Schadrach, Meschach und Abed-Nego. Diese Männer, König, schenken dir keine Beachtung; deinen Göttern*

75 Hoffmeier und Magary (2012), S. 278.

> *dienen sie nicht, und vor dem goldenen Bild, das du aufgestellt hast, werfen sie sich nicht nieder.* (Dan 3,8–12)

Waren diese Ankläger womöglich dieselben Männer, denen Daniel durch seine mutige Intervention beim König das Leben gerettet hatte? Wenn ja, dann hatte ihre Dankbarkeit nicht lange gewährt. Sie spielten die antisemitische Karte aus: »Nun sind jüdische Männer hier …« Und dann brachten sie eine Lüge vor, gefolgt von einer Wahrheit: »Diese Männer, König, schenken dir keine Beachtung.« Es war ein absurder Vorwurf. Nebukadnezar selbst hatte doch diesen Männern ihre Positionen gegeben, in Anerkennung ihrer Fähigkeiten. Aber es war völlig richtig, dass sie nicht den Göttern des Königs dienten und sich nicht vor dem goldenen Bild niedergeworfen hatten.

Das brachte den König in Rage:

> *Da befahl Nebukadnezar voller Zorn und Wut, Schadrach, Meschach und Abed-Nego herzubringen. Da wurden diese Männer vor den König gebracht. Nebukadnezar fing an und sagte zu ihnen: Ist es Absicht, Schadrach, Meschach und Abed-Nego, dass ihr meinen Göttern nicht dient und euch vor dem goldenen Bild, das ich aufgestellt habe, nicht niederwerft? Nun, wenn ihr bereit seid, zur Zeit, da ihr den Klang des Horns, der Rohrpfeife, der Zither, der Harfe, der Laute und des Dudelsacks und alle Arten von Musik hören werdet, hinzufallen und euch vor dem Bild niederzuwerfen, das ich gemacht habe, so ist es gut. Wenn ihr euch aber nicht niederwerft, dann werdet ihr sofort in den brennenden Feuerofen geworfen. Und wer ist der Gott, der euch aus meiner Hand retten könnte?* (Dan 3,13–15)

Jetzt lagen die Karten auf dem Tisch. In seiner maßlosen Wut war es dem König herausgerutscht, was wirklich hinter der ganzen Zeremonie lag. Er sagte nicht: »Wer ist der Gott, der euch aus der Hand *meines Gottes* retten könnte?« Er sagte: »Und wer ist der Gott, der euch aus *meiner* Hand retten könnte?« Die goldene Statue war nichts anderes als eine Darstellung Nebukadnezars selbst – schließlich hatte er selbst (wie der Text mehrfach betont) sie ja aufstellen lassen! Es war Nebukadnezars *Macht,* die die drei herausgefordert hatten, und jetzt gab er ihnen eine letzte Chance, sich zu korrigieren und anzuerkennen, dass diese Macht grenzenlos war. Wie sich die Dinge doch ändern können. Erst ein Kapitel zuvor hatten wir einen Nebukadnezar gesehen, der vor Daniel niederfiel und ihm die Ehre gab. All das war jetzt vergessen, als er über die jungen Männer wütete.

Sie weigerten sich standhaft. Ein Schock für Nebukadnezar.

> *Schadrach, Meschach und Abed-Nego antworteten und sagten zum König: Nebukadnezar, wir haben es nicht nötig, dir ein Wort darauf zu erwidern. Ob unser Gott, dem wir dienen, uns retten kann – sowohl aus dem brennenden Feuerofen als auch aus deiner Hand, König, wird er uns retten – oder ob nicht: Es sei dir jedenfalls kund, König, dass wir deinen Göttern nicht dienen und uns vor dem goldenen Bild, das du aufgestellt hast, nicht niederwerfen werden.* (Dan 3,16–18)

Sie wiesen Nebukadnezars Behauptung, dass ihr Gott sie nicht retten könne, entschieden zurück. Sie waren fest davon überzeugt, dass Gott sie retten konnte, und sie sagten Nebukadnezar das auch. Und mit Sätzen, aus denen ein atemberaubender Mut und ein ungeheures Gottvertrauen sprechen, fügten sie hinzu, dass sie auch an die Möglichkeit gedacht hatten, dass Gott sie *nicht* retten würde. Sie würden Gott keine Vorschriften machen. Die Entscheidung darüber lag bei Gott. Aber unabhängig davon, ob er sie rettete oder nicht, sie würden sich nicht vor dem

Standbild niederwerfen. Es ging um eine Frage der prinzipiellen Moral.

Einen solch ausgeprägten Widerstand hatte Nebukadnezar noch nie erlebt. Als ihm allmählich dämmerte, dass er gegen diese Männer tatsächlich machtlos war, kannte sein Zorn keine Grenzen mehr. Er konnte sie natürlich töten, aber das war nicht der Punkt. Er konnte sie nicht zwingen, sich zu beugen. Bis jetzt hatte er geglaubt, dass Menschen alles tun würden, um ihr Leben zu retten. Sein ganzer Plan, dass seine Großen sich vor ihm niederwerfen sollten, beruhte auf der Annahme, dass das eigene Leben für jeden Menschen von absolutem Wert war. Und jetzt entdeckte er entsetzt, dass dies nicht immer der Fall war. In seiner eigenen Regierung gab es Männer – bewährte, fähige, hochrangige Männer –, für die ihr Leben zweitrangig war verglichen mit dem absoluten Wert, den Gott für sie hatte. Nebukadnezars Reaktion war eine Wut, die sich aus hilfloser Frustration speiste.

Eine der Lektionen, die Gott Nebukadnezar zuvor durch seinen Traum (in Daniel 2) hatte vermitteln wollen, war die Erkenntnis, dass seine Machtausübung zeitlich begrenzt war; nach ihm würden andere Reiche kommen. Diese Erkenntnis hatte ihn zutiefst aufgewühlt, und vielleicht war sie der unbewusste Grund für die Errichtung des goldenen Standbildes, ein Versuch, das Unvermeidliche abzuwehren. Aber was er jetzt erleben musste, war noch schlimmer. Nicht nur seine Amtszeit war begrenzt, sondern auch die tatsächliche Kontrolle über die Macht, die er jetzt innehatte, war beschränkt. Er hatte letztlich keine Macht über diese drei Männer, die bereit waren, ihr Leben für ihren Glauben zu opfern. Das war einfach zu viel für ihn.

Die normale Hitze des Ofens genügte dem König nicht; er ließ ihn so aufheizen, dass die Männer, die die drei Freunde durch die Öffnung warfen, von dem Feuer erfasst wurden und auf der Stelle verbrannten. Ihr Tod berührte Nebukadnezar nicht; Hauptsache, er war die drei Rebellen los. Dachte er.

Im Feuer bewahrt

> *Da erschrak der König Nebukadnezar und erhob sich schnell. Er begann und sagte zu seinen Staatsräten: Haben wir nicht drei Männer gebunden ins Feuer geworfen? Sie antworteten und sagten zum König: Gewiss, König! Er antwortete und sprach: Siehe, ich sehe vier Männer frei umhergehen mitten im Feuer, und keine Verletzung ist an ihnen; und das Aussehen des Vierten gleicht dem eines Göttersohnes. Da trat Nebukadnezar an die Öffnung des brennenden Feuerofens, begann und sagte: Schadrach, Meschach und Abed-Nego, ihr Knechte des höchsten Gottes, geht heraus und kommt her! Da gingen Schadrach, Meschach und Abed-Nego aus dem Feuer heraus.* (Dan 3,24–26)

Es war ein wahrhaft dramatischer Augenblick. So etwas hatte Nebukadnezar sich in seinen kühnsten Träumen nicht vorstellen können. Die drei Männer waren nicht gestorben, ja, das Feuer, das die anderen verzehrt hatte, hatte ihnen offenbar nicht das Geringste anhaben können:

> *Und es versammelten sich die Satrapen, die Statthalter, die Verwalter und die Staatsräte des Königs; sie betrachteten diese Männer, über deren Leib das Feuer keine Macht gehabt hatte: das Haar ihres Hauptes war nicht versengt, und ihre Mäntel waren nicht verändert, nicht einmal Brandgeruch war an sie gekommen.* (Dan 3,27)

Die ganze Angelegenheit war äußerst beunruhigend, vor allem dieser geheimnisvolle vierte Mann, der im Feuer sichtbar gewesen war und der Nebukadnezar an einen »Göttersohn« erinnert hatte. Als Nebukadnezar gesagt hatte: »Und wer ist der

Gott, der euch aus meiner Hand retten könnte?«, war das für ihn eine rein rhetorische Frage gewesen, und jetzt entdeckte er zu seinem großen Entsetzen, dass es einen Gott im Himmel gab, der genau das konnte – einen Gott, dem Nebukadnezars Drohungen nichts bedeuteten. Dieser Gott hatte sich mit den drei Männern in dem Feuer identifiziert, ihre Fesseln gelöst und sie gerettet. Wieder einmal war Gott in Nebukadnezars Welt eingebrochen und forderte die Aufmerksamkeit des Herrschers.

> *Nebukadnezar begann und sagte: Gepriesen sei der Gott Schadrachs, Meschachs und Abed-Negos, der seinen Engel gesandt und seine Knechte gerettet hat, die sich auf ihn verließen und das Wort des Königs übertraten und ihren Leib dahingaben, um keinem Gott zu dienen oder ihn anzubeten als nur ihren Gott! So ergeht nun von mir der Befehl, der jedes Volk, jede Nation und Sprache betrifft: Wer über den Gott Schadrachs, Meschachs und Abed-Negos etwas Verächtliches sagt, soll in Stücke gehauen werden, und sein Haus soll zu einem Misthaufen gemacht werden. Denn es gibt keinen anderen Gott, der so retten kann. Sodann beförderte der König Schadrach, Meschach und Abed-Nego in der Provinz Babel.* (Dan 3,28–30)

Was Nebukadnezar am meisten beeindruckte, war die *Art,* wie Gott die drei Männer errettete, und das sollte uns nicht überraschen. Gott hatte die drei Freunde nicht *vor* dem Feuer gerettet (obwohl er das mit Leichtigkeit hätte tun können, wie sie selbst Nebukadnezar gesagt hatten). Er hatte sie *im* Feuer bewahrt. Ihr Leiden war real, aber sie durchlebten es, *bevor* sie ins Feuer gingen. Das Grauen des Verbrennens bei lebendigem Leibe, mit dem sie gerechnet und das sie bestimmt gefürchtet hatten, es war nicht eingetreten.

Und hier ist eine wichtige Lektion, die wir uns merken sollten. Gott ist ein starker Erretter – aber er bewahrt uns nicht davor, dass wir unsere eigenen Entscheidungen treffen müssen. Nicht, weil er machtlos wäre, sondern weil er will, dass wir stark werden. Die Entwicklung unseres Charakters hängt in hohem Maße davon ab, dass wir in der Verantwortung vor Gott eigene Entscheidungen treffen. Wenn Gott uns diese Entscheidungen abnehmen würde, würde uns das ein Stück unseres Menschseins nehmen und uns letzlich zu amoralischen Robotern machen.

Wenn Kinder noch sehr klein sind, müssen ihre Eltern oft für sie Entscheidungen treffen, aus denen sie dann lernen. Aber es ist tragisch, wenn wir mitbekommen, wie Eltern Entscheidungen für ihre längst erwachsenen Kinder treffen, denn oft ist dies ein Zeichen dafür, dass in der charakterlichen Entwicklung dieser jungen Menschen etwas schiefgelaufen ist.

Bei Gott ist es ähnlich. Er bewahrt uns nicht vor der Notwendigkeit, bestimmte Entscheidungen zu treffen und anschließend mit ihnen zu leben, und er tut dies genau deswegen nicht, weil er uns liebt. Schadrach, Meschach und Abed-Nego mussten sich selbst entscheiden, ob sie Gott an die erste Stelle setzen wollten oder nicht. Das bedeutet nicht, dass sie keinerlei Orientierung dabei hatten. Sie hatten in ihrem Leben bereits ihre Erfahrungen mit Gottes Treue gemacht, und mit dieser Erfahrung im Hinterkopf beschlossen sie in diesem kritischen Augenblick, ihm auch diesmal zu vertrauen, egal, was es sie kosten würde. Worauf Gott ohne Wenn und Aber zu ihnen stand.

Man fragt sich unwillkürlich, ob es unter den zahlreichen babylonischen Beamten und Würdenträgern nicht einige gab, die sich, als sie die drei Männer unverletzt aus dem Ofen steigen sahen, tief drinnen wünschten, dass sie den gleichen Mut gehabt hätten. Aber es war zu spät.

Nebukadnezar war ein impulsiver Mann, der schnell von einem Extrem ins andere fiel. Eben noch hatte er gegen Gott getönt und getobt; jetzt drohte er nicht nur einzelnen Personen, sondern ganzen Völkern mit Tod und Zerstörung, falls sie sich verächtlich über eben diesen Gott äußerten.

Und er beförderte die drei Männer und gab ihnen hohe Ehrenämter.

Dieses Kreuz auf der Broad Street in Oxford markiert die Stelle, wo die drei »Oxford-Märtyrer« – die Bischöfe Ridley und Latimer und Erzbischof Thomas Cranmer – für ihren Glauben verbrannt wurden (Ridley und Latimer am 16. Oktober 1555, Cranmer am 21. März 1556).

Man kann sich gut vorstellen, dass dieses Ereignis, das so viele hochrangige Zeugen gehabt hatte, noch jahrelang Gesprächsstoff bot. Und ohne Zweifel hat dies Schadrach, Meschach und

Abed-Nego viele Gelegenheiten gegeben, ihren Glauben an Gott zu bezeugen.

In späteren Jahrhunderten sind immer wieder Gläubige mit dem Feuertod bedroht worden, um sie zu dazu zu bringen, Gott abzuschwören. Ich muss jedes Mal daran denken, wenn ich in Oxford die Broad Street entlanggehe. Dort ist, direkt gegenüber des Balliol College, ein von einem kleinen Kopfsteinpflasterviereck eingerahmtes Kreuz in die Straße eingelassen. Der durchschnittliche Fußgänger oder Radfahrer nimmt es kaum wahr. Das Kreuz markiert die Stelle, wo die sogenannten »Oxford-Märtyrer« – die Bischöfe Nicholas Ridley und Hugh Latimer und Erzbischof Thomas Cranmer – für ihren evangelischen Glauben verbrannt wurden – Ridley und Latimer am 16. Oktober 1555, Cranmer am 21. März 1556.[76]

Bei diesen »Ketzerverbrennungen« (wie bei so vielen anderen im Laufe der Geschichte) griff Gott nicht ein. Die folgende Verheißung, die Gott durch den Propheten Jesaja gegeben hat, darf nicht als Garantie verstanden werden, dass denen, die an ihn glauben, keine Wasserfluten und keine Flammen etwas anhaben werden:

> *Wenn du durchs Wasser gehst, ich bin bei dir, und durch Ströme, sie werden dich nicht überfluten. Wenn du durchs Feuer gehst, wirst du nicht versengt werden, und die Flamme wird dich nicht verbrennen. Denn ich bin der Herr, dein Gott, ich, der Heilige Israels, dein Retter.* (Jes 43,2–3)

Gott kann erretten, aber nicht immer tut er es auch, und dann sind wir zu Recht ergriffen von dem Mut der Gläubigen, die trotzdem an ihm festhalten. Latimers letzte Worte auf dem

76 Die drei Geistlichen waren namhafte Vertreter der englischen Reformation. Zusammen mit zahlreichen anderen Protestanten in England wurden sie zu Opfern der Rekatholisierungspolitik von Maria I. (»Maria die Katholische«), einer Tochter Heinrichs VIII. *(Anm. d. Übers.)*

Scheiterhaufen waren: »Seid getrost, Master Ridley, und seid ein Mann, denn heute werden wir in England eine Kerze anzünden, die, so Gott will, nie wieder ausgehen wird.« Diese Kerze brennt noch heute.

Weiter oben erwähnte ich, dass die Geschichte der drei Männer im Feuerofen so weit entfernt von unserem heutigen Alltag ist, dass man ihre allgemeine Bedeutung leicht übersehen könnte. Aber jeder, der Jesus nachfolgt, kommt in Situationen, wo seine christlichen Werte auf den Prüfstand kommen und wo er sich entscheiden muss. Die Herausforderung liegt in der Tat im Herzen der Botschaft des Evangeliums selbst. Jesus hat einmal die Erlösung als ein großes Gastmahl beschrieben, zu dem jeder eingeladen ist, gratis und ohne dass irgendwelche Leistungen vorgewiesen werden müssten. Dies verdeutlicht den Kern des Evangeliums: Wir können uns unsere Erlösung nicht verdienen; sie ist ein Gnadengeschenk Gottes, das wir durch den Glauben an Christus annehmen. Jedoch gilt auch, was David Gooding in seinem Lukas-Kommentar zum Gleichnis in Lukas 14 schreibt:

> *Aber weil es frei ist, heißt das nicht, dass es billig ist; ganz im Gegenteil. [...] Dieses als Geschenk empfangene Heil ist so kostbar, dass wir, selbst wenn wir alles verlieren müssten, Toren wären, sollten wir diesen Verlust nicht hinnehmen.*[77]

Und jetzt das, was Jesus im Anschluss an dieses Gleichnis sagt:

> *Wenn jemand zu mir kommen will, muss ich ihm wichtiger sein als sein eigener Vater, seine Mutter, seine Frau, seine Kinder, seine Geschwister und selbst sein eigenes Leben; sonst kann er nicht mein Jünger*

77 David Gooding, *Das Evangelium nach Lukas* (Bielefeld: CLV, 2012), S. 321.

sein. Wer nicht sein Kreuz trägt und mir nachkommt, kann nicht mein Jünger sein. (Lk 14,26–27; NeÜ)

Tausende von Menschen sind gleich zu Beginn ihres Christenlebens mit dieser Entscheidung konfrontiert worden, und es werden immer mehr. Sie sehen so deutlich wie einst Saulus von Tarsus, dass die Erlösung ein Geschenk ist. Aber genauso deutlich sehen sie, dass das Bekenntnis zu Christus sie Karriere, Familie, Freunde, ja, vielleicht das Leben kosten wird und dass sie sich entscheiden müssen: Will ich wirklich Christus und die Erlösung oder will ich all dies andere? Jeder, der Christus nachfolgt, muss sich darüber klar sein, dass diese Entscheidung irgendwann auf ihn zukommen kann. Er muss bereit sein, alles andere zu »hassen« (Lk 14,26), d. h. an die zweite Stelle zu setzen und, wenn nötig, loszulassen.[78]

Das ist es, was die Geschichte von Schadrach, Meschach und Abed-Nego so zeitlos gültig macht. Schließlich lautet das Bekenntnis, das dem christlichen Glauben zugrunde liegt: *Jesus Christus ist Herr.* Dieser Abschnitt des Buches Daniel ist eine Anfrage an uns, wie ernst wir dieses Bekenntnis nehmen. Daniels Freunde waren bereit, ihre Körper als ein lebendiges Opfer darzubringen. Bin ich auch dazu bereit?

Bei meinen Besuchen in Russland, besonders in den Jahren direkt nach dem Fall der Berliner Mauer, lernte ich Menschen kennen, die das System der Arbeitslager – des sowjetischen Gulags – am eigenen Leib erlebt hatten. Der erste dieser Männer, den ich sprach, hatte mehrere Jahre in einem Lager in Sibirien verbracht; sein »Verbrechen«: Er hatte Kindern biblischen Unterricht gegeben. Er berichtete mir, dass er in dem Lager Dinge gesehen hatte, die kein Mensch jemals sehen sollte. Ich hörte ihm zu und musste denken, wie gutbehütet ich doch durch das Leben gekommen war. Wie wäre es mir ergangen, wenn ich an

78 Vgl. Gooding, *Das Evangelium nach Lukas* (Bielefeld: CLV, 2012), S. 322.

der Stelle dieses Mannes gewesen wäre? Als könne er meine Gedanken lesen, sagte er plötzlich: »Das wäre nichts für Sie gewesen, nicht wahr?« Ich stotterte etwas wie: »Da haben Sie wohl recht.« Er grinste und sagte: »Für mich war das auch nichts. Ich war jemand, der in Ohnmacht fiel, wenn er sein eigenes Blut sah, erst recht das Blut anderer Menschen. Aber in diesem Lager habe ich etwas entdeckt: Gott hilft uns nicht, theoretische Situationen zu meistern, sondern reale. Es ging mir genauso wie Ihnen: Ich konnte mir nicht vorstellen, wie man das schaffen konnte – den Gulag. Aber als ich dann dort war, entdeckte ich, dass Gott da war, gerade so, wie Jesus es seinen Jüngern versprochen hatte, als er sie auf Verfolgungszeiten vorbereitete.«

Jesus hatte seinen Jüngern etwas enorm Wichtiges gesagt:

> *Hütet euch aber vor den Menschen! Denn sie werden euch an Gerichte überliefern und in ihren Synagogen euch geißeln; und auch vor Statthalter und Könige werdet ihr geführt werden um meinetwillen, ihnen und den Nationen zum Zeugnis. Wenn sie euch aber überliefern, so seid nicht besorgt, wie oder was ihr reden sollt; denn es wird euch in jener Stunde gegeben werden, was ihr reden sollt. Denn nicht ihr seid die Redenden, sondern der Geist eures Vaters, der in euch redet.* (Mt 10,17–20)

Jesus hat das natürlich nicht so gemeint, dass seine Jünger jeder Situation unvorbereitet gegenübertreten sollen. Das ist z. B. keine Ermunterung dazu, unvorbereitet und ohne Konzept einen Vortrag zu halten und sein Publikum damit zu beleidigen. Was er hier meint, sind Situationen, wo Christen vor Gericht zitiert oder verfolgt werden und keine Möglichkeit haben, sich angemessen vorzubereiten. Er verspricht, ihnen dann den Mut und die Weisheit zu geben, das Richtige zu sagen. Es ist eine

Verheißung, die heute Christen in vielen Ländern der Welt sehr viel bedeutet.

Nein zum Götzendienst zu sagen hat einen hohen Preis. Aber er ist nichts im Vergleich zu dem, was es kostet, Nein zu Gott zu sagen, wie wir auf dem Höhepunkt der ersten Hälfte des Buches Daniel sehen werden, wenn wir zu Belsazars Gastmahl kommen.

Aber zunächst hat König Nebukadnezar uns noch etwas zu sagen.

Kapitel 12

Das Zeugnis Nebukadnezars

Daniel 4

Nebukadnezar (William Blake, 1795, Tate Gallery, London)

Die Kapitel 2 und 3 des Buches Daniel haben uns in die Welt der Machtpolitik geführt. Kapitel 4 (in den deutschen Bibelübersetzungen schon mit 3,31 beginnend) und 5 führen uns in die Welt der Architektur, Kunst und Ästhetik, die nicht weniger wichtige Aspekte der babylonischen Kultur waren.

Kapitel 3,31–4,34 ist eine Art offizielle Erklärung von König Nebukadnezar, in welcher er bezeugt, wie er Gott persönlich erfahren hat. Als eindrucksvolles Glaubenszeugnis eines der großen Herrscher der Weltgeschichte ist es ein bemerkenswerter Text, und er wird damals nicht weniger Aufmerksamkeit erregt haben, als dies heute ein entsprechendes Statement eines der ganz Großen unserer Zeit tun würde. Die großen Regierungschefs von heute (jedenfalls die im Westen) äußern sich meistens nicht über Gott. Bei Nebukadnezar war das anders, und er begann mit den folgenden Worten:

> *Der König Nebukadnezar an alle Völker, Nationen und Sprachen, die auf der ganzen Erde wohnen: Euer Friede werde groß! Es schien mir gut, die Zeichen und Wunder kundzutun, die der höchste Gott an mir getan hat. Wie groß sind seine Zeichen und wie mächtig seine Wunder! Sein Reich ist ein ewiges Reich, und seine Herrschaft währt von Generation zu Generation!* (Dan 3,31–33)

Sehr wahrscheinlich hat Nebukadnezar Daniel die Erlaubnis zur Veröffentlichung seines Statements gegeben. Vielleicht hat er ihn sogar bei der Abfassung der Erklärung mit einbezogen. Was die interessante Frage aufwirft, wie viel von den Texten, die Daniel für sein Buch selbst verfasste, Nebukadnezar gekannt haben mag. Wir würden gerne mehr darüber wissen, aber wir müssen zufrieden sein mit dem Text, wie er uns vorliegt.

Gleich zu Anfang sagt Nebukadnezar, dass die ganze Erde (oder zumindest der Teil, auf den er Einfluss hatte) erfahren soll, was für Zeichen und Wunder Gott an ihm getan hat. Nebukadnezar hatte erkannt, dass Gottes Reich existiert und ewig ist – im Unterschied zu jedem irdischen Reich, einschließlich Babylon.

Nach dieser Einleitung berichtet der König von einem weiteren Traum, den er hatte. Den ersten Traum, der im Mittelpunkt von Daniel 2 steht, erwähnt er nicht. Vielleicht wählt er deshalb diesen neuen Traum, weil dieser entscheidend dazu beigetragen hatte, dass er sich Gott zugewandt hat. Gleich zu Anfang bekennt er, dass dieser Traum ihn so beunruhigt hat, dass er erneut den Rat seiner Experten sucht. Interessanterweise versucht er diesmal nicht, sie zu testen, indem er ihnen den Inhalt des Traumes vorenthält, sondern erzählt ihnen gleich, worum es sich handelt.

Es ist gut möglich, dass Nebukadnezar es für unsinnig hielt, sie noch einmal zu prüfen, weil er ja inzwischen wusste, wie hohl ihre Behauptungen waren. Und als ob sie dies bestätigen wollten, gestehen sie gleich, dass sie den Traum nicht deuten können. Was eigentlich ein kluger Schachzug von ihnen war. Daniel hatte inzwischen einen hohen Rang in der Administration – Nebukadnezar nennt ihn »Oberster der Wahrsagepriester« (NeÜ: »Oberster der Magier«) – und war wohlbekannt als erfolgreicher Traumdeuter. Man kann sich gut vorstellen, dass die Weisen lieber zugaben, dass sie den Traum nicht deuten konnten, als zu riskieren, eine falsche Deutung zu geben, die dann von Daniel korrigiert würde. Wieder einmal war ihr Unvermögen offensichtlich.

Nebukadnezar fährt fort, dass schließlich Daniel vor ihn tritt. *Daniel?* Wir bemerken am Rande, dass sein hebräischer Name nicht in Vergessenheit geraten ist (4,5). Nebukadnezar benutzt ihn hier, allerdings zusammen mit seinem babylonischen Namen Beltschazar, der, wie Nebukadnezar erwähnt, von dem Namen seines eigenen Gottes (Bel bzw. Marduk) abgeleitet ist. Der König nennt Daniel einen Mann, in dem »der Geist der heiligen Götter« wohnt. Nebukadnezar kann seinen Polytheismus immer noch nicht verleugnen. Er ist ein Mann, der noch unterwegs ist; in manchen Dingen denkt er immer noch nicht klar, aber er will bezeugen, was Daniels Gott für ihn getan hat.

Nebukadnezar redet Daniel sehr respektvoll an, als er ihm seinen Traum erzählt:

Beltschazar, du Oberster der Wahrsagepriester, weil ich weiß, dass der Geist der heiligen Götter in dir ist und dass dir kein Geheimnis zu schwer ist, so sage mir die Visionen meines Traumes, (...) und seine Deutung!

Was nun die Visionen, die ich auf meinem Lager hatte, betrifft, so schaute ich: Und siehe, ein Baum stand in der Mitte der Erde, und seine Höhe war gewaltig. Der Baum wurde groß und stark, und seine Höhe reichte bis an den Himmel, und er wurde gesehen bis ans Ende der ganzen Erde. Sein Laub war schön und seine Frucht zahlreich, und es war Nahrung an ihm für alle. Die Tiere des Feldes fanden Schatten unter ihm, und die Vögel des Himmels wohnten in seinen Zweigen, und alles Fleisch nährte sich von ihm.

Ich schaute in den Visionen, die ich auf meinem Lager hatte, und siehe, ein Wächter und Heiliger stieg vom Himmel herab. Er rief laut, und so sprach er: Haut den Baum um und schlagt seine Äste ab! Streift sein Laub ab und streut seine Frucht umher! Fliehen sollen die Tiere unter ihm weg und die Vögel aus seinen Ästen! Doch seinen Wurzelstock lasst in der Erde, und zwar in einer Fessel aus Eisen und Bronze im Grün des Feldes! Vom Tau des Himmels mag er benetzt werden, und mit den Tieren soll er teilhaben am Gras der Erde! Sein menschliches Herz soll verwandelt und das Herz eines Tieres ihm gegeben werden! Und sieben Jahre sollen über ihm vergehen! Durch den Beschluss der Wächter ist diese Botschaft zustande gekommen, und ein Spruch der Heiligen ist diese Sache, damit die Lebenden erkennen, dass der Höchste Macht hat über das Königtum der Menschen und es verleiht, wem er will, und den Niedrigsten der Menschen darüber einsetzt. Diesen Traum habe ich, der König Nebukadnezar, gesehen. Und du, Beltschazar, sage seine Deutung, da alle Weisen meines Königreichs mir die Deutung nicht mitteilen können! Du aber kannst es, weil der Geist der heiligen Götter in dir ist.

Da war Daniel, dessen Name Beltschazar ist, eine Zeit lang vor Entsetzen wie betäubt, und seine Gedanken erschreckten ihn. Der König fing an und sagte: Beltschazar, der Traum und seine Deutung mögen dich nicht erschrecken! Beltschazar antwortete und sprach: Mein Herr, der Traum gelte deinen Hassern und seine Deutung deinen Feinden! Der Baum, den du gesehen hast, der groß und stark war und dessen Höhe an den Himmel reichte und der über die ganze Erde hin zu sehen war und dessen Laub schön und dessen Frucht zahlreich und an dem Nahrung für alle war, unter dem die Tiere des Feldes wohnten und in dessen Ästen die Vögel des Himmels sich aufhielten: Das bist du, König, der du groß und stark geworden bist; und deine Größe nahm zu und reichte bis an den Himmel und deine Herrschaft bis ans Ende der Erde. Und dass der König einen Wächter und Heiligen vom Himmel herabsteigen sah, der sprach: »Haut den Baum um und zerstört ihn! Doch seinen Wurzelstock lasst in der Erde, und zwar in einer Fessel aus Eisen und Bronze im Grün des Feldes! Und vom Tau des Himmels mag er benetzt werden, und bei den Tieren des Feldes soll er sein Teil haben, bis sieben Jahre über ihn hingegangen sind!« – dies ist die Deutung, König. Und dies der Beschluss des Höchsten, der über meinen Herrn, den König, kommen wird: Man wird dich von den Menschen ausstoßen, und bei den Tieren des Feldes wird deine Wohnung sein. Man wird dir Gras zu essen geben wie den Rindern, und vom Tau des Himmels lässt man dich benetzen. Und es werden sieben Jahre über dir vergehen, bis du erkennst, dass der Höchste über das Königtum der Menschen herrscht und es verleiht, wem er will. Und dass man gesagt hat, man solle den Wurzelstock des Baumes übrig lassen: Dein Königtum soll dir erhalten bleiben, sobald du erkennst, dass der Himmel herrscht. Darum, König, lass dir meinen Rat gefallen und brich mit deinen Sün-

den durch Gerechtigkeit und mit deinen Vergehen durch Barmherzigkeit gegen Elende, wenn dein Wohlergehen von Dauer sein soll!

All das kam über den König Nebukadnezar. Nach Ablauf von zwölf Monaten nämlich, als er auf dem königlichen Palast in Babel auf und ab ging, begann der König und sagte: Ist das nicht das große Babel, das ich durch die Stärke meiner Macht und zur Ehre meiner Herrlichkeit zum königlichen Wohnsitz erbaut habe? Noch war das Wort im Mund des Königs, da kam eine Stimme aus dem Himmel: Dir, König Nebukadnezar, wird gesagt: Das Königtum ist von dir gewichen! Und man wird dich von den Menschen ausstoßen, und bei den Tieren des Feldes wird deine Wohnung sein; man wird dir Gras zu essen geben wie den Rindern. Und es werden sieben Jahre über dir vergehen, bis du erkennst, dass der Höchste Macht hat über das Königtum der Menschen und es verleiht, wem er will.

Zu derselben Stunde wurde das Wort an Nebukadnezar erfüllt: Er wurde von den Menschen ausgestoßen und aß Gras wie die Rinder, und sein Leib wurde benetzt vom Tau des Himmels, bis sein Haar wie Adlerfedern wuchs und seine Nägel wie Vogelkrallen.

Und am Ende der Tage erhob ich, Nebukadnezar, meine Augen zum Himmel, und mein Verstand kehrte zu mir zurück. Und ich pries den Höchsten, und ich rühmte und verherrlichte den ewig Lebenden, dessen Herrschaft eine ewige Herrschaft ist und dessen Reich von Generation zu Generation währt. Und alle Bewohner der Erde sind wie nichts gerechnet, und nach seinem Willen verfährt er mit dem Heer des Himmels und den Bewohnern der Erde. Und da ist niemand, der seiner Hand wehren und zu ihm sagen könnte: Was tust du?

Zu derselben Zeit kehrte mein Verstand zu mir zurück, und zur Ehre meines Königtums kehrten meine

> *Herrlichkeit und mein Glanz zu mir zurück. Und meine Staatsräte und meine Gewaltigen suchten mich auf, und ich wurde wieder in mein Königtum eingesetzt, und außergewöhnliche Größe wurde mir hinzugefügt. Nun rühme ich, Nebukadnezar, und erhebe und verherrliche den König des Himmels, dessen Werke allesamt Wahrheit und dessen Wege Recht sind und der die erniedrigen kann, die in Stolz einhergehen.* (Dan 4,6–34)

Die großen Umrisse sind deutlich. In seinem Traum sieht Nebukadnezar einen herrlichen Baum, der der ganzen Erde Nahrung, Schutz und Schatten gibt, so kolossal groß und fruchtbar ist er. Wunderschön ist er noch dazu. Aber dann hört Nebukadnezar »vom Himmel herab« den Befehl, ihn »umzuhauen«, aber so, dass noch der Wurzelstock übrig bleibt.

Dieser majestätische Baum steht für einen Menschen, was durch die Aussage deutlich wird, dass sein menschlicher Verstand durch den Verstand eines Tieres ersetzt werden soll (vgl. V. 13; NeÜ), und das sieben Jahre lang, bis er es gelernt hat, dass »der Höchste Macht hat über das Königtum der Menschen« (V. 14).

Als Daniel den Traum hört und begreift, was er für den König bedeutet, erschrickt er zutiefst. Nebukadnezar, der ihm dies ansieht, ermutigt Daniel, sich keine Sorgen zu machen, und so erzählt er dem König, was sein Traum bedeutet. Und es ging in dem Traum um niemand anderen als um Nebukadnezar selbst, wie diesem wahrscheinlich bereits klar war.

Vom Wesen wahrer Größe

Es fällt auf, dass alle drei Selbstoffenbarungen Gottes an Nebukadnezar (in den Kapiteln 2, 3 und 4) an etwas anknüpfen, das übergroß ist: ein kolossales Traumbild, eine riesige reale Statue und ein kolossaler Baum im nächsten Traum. Jedes dieser drei Dinge sagt etwas über Nebukadnezar aus: Er ist das imposante goldene Haupt in dem Traumbild, er ist die graue Eminenz, die kaum verhüllt hinter dem goldenen Standbild steht, und er ist der riesige Baum, der sich über das Land erhebt. Man bekommt den Eindruck, dass Nebukadnezar in jeder Bedeutung des Wortes ein großer Mann war. Wie Daniel es in V. 19 sagt: »Das bist *du*, König, der du groß und stark geworden bist; und deine Größe nahm zu und reichte bis an den Himmel und deine Herrschaft bis ans Ende der Erde.«

Nebukadnezar war ein wahrlich großer Mann, der ein riesiges Reich unter sich hatte, dessen Hauptstadt eines der Wunder der antiken Welt war – eine Stadt, die mit ihrer berühmten bis zum Himmel ragenden Zikkurat das Können des Menschen symbolisieren sollte. Es ist Daniel ein Anliegen, dass Nebukadnezar den Zusammenhang sieht: Jetzt ist *er* es, dessen Größe »bis an den Himmel reicht« (V. 8).

Wir sahen es schon: Nebukadnezar, das war der *Mensch* an sich. Wie seinen ideologischen Vorfahren, den Gründern des alten Babels, war es ihm gelungen, sich einen Namen zu machen. Und so, wie damals Gott vom Himmel herabkam, um die Motive des alten Babels zu prüfen und es schließlich zu richten, schaut Gott sich jetzt die Motive des neuen babylonischen Königs an, mit dem Ergebnis, dass er auch ihn bestraft, körperlich wie geistig. Aber warum bestraft er ihn? Worum geht es in diesem Bild von dem umgehauenen Baum?

Der Baum war äußerst faszinierend. Seine Blätter waren wunderschön; er gab einem riesigen Reich Schutz, Schatten und Nahrung. So sieht Gott Nebukadnezar, und das ist Meilen entfernt von der Schwarzmalerei, die für manche Texte der apokalyptischen Literatur typisch ist. Es lag ein Schimmer der Herrlichkeit über Nebukadnezars Leistungen, und Gott hat das bestätigt.

Dass hier das Bild eines schönen Baumes benutzt wird, ist kein Zufall. Es erinnert uns an das erste Mal, an dem in der Bibel Bäume erwähnt werden, und auch dort geht es um ihre ästhetischen Qualitäten. In der Beschreibung des Gartens Eden lesen wir:

> *Und der HERR, Gott, ließ aus dem Erdboden allerlei Bäume wachsen, begehrenswert anzusehen und gut zur Nahrung, und den Baum des Lebens in der Mitte des Gartens, und den Baum der Erkenntnis des Guten und Bösen.* (1Mo 2,9)

Menschen haben ein ästhetisches Gespür, das auf die natürliche Schönheit vom Bäumen anspricht. Babylon war unter anderem für seine »Hängenden Gärten« berühmt.[79] Ohne Zweifel gab es in diesen eine große Auswahl ausgesucht schöner Bäume, und es war das reinste Vergnügen, darunter spazieren zu gehen.

Und es gab in Babylon nicht nur die Gärten. Die ganze Architektur und Kunst waren Spiegel von Nebukadnezars Sinn für Ästhetik. Er hatte Babylon wahrlich zu einer herrlichen Stadt gemacht. Und um ganz sicherzugehen, dass auch jeder merkte, wer für diese Herrlichkeit verantwortlich war, hatte er auf die meisten der zum Bau der Stadt benutzten Ziegel seinen Namen prägen lassen. Der britische Assyriologe und Diplomat Sir Henry Rawlinson hat berichtet, dass er die Ziegel von etwa 100 verschiedenen Städten in der Gegend von Bagdad untersucht und nirgends eine andere Inschrift gefunden hat als die von Nebukadnezar, Sohn des Nabopolassar, König von Babylon.

79 Neuere Untersuchungen durch Dr. Stephanie Dalley (Oxford) werfen die Frage auf, ob diese Gärten wirklich in Babylon waren und nicht vielmehr in Ninive. Dies ändert nichts an der Tatsache, dass Babylon eine sehr schöne Stadt war, in der es wahrscheinlich zahlreiche Gärten gab.

Aber Bäume sind nicht nur schön; nach 1. Mose 2,9 sind sie auch »gut zur Nahrung«. Der riesige »Baum« namens Nebukadnezar hatte seinem Reich genügend zu essen gegeben. Er hatte es angefüllt mit Dingen, die seinen Untertanen ein in jeder Hinsicht erfülltes Leben ermöglichten. Es ist bezeichnend, wie er seine Verfassung beschreibt, als er den Traum hatte: »Ich, Nebukadnezar, war sorglos in meinem Haus und glücklich in meinem Palast« (Dan 4,1). Das hier mit »glücklich« übersetzte Wort ist mit einem hebräischen Wort verwandt, das das üppige Blätterwerk eines Baumes bezeichnet (vgl. z. B. Ps 92,13–15).

Vielleicht sah Nebukadnezar sich selbst als wahren Baum des Lebens, in der Mitte eines Gartens, der in der Mitte der Erde lag. Der Bibelleser denkt hier unwillkürlich an einen noch älteren Garten – den Garten Eden, den Gott selbst anlegte und in den er die ersten Menschen setzte, die ihn als seine Verwalter bebauen und bewahren sollten.

Dies sollte ausreichen, um uns zu zeigen, dass Gott Nebukadnezar nicht dafür bestrafte, dass er ein brillanter Architekt und Stadtplaner war, der eine herrliche Stadt erbaut und mit schönen Gärten geschmückt hatte. Gott ist nicht gegen Kultur; er ist nicht dagegen, dass Menschen sich ästhetisch kreativ betätigen. Ganz im Gegenteil: Er hat den ersten Menschen diese Fähigkeiten gegeben und sie ermutigt, sie zu benutzen. Und das Gleiche tat er bei Nebukadnezar.

Nein, der König wurde nicht bestraft, weil er sein ästhetisches Gespür benutzt hatte, um eine wunderbare Stadt zu bauen; denn als er seine Lektion gelernt hatte, gab Gott ihm all seine frühere Herrlichkeit zurück und noch mehr dazu.

Wenn wir dem wirklichen Problem näherkommen wollen, müssen wir uns an den anderen berühmten Baum im Garten Eden erinnern – den Baum der Erkenntnis des Guten und Bösen. Der Mensch hat nicht nur einen Sinn für Ästhetik, sondern auch einen Sinn für Moral. Wir sind moralische Wesen. Nebukadnezars großer Fehler lag im Bereich der Moral. Fast könnte man sagen, dass er sich so sehr auf den Baum des Lebens konzentriert hatte, dass er den Baum der Erkenntnis des Guten und Bösen links liegen ließ. Daniel äußert sich in diesem Sinne, als er zum Kern seiner Traumdeutung kommt:

> *Darum, König, lass dir meinen Rat gefallen und brich mit deinen Sünden durch Gerechtigkeit und mit deinen Vergehen durch Barmherzigkeit gegen Elende, wenn dein Wohlergehen von Dauer sein soll!* (Dan 4,24)

Nach Gottes Analyse seines Lebens hatte Nebukadnezar drei große Charakterfehler. Die ersten beiden waren, dass er die Gerechtigkeit vernachlässigt und zu wenig Barmherzigkeit gegenüber den Armen und Unterdrückten gezeigt hatte. Für Gott waren diese Fehler so gravierend, dass er dem König eine lange Strafe auferlegte, während der er ohne Verstand und aus der Gemeinschaft der Menschen ausgeschlossen war und sich wie ein Ochse von Gras ernähren musste. Schließlich wurde er wiederhergestellt, aber erst, nachdem er erkannt hatte, dass Gott der Herr über die Königreiche der Menschen war.

Doch der dritte Fehler Nebukadnezars war, dass er, wie so viele andere Mächtige, einen Stolz hatte, der keine Grenzen kannte. Zusammen mit seinem Mangel an moralischer Integrität und mitmenschlicher Barmherzigkeit führte dieser Charakterzug zu einem maßlosen Ehrgeiz, ein ästhetisches Erbe zu hinterlassen, das den Stempel seines Namens trug. Wie viele Diktatoren der Vergangenheit und der Gegenwart haben die Armen unterdrückt und ausgesaugt, um große Prachtbauten zu errichten, die ihre Namen verewigen sollten?

Eines der Hobbys meiner Frau und mir sind Besuche der großen Herrenhäuser und Schlösser Großbritanniens. Ihre großartige Architektur, die weitläufigen Räume mit den erlesensten Möbeln und die Gemäldegalerien an den Wänden machen uns viel Freude, und es ist ein wahres Vergnügen, im

Frühjahr durch die schön angelegten Gärten und Parks zu spazieren. Aber immer wieder müssen wir auch daran denken, dass viele dieser Häuser die Frucht gewonnener Kriege sind oder der Schufterei von Tausenden schlecht bezahlter und ausgebeuteter Menschen.

Aber wir wollen noch einmal betonen – gerade weil im Laufe der Jahrhunderte manche Menschen immer wieder ein anderes Bild gemalt haben –: Für den christlichen Glauben ist die Freude an schönen Dingen nicht an sich falsch. Schließlich hat Gott selbst uns unseren Sinn für das Schöne gegeben, und die meisten von uns mögen Blumen und schöne Farben. Räume, die grau und trist sind, stimmen uns depressiv.

Richtig benutzt, sollte unser Sinn für Ästhetik uns zu Gott führen, der letztlich die Quelle alles Schönen ist. Aber wenn unser ästhetischer Sinn (oder irgendetwas anderes) unser Herr und Meister wird, kann dies einen Keil zwischen uns und Gott treiben, der zu viel Bösem führt. Nach dem Bericht in 1. Mose ist das genau die Art und Weise, wie das Gift der Sünde in die Welt der Menschen hineingekommen ist. Der Feind Gottes ermutigte den ersten Mann und seine Frau dazu, sich von Gott zu lösen und ihren Sinnen zu folgen, mit dem falschen Versprechen: »Ihr werdet wissen, was Gut und Böse ist, und werdet sein wie Gott« (1Mo 3,5; NeÜ). Jetzt stand Nebukadnezar vor genau demselben Problem.

Und auch wir sind damit konfrontiert. Wir leben in einem hedonistischen Zeitalter und werden von allen Seiten ermutigt, unseren Wünschen zu folgen (was diese auch sein mögen): »Mach dein Ding!« Gott wird als der große Spielverderber dargestellt, und wir werden aufgefordert, uns von diesen »nicht existierenden Göttern« zu befreien, die der menschlichen Entfaltung entgegenstehen. Die einzigen Grenzen unseres Verhaltens sind die in unserem Land geltenden Gesetze, die uns daran hindern sollen, anderen zu schaden (die große Frage ist, wie man dies messen soll).

Durch Daniel gab Gott Nebukadnezar eine Chance, Buße zu tun und sich zu bessern, aber er nutzte diese Chance nicht. Ein Jahr nach seinem Traum begann Gottes Gericht über ihn. Es geschah, als der König auf dem höchsten Punkt seiner Welt – dem Dach seines Palastes – stand und mit stolzem Herzen zu sich selbst (oder zu seinen Begleitern) sagte: »Ist das nicht das große Babel, das ich durch die Stärke meiner Macht und zur Ehre meiner Herrlichkeit zum königlichen Wohnsitz erbaut habe?« (Dan 4,27). Im gleichen Augenblick verkündete eine Stimme vom Himmel sein Schicksal, und der hilflose König versank in der Dunkelheit einer seltsamen Art von Wahnsinn.

Es ist viel darüber spekuliert worden, worin Nebukadnezars Wahnsinn genau bestand. Einige Stimmen meinen, dass es ein Fall von *Boanthropie* war; dabei bildet der Patient sich ein, eine Kuh bzw. ein Ochse zu sein, und verhält sich entsprechend. Andere haben an *Lykanthropie* gedacht, wo der Patient sich für einen Wolf hält (die Geschichten über »Werwölfe« dürften unter anderem von solchen Fällen herrühren). Was immer die Krankheit genau war, das Buch Daniel sieht sie als direkte Folge eines Eingreifens Gottes und betont im Übrigen ihre Symptome, wie sie sich im Verhalten Nebukadnezars zeigen: Er begann, wie ein Tier zu leben, und wurde schließlich aus der menschlichen Gemeinschaft ausgeschlossen.

Einige Kapitel später wird Daniel über zwei Visionen berichten, die er selbst gehabt hat und in denen er eigenartige Mischwesen sieht, die gewisse menschliche Eigenschaften haben. All diese Dinge werfen eine Frage auf, die für unsere Diskussion der Quelle der Moralität sehr wichtig ist: Wie ist das Verhältnis zwischen Mensch und Tier?

Mensch und Tier – was ist der Unterschied?

Die Bibel lehrt, dass wir Menschen einzigartig unter den Geschöpfen Gottes sind, weil er uns nach seinem Bild erschaffen hat (1Mo 1,27). Da Gott, in der Sprache der Bibel ausgedrückt, »Geist« ist (Joh 4,24), sind wir Menschen teils Geist und teils »Fleisch«, während die Tiere nur »Fleisch« sind.

Der Bioethiker Peter Singer, der heute an der Princeton University in New Jersey (USA) tätig ist, sieht dies radikal anders und führt viele unserer ethischen Probleme genau auf diese biblische Sicht des Menschen als besonderes Schöpfungswerk Gottes zurück. Er betrachtet diese Sicht als einen Fall von »Speziesismus«. Wikipedia definiert Speziesismus als »die moralische Diskriminierung von Lebewesen ausschließlich aufgrund ihrer Artzugehörigkeit«.[80] Auf den ersten Blick sieht Speziesismus zunächst wie das Gegenteil von Nebukadnezars Selbsterhöhung über alle anderen Lebewesen in seinem Reich aus.

Singer schreibt:

> *Egal, was die Zukunft bringen wird, eine volle Restauration der Sicht von der Heiligkeit des Lebens dürfte wohl unmöglich sein. Die philosophischen Fundamente dieser Sicht sind zerbrochen. Wir können unsere Ethik nicht mehr auf die Vorstellung gründen, dass die Menschen ein Sonderfall der Schöpfung sind, dass sie nach Gottes Bild erschaffen sind, über allen anderen Tieren stehen und als einzige Geschöpfe eine unsterbliche Seele besitzen. Unsere bessere Kenntnis unserer eigenen Natur hat die Kluft, die wir einst zwischen uns und anderen Spezies zu sehen meinten, überbrückt. Warum also noch glauben, dass die bloße Tatsache, dass jemand*

80 Vgl. https://de.wikipedia.org/wiki/Speziesismus (Abr. am 4. Juni 2021) *(Anm. d. Übers.)*

> *zur Spezies Homo sapiens gehört, seinem Leben einen besonderen, ja, fast unendlichen Wert verleiht?*[81]

Ähnlich äußert sich John Gray:

> *Vom Christentum als Religion hat sich die Philosophie im Verlauf der letzten 200 Jahre abgesetzt. Den Kardinalfehler des Christentums aber hat sie beibehalten – die Überzeugung, der Mensch unterscheide sich grundlegend von allen anderen Tieren.*[82]

Singer und Gray stellen die Unterscheidung zwischen Mensch und Tier infrage und betrachten jede Sonderstellung des Menschen als einen Fall von Speziesismus, der zu verwerfen ist.[83]

Fairerweise muss man hier erwähnen, dass dies nicht notwendigerweise bedeutet, dass solche Philosophen den Menschen für wertlos erklären. (Singer hat ein aufrüttelndes Buch mit dem Titel *Leben retten* geschrieben und ist ein führender Kopf der Tierrechtsbewegung, der es lobenswerterweise gelungen ist, einige der grausameren Extreme der modernen Massentierhaltung einzudämmen.) Es bedeutet aber sehr wohl, dass diese Philosophen den Menschen einfach als Teil der Natur sehen, dem Achtung gebührt, so wie der ganzen Natur Achtung gebührt (und die meisten Theisten würden hier zustimmen) – mehr aber nicht. Der Mensch gehört demnach zu einem bestimmten (wahrscheinlich vorübergehenden) Stadium im

81 Peter Singer, »Sanctitiy of Life or Quality of Life?«, *Paediatrics* Vol. 72, No. 1, Juli 1983, S. 128f.

82 Gray, *Von Menschen und anderen Tieren*, S. 51.

83 Die Aufhebung der Unterscheidung zwischen Mensch und Tier ist nicht der einzige Angriff auf die traditionelle (theistische) Sicht. Ein zweiter Angriff ist die Verneinung der Unterschiede zwischen Menschen und Maschinen, z. B. in Richard Dawkins' genetischem Reduktionismus, der Menschen auf »Gen-Überlebens-Maschinen« reduziert. Vgl. Richard Dawkins, *Unweaving the Rainbow* (Boston: Houghton Mifflin, 1998), S. 286.

Prozess der Evolution der Tiere und verdient Achtung nur insoweit, wie ihm sein Status einen moralischen Wert zumisst (was die Theisten anders sehen).

In einem Interview mit einer australischen Zeitschrift verortet Singer sich in der intellektuellen Tradition des Utilitaristen Jeremy Bentham, der einmal sagte:

> *Aus ethischer Sicht sind wir alle gleichberechtigt – ob wir auf zwei oder vier oder gar keinen Füßen stehen.*[84]

Unter der Prämisse, dass man lediglich von einem Fortbestand der Gattungen ohne Sonderstellung des Menschen ausgeht, ist es für Singer nur logisch, dass unter bestimmten Umständen Menschen weniger wertvoll sein können als andere Tiere. Hier zwei Zitate, die dies illustrieren:

> *Da die Gründe einer Frau für einen Schwangerschaftsabbruch konstant eher viel schwerwiegender sind als die Gründe der meisten Menschen in entwickelten Ländern, lieber Fisch als Tofu zu essen – und es gibt keinen Grund für die Annahme, ein im Netz sterbender Fisch leide weniger als ein Fötus bei der Abtreibung –, ist das Argument dafür, keinen Fisch zu essen, wesentlich stärker als das Argument gegen einen Schwangerschaftsabbruch.*[85]

> *Das Leben eines Neugeborenen ist weniger wertvoll als das Leben eines Schweins, eines Hundes oder eines Schimpansen.*[86]

84 Interview mit Peter Singer: »Animals join man's circle of ethics«, *Monash Reporter*, April 1983, S. 8.

85 Peter Singer, *Leben und Tod. Der Zusammenbruch der traditionellen Ethik* (Erlangen: Harald Fischer Verlag, 1998), S. 211.

86 Peter Singer, *Practical Ethics* (Cambridge: Cambridge University Press, 1979), S. 112f.

Singer kann zu dieser radikalen, der normalen ethischen Intuition offenkundig völlig zuwiderlaufenden Sicht nur deshalb kommen, weil er leugnet, dass es einen Schöpfer gibt. Er verneint, dass der Mensch als einziges Geschöpf nach dem Bilde Gottes erschaffen ist, und er verneint auch die Existenz der Seele. Und der Hauptgrund, den er dafür nennt, ist »unsere bessere Kenntnis unserer eigenen Natur«. Angeblich hat der wissenschaftliche Fortschritt die Kluft zwischen uns und anderen Gattungen überbrückt, sodass die Zugehörigkeit zum *Homo sapiens* lediglich auf eine »schlichte Tatsache« reduziert wird.

Eine genauere Untersuchung zeigt, dass Singers Sicht auf einem tiefen Missverständnis der biblischen Lehre beruht. Er meint, dass Gott den Menschen zum Herrn über alles eingesetzt habe, der tun und lassen könne, was er will (z. B. auch Tiere quälen und ausbeuten). Doch dies ist nicht die Sicht der Bibel. Zur Gottesebenbildlichkeit des Menschen gehört es, dass er als Verwalter der Schöpfung in allem, was er tut (auch in seinem Umgang mit den Tieren und der Erde), Gott gegenüber verantwortlich ist.

Es gibt verschiedene Bibelstellen, die von der Fürsorge Gottes für die Tiere reden. Jesus erwähnt, dass unser himmlischer Vater selbst für die Vögel sorgt (Mt 6,26). Die Sabbatruhe galt auch für das Vieh, und wer sah, dass der Esel seines Feindes umherirrte oder unter seiner Last zusammengebrochen war, der hatte sich um ihn zu kümmern (2Mo 20,10; 23,4–5.12). Einen Ochsen, der zum Korndreschen eingesetzt war, durfte man nicht daran hindern zu fressen (5Mo 25,4).

Die Sache mit dem dreschenden Ochsen wird im Neuen Testament gleich zweimal erwähnt (1Kor 9,9; 1Tim 5,18). Paulus leitet daraus das Prinzip ab, dass ein Arbeiter seinen Lohn zu bekommen hat. Doch in 1Kor 9,9–10 (NeÜ) fragt Paulus anschließend: »Geht es Gott vielleicht um die Ochsen oder sagt er das nicht vielmehr uns?« Singer meint, daraus schließen zu müssen, Paulus meine, dass Gott die Tiere egal seien. Das kann aber nicht der Fall sein. Als Rabbi nahm Paulus das Gesetz sehr ernst. Er hat den ursprünglichen Sinn dieses Gebotes – die Aufforderung, artgerecht mit Tieren umzugehen – nicht verneint, sondern wendet es zusätzlich auch im übertragenen Sinne auf den Menschen an.

Singer zitiert weiter die Verfluchung des Feigenbaums durch Jesus in Markus 11,12–14.20–22 als Beispiel dafür, dass Jesus die Pflanzen egal waren. War es nicht absurd, dass er den Baum verfluchte, weil er keine Früchte trug, wenn es doch, wie Markus ausdrücklich erwähnt, »nicht die Jahreszeit für Feigen« war (Mk 11,13; NeÜ)? Doch schaut man genauer hin, dann sieht man, dass Singer hier weit daneben liegt. Das Problem wird bestens erklärt in einer Schrift mit dem Titel *The Barren Fig Tree,* die vor vielen Jahren von W. M. Christie verfasst wurde, einem Pastor der Church of Scotland, der zur Zeit des britischen Mandats in Palästina wirkte. Christie verweist als Erstes auf die Jahreszeit, zu der dieser Vorfall sich ereignet haben soll. (Wenn, wie dies wahrscheinlich ist, Jesus am 6. April des Jahres 30 gekreuzigt wurde, geschah die Verfluchung des Feigenbaums in den ersten Tagen des April.) Christie fährt fort:

> *Mit dem Feigenbaum verhält es sich folgendermaßen: Gegen Ende März beginnen die Blätter zu sprießen; nach etwa einer Woche ist die Belaubung vollständig. Doch gleichzeitig und manchmal sogar schon vorher zeigt sich eine ganze Reihe kleiner Knoten an dem Baum – das sind noch nicht die eigentlichen Feigen, sondern eine Art Vortriebe. Sie erreichen die Größe von Pistazien und dienen, wenn sie noch grün sind, Bauern und anderen zur Stillung ihres Hungers. Sobald sie reif sind, fallen sie ab.*

Diese Vorläufer der echten Feigen werden im palästinensischen Arabischen *taqsh* genannt. Sie sind die Vorboten der eigentlichen Früchte, die etwa sechs Wochen später kommen. Also war, wie Markus ausdrücklich vermerkt, die Feigensaison noch nicht da. Aber wenn nur die Blätter kommen, ohne jede *taqsh,* ist dies ein Zeichen dafür, dass es keine Feigen geben wird. Da Jesus »nichts als Blätter« fand (Mk 11,13) – also Blätter, aber keine *taqsh* –, wusste er, dass dieser Feigenbaum zu nichts taugte. Man nimmt es keinem Gärtner, geschweige denn einem Bauern übel, wenn er solch einen Baum abschlägt.

F. F. Bruce sieht die Verfluchung des Feigenbaums als Illustration des Gleichnisses vom Feigenbaum in Lukas 13,6–9, in welchem es um Buße und innere »Frucht« geht. Sie verdeutlicht, ähnlich wie das Gleichnis von den Weingärtnern, dass Israel in Gefahr steht, gerichtet zu werden. Der Schluss legt auch nahe, dass Jesus, der ja im Voraus wusste, wie überrascht seine Jünger von der raschen Wirkung seines Fluches sein würden, genau diese Überraschung herbeiführen will, um die jetzt folgende Lektion über den Glauben einprägsamer zu machen.

Singers Behauptung, dass der Weg zu einer humaneren Behandlung der Tiere über die Abschaffung der biblischen Lehre von der Gottesebenbildlichkeit des Menschen führt, ist ganz offensichtlich falsch, bedenkt man, zu welchen extremen Folgen (z. B. dem Infantizid) sie führt. Ich glaube, die richtige Antwort liegt in genau der entgegengesetzten Richtung: Sie besteht in der Wiederentdeckung der biblischen Lehre, dass der Mensch in besonderer Weise dazu berufen ist, verantwortungsvoller Verwalter der Schöpfung zu sein. Wir sollen die Schöpfung nicht ausbeuten und zerstören, sondern sie bewahren und pflegen. Gott nimmt diesen Auftrag, den er uns gegeben hat, so ernst, dass sein Endgericht unter anderem darin bestehen wird, »die zu verderben, welche die Erde verderben« (Offb 11,18).

Von geistiger Finsternis zum Licht

Nebukadnezars Bestrafung hängt eindeutig mit seinem Stolz zusammen. Sein Geist, der sich so stolz zum Himmel erhoben hatte, wurde verfinstert, und sein Verhalten fiel auf das Niveau eines Tieres. Es war eine bizarre Kreatur, die da sieben lange Jahre in Babylon durch die Felder strich, in die man sie verbannt hatte. Haben wir es hier nicht mit einem Echo vom Garten Eden zu tun, wo die erste Versuchung zum menschlichen Hochmut von einem seltsamen Tier mit teilweise menschlichen Zügen ausging – einer Schlange, die sprach?

Nebukadnezars Abstieg in die geistige Finsternis animalischen Verhaltens ist eindeutig ein extremer Fall, der aber ein wichtiges allgemeines Prinzip illustriert. Die Verfinsterung des Verstandes ist ein Thema, das im Neuen Testament wiederaufgenommen wird, wenn Paulus beschreibt, was es für den menschlichen Geist bedeutet, wenn er Gott ablehnt:

> *Trotz allem, was sie von Gott wussten, ehrten sie ihn aber nicht als Gott und brachten ihm auch keinerlei Dank. Stattdessen verloren sich ihre Gedanken ins Nichts, und in ihrem uneinsichtigen Herzen wurde es finster. Sie hielten sich für Weise und wurden zu Narren.* (Röm 1,21–22; NeÜ)

Das Wort »keinerlei Dank« ist hier der Schlüssel. Wenn ich jemandem »Danke« sage, zeige ich damit, dass ich in einer gewissen Abhängigkeit von ihm stehe. Dies gilt auch für unseren Dank gegenüber Gott. Und hier neigen die Menschen in ihrem Stolz dazu, sich zu verschätzen. Sie wollen nicht zugeben, dass sie von jemandem abhängig sind, der über ihnen steht. Ihr Motto ist: »Wir sind unsere eigenen Herren!« Nebukadnezar war einer von ihnen.

Paulus behauptet, dass die Ablehnung Gottes die menschliche Vernunft beeinträchtigt. Hier werden viele Atheisten, die ihre Position für eine Oase der Vernunft und Klarsicht halten, lauthals protestieren, und ich möchte hier klarstellen, dass ich nicht behaupte, Atheisten könnten keine großen Denker sein. Doch manche von ihnen (vor allem die sogenannten »Neuen Atheisten«) machen viel Wirbel um den angeblichen Schaden, den der Glaube im Denken des Menschen anrichtet. Sie betrachten den Glauben an Gott geradezu als eine Krankheit, wie ein »Virus des Denkens«. Sie scheinen nicht auf die Idee zu kommen, dass es auch genau andersherum sein könnte.

Wie kommt es, dass ansonsten vernünftige, intelligente Menschen, wenn es um das Thema »Gott« geht, plötzlich irrational werden, ohne es zu merken? Einige von ihnen behaupten z. B. glatt, dass es Jesus nie gegeben habe, obwohl die überwältigende Mehrheit der Geschichtswissenschaft das Gegenteil behauptet. Oder sie behaupten, die Menschen müssten sich zwischen Gott oder der Wissenschaft entscheiden, wo doch die elementare Logik ihnen zeigen sollte, dass Theologie und Wissenschaft einander nicht ausschließen, sondern ergänzen. Gott ist eine Erklärung dafür, *wer* etwas erschaffen hat, während die Wissenschaft das *wie* – die Mechanismen und Gesetze – erklärt. Dies ist eine Unterscheidung, die die meisten Teenager auf Anhieb verstehen.

Außerdem behaupten viele Atheisten hartnäckig, dass der Atheismus kein Glaubenssystem sei – und gleichzeitig legen sie Wert darauf, dass sie an ihn *glauben*. Sie haben sich darauf festgelegt, Christsein heiße zu glauben, ohne Beweise zu haben, und wenn man ihnen dann Beweise liefert, weigern sie sich, diese auch nur zu prüfen.

Ich will damit sagen, dass solche Atheisten ein derartig oberflächliches Denken bei anderen nicht tolerieren würden, es aber nicht zu merken scheinen, wenn sie selbst so denken. Irgendetwas ist mit ihrem Denken passiert. Ihre Weigerung, Gott in ihrem Denken zuzulassen, hat ihren Verstand verfinstert. Wie mir ein kluger Landwirt in Irland vor vielen Jahren sagte: »Wenn einer die Ursache nicht sehen will, ist Vernunft nicht sein Problem.«

Nebukadnezar war wahrscheinlich eher ein Architekt und Baumeister als ein Wissenschaftler. Es war sein eigener Stolz, sich selbst als Urheber und Erbauer der ästhetischen Wunder Babylons zu sehen, der zu seinem tiefen Fall führte. Jetzt sank er so tief in die Finsternis hinab, dass er sich selbst nicht mehr im Griff hatte; sein Haar wurde lang wie Adlerfedern und seine Fingernägel wie Vogelkrallen.

Es gibt Abstufungen bei diesem Abstieg. Wo Menschen Gott ablehnen, sterben sie innerlich, und dieser Tod kann schließlich alles berühren, verderben, entstellen, verdrehen und zerstören, was das menschliche Leben ausmacht – von der Moral bis zur Ästhetik, von Beziehungen in der Familie bis zum Arbeitsplatz.

Wir brauchen nur an gewisse Beispiele dafür zu denken, was heute alles als »Kunst« oder »Unterhaltung« akzeptiert wird, um zu sehen, dass die Ablehnung Gottes zum Tod von Kultur und Zivilisation führen kann. Es führt zu einer Umkehrung der Werte, wo ein Haufen Exkremente als Avantgarde der Kunst gepriesen wird oder unverhohlene Unmoral als kreatives Theater gefeiert wird. Die Finsternis ist so total, dass kaum jemand merkt, was da überhaupt geschehen ist – dass der Mensch sich auf die Ebene des Tieres begeben hat.

Als bewusste Umkehrung dazu bedeutet »Buße« im Griechischen *metanoia* – »Umdenken«. Es bedingt, dass wir unsere Augen und unseren Geist zum Himmel erheben, und genau das tat Nebukadnezar am Ende der Zeit seiner Strafe:

> *Und am Ende der Tage erhob ich, Nebukadnezar, meine Augen zum Himmel, und mein Verstand kehrte zu mir zurück. Und ich pries den Höchsten, und ich rühmte und verherrlichte den ewig Lebenden, dessen Herrschaft eine ewige Herrschaft ist und dessen Reich von Generation*

zu Generation währt. Und alle Bewohner der Erde sind wie nichts gerechnet, und nach seinem Willen verfährt er mit dem Heer des Himmels und den Bewohnern der Erde. Und da ist niemand, der seiner Hand wehren und zu ihm sagen könnte: Was tust du? Zu derselben Zeit kehrte mein Verstand zu mir zurück, und zur Ehre meines Königtums kehrten meine Herrlichkeit und mein Glanz zu mir zurück. Und meine Staatsräte und meine Gewaltigen suchten mich auf, und ich wurde wieder in mein Königtum eingesetzt, und außergewöhnliche Größe wurde mir hinzugefügt. Nun rühme ich, Nebukadnezar, und erhebe und verherrliche den König des Himmels, dessen Werke allesamt Wahrheit und dessen Wege Recht sind und der die erniedrigen kann, die in Stolz einhergehen. (Dan 4,31–34)

Zweimal erklärt Nebukadnezar, dass sein Verstand zu ihm zurückkehrte. Sieben Jahre lang, wie Daniel es vorhergesagt hatte, war er in einem inneren Nebel gefangen gewesen, doch jetzt hörte sein Wahnsinn auf, sein Verstand kam zurück, er erlangte sogar – vermutlich zu seiner großen Verwunderung (denn es war der alte Orient) – seine frühere Macht und Herrlichkeit zurück.

Nebukadnezar hatte geglaubt, weit über seinem Volk und Reich zu stehen. Er musste entdecken, dass er, so wie alle anderen Bewohner der Erde, nichts war im Vergleich zu Gott. Nun erkannte er, wie groß Gott ist, und beugte sein Haupt und sein Herz, um ihn zu preisen für seine guten und gerechten Wege.

Nebukadnezar kam zu der Erkenntnis, dass die Art, wie Gott ihn gedemütigt hatte, richtig und notwendig war, um ihn zu einem wirklichen Verständnis über das Wesen des Himmelreichs und seiner ewigen Herrschaft zu verhelfen. Es wäre natürlich angenehmer gewesen, wenn er diese Lektion ohne die sieben Jahre geistiger Umnachtung und bizarren Benehmens gelernt hätte. Aber besser sie so zu lernen als gar nicht. Für Nebukadnezar bedeutete die Bekehrung zu Gott nicht, dass er die Vernunft aufgab, sondern im wahrsten Sinne des Wortes, dass er zur Vernunft zurückfand.

Es wäre interessant zu erfahren, wie die Leute damals auf das Zeugnis des Königs reagiert haben. Wurde dies erst als Teil von Daniels Buch öffentlich oder kursierte es bereits vorher als eigenständiges Dokument? Leider lässt sich diese Frage bisher nicht beantworten.

Nebukadnezars Weg zum Glauben war sein ganz persönlicher Weg. Seine Zeit, seine Person, seine Situation mögen uns wie eine andere Welt erscheinen. Seine Erfahrung weist jedoch auf Grundsätze hin, die auch für uns heute unmittelbar gelten.

Ich habe vielleicht nicht Babylon erbaut, aber es gibt andere Leistungen, die mich zum Stolz verführen können. Es ist nichts Böses, wenn man die schönen Dinge im Leben genießt, aber die Gefahr besteht, dass wir vor lauter Genießen nicht mehr an unsere Mitmenschen denken, denen es weniger gut geht als uns.

Wenn wir hochintelligent sind, künstlerisches oder musikalisches Talent besitzen, gute Geschäftsleute oder auf verschiedenste Arten begabt sind, bilden wir uns nur zu leicht ein, dass dies *unser* Verdienst sei. Das kann sogar geschehen, wo es um unsere geistlichen Begabungen geht. Der Apostel Paulus war sich dieser Gefahr sehr bewusst. In seinem berühmten »Hohenlied der Liebe« schreibt er:

> *Wenn ich in den Sprachen der Menschen und der Engel rede, aber keine Liebe habe, so bin ich ein tönendes Erz geworden oder eine schallende Zimbel. Und wenn ich Weissagung habe und alle Geheimnisse und alle Erkenntnis weiß, und wenn ich allen Glauben habe, sodass ich Berge versetze, aber keine Liebe habe, so bin ich nichts. Und wenn ich alle meine Habe zur Speisung der Armen austeile und wenn ich meinen Leib hingebe, damit ich Ruhm gewinne, aber keine Liebe habe, so nützt es mir nichts.* (1Kor 13,1–3)

Wir alle kennen sie, die Fälle, wo jemand als Sportler oder Musiker hochbegabt ist, aber schwere moralische Defizite hat. Natürliche Fähigkeiten sind nicht unbedingt ein Hinweis auf einen guten Charakter; in gewisser Weise sind sie unabhängig vom Charakter. Dass dies auch für den geistlichen Bereich gilt, fällt uns schwerer zu verstehen (wie Paulus hier aufzeigt). Gott kann uns großartige Gaben gegeben haben, aber wenn in unserem Verhalten keine Liebe erkennbar ist, haben diese Gaben letztlich keinen Wert für uns.

Dies ist etwas sehr Ernüchterndes. Leider ist auch die Welt der Christen nicht immun gegen jenes Ellenbogen- und Konkurrenzdenken, dessen Motto ist: »Was *ich* kann, ist wichtiger, als das, was du kannst.« Gott verteilt seine Gaben so, wie es ihm beliebt, und gestaltet den »Leib« der Gemeinde so, dass die sichtbarsten Gaben nicht notwendigerweise die wichtigsten sind (vgl. 1Kor 12,18–26). Außerdem kann man nicht alle Gaben haben, aber jeder kann seinen Charakter von Gott formen lassen. Und der Tag wird kommen, an dem die Gaben nicht mehr nötig sind; dann bleibt nur noch der von Gott geformte Charakter. Es ist eine ernüchternde Frage: Was bleibt von *mir* übrig, wenn meine Gaben nicht mehr da sind?

Schon in der alten Kirche hatten die Menschen ihre Lieblingsprediger. In der Gemeinde in Korinth hielten die einen es mit Paulus, die anderen mit Apollos (vgl. 1Kor 3,4). Paulus weist dieses aufkeimende Parteiwesen mit scharfen Worten in die Schranken:

> *Was ist denn schon Apollos? Und was ist Paulus? Sie sind doch nichts als Diener, durch die ihr zum Glauben gekommen seid. Jeder von uns hat nur das getan, was ihm der Herr aufgetragen hat. Ich habe gepflanzt, Apollos hat gegossen; aber Gott hat es wachsen lassen. […] Deshalb schwärme niemand für einen Menschen […] Hast du etwas, das du nicht von Gott bekommen hast? Und*

wenn du es bekommen hast, was gibst du damit an, als hättest du es selbst gehabt? (1Kor 3,5–6.21; 4,7; NeÜ)

Wir sind nicht selbst die Quelle unserer Gaben, und wir haben sie uns auch nicht verdient. Gott hat sie uns nicht gegeben, damit wir stolz werden, sondern damit wir sie zum Wohl unserer Mitmenschen und zu unserem eigenen einsetzen. Und wenn wir sie nicht aus Liebe einsetzen, können sie vielleicht für andere nützlich und wertvoll sein – für uns selbst haben sie dann jedoch keinen bleibenden Wert.

Nebukadnezars Wertesystem war mangelhaft. Unseres ist es vielleicht auch. Bestimmt haben auch Sie es schon bemerkt, dass dann, wenn wir dem Stolz nachgeben, unser Verhalten im Nu zu jenen Revierkämpfen degenerieren kann, die so typisch für das Tierreich sind. Und dann ist die Gefahr groß, dass wir abstürzen.

Kapitel 13

Die Schrift an der Wand

Daniel 5

Früher ging man davon aus, dass Daniel 5 wenig oder gar keine historische Substanz habe, und zwar aus dem einfachen Grund, weil es keine nichtbiblischen Quellen gab, die die Existenz eines Königs namens Belsazar bestätigen. Doch dies änderte sich mit der Entdeckung der sogenannten Nabonid-Zylinder, die sich heute im Britischen Museum in London befinden.

Einer der vier Tonzylinder, die 1854 an den vier Ecken der Zikkurat von Ur (Südbabylonien) gefunden wurden. Nabonid hatte sie dort deponieren lassen, zum Gedenken an den Wiederaufbau der Zikkurat durch ihn 555–539 v. Chr.

Übersetzung der Inschrift auf dem Tonzylinder:

Ich bin Nabonid, König von Babylon, Schutzherr von Esagila und Ezida, Verehrer der großen Götter. Die Arbeiten des Zikkurats Elugalgalgasisa von Egišnugal in Ur wurden von Ur-Nammu begonnen und von seinem Sohn Šulgi beendet. Die alten Gründungsurkunden konnte ich lesen und verstehen.

Diese Zikkurat war alt geworden, und ich unternahm den Neubau dieser Zikkurat auf den Fundamenten, welche Ur-Nammu und sein Sohn Shulgi legten, den ursprünglichen Plänen folgend, mit Erdpech und gebrannten Ziegeln. Ich baute sie wieder auf für Sin, den Herrn der Götter des Himmels und der Unterwelt, den Gott der Götter, der in den großen Himmeln wohnt, den Herrn von Egišnugal in Ur, meinen Herrn.

Sin, der Herr der Götter, König der Götter des Himmels und der Unterwelt, Gott der Götter, der in den großen Himmeln wohnt: Wenn du mit Freude in diesen Tempel eintrittst, möge das Wohl von Esagila, Ezida und Egišhirgal, den Tempeln deiner großen Gottheit, stets auf deinen Lippen sein. Und lass die Furcht vor deiner großen Göttlichkeit in dem Herzen deiner Leute wohnen, auf dass sie sich nicht gegen deine große Göttlichkeit versündigen.

Lass ihre Fundamente [des Tempels] *so fest gegründet sein wie die Himmel. Und was mich angeht, Nabonid, König von Babylon, so bewahre mich vor dem Sündigen gegen deine große Göttlichkeit, und schenke mir Leben bis in die fernen Tage. Und was* **Belsazar** *angeht, meinen erstgeborenen Sohn, mein eigenes Kind, so lass die Furcht vor deiner großen Göttlichkeit in seinem Herzen wohnen.*

Möge er keine Sünde begehen und Glück und Freude im Leben haben. (Hervorhebung von John C. Lennox)[87]

Mutmaßliche Darstellung von König Nabonid

Nebukadnezar starb 562 v. Chr. Sein Nachfolger war Amel-Marduk (562–560), der in Jeremia 52,31 und 2. Könige 25,27 Ewil-Merodach genannt wird. Auf Amel-Marduk folgte Mergal Sharusar (alias Nergal-Sharezer, 560–556) und auf diesen dessen Sohn Labasi-Marduk, der nach sechs Monaten von einer Verschwörergruppe abgesetzt wurde; zu den Verschwörern gehörte auch Nabonid, der der letzte chaldäische König wurde.[88]

87 Siehe dazu auch: https://de.wikipedia.org/wiki/Nabonid-Zylinder (Abr. am 27. Oktober 2021). *(Anm. d. Verl.)*
88 Siehe dazu auch: https://de.wikipedia.org/wiki/Liste_der_babylonischen_Könige, Neubabylonisches Reich, 11. Dynastie, (Abr. am 27. Oktober 2021) *(Anm. d. Verl.)*

Nabonid machte seinen Sohn Belsazar zum Mitherrscher; während der zehn Jahre, die er selbst in Arabien weilte, übertrug er ihm das Königtum. Belsazar war damit juristisch der zweite Herrscher im Reich, und dies ist der Grund dafür, dass er als Belohnung für die Deutung der Schrift an der Wand nur den Posten des Dritten im Reich anbieten konnte (Dan 5,7). Dass Nebukadnezar in Daniel 5,2 als »Vater« Belsazars beschrieben wird, entspricht den damaligen Gebräuchen; »Vater« bedeutet hier allgemein »Vorfahre« und meint nicht den direkten biologischen Vater. Es gibt übrigens Hinweise, dass Nabonids Mutter Adad-guppi eine Tochter Nebukadnezars war, womit Belsazar Nebukadnezars Enkel gewesen wäre.[89]

Aus außerbiblischen Quellen wissen wir, dass Babylon in Nabonids Abwesenheit kampflos an die Truppen der Perser fiel. Der griechische Historiker Herodot berichtet, wie die Perser durch die zeitweilige Umleitung der Wasser des Euphrat den Zugang zu der Stadt gewannen.[90]

89 Vgl. *Archaeological Study Bible,* S. 1393f.; Rienecker et.al., *Lexikon zur Bibel,* Stichwort »Belsazar«.

90 Herodot, *Das Geschichtswerk des Herodot von Halikarnassos,* übers. von Theodor Braun (Frankfurt/M: Insel, 2001), Buch 1, Abschnitt 190f.

Ein Fest, eines Königs würdig?

Das Gastmahl des Belsazar ist eine der berühmtesten Szenen im Buch Daniel. Rembrandt hat es in einem berühmt gewordenen Gemälde festgehalten. Als Oratorium vertont wurde es von Georg Friedrich Händel (1745) und William Walton (1931). Aus dieser Szene stammt der Ausdruck »Schrift an der Wand«, das »Menetekel«, und es bildet im Ganzen den spektakulär-tragischen Höhepunkt der ersten Hälfte von Daniels Buch.

Ich habe bereits angedeutet, dass die Geräte aus dem Jerusalemer Tempel, die Nebukadnezar als Beutestücke mitgenommen und in seiner Schatzkammer ausgestellt hatte, im Mittelpunkt des Schlussaktes des Babylonischen Reiches stehen. In Daniel 1 sahen wir, dass diese Geräte für bestimmte Werte standen, und Werte sind eines der Hauptthemen in der ersten Hälfte des Buches. Dieses Thema findet im 5. Kapitel sein Finale, als die goldenen und silbernen Gefäße aus Jerusalem auf die Tische jenes prächtigen und schicksalhaften Banketts kommen, das als *Belsazars Gastmahl* in die Geschichte eingegangen ist.

Einige Ausleger haben vermutet, dass König Belsazar dieses Festmahl veranstaltete, um zu demonstrieren, dass Babylon uneinnehmbar war, obwohl er genau wusste, dass die Armeen des Kyrus vor den Mauern der Stadt lagerten. Im Bibeltext heißt es einfach: »König Belschazzar veranstaltete ein großes Bankett für die tausend Mächtigen seines Reiches« (Dan 5,1; NeÜ). Es handelt sich um eine Szene, in der es um Speisen geht – eine gewisse Parallele zu Kapitel 1, wo Daniel und seine Freunde die Kost des königlichen Hofes verweigern.

Nahrung ist für uns buchstäblich überlebenswichtig. In Daniel 4 sahen wir, wie Nebukadnezar als ein »Baum des Lebens« im Garten Babylons sein riesiges Reich mit Nahrung versorgte. Beim Thema »Essen« haben wir Menschen einiges gemeinsam mit den Tieren; Hunde z. B. scheinen gutes Essen genauso zu schätzen wie wir. Das Tragische ist jedoch, dass nicht alle

Staatsoberhäupter es als ihre Pflicht betrachten, »Bäume des Lebens« zu sein, sondern sich stattdessen auf dem Rücken einer hungernden Bevölkerung herzlos bereichern.

Beim Essen geht es um mehr als um die Befriedigung des physischen Appetits, auch wenn das sehr wichtig ist. Bei den ersten Erwähnungen von Bäumen in der Bibel heißt es, dass sie »begehrenswert anzusehen und gut zur Nahrung« waren (1Mo 2,9). Hier ist die Reihenfolge interessant; zunächst kommt der ästhetische Aspekt und dann erst der Nährwert. In Daniel 4 stand der erste Aspekt im Vordergrund; in Daniel 5 geht es um den zweiten Aspekt, allerdings eng verbunden mit dem ersten.

Die ästhetische Dimension unserer Mahlzeiten ist eines der Dinge, die uns von den Tieren unterscheiden. Gut, wenn wir es eilig haben, essen wir manchmal schnell ein Käsebrot, so ähnlich wie ein Hund, der das Stück Fleisch verschlingt, das man ihm hinwirft. Aber wir alle wissen, dass es eine bessere und angenehmere Art zu essen gibt. Genau hierauf beruht die Faszination der vielen Feinschmecker-Fernsehsendungen. Der kulinarische Laie ist immer wieder fasziniert von den Kreationen, die versierte Köche mit den allergewöhnlichsten Zutaten herbeizaubern können. Und die meisten von uns genießen es, wenn eine Mahlzeit wie ein Kunstwerk zubereitet wurde, die einzelnen Gänge perfekt zueinander passen und der Tisch mit Kerzen und Blumen geschmückt ist.

Wir können sicher sein, dass Belsazars Bankettsaal für die 1000 adligen Gäste eine Augenweide war, mit erlesenen Gedecken, die im Licht der reich verzierten Leuchter glänzten. Es war ein wahrhaft königliches Mahl, ein »großes Mahl« (Dan 5,1).

Aber bei einem Bankett geht es um viel mehr als um Ästhetik, und Belsazars Gastmahl war keine Ausnahme. Der kritische Augenblick kam, als der König seinen 1000 erlesenen Gästen zuprostete. Der Wein musste ihn auf eine Idee gebracht haben. Er rief die Diener herbei und befahl ihnen, die goldenen Tempelgefäße zu holen. Uns mag dies wie eine plötzliche Laune vorkommen, aber es war offensichtlich etwas, was den König schon eine ganze Weile beschäftigt hatte.

Dass Belsazar über die Tempelgeräte aus Jerusalem Bescheid wusste, geht aus dem hervor, was Daniel ihm bald sagen wird. Er wusste, dass Nebukadnezar sie mit Respekt behandelt hatte, und er wusste genau, wo sie waren, als er beschloss, sie zu seinem Festmahl holen zu lassen. Es waren kostbare Gefäße, die allerbesten Arbeiten der alten Kunsthandwerksmeister Israels. Warum sollten sie in einem Museum verstauben? Warum sie nicht bei diesem Fest benutzen, um dem Ambiente das i-Tüpfelchen aufzusetzen?

Doch dies war nicht der einzige Grund, warum er diese Gefäße holen ließ. Der eigentliche, vielleicht sogar einzige Grund hatte mit dem Gott zu tun, zu dessen Ehre diese Gefäße hergestellt worden waren. Belsazar wusste, was Nebukadnezar mit dem Gott, für den sie standen, erlebt hatte. Er wusste, dass Nebukadnezar diesen Gott schließlich als den Gott des Himmels verehrt und angebetet hatte. All dies wusste er, aber er lehnte es ab. Er lehnte es so vehement ab, dass er beschloss, diesen Gott bewusst öffentlich zu verwerfen und zu lästern.

Was werden die geladenen Gäste wohl gedacht haben, als man die glänzenden Gefäße auf die Tische vor ihnen stellte? Viele werden ebenfalls gewusst haben, was für Gefäße dies waren. Es ist kaum vorstellbar, dass Belsazar seine Edlen aufforderte, aus diesen Gefäßen zu trinken, ohne ihnen zu sagen, warum er dies tat. Was hätte es gebracht, wenn die Gäste daraus tranken, ohne zu wissen, was sie da taten? Belsazar wollte, dass sie es wussten, damit sie den lebendigen Gott ebenso entschieden ablehnten wie er.

Und so hoben seine illustren Gäste zusammen mit ihm diese heiligen Gefäße an ihre Lippen, um auf die babylonischen Götter zu trinken, von deren Statuen der Bankettsaal zweifellos voll war. Das würde seinen Mächtigen so richtig zeigen, was Belsazar vom Gott Israels hielt. Und was er von ihnen erwartete, wenn sie weiter seine Gunst genießen wollten. Es tut hier nichts zur Sache, ob sie im Ernst an ihre eigenen Götter glaubten oder nicht. Die Gefäße, aus denen sie tranken, waren heilig und allein für den Gottesdienst des einen wahren Gottes reserviert. Belsazar und seine Mächtigen begingen einen gemeinsamen Akt der bewussten Gotteslästerung. Für Belsazar war nichts heilig, außer vielleicht er selbst – seine Position, sein Reichtum und seine Macht.

Die Schrift an der Wand

Auf das, was jetzt kam, waren Belsazar und seine Gäste nicht vorbereitet – obwohl sie es vielleicht hätten sein sollen, hatte doch einige Jahre zuvor Nebukadnezar den Großen des Reiches befohlen, seine goldene Kolossalstatue anzubeten, und für den Fall der Weigerung mit dem Tod im Feuerofen gedroht – nur um erleben zu müssen, wie der Gott Schadrachs, Meschachs und Abed-Negos die Ohnmacht dieses Ofens demonstrierte. In Anbetracht dessen war es reiner Wahnsinn, die Gefäße Gottes für die Anbetung von Götzen zu benutzen.

Nun, in einem Augenblick verwandelte sich die ausgelassene Stimmung des Banketts in blankes Entsetzen. Alle sahen sie es: etwas, das wie eine Menschenhand aussah, schrieb auf den Putz der Wand des Palastes, der von Leuchtern erhellt war. Der Wein hörte auf zu fließen, Belsazar war zutiefst erschüttert. Sein Gesicht wurde totenbleich, sein ganzer Körper begann zu zittern, die Knie schlugen aneinander.

Jahre zuvor, als Daniel und seine Freunde sich weigerten, vom Wein des Königs zu trinken, hatten sie anschließend besser und fitter ausgesehen als ihre Mitstudenten. Jetzt verlor der König seine Gesichtsfarbe als Folge seines gotteslästerlichen Trinkens. Der Gott, an den Belsazar nicht glaubte, hatte seinen dünnen Verteidigungsschild durchbrochen und genoss nun seine ungeteilte Aufmerksamkeit. Es muss ein furchtbarer Augenblick für Belsazar gewesen sein: Der Gott, an dessen Existenz er nicht glaubte, war hier in diesem Saal gegenwärtig.

In aller Eile ließ Belsazar seine Berater rufen. Er versprach ihnen unermesslichen Reichtum und Einfluss, wenn sie die Schrift dort an der Wand deuten könnten. Er *musste* wissen, was da stand! Aber was seine Weisen auch anstellten, sie konnten die Schrift nicht deuten. Dabei war sie im Lampenlicht gut sichtbar. Die Buchstaben waren ihnen vertraut, und die Worte, die diese Buchstaben ergaben, eigentlich auch. Es waren Worte, die mit Maßen, Gewichten und Geld zu tun hatten: »Minen«, »Schekel« und »halbe Minen«. Aber weder das Licht des Leuchters noch das ihres Intellekts reichte, um ihnen zu zeigen, was gemeint war.

Man stelle sich diese Szene heute vor: Mitten in einem Staatsbankett erscheint eine Hand an der Wand, die etwas von Pfunden und Pence oder Euros oder Dollars und Cents schreibt. Jeder würde die Schrift erkennen, die Symbole wären wohlvertraut. Das Problem wäre herauszufinden, was das bedeutet. Die Nachdenklicheren der Anwesenden würden natürlich wissen, dass Geld nicht das Gleiche wie »Wert« ist; man denke nur an die Redewendung »etwas für sein Geld bekommen« oder daran, was verschiedene Menschen mit ihrem Geld machen. Geld ist nur ein Zeichen oder Platzhalter für einen Wert, und der »Geldwert« eines Gegenstandes kann sehr subjektiv bzw. relativ sein. Aber diese Schrift an der Wand, sie hat die Anwesenden unzweifelhaft an das Thema »Werte« erinnert. Und was war mit dieser geheimnisvollen Hand? Gibt es eine Sphäre über dieser irdischen Sphäre, in der Werte wichtig sind? Kennt diese Sphäre womöglich eine Werteskala, die wir eigentlich auch kennen sollten?

Belsazar und wohl auch viele der Gäste kannten die Antwort. Sie kannten sie von Nebukadnezar. Er hatte sogar darüber geschrieben, wie wir in Daniel 4 sahen. Aber jetzt konnten die

Mächtigen von Babylon diese Antwort förmlich spüren, wie noch nie zuvor. Das Übernatürliche war in ihre Welt hineingebrochen, und nun spürten sie die gewaltige Gegenwart der Quelle der höchsten Werte – Gott selbst. Sie wussten auch, dass sie diesen Gott gerade gelästert hatten. Was immer für Gedanken durch seinen Kopf gehen mochten, Belsazars intuitive Reaktion ließ den ganzen Saal erstarren.

Jetzt kommt die Königin (vielleicht auch die Königinmutter) in den Saal, aufgescheucht durch den Lärm. Sie war zu dem Mahl nicht geladen gewesen. Sie beruhigt den König mit dem Hinweis, dass sie genau den Richtigen für die Deutung der mysteriösen Schrift an der Wand kennt. Es ist Daniel, der ebenfalls nicht zu dem Bankett geladen war. Dass die Königin Belsazar daran erinnern muss, wer Daniel ist, zeigt uns, dass der König ihn offenbar kaum kannte. Das sollte uns nicht überraschen, bedenken wir, wie sehr Belsazar den wahren Gott hasste. Er wird seine Gründe dafür gehabt haben, dem Mann Gottes, der Nebukadnezar zum Glauben an Gott geführt hatte, aus dem Weg zu gehen.

Daniel kommt sofort und wird vor den entsetzten König geführt, der geradezu unterwürfig die Worte der Königin über ihn wiederholt. Er bietet Daniel eine hohe Belohnung und die dritthöchste Position im Reich an. Offenbar glaubt er immer noch, dass alles für ihn käuflich ist.

Doch Daniel war nur allzu klar, was vor sich ging, und er wies die Schmeicheleien des Königs schroff zurück. Unter den richtigen Umständen wäre er bereit gewesen, noch höher befördert zu werden, aber er hat kein Interesse daran, von einem Mann mit Reichtümern überschüttet zu werden, der den einen wahren und lebendigen Schöpfergott dermaßen gelästert hat. Daniel ist es sehr wichtig, *von wem* er Macht und Autorität verliehen bekommt.

Mit angehaltenem Atem hören und schauen die versammelten Mächtigen zu, wie Daniel den wie Espenlaub zitternden

König auf eine überführende Reise durch das Labyrinth seines Denkens mittnimmt und ihm das zeigt, was das physische Licht des Leuchters und das schwache Licht in den Köpfen seiner Berater ihm nicht zeigen können. Daniel hat das wahre Licht, ein inneres Licht, das von Gott kommt.

> *Du, König! Der höchste Gott hatte deinem Vater Nebukadnezar das Königtum und die Größe und die Majestät und die Herrlichkeit verliehen. Und wegen der Größe, die er ihm verliehen hatte, zitterten und fürchteten sich vor ihm alle Völker, Nationen und Sprachen. Er tötete, wen er wollte, er ließ leben, wen er wollte, er erhob, wen er wollte, und er erniedrigte, wen er wollte. Als aber sein Herz sich erhob und sein Geist sich bis zur Vermessenheit verstockte, wurde er vom Thron seines Königtums gestürzt, und man nahm ihm seine Majestät. Und er wurde von den Menschenkindern ausgestoßen, und sein Herz wurde dem der Tiere gleich, und seine Wohnung war bei den Wildeseln. Man gab ihm Gras zu essen wie den Rindern, und sein Leib wurde vom Tau des Himmels benetzt – bis er erkannte, dass der höchste Gott Macht hat über das Königtum der Menschen und dass er darüber einsetzt, wen er will. Und du, Belsazar, sein Sohn, hast dein Herz nicht gedemütigt, obwohl du das alles gewusst hast. Und du hast dich über den Herrn des Himmels erhoben; und man hat die Gefäße seines Hauses vor dich gebracht, und du und deine Gewaltigen, deine Frauen und deine Nebenfrauen, ihr habt Wein daraus getrunken. Und du hast die Götter aus Silber und Gold, aus Bronze, Eisen, Holz und Stein gerühmt, die nicht sehen und nicht hören und nicht verstehen. Aber den Gott, in dessen Hand dein Odem ist und bei dem alle deine Wege sind, hast du nicht geehrt.* (Dan 5,18–23)

Belsazar sollte nicht nur gerichtet werden. Er sollte auch erfahren, *warum* Gott ihn richtete. Was Gott ihm vorwarf, war verheerend. Daniel erinnerte ihn an etwas, was er sehr gut wusste: Nebukadnezar hatte erkannt, dass die Quelle seiner Majestät, Größe und Macht nicht er selbst war, sondern Gott. Als ihm sein Stolz zu Kopf gestiegen war, hatte Gott ihn auf das Niveau eines Gras fressenden Tieres heruntergeholt. Keiner wollte ihn mehr. Es ist möglich, dass Belsazar seinen unglücklichen Großvater – falls Nebukadnezar tatsächlich sein Großvater war – damals schockiert beobachtet hatte. Vielleicht hatte er auch miterlebt, wie Gott sich schließlich Nebukadnezars erbarmte und wie dieser seinen Verstand und seine frühere Herrlichkeit zurückerhielt, als ihm endlich klar wurde, dass alles, was er hatte, von Gott kam.

Aber egal, ob er Augenzeuge dessen gewesen war oder nicht, Belsazar – und das ist entscheidend – wusste von dieser Sache. Er wusste, dass Nebukadnezar ein anderer Mensch geworden war, und trotzdem hatte er ganz bewusst beschlossen, den Gott, der Nebukadnezar so verändert hatte, öffentlich zu beleidigen und zu lästern. In einem Akt selbstmörderischen Trotzes benutzte er die heiligen Geräte Gottes für den Götzendienst, den Gott hasste (wie er sehr wohl wusste). Mit ihnen trank er auf die »Götter aus Gold und Silber, aus Bronze, Eisen, Holz und Stein, [...] die nicht sehen und nicht hören und nicht verstehen« (Dan 5,23). Die heiligen Tempelgeräte waren ebenfalls aus Gold und Silber, aber Daniels Gott war kein Gott aus Gold, er war überhaupt nicht materiell. Er war der lebendige und wahre Schöpfergott, der sehr wohl sah und hörte und verstand. Und Belsazar wusste nun, dass Gott verstanden hatte.

Und der zitternde König wusste auch, dass er zu weit gegangen war. Ein noch spektakulärerer Bruch des ersten Gebotes (»Du sollst keine anderen Götter haben neben mir«) war schier nicht vorstellbar. Vor Jahrhunderten hatte die Hand Gottes die Zehn Gebote auf zwei Steintafeln geschrieben und Mose, dem großen Gesetzgeber, überreicht. Jetzt hatte diese Hand erneut geschrieben, auf die Wand von Belsazars Palast. Und in derselben Hand lag nun das Leben des Königs. Der Scheinwerfer göttlicher Offenbarung hatte den König erfasst, und das war mehr, als er ertragen konnte.

Spätestens jetzt muss es Belsazar gedämmert haben, dass die Schrift an der Wand seinen Untergang bedeutete. Wie Daniel rasch bestätigte, denn er fuhr fort:

> *Da wurde von ihm diese Hand gesandt und diese Schrift geschrieben. Und dies ist die Schrift, die geschrieben wurde: Mene, mene, tekel upharsin. Dies ist die Deutung des Wortes: Mene – Gott hat dein Königtum gezählt und macht ihm ein Ende. Tekel – du bist auf der Waage gewogen und zu leicht befunden worden. Peres – dein Königreich wird zerteilt und den Medern und Persern gegeben.* (Dan 5,24–28)

Das Urteil war eindeutig und unwiderruflich. Aber warum hatten Belsazar und seine Weisen die Botschaft nicht selbst verstehen können? Nun, in den heute üblichen Alphabeten gibt es zwei Arten von Buchstaben: Konsonanten und Vokale. Die Schrift an der Wand dagegen war in einem Alphabet verfasst, das nur Konsonanten kannte; die Vokale mussten vom Leser hinzugefügt werden. Dies ist nicht so schwierig, wie es auf den ersten Blick aussieht. Wenn ich jemandem einen Brief schreibe und mit »Dnk fr dnn Brf« anfange, ist die Bedeutung ziemlich klar. Doch andererseits kann sich die Bedeutung eines Satzes in Konsonantenschrift ändern, wenn man andere Vokale einsetzt, und Daniel nutzte diese Flexibilität, um die Worte an der Wand nach den Verbwurzeln zu deuten, die den Substantiven zugrunde lagen. Die Schrift an der Wand hatte in der Tat etwas mit Werten zu tun, wie die Substantivformen nahelegten. Aber Daniel benutzte die Verbformen, und damit verwandelten sich die »Minen«, »Schekel« und »halbe Minen« in eine Beschreibung von Belsazars *moralischem* Wert.

Die Gleichung war grausam einfach. Belsazars Wertesystem war das genaue Gegenteil von dem, was es hätte sein sollen. Mit seiner Benutzung der heiligen Geräte als Trinkgefäße in einem Bankett demonstrierte er, was für ein totaler Hedonist er war. Sein Vergnügen und seine eigenen Wünsche waren seine höchsten Werte, deshalb hatte er Gott mit Null bewertet. Und jetzt hatte Gott geantwortet, indem er dasselbe mit ihm tat. Es gab nichts mehr zu sagen.

Es war ein außerordentlich ernster Augenblick. Die Bibel stellt fest, dass das Gericht normalerweise erst *nach* dem Tod kommt: Es ist »den Menschen bestimmt [...], einmal zu sterben, danach aber das Gericht« (Hebr 9,27). Es ist absolut außergewöhnlich, dass jemand sein Urteil auf so spektakuläre Weise bereits *vor* seinem Tod empfängt (was ihn natürlich nicht von dem Gericht nach dem Tod befreit).

Belsazars alkoholvernebeltes Gehirn geriet in einen regelrechten Wahnzustand. Gerade hatte er sein Urteil von Gott, seinem Schöpfer und Richter, empfangen, aber er tat so, als würde trotzdem alles so bleiben, wie es war. Und so bestand er auf der Farce, Daniel das höchste Amt zu geben und ihn zum Dritten im Reich zu machen – einem Reich, das nur noch ein paar Stunden existieren würde, aber das wusste Belsazar noch nicht.

> *Daraufhin gab Belsazar Befehl, und man bekleidete Daniel mit Purpur, dazu mit einer goldenen Kette um seinen Hals; und man rief über ihn aus, dass er der Drittmächtigste im Königreich sei.* (Dan 5,29)

Es war ein dramatischer Moment. Jetzt gab es zwei Herrscher Babylons im Bankettsaal – den zweiten und den dritten. Der eine hieß Belsazar, der andere Beltschazar. Es war geradezu unwirklich. Beide hatten praktisch denselben Namen, mit der Bedeutung »Möge Bel [Marduk] den König schützen« oder möglicherweise »Möge unsere Frau [die Gemahlin des Marduk] den König schützen«. Vielleicht redete Belsazar Daniel deswegen mit seinem hebräischen Namen an, nachdem die Königin ihm geraten hatte, Daniel, der Beltschazar hieß, rufen zu lassen (V. 12). Es widerstrebte ihm möglicherweise, den Mann, der da vor ihm stand, mit einem Namen anzureden, der geradezu wie sein eigener königlicher Name klang.

Aber mehr noch: Marduk (Bel), der möglicherweise der Hauptgott dieses Abends war, hatte es eindeutig versäumt, Belsazar zu schützen. Aber indem Belsazar Daniels hebräischen Namen benutzte, sprach er die Worte aus: »Gott ist mein Richter« – denn das war die Bedeutung von *Daniel*. An diesem schicksalhaften Abend wurde Daniel zum Verkünder von Gottes schriftlich verfasstem gerechten Urteil über Belsazar. Der Name *Daniel* war geradezu ein Teil des Gerichtes Gottes über Belsazar. Vor Jahren hatte Belsazars Vorgänger Nebukadnezar versucht, Daniels Identität durch einen anderen Namen zu verändern. Es war ihm nicht gelungen. Daniels Identität als treuer Gottesmann war nicht nur unversehrt geblieben, sie war gestärkt daraus hervorgegangen.

Und so gab es an jenem Abend in dem Palast zwei Männer mit ganz ähnlichen Namen, aber völlig unterschiedlichen Identitäten. Der eine hatte sich entschieden, Gott abzulehnen, der andere, ihm nachzufolgen. Vielleicht hat sich Daniel daran erinnert, wie er und seine drei Gefährten in ihren ersten Tagen in Babylon beschlossen hatten, keine Kompromisse mit dem Götzendienst einzugehen, und wie sie gegen die Speisen und den Wein protestiert hatten, die am Tisch des Königs serviert wurden. Für sie war Gott absolut heilig, er war ihr höchster Wert, für ihn waren sie bereit, alles zu riskieren. Vielleicht hatte Daniel damals schon geahnt, dass die logische Folge des Götzendienstes diese Art von Szene war, die er da gerade am Tisch des

Königs erlebte. Er wusste, dass Gott seinen Standpunkt wieder einmal verteidigt hatte.

Der große Bankettsaal, schon bald würde er verlassen daliegen. Die Dynastie Nebukadnezars, des großen Hauptes aus Gold, würde durch die Perser gestürzt werden, genau so, wie Gott es gesagt hatte. Aber die heiligen Gefäße dort auf den Tischen, jene stummen Zeugen der Wahrheit und der absoluten Werte, sie standen immer noch dort. Wenn Belsazar nur auf die Wahrheit gehört hätte, wenn er nur sein Herz und seinen Geist geöffnet hätte, um zu verstehen. Aber er und seine Mächtigen hatten die Botschaft, für die diese Gefäße standen, in den Wind geschlagen, und jetzt mussten sie die Folgen tragen. Gott selbst hatte eingegriffen und Belsazars Schicksal an die Wand seines Palastes geschrieben. Schon in ein paar Stunden würde Belsazar ein Leichnam sein – ohne jeglichen »Wert«.

Vielleicht hat Daniel, als er einen letzten Blick auf die Schrift an der Wand warf, auch darüber nachgedacht, wie ironisch es war, dass er als junger Gefangener in dieser Stadt sein Sprachstudium begonnen hatte – und dass er soeben dem König eine Inschrift in dieser Sprache erklärt hatte. Und als er über die Bedeutung der Schrift nachdachte, wurde ihm vielleicht bewusst, dass sein eigenes Nein zum Götzendienst ihn zwar etwas gekostet, ihm aber letztlich einen unermesslichen Gewinn gebracht hatte. Was er dort in diesem Festsaal sah, war ein Beweis dafür, wie ungeheuer hoch der Preis war, den ein Mensch zahlen musste, der Gott ablehnte.

Der Finger Gottes

Irgendwann war das Öl des großen Leuchters im Bankettsaal verbraucht, und die Schrift an der Wand wurde von der Dunkelheit verschluckt. Aber die Hand, die da an eine Wand in Babylon geschrieben hatte, würde wieder schreiben, diesmal auf den Staub der Erde und diesmal in Jerusalem. Im Johannesevangelium kommt die Szene direkt vor einem der bekannten »Ich bin«-Worte Jesu:

Ich bin das Licht der Welt; wer mir nachfolgt,
wird nicht in der Finsternis wandeln, sondern
wird das Licht des Lebens haben. (Joh 8,12)

Unmittelbar vor diesen Worten berichtet das Johannesevangelium von einem Versuch der religiösen Führer, Jesus eine Falle zu stellen. Sie hatten eine Ehebrecherin auf frischer Tat ertappt, schleppten sie vor Jesus, »stellten sie in die Mitte und sagten zu ihm: Lehrer, diese Frau ist auf frischer Tat beim Ehebruch ergriffen worden. In dem Gesetz aber hat uns Mose geboten, solche zu steinigen. Du nun, was sagst du?« (Joh 8,3–5).

Diese religiösen Führer hatten auch eine »Schrift« gelesen – das mit Gottes Finger geschriebene Gesetz. Dieses verurteilte Ehebruch; so viel wussten sie. Und so stellten sie diese Frau mit diesem Gesetz bloß und spekulierten darauf, dass Jesus sich weigern würde, die geforderte Strafe der Steinigung anzuwenden. So hätten sie ihn dazu gebracht, dem Gesetz zu widersprechen.

Und Jesus bückte sich und schrieb mit dem Finger etwas auf die Erde. Johannes berichtet nicht, *was* er schrieb. Die Männer ließen nicht locker. Da »richtete er sich auf und sprach zu ihnen: Wer von euch ohne Sünde ist, werfe als Erster einen Stein auf sie. Und wieder bückte er sich nieder und schrieb auf die Erde« (Joh 8,7–8).

Die Wirkung war groß: »Als sie aber dies hörten, gingen sie, einer nach dem anderen, hinaus, angefangen von den Älteren; und er wurde allein gelassen mit der Frau, die in der Mitte stand« (V. 9). Sie hatten das Leben dieser Frau ins Licht des Gesetzes gestellt und waren bereit, sie zu steinigen. Dabei dachten sie, dass sie selbst nichts vom Gesetz zu befürchten hätten. Doch sie waren gerade ahnungslos in die Gegenwart eines viel stärkeren Lichts als das des Gesetzes gekommen: ein Licht, das sogar ihr taubes Gewissen durchdrang – das Licht der Welt. Könnte es die Schrift Jesu gewesen sein, die sie von ihrer Sünde überführte, wie die Schrift an der Wand Belsazars? Nun fühlten sich die Ankläger der Frau bloßgestellt, verurteilt und beschämt. Und sie konnten dieses Licht nicht ertragen, also gingen sie weg von ihm in die Dunkelheit.

Wer blieb, war die Frau. Das war das Merkwürdige. Sie fühlte sich nicht weniger schuldig als die religiösen Führer, die sich weggeschlichen hatten. Aber sie sah, dass Jesus sie nicht nur vor ihrer herzlosen Härte beschützt, sondern auch vor einem Tod durch Steinigung bewahrt hatte. Und er war dabei so gütig und feinfühlig gewesen. Was würde er jetzt zu ihr sagen? Sie fand, dass sie es riskieren konnte, in seinem Licht zu bleiben.

Schließlich richtete er sich wieder auf und sagte zu ihr: »Frau, wo sind sie? Hat dich niemand verurteilt?« Sie antwortete: »Niemand, Herr.« Worauf Jesus mit einer wunderbaren Zusicherung der Vergebung fortfuhr: »Auch ich verurteile dich nicht. Geh hin und sündige von jetzt an nicht mehr!« (Joh 8,10–11). Er billigte ihre Sünde nicht. Er erwartete, dass sie von nun an anders leben würde – aber die Kraft dazu würde aus der Gewissheit seiner Vergebung erwachsen. Dasselbe Licht, das die frommen Heuchler vertrieben hatte, hatte für diese Frau den Weg der Vergebung hell erleuchtet.

Und dieses Licht wirkt noch heute so.

Wir haben heute weit mehr als nur das stumme, symbolische Zeugnis einiger heiliger Gefäße. In Jesus Christus ist Gott selbst in die Welt gekommen. Er ging zu den Menschen und aß und trank mit ihnen, damit sie aus nächster Nähe ein von jeder Sünde, ja, von jedem sündigen Gedanken freies Leben sehen konnten – wie reines Gold. Aber so wie damals Daniel von den Mächtigen seiner Zeit abgelehnt wurde, so auch Jesus. Sie nahmen dieses Leben mit all seinem strahlenden Glanz und nagelten es an ein Kreuz. Sie drückten ihm eine Krone aus langen Dornen auf den Kopf und spotteten über seine Behauptung, ihr König und Messias zu sein. Sie spuckten ihm ins Angesicht, ballten ihre Fäuste und riefen: »Wir wollen dich nicht!« Sie erklärten ihn für wertlos.

Aber das war *ihre,* nicht Gottes Bewertung. Jesus, der Herr, war nicht weniger als der ewige Sohn Gottes, und sein ewiger Vater erweckte ihn durch die Macht des ewigen Geistes von den Toten und gab ihm den Namen, der über alle Namen ist (Phil 2,9). In diesem Namen ist Vergebung für jeden, der seine Sünde bereut und Jesus als seinem Herrn vertraut. Was für eine wunderbare gute Nachricht!

Dieselbe Hand, die für Mose das Gesetz auf die Steintafeln schrieb, schrieb auf die Wand in Babylon und auf den staubigen Boden in Jerusalem. Sie schreibt noch heute – auf bußfertige, gläubige Herzen. Paulus hat die Art, wie Christen ihren Glauben empfehlen, so beschrieben:

> *Ja, es ist offensichtlich, dass ihr ein Brief seid, den Christus selbst verfasst hat und der durch unseren Dienst zustande gekommen ist. Er ist nicht mit Tinte geschrieben, sondern mit dem Geist des lebendigen Gottes, und die Tafeln, auf denen er steht, sind nicht aus Stein, sondern aus Fleisch und Blut; es sind die Herzen von Menschen.* (2Kor 3,3; NGÜ)

Es ist die Qualität dieses Schreibens, das viele Menschen dazu bringt, Jesus Christus als ihrem Herrn zu vertrauen.

Gottes Gericht und unsere Verantwortung

Wir haben jetzt das Ende der ersten Hälfte des Buches Daniel erreicht und damit auch das Ende des Babylonischen Reiches.

Eines der zentralen Themen ist das Zeugnis Daniels und seiner Freunde gegenüber König Nebukadnezar gewesen, das letztlich dazu führte, dass dieser Gott als den Herrn aller Herren und König aller Könige erkannte. Es war eine bemerkenswerte Verwandlung eines heidnischen Herrschers, doch leider hinterließ sie keinen Eindruck auf den Mann, der der letzte König des Reiches sein sollte: Belsazar. Nebukadnezar wurde von Gott bestraft und wieder in sein Amt eingesetzt, während Belsazar in der medo-persischen Invasion den Tod fand. Was in manchen Köpfen die Frage nach der Gerechtigkeit Gottes aufwirft. Warum behandelte er die beiden Könige so unterschiedlich?

Ähnliches finden wir im Neuen Testament. Da ist einerseits Paulus, der erst Jesus ablehnte und die Christen verfolgte, dann aber Gnade fand, weil, wie er es selbst schreibt, »ich in meinem Unglauben nicht wusste, was ich tat« (1Tim 1,13; NeÜ). Und andererseits König Herodes Agrippa, der Jakobus hinrichten ließ und kurz darauf eine öffentliche Rede hielt, bei der das Volk ihn vor Begeisterung einen Gott nannte; Gott ließ ihn zur Strafe auf der Stelle sterben (Apg 12,2.21–23).

Gott hatte sich Nebukadnezar durch eine ganze Reihe übernatürlicher Ereignisse offenbart: Daniels Deutung des Traums von der Statue, die drei Männer im Feuerofen, den Traum mit dem Baum und dessen Folgen. Nebukadnezar hatte von Gott direkte persönliche Offenbarungen bekommen. Im Gegensatz dazu wurden Belsazar lediglich die Fakten darüber berichtet, was mit Nebukadnezar geschehen war. Vermutlich hatte Nebukadnezar ihn selbst darüber informiert.

Diese Dinge zeigen uns, dass Gottes Gericht nicht willkürlich ist. Belsazar wusste, was er tat. Wie Daniel ihm deutlich zu verstehen gab, war er voll verantwortlich für seine Einstellung und sein Verhalten. Er handelte wider besseres Wissen, und dies ist wichtig, denn in unser Verständnis des Vorsehungshandelns Gottes in der Geschichte schleicht sich leicht ein merkwürdig deterministisches Denken ein, das Gottes Gericht und Gnade als reine Willkürakte sieht, die nichts mit der Einstellung des betreffenden Menschen zu tun haben. Das kann jedoch nicht sein, da es der Moralität des Wesens Gottes widersprechen würde.

Wir können auch nicht argumentieren, dass Belsazar eine bloße Marionette in Gottes Händen war, da Daniel den Untergang des Babylonischen Reiches ja schon vorhergesagt hatte. Solch ein Denken geht davon aus, dass Gott das gleiche Verhältnis zur Zeit hat wie wir Menschen und dass aus seinem Vorherwissen folgt, dass er der Verursacher ist. Dies kann nicht sein, da Gottes Urteile voraussetzen, dass er Belsazar und alle anderen Menschen als moralisch verantwortliche Wesen behandelt.

Es liegt in der Natur der Sache, dass die Art, wie verschiedene Menschen in verschiedenen Zeitepochen Gott kennenlernen, unterschiedlich ist. Die ersten Jünger Jesu z. B. waren Augenzeugen seines Lebens, seines Sterbens und seiner Auferstehung. Die Millionen Christen (wie ich selbst), die nach ihnen kamen, verließen sich auf ihr Zeugnis – und natürlich auf ihre persönlichen Erfahrungen, die logischerweise anders waren als die der Jünger. Jesus selbst hat dieses Problem in der Geschichte vom ungläubigen Thomas angesprochen:

Thomas, der auch »Zwilling« genannt wurde, einer der Zwölf, war nicht dabei gewesen, als Jesus zu den Jüngern gekommen war. Die anderen erklärten ihm: »Wir haben den Herrn gesehen!« Doch Thomas erwiderte: »Erst muss ich die Wunden der Nägel in seinen Händen sehen und mit meinen Fingern berühren und meine Hand in seine durchbohrte Seite legen. Vorher glaube ich das keinesfalls.«

Acht Tage später waren seine Jünger wieder beisammen. Diesmal war auch Thomas dabei. Die Türen waren verschlossen, doch plötzlich stand Jesus genau wie zuvor in ihrer Mitte und sagte: »Friede sei mit euch!« Dann wandte er sich an Thomas und sagte:

»Leg deinen Finger hier auf die Stelle und sieh dir meine Hände an! Gib deine Hand her und lege sie in meine Seite! Und sei nicht mehr ungläubig, sondern glaube!« »Mein Herr und mein Gott!«, gab Thomas ihm da zur Antwort. Jesus erwiderte: »Du glaubst, weil du mich gesehen hast. Glücklich zu nennen sind die, die mich nicht sehen und trotzdem glauben.« (Joh 20,24–29; NeÜ)

Es ist klar, dass nicht jeder ein Augenzeuge sein kann. Ich möchte an dieser Stelle erwähnen, dass manche moderne Atheisten wie A. C. Grayling die Geschichte vom ungläubigen Thomas als Beleg für ihre These missbraucht haben, Glaube heiße, etwas für wahr zu halten, ohne irgendwelche Belege zu haben. Er legt Jesus die Worte in den Mund: »Selig sind die, die keine Beweise haben und trotzdem glauben.« Dies ist eine erstaunliche Aussage für einen Philosophen, dessen Handwerkszeug die logische Analyse des Argumentierens ist. Was Jesus jedoch sagen will, ist schlicht und einfach, dass nicht jeder Beweise durch eigenes physisches Sehen hat. Aber physisches Sehen ist doch nicht die einzige Art von Beweis, die es gibt. Gleich die nächsten Sätze im Johannesevangelium (hat Grayling sie nicht gelesen?) zeigen uns, was die andere Art von Beweis ist:

Jesus tat vor den Augen seiner Jünger noch viele andere Wunderzeichen, die aber nicht in diesem Buch aufgeschrieben sind. Was hier berichtet ist, wurde aufgeschrieben, damit ihr glaubt, dass Jesus der Messias ist, der Sohn Gottes, und damit ihr durch den Glauben an ihn in seinem Namen das Leben habt. (Joh 20,30–31; NeÜ)

Die Berichte des Apostels Johannes über die Wunder, die Jesus tat, sind lauter Belege, auf die man den Glauben an ihn gründen kann. Und nicht zuletzt ist natürlich das »Leben«, das man durch den Glauben an ihn bekommt, ein mächtiges Indiz dafür, dass seine Worte wahr sind.

Ein weiterer wichtiger Mosaikstein bei der Frage, welche Beweise es für Gott und sein Wirken gibt, ist die ethische Dimension der Geschichte Belsazars. Im Neuen Testament finden wir dazu die bekannte Geschichte vom reichen Mann und Lazarus (Lk 16,19–31). Der Reiche macht sein Leben zu einem permanenten Fest (vielleicht gar nicht so anders als Belsazar). Das Gebot, seinen Nächsten so zu lieben wie sich selbst, spielt für ihn offensichtlich keine Rolle; den zerlumpten Lazarus vor seiner Tür ignoriert er einfach. Nach seinem Tod stellte er fest, dass er von der Gegenwart Gottes ausgeschlossen ist, während Lazarus bei Abraham sein darf, dem Vater der Gläubigen.

Jesus beschreibt, wie der Reiche Abraham anfleht, Lazarus zu seinen Brüdern zu schicken, um sie zu warnen. Abraham antwortet: »Sie haben Mose und die Propheten. Mögen sie die hören!« Der Reiche sagt: »Nein, Vater Abraham, sondern wenn jemand von den Toten zu ihnen geht, so werden sie Buße tun.« Worauf Abraham erwidert: »Wenn sie Mose und die Propheten nicht hören, so werden sie auch nicht überzeugt werden, wenn jemand aus den Toten aufersteht.«

David Gooding weist auf die Wichtigkeit hin, genau hinzusehen, warum Abraham die Bitte des reichen Mannes ausschlägt. Es war nicht so, dass Gott nicht bereit gewesen wäre, sich den Brüdern des reichen Mannes noch einmal ganz besonders zu offenbaren, um sie zur Buße zu bringen. Sie mussten vielmehr erkennen, dass ihre Vernachlässigung des Gesetzes Gottes bereits eine Vernachlässigung von Beweisen war, die sie schon vorliegen hatten – eine schwerwiegende Vernachlässigung, die sie für immer von Gottes Gegenwart ausschließen würde. Gooding schreibt:

Das war eine moralische Angelegenheit und letztlich eine Frage nach der Wesensart Gottes. Der stärkste Beweis, den

> *es in dieser Sache geben konnte, war deshalb Gottes Wort, das sich in schnörkellosen Aussagen an das moralische Gewissen und Urteilsvermögen der Brüder richtete. Und das trifft auch auf uns zu. Wenn wir in unserem moralischen Urteil so fahrlässig sind, dass wir die Warnungen der Bibel auf die leichte Schulter nehmen und unsere Schuld vor Gott außer Acht lassen […], dann gilt: Auch die spektakulärsten Erscheinungen können uns nicht davon überzeugen, dass wir verloren sind, wenn wir nicht Buße tun.*[91]

Zur Lektion, die Gott Nebukadnezar in Daniel 4 erteilt, gehörte zentral dazu, wie gefährlich es ist, Gottes Gesetz beiseitezuschieben – vor allem das Gebot »Du sollst keine anderen Götter haben neben mir« (2Mo 20,3–4). Auch Belsazar kannte dieses Gebot – und hatte es bewusst missachtet. Er hatte seine Entscheidung getroffen, und keine weiteren Beweise oder Offenbarungen hätten daran etwas ändern können.

In der aktuellen Debatte um die Existenz Gottes zitieren die sogenannten »Neuen Atheisten« immer wieder eine berühmte Aussage von Bertrand Russell. Russell hatte gesagt, dass, wenn Gott ihn fragen würde, warum er nicht an ihn glaube, er antworten würde: »Not enough evidence; not enough evidence« (frei übersetzt: »Ich bräuchte mehr Beweise«). Doch dieselben Neuen Atheisten scheinen nicht bereit zu sein, sich mit ernsthaften Beweisen bzw. Indizien für Gott zu befassen, die man ihnen anbietet. Und wenn man sie fragt, was für Beweise sie denn überzeugen würden, weichen sie aus. Woraus ich nur schließen kann, dass noch so viele Beweise sie nicht überzeugen würden, da sie sich festgelegt haben, dass es keine Beweise geben kann. In einem Interview für die britische Wochenzeitung *New Statesman* scheint Richard Dawkins genau das zu sagen:

91 David Gooding, *Das Evangelium nach Lukas* (Bielefeld: CLV, 2012), S. 332.

> *Ich glaube nicht an kleine grüne Männchen, Kobolde, Werwölfe, Fetische, Thor, Poseidon, Jahwe, Allah oder die Dreifaltigkeit, und das jeweils aus dem gleichen Grund: Es gibt nicht den kleinsten Beweis für irgendetwas davon, und die Beweislast liegt bei denen, die sich wünschen, an sie zu glauben.*[92]

In diesem Zusammenhang möchte ich auch erwähnen, dass das Phänomen der Gotteslästerung keineswegs der Vergangenheit angehört, sondern aktuell in gewissen atheistischen Kreisen aktiv gefördert wird. Hier ein Auszug aus der sogenannten »Blasphemy Challenge« (»Blasphemie-Projekt«), die man früher auf der Website der Richard Dawkins Foundation finden konnte.[93]

> *Das Blasphemie-Projekt belohnt Teilnehmer, die auf YouTube Philadelphia ihren Unglauben öffentlich bekannt machen. Die Rational Response Squad (dt. etwa: die Rationale Eingreiftruppe) hat eine 25 000-Dollar-Kampagne gestartet, um junge Leute dazu zu bringen, öffentlich jedem Glauben an den lieben Christengott im Himmel abzuschwören. Die Kampagne mit dem Namen Blasphemie-Projekt ermutigt die Teilnehmer, genau das zu begehen, was die christliche Lehre die einzige unvergebbare Sünde nennt – die Lästerung des Heiligen Geistes. (Der »Heilige Geist« ist ein unsichtbarer Geist, der nach dem Glauben der Christen als Gottes Stellvertreter auf der Erde wohnt.) Teilnehmer, die ihre Gotteslästerung auf Video aufnehmen und auf YouTube hochladen, erhalten kostenlos eine DVD mit dem Dokumentations-Hit »The God who wasn't there« [»Der Gott, den es nicht gab«], die nor-*

92 Andrew Zak Williams, »Faith is no more«, *New Statesman*, 25. Juli 2011.
93 http://old.richarddawkins.net/videos/425-the-blasphemy-challange; www.rationalresponders.com/Blasphemy_Challenge_Started.

> *malerweise 24,98 Dollar kostet. Der Vertreiber der DVD, Beyond Belief Media, [...] hat dem Rational Response Squad 1001 DVDs für das Blasphemie-Projekt gespendet. In der Vorlaufphase des Blasphemie-Projekts haben bereits über 160 Teilnehmer den Heiligen Geist gelästert und sich eine Gratis-DVD verdient [...] Die Teilnahme am Blasphemie-Projekt steht allen offen, aber das Rational Response Squad möchte vor allem die Jüngeren erreichen. Um ihnen die Kampagne nahezubringen, beginnt das Rational Response Squad heute einen Online-Werbefeldzug auf 25 Websites, die gerne von Teenagern besucht werden, z. B. Xanga, Friendster, Boy Scout Trail, Tiger Beat, Teen Magazine, YM, CosmoGirl! und Seventeen.*

Ist es nicht befremdlich, dass man so etwas ausgerechnet auf der Website des ersten *Professor of the Public Understanding of Science* an der Universität Oxford gefunden hat – also des Inhabers eines Lehrstuhls, der die Öffentlichkeit an die Wissenschaft heranführen soll? Was würde wohl passieren, wenn die Hand vom Gastmahl des Belsazars erneut etwas an die Wand schreiben würde, diesmal auf einer öffentlichen Versammlung von Atheisten, die sich derartigen Gotteslästerungen hingeben? Viele der jungen Leute, die zur Teilnahme an dieser Kampagne überredet wurden, wissen gar nicht, was die Lästerung gegen den Heiligen Geist ist. Das sollte uns nicht überraschen, denn die sogenannte »Rationale Eingreiftruppe« weiß es offenbar auch nicht. Und auch der Anreiz einer Gratis-DVD macht die Sache nicht seriöser.

Aber beenden wir dieses Kapitel nicht zu pessimistisch. Denn es gibt etwas völlig Entgegengesetztes zu Belsazars blasphemischem Anstoßen auf die Bewohner des babylonischen Götterhimmels. Jeder Christ hat das Vorrecht, durch eine radikal andere feierliche Trinkhandlung die Treue und Anbetung zu seinem Gott und König zum Ausdruck zu bringen. Kein

Geringerer als Jesus Christus selbst ruft uns dazu auf, uns regelmäßig mit anderen Christen zu versammeln, um durch die Feier des Abendmahls den Neuen Bund zu feiern, der uns für immer mit Jesus verbindet.

Kapitel 14

Das Gesetz der Meder und Perser

Daniel 6

Daniel in der Löwengrube. Gemälde von Peter Paul Rubens.

Das 6. Kapitel des Buches Daniel führt uns in eine neue Welt ein – die Welt der medo-persischen Herrschaft über Babylon. Im ersten Traum Nebukadnezars entspricht dies dem Übergang vom »goldenen« zum »silbernen« Königreich (Dan 2,32.39).

> *In derselben Nacht wurde Belsazar, der chaldäische König, getötet. Und Darius, der Meder, übernahm die Königsherrschaft, als er 62 Jahre alt war.* (Dan 5,30–6,1)

Alec Motyer schreibt über dieses Ereignis:

Im Oktober 539 v. Chr. marschierte Kyrus in Untermesopotamien ein und eroberte und besetzte das Territorium um Babylon; die Stadt selbst sparte er bis zuletzt auf. Als König Nabonid von Babylon merkte, woher der Wind blies, verließ er seine Stadt und überließ sie seinem Sohn Belsazar [...] Die Eroberung Babylons verlief so unblutig und reibungslos, wie es Daniel 5 andeutet.[94]

Die große Frage ist hier: Wer war »Darius, der Meder«? Denn, wie Motyer schreibt und wie durch Dokumente wie den hier abgebildeten Tonzylinder belegt ist: Es war Kyrus, der das Reich an sich riss.

Der Kyrus-Zylinder (British Museum, London).
Übersetzung der Inschrift: s. u. Anhang B.

Das Problem ist, dass der einzige Darius, von dem wir wissen, 522–486 v. Chr. regierte, dass es aber historische und archäologische Belege dafür gibt, dass Kyrus das Reich im Jahre 539 übernahm und dass Darius sein Nachfolger war. Daniel selbst nennt in 6,29 sowohl Darius als auch Kyrus und in 10,1 noch

94 Alec Motyer, *The Prophecy of Isaiah* (Leicester: IVP, 1993)

einmal Kyrus, sodass wir annehmen können, dass ihm beide Namen vertraut waren.

Manche Forscher glauben, dass Darius schlicht ein anderer Name für Kyrus ist, und lesen Daniel 6,29 folgendermaßen: »Und Daniel stand in großem Ansehen unter der Regierung des Darius, also unter der Regierung des Kyrus, des Persers.« Doch andere Experten halten diese Lesart für gekünstelt. Eine Alternativthese ist, dass Darius ein Unterkönig war, den Kyrus als Regenten der Stadt Babylon eingesetzt hatte. Dieser Vorschlag wird sprachlich durch zwei Faktoren gestützt: Erstens heißt es in Daniel 9,1 wörtlich, dass Darius zum König »gemacht worden« war[95] – eine Passivkonstruktion und nicht das aktive »wurde König« –, und zweitens steht in Daniel 6,1 wörtlich, dass Darius die Königsherrschaft »empfing«[96] – eine ungewöhnliche Formulierung für einen Eroberer. Es wird auch darauf hingewiesen, dass Daniel Darius nie als König von Medo-Persien erwähnt, sondern nur als Herrscher von Babylon.

Für eine endgültige Lösung dieses Problems braucht es vielleicht die Art archäologischer Entdeckung, wie sie in Zusammenhang mit Belsazar gemacht wurde. Alles in allem wäre es sicherlich unklug, Daniel eine mangelnde Kenntnis der historischen Fakten zu unterstellen.

Daniel hat also einen neuen Herrn von Babylon, dem er dient. Die Stadt und die Region haben sich nicht verändert, dafür aber die Kultur, und eine dieser Veränderungen gerät jetzt in den Fokus.

95 So in der Bibelübersetzung Schlachter 2000 *(Anm. d. Übers.)*.
96 Vgl. wieder Schlachter 2000 *(Anm. d. Übers.)*.

Der Zweck des Gesetzes

Wie wir sahen, durchzieht das Thema »Werte« die erste Hälfte von Daniels Werk. In der zweiten Hälfte, der wir uns jetzt zuwenden, ist eines der Hauptthemen das *Gesetz*. Die Reihenfolge, in der diese beiden Themen in dem Buch erscheinen, ist logisch: Gesetze gründen in Werten, aber sie sind nicht dasselbe wie Werte. Gesetze sind (vom Staat) erlassene Vorschriften, die der Aufrechterhaltung von Werten dienen. Damit sie wirksam sind und befolgt werden, werden Gesetze üblicherweise durch gerichtliche und polizeiliche Maßnahmen flankiert. In Kapitel 5 haben wir von einer schriftlichen Beurteilung eines Menschen durch Gott gehört; in Kapitel 6 geht es um ein schriftliches menschliches Gesetz, das auf Betreiben einflussreicher Menschen erlassen wird, um einen integren Mann zu diskreditieren.

Aber schauen wir uns als Erstes den größeren Kontext an.

In unserer Einleitung haben wir bereits auf die parallele Struktur der beiden Hälften des Buches hingewiesen, insbesondere auf die Form dieser beiden Hälften. Sie bestehen jeweils aus einem einleitenden Abschnitt, gefolgt von zwei zusammengehörenden Abschnitten:

Teil A	**Teil B**
Kapitel 1 **Babylonischer Hof** Daniel weigert sich, die Tafelkost des Königs zu essen. Er und seine Freunde werden von Gott bestätigt.	*Kapitel 6* **Medo-persischer Hof** Daniel widersteht dem Gebot des Königs, nicht zu seinem Gott zu beten. Er wird von Gott bestätigt.

Zwei Standbilder	**Zwei Tiervisionen**
Kapitel 2 Nebukadnezars Traum-Standbild *Kapitel 3* Nebukadnezars goldenes Standbild	*Kapitel 7* Vier Tiere *Kapitel 8* Zwei Tiere
Gottes Bestrafung zweier Könige	**Erklärung zweier Schriftstücke**
Kapitel 3,31–4,34 Bestrafung und Rehabilitation Nebukadnezars *Kapitel 5* Die »Schrift an der Wand« und das Ende Belsazars Das Ende Babylons	*Kapitel 9* Die Prophezeiung im Buch Jeremia über die Zerstörung und Wiederherstellung Jerusalems *Kapitel 10–12* Das »Buch der Wahrheit«, das Ende des »Königs«, das Ende der Weltgeschichte

In diesem Schema entspricht das erste Kapitel der ersten Hälfte des Buches dem ersten Kapitel der zweiten Hälfte. Beide beschreiben Szenen am babylonischen Hof, aber unter verschiedenen Regimen; in Kapitel 1 ist es die babylonische Herrschaft, in Kapitel 6 die medo-persische. Beide Male geht es um eine Weigerung: In Kapitel 1 weigern Daniel und seine Freunde sich, sich von der königlichen Kost am Hof zu ernähren, wohl wegen der Verbindungen zum babylonischen Götzendienst, den wir in Daniel 5 sahen. In Kapitel 6 weigert sich Daniel, den Erlass des Königs zu befolgen, der jedes Gebet außer dem zu ihm selbst untersagt. Diese Weigerungen gehören nicht in dieselbe Kategorie. Wenn ich Kapitel 1 richtig verstehe, geht es hier um die Ablehnung jeglicher Kompromisse mit heidnischem Götzendienst. Dasselbe Thema dominiert in Daniel 3: Die drei Männer weigern sich, sich vor der Kolossalstatue Nebukadnezars niederzuwerfen. Aber an keiner Stelle lesen wir, dass Nebukadnezar versucht, Daniel und seine Freunde an der Praktizierung ihrer eigenen Religion zu hindern, die ihr Gewissen ihnen gebietet. Diesen Schritt macht erst Darius in Kapitel 6, wo zum ersten (aber nicht zum letzten) Mal im Buch Daniel ein heidnischer Monarch die Verehrung des wahren Gottes untersagt.

Wir können die beiden Kapitel wie von David Gooding vorgeschlagen vergleichen (Goodings Gesamtschema für das Buch Daniel findet sich in Anhang C):

Kapitel 1	**Kapitel 6**
Nebukadnezar stellt die Gefäße Gottes in den Tempel seines Götzen.	Darius verbietet für 30 Tage das Gebet zu Gott.
Daniel und seine Freunde weigern sich, sich mit heidnischen Dingen unrein zu machen.	Daniel weigert sich, seine eigene jüdischen Religion nicht mehr zu praktizieren.
Die Hofbeamten sind positiv eingestellt.	Die Hofbeamten intrigieren gegen Daniel.
Stärkung der körperlichen und geistigen Gesundheit Daniels und seiner Freunde.	Erweis der politischen Loyalität Daniels zum König.
Daniel und seine Freunde werden befördert.	Daniel wird wieder in sein Amt eingesetzt.

Die Waffe, die die eifersüchtigen Hofbeamten gegen Daniel einsetzten, hieß »Gesetz der Meder und Perser«. Der Ausdruck kommt dreimal in diesem Kapitel vor und unterstreicht so sein Hauptthema: der Versuch, Daniel per Gesetz das Recht zu verweigern, seinen eigenen Glauben zu praktizieren und Gott nach dem Gesetz Moses anzubeten. Das Thema »Gesetz« findet sich auch in den folgenden Kapiteln. In Kapitel 7 sehen wir einen mächtigen König, der »danach trachten [wird], Festzeiten und Gesetz zu ändern« (7,25). Er wird vor einem himmlischen Gericht erscheinen müssen, bei dem »Bücher geöffnet« werden (7,10). Kapitel 8 berichtet von einem weiteren mächtigen König (das »kleine Horn«), der das regelmäßige Brandopfer, das nach dem Gesetz Moses von Israel verlangt wurde, abschafft (8,9–12). In Kapitel 9 bekennt Daniel in seinem Bußgebet, dass das Unglück, das über Jerusalem gekommen ist, die Folge von Israels Ungehorsam gegen Gottes Gesetz ist. Und im letzten Abschnitt des Buches (Daniel 10–12) lesen wir erneut von einem König, der das tägliche Brandopfer beendet; »und sein Herz wird gegen den heiligen Bund gerichtet sein« (11,28).

Damit ist das *Gesetz* – sowohl das Gesetz des Staates als auch das Gesetz Gottes – ein roter Faden in der zweiten Hälfte des Buches Daniel. Daniel führt dies so ein:

> *Es gefiel Darius, über das Königreich 120 Satrapen einzusetzen, die im ganzen Königreich sein sollten, und über sie drei Minister zu setzen, von denen einer Daniel war, denen jene Satrapen Rechenschaft geben sollten, damit der König keinen Schaden erlitt. Da übertraf dieser Daniel die Minister und die Satrapen, weil ein außergewöhnlicher Geist in ihm war. Und der König beabsichtigte, ihn über das ganze Königreich einzusetzen. Da suchten die Minister und die Satrapen einen Anklagegrund gegen Daniel in Bezug auf seine Amtsgeschäfte zu finden. Aber sie konnten keinerlei Anklagegrund und*

nichts Schlechtes finden, weil er treu war und keinerlei Nachlässigkeit oder Schlechtes bei ihm zu finden waren. Da sagten diese Männer: Wir werden bei diesem Daniel keinen Anklagegrund finden, es sei denn, dass wir im Gesetz seines Gottes etwas gegen ihn finden. (Dan 6,2–6)

Das Gesetz Gottes und das Gesetz des Staates

Darius muss sehr schnell auf Daniel aufmerksam geworden sein. Zweifellos war der König weise genug, um nach der Eroberung Babylons so bald wie möglich herauszufinden, wer die fähigsten Beamten der früheren Administration waren. Das Ergebnis war, dass Daniel schon bald zu einem der drei höchsten Beamten des neuen Reiches aufstieg und ein Teil des Dreierkollegiums wurde, dem die 120 Satrapen unterstellt waren. Es dauerte nicht lange, und Daniel hatte sich so profiliert, dass Darius daran dachte, ihm die Verwaltung des gesamten Reiches zu unterstellen.

Darius muss dies wohl – ob nun absichtlich oder aus Versehen – zu laut gedacht haben. Die unvermeidliche Folge war eine Welle der Eifersucht unter der Verwaltungselite des Landes, die zu einem Komplott gegen Daniel führte. Es war eine der nur allzu bekannten hässlichen Intrigen an den Schaltstellen der Macht.

Doch so angestrengt Daniels eifersüchtige Kollegen auch suchten, sie fanden nichts bei ihm, was ein hinreichender Anlass für eine Beschwerde beim König gewesen wäre. Dies ist bemerkenswert, denn Rufmord ist eigentlich kein schwieriges Geschäft. Die Satrapen waren mächtige Männer, und in einem Reich des antiken Nahen Ostens hatten solche Männer ihre Mittel und Wege, an Informationen heranzukommen. Es war gerade so, als ob man die CIA und den russischen Geheimdienst gemeinsam auf Daniel angesetzt und nichts gefunden hätte. Gerne dürfen wir uns fragen, ob das bei *uns* genauso gewesen wäre. Haben wir eine genauso reine Weste wie Daniel damals? Seine persönliche Integrität war außerordentlich – etwas, was damals wie heute leider sehr selten ist.

Der Text betont besonders Daniels Treue in seinem Amt. Erst hatte er der babylonischen Regierung treu gedient, und jetzt diente er ebenso loyal der medo-persischen. Das Neue Testament sieht in der Treue das Markenzeichen eines guten Dieners: »Von Verwaltern aber verlangt man, dass sie sich als treu erweisen« (1Kor 4,2; EÜ).

Als es den Intriganten nicht gelang, irgendeine Schwäche oder einen Fehler in Daniels Arbeit zu finden, beschlossen sie, anders vorzugehen: Sie mussten seine Religion als Hebel gegen ihn einsetzen – das »Gesetz seines Gottes«. Sie wussten also genau, welchem Gott Daniel diente, und hier sehen wir wieder etwas Beeindruckendes. Bereits als junger Student hatte Daniel beschlossen, mit seinem Glauben nicht hinter dem Berg zu halten, sondern ihn zu bezeugen, auch wenn ihm das Nachteile bringen würde. Er würde zu seinem Gott stehen – und die Folgen ihm überlassen. Die Satrapen wussten sehr genau, was Daniel glaubte und dass dies die Qualität seiner Arbeit in keiner Weise beeinträchtigte.

Das ist eine Herausforderung für uns alle. In den westlichen Ländern gibt es heute einen erheblichen Druck in Richtung Privatisierung aller religiöser Glaubensäußerungen, wenn nicht sogar ihrer völligen Verhinderung. An allen Ecken und Enden wird die Ideologie des Naturalismus als das »Normale« hingestellt. Wir erleben heute die bizarre Situation, dass der christliche Theismus keinen Platz mehr in genau den Akademien hat, die überhaupt erst durch ihn gegründet wurden! Daniel war damals bereit, gegen den Strom zu schwimmen. Und wir?

In den Gehirnen der Intriganten entstand ein Plan. Und sie schärften ihre Klauen, zogen die Samthandschuhe unterwürfiger Schmeichelei darüber und heuchelten Besorgnis über den Zustand der Nation. Es war eine brillante Vorstellung.

> *Daraufhin stürzten diese Minister und Satrapen zum König und sprachen zu ihm so: König Darius, lebe ewig! Alle Minister des Königreichs, die Statthalter und Satrapen, die Staatsräte und Verwalter haben sich beraten, dass der König eine Verordnung erlassen und ein Verbot bestätigen solle, dass jeder, der innerhalb von dreißig Tagen an irgendeinen Gott oder Menschen eine Bitte richtet außer an dich, König, in die Löwengrube geworfen werden soll. Nun, König, erlass das Verbot und lass ein Schriftstück ausfertigen, das nicht geändert werden darf nach dem Gesetz der Meder und Perser, das unaufhebbar ist! Daraufhin ließ der König Darius das Schriftstück und das Verbot ausfertigen.* (Dan 6,7–10)

Die Strategie von Daniels Widersachern war eine Mischung aus Halbwahrheiten und Schmeicheleien. Die Halbwahrheit war die Behauptung, dass *alle* hohen Beamten hinter der Idee stünden. Aber Daniel, der doch in Darius' Augen alle anderen übertraf, war nicht gefragt worden. Und die Schmeichelei bestand in dem Appell an das große Ego des Königs, mit dieser Maßnahme seine Macht noch mehr zu festigen. Er war ja der König und der offizielle Repräsentant der Götter; da war es nur noch ein kleiner Schritt, die Verehrung der Bevölkerung auf ihn selbst als Gott zu lenken. Und wenn die Maßnahme auf einen Monat begrenzt blieb, würden die Priester und das Volk schon keinen Widerstand leisten. Das Ganze diente zum Besten des Staates und zur Förderung der Einheit der Nation. Und so weiter und so fort ...

Wir sehen hier im Verlauf des Buches Daniel eine Steigerung. Belsazar hatte bei seiner Gotteslästerung seine Götzen aus Holz und Metall angebetet; sich selbst hatte er nicht zum Gott erklärt, der angebetet werden sollte. Genau das tat jetzt Darius. Auch wenn er, anders als Belsazar, den wahren Gott nicht lästerte, stellt sein Verhalten, im Ganzen gesehen, einen weiteren Schritt in Richtung Abgrund dar. Wir sehen hier einen Trend, der die ganze Menschheitsgeschichte hindurch angehalten hat und der auch die Zukunft prägen wird – den Trend zur Vergötterung des Menschen (vgl. 2Thes 2,4).

Bemerkenswert ist auch, dass die zeitliche Begrenzung von Verboten der Religionsausübung, ja, sogar von Verfolgungsmaßnahmen ein wiederkehrendes Element in der zweiten Hälfte des Buches Daniel ist. In Kapitel 7 darf der König, der das Gesetz Moses ändern will, »eine Zeit, zwei Zeiten und eine halbe Zeit« (7,25; NeÜ) seine Macht ausüben. In Kapitel 8 wird das regelmäßige Brandopfer 2300 Abende und Morgen lang ausgesetzt (8,14). In Kapitel 9 erkennt Daniel aufgrund der Prophetie Jeremias, dass die babylonische Gefangenschaft 70 Jahre dauern wird, und erfährt durch eine Vision, dass sieben mal 70 Jahre vergehen werden bis zur endgültigen Erlösung. Im letzten Abschnitt des Buches lesen wir von einem 21 Tage dauernden Widerstand gegen den Engel, der Daniel Gottes Botschaft bringt (Dan 10,13). Und als es um »die Zeit des Endes« geht, hört Daniel eine Stimme, die fragt: »Wann ist das Ende dieser außergewöhnlichen Ereignisse?« (12,6). Worauf die Antwort kommt: »Eine Zeit, zwei Zeiten und eine halbe Zeit« (12,7; NeÜ).

Diese verschiedenen Zeitabschnitte werfen zahlreiche faszinierende Fragen auf, und viele Antworten wurden schon vorgeschlagen. Wie auch immer diese Antworten lauten, eines ist sicher: Überall, wo es zu Diskriminierung, Unterdrückung und Verfolgung kommt, lautet die erste Frage für die Betroffenen: »Wie lange wird das noch dauern?« Die Begrenzung des Erlasses auf 30 Tage lässt darauf schließen, dass Daniels Widersacher darauf spekulierten, dass er schon recht bald gegen den Erlass verstoßen würde; die Löwen würden ihr Fressen schon lange vor Ende der 30-Tage-Frist bekommen.

Darius fällt auf die Intrige herein und unterschreibt den Erlass, der »nach dem Gesetz der Meder und Perser unaufhebbar ist« (Dan 6,9; vgl. V. 13 und 16).

Daniel erfährt bald, was geschehen ist. Und was macht er? Er geht nach Hause, um zu beten. Er stand vor exakt der gleichen Entscheidung wie einst seine drei Freunde. Seine Position, seine Macht, seine Familie (falls er eine hatte), sein Besitz und sein Leben standen auf dem Spiel. Es gibt keinen Hinweis darauf, dass er sich mit Verwandten oder Freunden beriet, bevor er sich entschied.

Schon als Student hatte er offen Flagge gezeigt, und er war nicht bereit, die Flagge jetzt einzuholen. Und so ging er in das Obergemach seines Hauses, dessen offene Fenster nach Jerusalem ausgerichtet waren, setzte alles auf Gott und tat das, was er jeden Tag tat: »Dreimal täglich kniete er dort nieder, um seinen Gott zu preisen und seine Bitten vor ihn zu bringen« (Dan 6,11; NeÜ). Das regelmäßige Gebet zu Gott (und dies nicht nur einmal am Tag, sondern dreimal!) war ein nicht verhandelbarer Bestandteil in seinem Glaubensleben. Erlass hin, Gesetz her, Daniel betete weiter. Es war eine couragierte Tat, dieses Niederknien!

Dass Daniel in Richtung Jerusalem betete, entsprach dem, was Israels König Salomo bei der Einweihung des Tempels Gottes in Jerusalem (aus dem die in Kapitel 1 und 5 erwähnten heiligen Geräte stammten) gesagt hatte. In seinem Weihegebet hatte Salomo unter anderem für die gebetet, die einmal aus Israel in die Gefangenschaft in Feindesland geführt würden:

> *Wenn sie gegen dich sündigen […] und sie nehmen es sich zu Herzen in dem Land, wohin sie gefangen weggeführt worden sind, und kehren um und flehen zu dir im Land ihrer Bezwinger […] und sie beten zu dir in Richtung auf ihr Land, das du ihren Vätern gegeben hast, auf die Stadt, die du erwählt hast, und auf das Haus, das ich deinem*

Namen gebaut habe, dann höre im Himmel, der Stätte, wo du thronst [...] und lass sie Erbarmen finden vor ihren Bezwingern, dass die sich über sie erbarmen! (1Kö 8,46–50)

Daniel tat, was Salomo vorgeschlagen hatte, und betete in Richtung Jerusalem – der Stadt, von der wir seit Beginn des Buches nichts mehr gehört haben. Daniel lebte *in* Babylon und diente dort treu seinen Herrschern, aber das Geheimnis seiner Treue und Integrität war, dass er nicht *für* Babylon lebte. Er lebte für eine andere Stadt, ganz im Geiste Abrahams und der anderen Erzväter; er »wartete auf die Stadt, die feste Fundamente hat, deren Baumeister und Schöpfer Gott selbst ist« (Hebr 11,10; NeÜ). Daniel lebte für das, wofür Jerusalem stand. Er wusste, dass die Zukunft dort lag und nicht in Babylon. Gott war nicht fertig mit Jerusalem, auch wenn Nebukadnezar es erobert hatte. Er würde seine Verheißungen erfüllen. Ja, wie Daniel selbst uns im 9. Kapitel sagen wird: Durch Jerusalem und nicht durch Babylon würde Gott eines Tages den Messias-König, den Erlöser, in die Welt senden.

Wenn wir Stadtbewohner sind, dann wissen wir, *in* welcher Stadt wir leben. Aber egal, ob wir Städter sind oder auf dem Land wohnen, wir sollten einmal innehalten und uns fragen: *Für* welche Stadt lebe ich?

Es war also ein zuversichtlicher Daniel, der an das offene Fenster trat, sich niederkniete und in Richtung Jerusalem betete. Das Geheimnis von Daniels Leben und Zeugnis war, dass er immer ein offenes Fenster in Richtung Jerusalem hatte. Er wusste, dass es im Himmel einen Gott gab, der ihn hörte. Aber es gab noch andere, die ihn hören konnten. Die Verschwörer, die wussten, was Daniel tun würde, hatten sich unter Daniels Fenster verabredet; ohne Zweifel waren sie mit seiner Gebetspraxis wohlvertraut.

Und so hörten sie sich Daniels Gebete und Bitten zu Gott an und begaben sich unverzüglich zu König Darius, um Bericht zu erstatten. Mit strategischer Raffinesse erinnerten sie ihn als Erstes an seinen Erlass, und er bestätigte ihnen, dass dieser unumstößlich war. Und dann zogen sie das Messer: »Daniel, einer der Weggeführten aus Juda, schenkt weder dir, König, noch dem Verbot, das du hast ausfertigen lassen, Beachtung; sondern er betet dreimal am Tag« (Dan 6,14).

Auch dies war eine Halbwahrheit, denn die erste Beschuldigung war falsch, was die Intriganten und Darius sehr wohl wussten. Wenn einer Darius gegenüber loyal war, dann Daniel; das hatten die Nachforschungen der Verschwörer eindeutig ergeben. Dann spielten sie die ethnische Karte aus, dass Daniel möglicherweise seinem eigenen Volk gegenüber loyaler war als gegenüber dem König. Der zweite Anklagepunkt traf dann voll ins Schwarze: Daniel schenkte dem neuen Gesetz gegen die Religionsfreiheit keine Beachtung.

Der König war am Boden zerstört. Die Erkenntnis, dass er mit seinem Erlass in eine Falle gelaufen war, traf ihn wie ein Schlag. Er sah, was er sofort hätte sehen müssen: dass es den Satrapen gar nicht darum ging, ihn zur Gottheit zu erheben. Sie wollten einfach nur Daniel loswerden. Aber Darius wollte Daniel behalten. Den Rest des Tages suchte er nach einer Möglichkeit, Daniel zu retten, aber er stieß immer wieder auf dasselbe Problem: die Unwiderruflichkeit der Gesetze der Meder und Perser. Nachdem er sich stundenlang im Kreis gedreht hatte, traten die Verschwörer erneut vor ihn, um ihn daran zu erinnern, dass er seinen Erlass umzusetzen hatte.

Regierungen und die Rechtsstaatlichkeit

Wir sind jetzt beim Kern des Unterschiedes zwischen dem medo-persischen und dem babylonischen Rechtsverständnis. Das Babylonische Reich unter Nebukadnezar und seinen Nachfolgern war eine absolute Monarchie. Dies zeigt sich deutlich in Kapitel 5, wo Daniel gegenüber Belsazar das Regime Nebukadnezars wie folgt beschreibt: »Er tötete, wen er wollte, er ließ leben, wen er wollte, er erhob, wen er wollte, und er erniedrigte, wen er wollte« (Dan 5,19). Nebukadnezar betrachtete sich als über dem Gesetz stehend. Er tat im Wesentlichen das, was er wollte. Darius konnte das nicht. Er stand an der Spitze einer konstitutionellen Monarchie. Er war genauso dem Gesetz unterworfen wie seine Untertanen. Und so waren ihm jetzt, wo er Daniel retten wollte, die Hände gebunden durch ein Gesetz, das Nebukadnezar achselzuckend abgetan hätte.

Dies bedeutet nicht, dass es in Babylon kein Gesetz gegeben hätte. Monarchen bzw. Diktatoren, die tun, was sie wollen, haben oft sehr strenge Gesetze für den Rest der Bürger. Babylon war nicht das schlechteste Beispiel. Juristisch war seine Kultur stark geprägt durch das Werk eines viel älteren Königs, Hammurabi (1792–1750 v. Chr.), der Babylon zu einer Weltstadt gemacht hatte. Er erhob auch Marduk zu einer der Hauptgottheiten der Stadt, um seine Dynastie zu festigen.[97]

Hammurabi war ein leidenschaftlicher Verfechter von Gerechtigkeit und Recht. Er ist berühmt geworden durch sein eigenes Gesetzeswerk, den *Codex Hammurabi*. In dessen Präambel wird als Sinn der Gesetze unter anderem genannt:

> *[…] um Gerechtigkeit im Lande sichtbar zu machen, den Ruchlosen und den Bösen zu vernichten, vom Starken den Schwachen nicht entrechten zu lassen […]*[98]

Gegen Ende seiner Herrschaft ließ er den 282 Gesetze umfassenden Codex auf Steinstelen gravieren, die in Tempeln aufgestellt wurden. Eine dieser Stelen (siehe die folgende Abbildung), die gut erhalten ist, kann im Louvre in Paris besichtigt werden.

97 Vgl. Roux, *Ancient Iraq*, S. 202.

98 *Codex Hammurabi. Die Gesetzesstele Hammurabis*, in der Übersetzung von Dr. Wilhelm Eilers (Wiesbaden: Marixverlag, 3. Aufl. 2013), S. 27.

Eine der ältesten Funktionen von Gesetzen ist die Begrenzung der Macht einer Regierung, und die konstitutionelle Monarchie der Meder und Perser erscheint somit als Fortschritt gegenüber der absoluten Monarchie, auch wenn der Weg zur Demokratie, wie sie sich später in Griechenland entwickelte, noch weit war. Es gab keine Gewaltenteilung; Gesetzgebung, Regierung und richterliche Gewalt lagen im Wesentlichen in den Händen derselben Personen. Aber es war ein Schritt in die richtige Richtung, der zumindest in der Theorie einen gewissen Schutz vor den Exzessen eines Despoten bot.

Heute gilt in vielen Teilen der Welt, vor allem im Westen, die Gleichheit vor dem Gesetz als Selbstverständlichkeit und als eines der absoluten Grundrechte für den Bürger in einer Demokratie. Die Wurzeln dieser so wichtigen Tradition liegen jedoch nicht so sehr in Medo-Persien, sondern sind viel älter und gehen auf Daniels Heimat, Israel, zurück. Für das Volk Israel war es ein absoluter Grundsatz, dass vor dem Gesetz alle gleich waren. Die Gesetze, die Gott dem Volk durch Mose gab, galten für alle, bis hinauf zum König:

> *Und es soll geschehen, wenn er auf dem Thron seines Königreiches sitzt, dann soll er sich eine Abschrift dieses Gesetzes in ein Buch schreiben […] Und sie soll bei ihm sein, und er soll alle Tage seines Lebens darin lesen, damit er den HERRN, seinen Gott, fürchten lernt, um alle Worte dieses Gesetzes und diese Ordnungen zu bewahren, sie zu tun, damit sein Herz sich nicht über seine Brüder erhebt und er von dem Gebot weder zur Rechten noch zur Linken abweicht, damit er die Tage in seiner Königsherrschaft verlängert, er und seine Söhne, in der Mitte Israels.* (5Mo 17,18–20)

Es war die Gleichheit unter einem von Gott gegebenen Gesetz. Und dahinter lag das alles entscheidende Grundprinzip der Gleichheit selbst, das auf die biblische Lehre zurückgeht, dass jeder Mensch nach Gottes Bild erschaffen wurde.

Dieses Gesetz der Meder und Perser, das Daniels neidische Kollegen ausgeheckt hatten, kam definitiv nicht von Gott, sondern war ein Affront gegen moralische Grundprinzipien. Diese Männer missbrauchten ein System, das zum Schutz der Bürger (und des Monarchen) gedacht war, um Daniel eines seiner absoluten Grundrechte zu berauben, was normalerweise als universelles Menschenrecht gilt.

Das Reich, das auf das medo-persische folgte, war das griechische. Es war der griechische Philosoph Aristoteles, der das Recht in zwei Grundkategorien unterteilte: das *Naturrecht* (das sich aus unserem Selbstverständnis ergibt, aus unserer menschlichen Natur) und das *positive Recht* (das durch menschliche Setzung, also durch den Willen des Gesetzgebers, entsteht). Nach diesem System war der Erlass, den die Verschwörer erwirkten, ein Fall von positivem Recht. Er stand in krassem Gegensatz zu dem, was die meisten zivilisierten Länder heute als Daniels Grundrecht ansehen würden, seinen Glauben nach seinem Gewissen zu praktizieren. Es verstieß nicht nur gegen das Naturrecht, sondern auch gegen das Gesetz von Daniels Gott, was natürlich die Hauptmotivation für den Erlass war.

Wir sollten dankbar dafür sein, dass in vielen, wenn nicht sogar den meisten Fällen kein Konflikt besteht zwischen Gottes Gesetz, dem Naturrecht und dem Gesetz des Staates. Vielmehr stützt sich Letzteres oft auf die ersten beiden. Worum es in Daniel 6 geht, ist die juristische Konstruktion eines Konflikts zwischen zwei Gesetzen, um eine Person zu kompromittieren.

Darius entdeckte sehr schnell, was nach ihm viele andere ebenfalls entdeckt haben, die nicht so viel Macht hatten wie er: Steht etwas erst einmal in den Gesetzesbüchern, ist es fast unmöglich, es wieder aufzuheben. Das ist ja gerade der Sinn eines Gesetzes: Es sollte nicht leicht sein, es zu ignorieren oder zu umgehen. Die Meder und Perser bestanden so sehr darauf, dass selbst der, der ein Gesetz unterzeichnet hatte, es nicht mehr aufheben konnte. In Daniel 6 wird dieses Prinzip benutzt, um Daniel eine Falle zu stellen. Später, zur Zeit der Königin Ester, benutzte es ein anderer medo-persischer König, Ahasveros, um die Juden zu schützen (vgl. Est 8,8).

Ein modernes Beispiel für die Unaufhebbarkeit einmal erlassener Gesetze oder auch Gerichtsentscheidungen ist die Grundsatzentscheidung des Obersten Gerichtshofes der USA im Fall Roe gegen Wade im Jahre 1973, die zur Legalisierung der Abtreibung in den USA führte. Der Name Jane Roe war ein Pseudonym, das dem Schutz der Klägerin diente; inzwischen ist bekannt, dass es sich um Norma McCorvey handelte. Sie wurde 20 Jahre nach dem Prozess Christin und änderte ihre Meinung zur Abtreibung. Es war ihr aber nicht möglich, eine Aufhebung des Gerichtsurteils von 1973 zu erwirken, obwohl dieses Urteil in ihrem Namen ergangen war.

Daniels Fall führt uns vor Augen, dass das, was eine Stärke des Gesetzes sein sollte, in den Händen skrupelloser Menschen zu einer Schwäche werden kann. Einmal mehr werden wir an die Grundbotschaft von Nebukadnezars Traum erinnert: Kein menschliches Regierungssystem ist perfekt.

Ein höheres Gesetz

Als Daniel in den Hinrichtungsraum geführt wurde – in seinem Fall eine Grube voller hungriger Löwen – hatte der verzweifelte und hilflose Darius immerhin den Mut, ihm zu sagen: »Dein Gott, dem du ohne Unterlass dienst, *er* möge dich retten!« (Dan 6,17). Dieser Satz zeigt uns, dass der König wusste, wie beständig und kontinuierlich Daniel seinen Glauben praktizierte. Wie hatte er das nur vergessen können, als die Verschwörer ihn zu diesem Erlass überredeten? Wie hatte er so naiv sein können, nicht zu sehen, dass sie die ganze Zeit Daniel im Visier gehabt hatten? Hatte ihr Appell an seine Eitelkeit sein Urteilsvermögen so sehr getrübt?

Umgetrieben von diesen Fragen verbrachte der König eine schlaflose Nacht, ja, er strich sogar das Abendessen. Am nächsten Tag stand er in aller Frühe auf und begab sich zu der Löwengrube. Als er zu ihr kam, rief er voller Angst, aber mit einem bemerkenswerten Maß an Hoffnung: »Daniel, Knecht des lebendigen Gottes, hat dein Gott, dem du ohne Unterlass dienst, dich von den Löwen retten können?« (Dan 6,21). Sein Herz muss einen Freudensatz gemacht haben, als er Daniels Antwort hörte: »König, lebe ewig! Mein Gott hat seinen Engel gesandt, und er hat den Rachen der Löwen verschlossen, sodass sie mich nicht verletzt haben, weil vor ihm Unschuld an mir gefunden wurde. Und auch vor dir, König, habe ich kein Verbrechen begangen« (V. 22–23).

Darius, hocherfreut, ergriff sofort Maßnahmen gegen die Verschwörer. Er ließ sie und ihre Familien in die Löwengrube werfen, die sie für Daniel vorgesehen hatten, und die Löwen rissen sie in Stücke.

Aber was ist nun mit dem Gesetz der Meder und Perser, das nicht aufgehoben werden konnte? Wie konnte Darius es völlig ignorieren und auf diese Weise handeln? Nun, was als Nächstes geschah, deutet darauf hin, dass Darius in Daniels wunderbarer Bewahrung einen Hinweis darauf sah, dass es ein Gesetz gab, dass noch über den Gesetzen der Meder und Perser stand. Es war das Gesetz Gottes, und wo das Recht Gottes und das der Meder und Perser in Konflikt miteinander gerieten, musste man Gott gehorchen. Und so verfasste Darius die folgende Botschaft an alle Bewohner seines Reiches:

> *Euer Friede sei groß! Von mir ergeht der Befehl, dass man in der ganzen Herrschaft meines Königreichs vor dem Gott Daniels zittert und sich fürchtet! Denn er ist der lebendige Gott und bleibt in Ewigkeit; und sein Königreich wird nicht zerstört werden, und seine Herrschaft währt bis ans Ende. Er, der rettet und befreit und Zeichen und Wunder im Himmel und auf der Erde tut, er hat Daniel aus der Gewalt der Löwen gerettet.* (Dan 6,26–28)

Interessanterweise werden hier keine Maßnahmen erwähnt, die gegen die ergriffen werden sollten, die diesen Befehl nicht befolgten. Leider hat es in der Geschichte immer wieder Zeiten gegeben, in denen die Mächtigen versucht haben, die »richtige« Religion mit Gewalt durchzusetzen. Doch das führte zu derselben Art von Tyrannei wie die erzwungene Durchsetzung des Heidentums oder des Atheismus. (Eine Diskussion zum Thema »Christentum und Gewalt« findet sich in Kapitel 2 meines Buch *Gott im Fadenkreuz*.)

Die Geschichte von Daniel in der Löwengrube hat im Laufe der Jahrhunderte immer wieder die Kinder fasziniert, und das zu Recht. Sie ist eine spannende Geschichte mit einer starken moralischen Komponente. Sie erzählt von Mut angesichts größter Gefahr, wunderbarer Bewahrung vor wilden Bestien und der letztlichen Belohnung von Konsequenz und Prinzipientreue. Aber sie ist keine bloße Erzählung, sondern dies ist wirklich geschehen. Und es ist nicht nur eine Geschichte für Kinder, sondern eine Analyse des Wesens des Gesetzes – seines rechten Gebrauchs und seines Missbrauchs.

Daniel 6 berichtet von dem ersten bekannten Versuch in der Menschheitsgeschichte, die Praxis der jüdischen Religion zu verbieten. Die Art und Weise, wie dies geschah, hat unmittelbare Bedeutung für uns heute. In vielen Ländern können wir die zunehmende Anwendung von (positivem) Recht zur Diskriminierung von Gottesgläubigen beobachten.

Nehmen wir z. B. die Verfügung von Richter Samuel B. Kent vom Bezirksgericht für den Southern District of Texas (USA), die 1995 erging und jedem Studenten, der auf einer Examensabschlussfeier ein Gebet im Namen Jesu sprach, mit Gefängnis drohte. Hier ein Auszug:

> *Und täuschen Sie sich nicht: Das Gericht wird dafür sorgen, dass bei jeder Abschlussfeier ein Beamter der zuständigen Polizeibehörde anwesend ist. Wenn ein Student die Anweisungen dieses Gerichtes missachtet, wird er auf der Stelle verhaftet und muss mit bis zu sechs Monaten Haft im Gefängnis von Galveston County wegen Missachtung des Gerichts rechnen […] Jeder, der sich diesen*

Anweisungen widersetzt, [...] wird sich wünschen, er wäre als Kind gestorben, wenn dieses Gericht durchgreift.[99]

Im Juni 2011 erließ US-Bezirksrichter Fred Biery folgendes Urteil, ebenfalls gegen das Beten auf einer öffentlichen Veranstaltung:

Es ergeht daher hiermit die Verfügung, dass es dem Medina Valley Independent School District und seinen Vertretern, Beamten, Hilfspersonal und Angestellten sowie allen mit diesen zusammenwirkenden Personen untersagt ist, auf der Abschlussfeier der Medina Valley High School am 4. Juni 2011 ein Gebet (wie unten in Paragraph [b] definiert) zuzulassen. Im Einzelnen:

(a) Der Distrikt hat die Ausdrücke »Eingangsgebet« und »Schlusssegen« aus dem Programm für die Abschlussfeierlichkeiten zu entfernen und durch die Ausdrücke »Eröffnungsansprache« und »Schlussansprache« zu ersetzen.

(b) Der Distrikt hat durch seine Beamten die für das »Eingangsgebet« und den »Schlusssegen« ausgewählten Schüler zu instruieren, ihre Bemerkungen so abzuändern, dass sie lediglich ihren persönlichen Glauben wiedergeben und kein gemeinsames Gebet mit den versammelten Anwesenden anleiten. Diese Schüler sowie alle anderen Personen, die während der Abschlussfeier das Wort erhalten, sind anzuweisen, kein Gebet vorzutragen, d. h. sie dürfen die Anwesenden nicht auffordern, »sich zu erheben«, »gemeinsam zu beten« oder »ihre Köpfe zu neigen«. Sie dürfen ihre Bemerkungen nicht mit »Amen« abschließen oder mit »Wir beten dies im Namen [einer Gottheit].« Sie dürfen auch keine anderen Ausführungen machen, die

99 Siehe: Brannon Howse, »The People and the Agenda of Multicultural Education«, *Understanding the Times,* Januar 1997, S. 3.

gemeinhin als Gebet verstanden werden, und sie dürfen das Wort »Gebet« nicht benutzen, es sei denn in Zusammenhang mit dem Ausdruck ihres rein persönlichen Glaubens. Es ist ausdrücklich untersagt, das Wort »Gebet« so zu benutzen, dass es einer Aufforderung an andere, die möglicherweise nicht an das Beten glauben, gleichkommt, mitzubeten und ebenfalls an das Beten zu glauben. Die Schüler dürfen ihren persönlichen Glauben durch solche Verhaltensweisen wie das Knien in Richtung Mekka, das Tragen einer Gebetskappe oder eines Hidschab oder das Sich-Bekreuzigen zum Ausdruck bringen.

(c) Der Distrikt hat durch seine Beamten die revidierten Beiträge der Schüler zu überprüfen und nötige Änderungen vorzunehmen, um sicherzustellen, dass die Beiträge dieser Verfügung entsprechen, und den Schülern klarzumachen, dass sie in ihren Beiträgen nicht von dem vom Distrikt genehmigten Text abweichen dürfen.

Da dieses Verfahren der Durchsetzung grundlegender verfassungsrechtlicher Normen dient, ergeht weiter die Verfügung, dass das Sicherheitserfordernis der Federal Rule of Civil Procedure 65(c) ausgesetzt wird und dass diese einstweilige Verfügung mit sofortiger Wirkung in Kraft tritt und ihre Nichtbeachtung durch Distriktbeamte und ihre Vertreter durch Inhaftierung oder andere Sanktionen wegen Missachtung der Justiz geahndet wird.[100]

Darius lässt grüßen.

100 *Civil Action* no, SA-11-CA-422-FB.

Kapitel 15

Das Gesetz des Dschungels

Daniel 6

Für die mesopotamischen Herrscher war die Löwenjagd der wahre Sport der Könige. Darstellungen von Löwen auf glasierten Ziegeln waren in Babylon häufig zu finden. Der Löwe war ein Symbol der imperialen Macht.

Alabasterrelief aus dem Nordwest-Palast von Assurnasirpal II. in Nimrud (Nordirak), neo-assyrische Epoche. (Copyright: Kuratoren des British Museum, London)

Dieses Alabasterrelief zeigt, dass die Löwenjagd eine alte Tradition der Könige Mesopotamiens war. Die ältesten Darstellungen gehen bis in die Zeit um 3000 v. Chr. zurück. Assurnasirpal II, der 883–859 v. Chr. regierte, scheint ein besonders passionierter Löwenjäger gewesen zu sein. Laut Inschriften erlegte er nicht weniger als 450 Löwen.

Assurbanipal tötet einen Löwen (Palast-Relief).

Es wird vermutet, dass Assurnasirpal dem mythologischen mesopotamischen Helden Gilgamesch nacheifern wollte, der ein ganzes Löwenrudel eigenhändig tötete, um seine Tapferkeit zu beweisen. Eine solche Assoziation stärkte den Herrschaftsanspruch des Königs, indem sie ihn mit der ruhmreichen Vergangenheit verband und symbolisch seine Tapferkeit und Stärke demonstrierte.

Die Löwengrube als Hinrichtungsort löste zwei Probleme auf einmal: lästige Gegner loszuwerden und die Palastlöwen gut zu füttern. Aber vielleicht müssen wir hier noch tiefer graben. Das Buch Daniel zeigt ein bemerkenswertes Interesse an Tieren und ihrem Verhalten. In Kapitel 4 verhält Nebukadnezar sich sieben Jahre lang wie ein Tier, und in den Visionen der Kapitel 7 und 8 erscheinen rätselhafte Tierwesen. Und das 6. Kapitel informiert uns nicht einfach nur über eine bizarre Hinrichtungsmethode; es berichtet, wie Gott Daniel vor der Macht der Löwen bewahrte. Darius hatte gehofft, dass Gott

Daniel retten würde, und als er am Morgen wieder zur Löwengrube kam, berichtete Daniel ihm, dass Gott seinen Engel geschickt hatte, der den Rachen der Löwen verschlossen hatte.

Machtpolitik

Jemand, der die Existenz einer übernatürlichen Sphäre leugnet, wird Engel, die Löwen das Maul verschließen, als bloße Legende abtun. Aber, wie ich in meinem Buch *Gott im Fadenkreuz,* Kapitel 7, gezeigt habe: Die pauschale Leugnung einer übernatürlichen Welt ist unwissenschaftlich, ja, irrational. Der Bericht in Daniel 6 verdient es, als eine Analyse der Macht ernst genommen zu werden, denn in der Situation, die Daniel hier beschreibt, geht es um Machtpolitik. Es beginnt mit einer Verschwörergruppe, die das Gesetz benutzt, um Macht über Daniel zu bekommen und gleichzeitig dem König die Macht entziehen, ihn zu beschützen. Und im Weiteren schränkt Gottes Macht die Macht die Löwen ein, Daniel etwas anzutun, während er für die Verschwörer nichts dergleichen tut.

Das Gesetz hat natürlich keine Macht an sich. Deshalb brauchen wir Institutionen wie die Polizei. Ein Gesetz, das nicht durchgesetzt wird, wird nicht respektiert; das zeigt die Geschichte nur zu deutlich. In Babylon sorgten die Satrapen für die Einhaltung der Gesetze, aber sie hatten weniger Macht als der König. Die Raffinesse ihres Komplotts bestand darin, dass sie ein Gesetz konstruierten, das auf die Ausschaltung Daniels zielte, während es gleichzeitig dem König jede Möglichkeit nahm, Daniel zu schützen.

Ein solches Komplott konnte nur mit Menschen funktionieren, aber nicht mit Löwen. Löwen sind, wie andere Tiere auch, von ihren Instinkten getrieben. Man kann sie nicht durch ein Gesetz daran hindern, Menschen zu fressen. Und wenn ein Löwe einem Zoowärter den Kopf abreißt, wird er anschließend nicht vor Gericht gestellt und wegen Mordes verurteilt. Löwen sind keine moralischen Wesen. Menschen schon.

Man kann Löwen auch nicht durch entsprechende Gesetze daran hindern, miteinander zu kämpfen und sich gegenseitig zu töten. Selbstverständlich folgt das Verhalten von Löwen bestimmten Mustern, aber sie setzen sich nicht zusammen und machen Gesetze, wie wir das tun. Sie leben nach dem Prinzip des Überlebens des Stärkeren. Geschriebene Gesetze sind ein typisch menschliches Phänomen.

Was eine ebenso interessante wie wichtige Frage aufwirft: Wie kam es überhaupt zum Konzept des Gesetzes, wie wir es kennen? Sicher nicht durch das Prinzip, das durch das Gesetz abgelöst worden ist – also das Überleben des Stärkeren!

Die Satrapen bildeten sich etwas darauf ein, strikt nach dem Gesetz zu verfahren. Aber jetzt war ihr Gesetz das Gesetz des Dschungels, des Überlebens des Stärkeren. Nach Ansicht dieser neidischen Beamten verdiente Daniel es nicht weiterzuleben, und so planten sie seinen Tod. Ihnen ging es gar nicht um Gesetz oder Moral. Diese Männer waren moralische Wesen, verhielten sich aber wie amoralische Tiere. Daniel bedrohte ihr Territorium, also musste er weg. Sie scheiterten, weil die harte Gerechtigkeit des Königs sie selbst in der Löwengrube landen ließ. Dort galt das Gesetz des Dschungels mit aller Macht, und zum Leidwesen der Satrapen überlebten die stärkeren und größeren Tiere.

Das Gesetz des Überlebens des Stärkeren können wir auch heute auf vielen Gebieten des Lebens studieren. Wir kennen es gut aus Politik und Wirtschaft, aber nicht nur dort herrscht die Philosophie »Fressen oder gefressen werden«. In der ersten Hälfte des 20. Jahrhunderts war dieses Prinzip das Herz des sogenannten Sozialdarwinismus, der sich auf beiden Seiten des Atlantiks in Eugenikprogrammen austobte. Diese Gefahr ist bis heute nicht gebannt. Der postmoderne Relativismus hat in vielen Köpfen die Konzepte von Wahrheit, Moralität und vom

Wert des menschlichen Lebens geschwächt. Dazu noch der grassierende Ich-Kult, und wir sind dabei, eine neue, egozentrische Gesellschaft zu schaffen, wo Wahrheit und Moral so umdefiniert werden, dass sichergestellt ist, dass das »Ich« überlebt.

Obwohl seine Loyalität gegenüber Darius außer Frage stand, hatte Daniel keine Bedenken, offen gegen den Strom des Polytheismus zu schwimmen und seine Überzeugung zu bekunden, dass es nur einen wahren Gott gab – den Gott des Himmels, den er anbetete. Er war nicht bereit, von dieser Position abzurücken, selbst dann nicht, wenn der König es befahl. Was ihn in den Augen seiner Widersacher natürlich zu jemandem machte, der arrogant, engstirnig, fanatisch und letztlich asozial war. Wie konnte er nur glauben, dass er allein richtig lag und alle anderen falsch? Für wen hielt sich der Kerl? Es ist ein vertrautes Bild.

Im Laufe der Geschichte ist es immer wieder das Gleiche gewesen. Das Römische Reich z. B. war an sich religiös tolerant. Man konnte sich aussuchen, welchen Gott man verehrte, aber es gab eine kleine Bedingung: Man musste auch den Kaiser bzw. die Götter des Staates verehren, wann immer es die öffentliche Ordnung verlangte. Die Christen waren dazu nicht bereit, und so wurden viele von ihnen zur Unterhaltung des Pöbels in die große römische Löwengrube geworfen, das Kolosseum.

Was ist es, das dem Christentum immer wieder Widerstand einbringt? Es ist sein Anspruch, einzigartig zu sein. Jesus hat gesagt: »Ich bin die Wahrheit« (Joh 14,6), und dies ist für jeden, der behauptet, dass es keine absolute Wahrheit gibt, eine Zumutung, ja, der Gipfel einer inakzeptablen »Intoleranz«.

Wahre Toleranz

Was ist *Toleranz?* Ich stelle diese Frage deswegen, weil ich den Eindruck habe, dass das heutige Verständnis von Toleranz eine ernste Gefahr für unsere Freiheit darstellt. Ich sage bewusst

»das heutige«, denn die klassische, richtige Definition von »Toleranz« ist weithin durch eine falsche, heimtückische Definition abgelöst worden. Die ursprüngliche Bedeutung des Satzes »Ich toleriere dich« wurde in einem berühmten (und vielleicht etwas extremen) Zitat, das Voltaire zugeschrieben wurde, so formuliert: »Ich missbillige, was Sie sagen, aber ich werde bis zum Tod Ihr Recht verteidigen, es zu sagen.«[101]

Toleranz gibt uns das Recht, Überzeugungen zu haben und Urteile über »richtig« oder »falsch« abzugeben, die von den Überzeugungen und Urteilen anderer Menschen abweichen. Sie gibt uns ferner das Recht, diese Überzeugungen und Urteile offen zu äußern, ohne Angst vor Sanktionen haben zu müssen. Das Wort *Toleranz* kommt von dem lateinischen Verb *tolerare,* das so viel wie »ertragen, aushalten« bedeutet. Toleranz bedeutet nicht, dass ich die Meinungen, die Religion und den Lebensstil meiner Mitmenschen akzeptiere, sondern dass ich lerne, mit ihnen zu leben, ohne ihnen meine eigenen Meinungen, meine Religion und meinen Lebensstil aufzuzwingen. Der Philosoph John Locke, der im 17. Jahrhundert wirkte, sah in der Toleranz ein Mittel, um die Anhänger von Religionen vor staatlichem Zwang zu schützen. Solcher Zwang war bekanntlich einer der Gründe, warum die »Pilgerväter« nach Amerika auswanderten.

Echte Toleranz heißt nicht, dass mir alles egal ist; ich habe durchaus meine Prinzipien. Aber ich verstehe es, gewisse Dinge zu dulden, und ich weiß auch, wann es Zeit zum Kritisieren ist. Wahre Toleranz urteilt, ohne zu verurteilen. Sie ist daher in der Lage, intolerant gegenüber jeder Art von Fanatismus zu sein (ob religiös oder säkular), der echte Freiheit behindert. Ein klassisches Beispiel für jemanden, der Toleranz für falsch hielt, war der französische Bischof und Theologe Jaques Bé-

101 Dieses Zitat wurde fälschlicherweise Voltaire zugeschrieben; eigentliche Quelle ist die Biografin Evelyn Beatrice Hall, siehe https://de.wikipedia.org/wiki/Evelyn_Beatrice_Hall (Abr. am 24. November 2021). *(Anm. d. Verl.)*

nigne Bossuet, der 1691 schrieb: »Ich habe das Recht, euch zu verfolgen, weil ich recht habe und ihr nicht.« Diese Position ist natürlich nicht akzeptabel; Toleranz hat ihre Prinzipien, aber sie achtet darauf, den anderen nicht zu beleidigen oder zu verletzen – obwohl es Situationen geben kann, wo es ganz ohne Verletzungen nicht gehen wird, besonders dann, wenn es um die Wahrheit geht.

Die »neue« Toleranz, die sich heute breitmacht, ist etwas völlig anderes als die klassische Toleranz. Sie setzt am Element der »Kränkung« oder des »Verletzens« an und fordert, dass man grundsätzlich niemanden kränken dürfe, indem man irgendetwas an seinem Verhalten oder seinen Meinungen kritisiert. Die neue Toleranz lehnt alle absoluten Aussagen ab bis auf die folgende: Du musst alles tolerieren, was die anderen denken oder tun, aber Intoleranz darfst du auf keinen Fall tolerieren. Dies bedeutet, dass Kritik verboten ist; ich muss das, was der andere tut oder denkt, uneingeschränkt bejahen oder loben – oder aber schweigen. Die neue Toleranz verneint die klassische Toleranz. Mit anderen Worten: Die alte Toleranz akzeptierte die Existenz anderer Meinungen, ohne diese notwendigerweise zu bejahen. Die neue Toleranz besteht darauf, nicht nur die Existenz anderer Meinungen zu respektieren, sondern auch ihren Inhalt zu bejahen.

Diese »neue« Toleranz wirkt wie eine Säure, die nicht nur menschliche Freiheit und Entfaltung zersetzt, sondern auch Wahrheit und Moralität; die Meinung des anderen ist immer genauso wahr wie meine eigene. Urteile und wertende Überzeugungen sind nicht mehr erlaubt; das aber bedeutet, dass wir in einer Art ethischer Gleichgültigkeit landen. »Toleranz« wird letztlich zum Synonym für bedingungslose Bejahung. Wir haben unsere menschlichen Dimensionen der Werte und Wahrheitsfähigkeit verloren und sind insofern auf das Niveau von Tieren gesunken.[102]

Auf den ersten Blick scheint dies Lichtjahre vom medopersischen Königshof entfernt zu sein. Die Satrapen tolerierten weder Daniel selbst noch Darius' Toleranz für Daniel. Aber die Bedeutung dieser Geschichte für uns heute liegt darin, dass es eine sehr starke Tendenz gibt, die »neue« Toleranz in strafbewehrten Gesetzen zu verankern. Die neue Toleranz beruft sich auf den Staat, um ihre Ansichten durchzusetzen. Sie beachtet nicht die Warnung des Philosophen John Stuart Mill aus dem 19. Jahrhundert vor der Tyrannei der öffentlichen Meinung, die Minderheiten und abweichende Überzeugungen stigmatisiert und zum Schweigen bringt.

Der Einfluss dieses Denkens zeigt sich unter anderem in der »Erklärung von Prinzipien der Toleranz«, die 1995 von der UNESCO verabschiedet wurde. Diese Erklärung definiert »Toleranz« wie folgt:

> *Toleranz bedeutet Respekt, Akzeptanz und Anerkennung der Kulturen unserer Welt, unserer Ausdrucksformen und Gestaltungsweisen unseres Menschseins in all ihrem Reichtum und ihrer Vielfalt.*[103]

Der britische Soziologe Frank Furedi kommentiert hierzu:

> *Für die UNESCO wird Toleranz zu einer umfassenden und diffusen Haltung, die automatische Akzeptanz und bedingungslose Bejahung anderer Sichtweisen und Kulturen bedeutet.*

102 Eine wesentlich detailliertere Analyse der Toleranz bietet D. A. Carson, *Die intolerante Toleranz* (Waldems: 3L-Verlag, 2014).

103 Quelle: https://www.unesco.de/sites/default/files/2018-03/1995_Erkl%C3%A4rung%20%C3%BCber%20die%20Prinzipien%20der%20Toleranz.pdf . *(Anm. d. Übers.)*

Furedi zeigt auf, dass diese Definition Toleranz von jeglicher Bindung an spezifische Objekte löst und Kinder ermutigt, »›Diversität‹ bzw. ›Unterschiede‹ an sich zu tolerieren«. Er fährt fort:

> *Eine solche Pädagogik vermeidet es bewusst, Kinder dazu zu ermutigen, eine eigene Fähigkeit zum moralischen Denken oder zum Treffen moralischer Urteile zu entwickeln.*[104]

Das Ergebnis ist, dass unsere allgemeine moralische Unsicherheit größer und nicht kleiner wird.

Nun hat niemand von uns es gerne, wenn andere ihn mit ihren Äußerungen kränken, und es stimmt, dass es Menschen gibt, die tatsächlich Schwierigkeiten haben, bei ihrer Kritik zwischen der Meinung des anderen und seiner Person zu unterscheiden. Doch die große Gefahr heute besteht darin, dass der Wunsch, nur ja nicht gekränkt oder beleidigt zu werden, jene gründlichen Diskussionen verhindert, aus denen alle nur lernen können.

Die Zunge zähmen

Zum Abschluss dieser Diskussion sollten wir etwas erwähnen, das uns alle angeht. Wenn wir von Menschen sprechen, die sich wie Tiere verhalten, ist die große Gefahr die, dass wir hier immer nur an die anderen denken und nicht an uns selbst. Hier fordert uns die Bibel sehr realistisch auf, uns an die eigene Nase zu fassen.

104 Frank Furedi, *On Tolerance* (London: Continuum, 2011), S. 8f.

Der Apostel Jakobus erwähnt das Problem, das wir alle mit unserer eigenen Zunge haben:

> *Der Mensch hat es gelernt, jede Art von wilden Tieren, Vögeln, Schlangen und Seetieren zu bändigen. Aber die Zunge, dieses rastlose Übel voll tödlichen Giftes, kann kein Mensch bändigen. Mit ihr preisen wir unseren Herrn und Vater, und mit ihr verfluchen wir andere Menschen, die nach Gottes Bild geschaffen sind. Aus demselben Mund kommen Segen und Fluch heraus. Aber so sollte es gerade nicht sein, liebe Geschwister.* (Jak 3,7–10; NeÜ)

Der Vergleich ist ernüchternd. Wilde Tiere können wir erfolgreich zähmen, aber unsere eigene Zunge nicht. Jakobus hält gläubigen Christen den Spiegel vor, dass wir sehr fromm sein können (wir »preisen« Gott), und fünf Minuten später sind wir imstande, mit derselben Zunge einen Mitmenschen niederzumachen, der doch nach Gottes Bild erschaffen ist.

Um Daniel zu stoppen, verfielen die Satrapen auf ein Gesetz, gegen das Daniel mit seiner Zunge verstoßen würde (indem er betete). Worauf sie ihn mit *ihren* Zungen (indem sie ihn bei Darius denunzierten) würden vernichten können. Heute gibt es in manchen Ländern Gesetze, die es Menschen verbieten, ihre Zunge auf eine nicht erwünschte Art zu gebrauchen. Es sind die Gesetze gegen sogenannte »Hassrede«, und sie werfen gewisse Fragen auf, z. B. ob sie überhaupt zielführend sind oder nicht vielmehr die Wirkung haben, jegliche rationale moralische Diskussion überhaupt zu verhindern.

Aber schauen wir uns selbst in unserem normalen Alltagsleben an. Es fällt uns nicht leicht, dieses kleine Raubtier in unserem Mund zu kontrollieren. Wir kritisieren mit Recht das machtbesessene Ränkespiel der Satrapen, aber haben wir es nicht auch schon erlebt, wie in unseren Kirchen und Gemeinden Grabenkämpfe ausbrachen, in denen Kleinigkeiten zu

Grundsatz- oder Lehrfragen erhoben wurden? Oder wie sich christliche Familien wegen Erbfragen zerstritten haben? Jakobus hat recht: So sollte es nicht sein.

Der Apostel Petrus, der in aller Welt als der Jünger Jesu bekannt ist, der seinen Herrn mit seiner Zunge verleugnete, weiß von einem göttlichen Heilmittel für die Sünden der Zunge: »Denn ihr seid wiedergeboren nicht aus vergänglichem Samen, sondern aus unvergänglichem, durch das lebendige und bleibende Wort Gottes« (1Petr 1,23). Es reicht nicht, unser persönliches kleines Gesetz zur Zähmung unserer Zunge zu verabschieden. Wir brauchen die Kraft des Geistes Gottes, der in dem Augenblick in uns Wohnung genommen hat, wo wir Buße taten und Jesus Christus als unserem Herrn und Erlöser vertrauten. Wir brauchen Gottes Kraft, wenn wir umsetzen wollen, was Petrus uns sagt: »Vergeltet Böses nicht mit Bösem und Schimpfwort nicht mit Schimpfwort, sondern entgegnet gute segnende Worte! Denn Gott hat euch berufen, Segen zu erben« (1Petr 3,9; NeÜ).

Die Zunge zu zügeln bedeutet nicht, ein Schweigegelübde abzulegen! Es ist ein großer Irrtum zu meinen, Christen könnten ihren Glauben ohne Worte bezeugen. Gottes Mittel der Kommunikation ist sein Wort. Sicher, unsere Worte sind nur dann glaubwürdig, wenn ein konsequenter Lebensstil dahinter steht. Aber unser Leben alleine reicht nicht aus; um Gottes Wort zu erklären, muss man Worte benutzen.

Christen haben hier keine Wahl; wir sind dazu berufen, Christi Zeugen zu sein. Und dies bedeutet für die meisten Christen, dass sie die Barriere der Angst durchbrechen müssen. Hier kann Petrus uns eine große Hilfe und Ermutigung sein. Es war Angst, die ihn in jener Nacht lähmte, sodass er Jesus verleugnete. Aber das war nicht das Ende. Jesus hat ihm nicht nur vergeben, sondern auch die Kraft gegeben, seine Angst zu überwinden und am Pfingsttag vor all die Menschen in Jerusalem zu treten, ihnen mit Vollmacht das Evangelium zu predigen und so den Zeugnisdienst der christlichen Kirche zu beginnen. Und auch Daniel, welche Ängste er auch immer gehabt haben mag, bekam von Gott die Kraft, sein Zeuge zu sein, allen Machenschaften der Satrapen zum Trotz.

Angst kann uns dazu bringen, den Mund zu halten, wo wir reden müssten. Petrus hat uns allen, die wir manchmal Angst haben oder uns sogar dafür schämen, Gott zu bezeugen, etwas zu sagen – vor allem dann, wenn es bei uns, wie bei Daniel, sehr eng wird:

> *Und wer würde euch schaden wollen, wenn ihr euch bemüht, das Gute zu tun? Wenn ihr aber trotzdem leiden müsst, weil ihr tut, was vor Gott recht ist, dann dürft ihr euch glücklich preisen. Habt also keine Angst vor ihren Drohungen und lasst euch nicht einschüchtern. Lasst vielmehr Christus, den Herrn, die Mitte eures Lebens sein! Und wenn man euch nach eurer Hoffnung fragt, seid immer zur Rechenschaft bereit! Doch antwortet freundlich und mit dem gebotenen Respekt. Bewahrt euch ein reines Gewissen! Wenn die Leute euch dann etwas Böses nachsagen, werden sie beschämt werden, weil euer vorbildliches Leben mit Christus sie Lügen straft. Auf jeden Fall ist es besser, für gute Taten zu leiden, wenn Gott das so will, als für schlechte.* (1Petr 3,13–17; NeÜ)

Wir sollten stets bereit sein, die christliche Botschaft zu verteidigen. Aber dazu müssen wir natürlich wissen, worauf sich unsere »Hoffnung« gründet. *Warum* glauben wir denn, dass Jesus der Herr, der Sohn Gottes ist? Darüber gilt es nachzudenken und sich auszutauschen. Wir werden uns auch Missverständnissen und falschen Darstellungen des christlichen Glaubens stellen müssen, was zu unangenehmen Situationen führen kann.

Eine der Taktiken gegen die Christen des 1. Jahrhunderts bestand darin, dass man sie beschuldigte, Staatsfeinde und Umstürzler zu sein. In der Apostelgeschichte lesen wir davon, was in Thessalonich geschah, als Paulus das Evangelium predigte. Einige Juden waren eifersüchtig auf seinen Erfolg, inszenierten einen Volksauflauf und schleiften mehrere der Christen vor die Oberen der Stadt:

> *Diese, die den Erdkreis aufgewiegelt haben, sind auch hierher gekommen [...]. und diese alle handeln gegen die Verordnungen des Kaisers, da sie sagen, dass ein anderer König sei: Jesus.* (Apg 17,6–7)

Die Römer hatten etwas gegen subversive Elemente, die »den Erdkreis aufwiegelten«. Aber die Anschuldigungen waren falsch, und Lukas ist es wichtig, dies klarzustellen.

Es kann sein, dass wir Angst davor haben, was die Leute von uns denken. Und egal, wie viel wir wissen, wir werden immer Fragen begegnen, an die wir noch nie gedacht haben und auf die wir aus dem Stegreif keine Antwort wissen. Das kann peinlich sein, aber die schlechteste Lösung besteht darin, einfach so zu tun, als ob wir die Antwort wüssten. Wir sollten dann einfach ehrlich und mutig sagen: »Das weiß ich nicht, darüber muss ich noch mal nachdenken.«

Vielleicht haben wir auch Angst davor, was Menschen uns antun könnten. Daniel drohte die Löwengrube, weil er nicht auf seine Gebete verzichtete. Petrus und Johannes wurden verhaftet und vor den Sanhedrin, das oberste jüdische Gericht, geschleppt, weil sie in Jerusalem das Evangelium gepredigt hatten. Mit großem Freimut sagten sie ihren religiösen Oberen, was diese nicht hören wollten:

> *Jesus Christus ist »der Stein, den ihr, die Bauleute, voller Verachtung beiseite geschoben habt und der*

> *zum Eckstein geworden ist«. Bei niemand anderem ist Rettung zu finden; unter dem ganzen Himmel ist uns Menschen kein anderer Name gegeben, durch den wir gerettet werden können.* (Apg 4,11–12; NGÜ)

Diese Heilsexklusivität machte den Sanhedrin wütend, und auch heute macht sie viele wütend. Man befahl den Aposteln, künftig nicht mehr im Namen Jesu zu predigen. Sie weigerten sich und kamen dafür schließlich ins Gefängnis (Apg 5,17ff.). Gott befreite sie auf übernatürliche Weise, und sie predigten prompt weiter. Aber Gott schickt nicht immer einen Engel. Wir wissen, dass Petrus schließlich für seinen Glauben gekreuzigt und Johannes auf die Insel Patmos verbannt wurde.

Das, was sie von der Furcht befreite (und uns befreien wird), war nicht so sehr ihre Erkenntnis, sondern das, was Petrus zu Beginn seiner Aufforderung sagt: »Lasst vielmehr Christus, den Herrn, die Mitte eures Lebens sein!« (1Petr 3,15; NeÜ). Der Schlüssel zur Überwindung der Angst liegt in unserer bewussten Abhängigkeit von Christus und darin, dass wir ihm gezielt den ersten Platz und höchsten Wert in unserem Leben einräumen.

Genau das war das offene Geheimnis von Daniel, als er von den Bestien in Löwen- und Menschengestalt bedroht wurde. Sein damaliges Wissen über Gott reichte natürlich nicht an das heran, was wir heute durch Christus erkennen. Jahrhunderte später bezeugte der Apostel Paulus, dass sein Vertrauen auf den auferstandenen Herrn ihm die Kraft gab, in Ephesus mit (menschlichen) »Bestien« zu kämpfen (1Kor 15,32; NeÜ).

Gegen Ende seines ersten Briefes warnt Petrus uns vor einem »Löwen« von ganz besonders gefährlicher Art:

> *Seid nüchtern und wachsam! Euer Todfeind, der Teufel, streicht wie ein brüllender Löwe herum und sucht nach einem Opfer, das er verschlingen kann. Dem*

müsst ihr im festen Glauben widerstehen! Dabei sollt ihr wissen, dass eure Geschwister in der ganzen Welt die gleichen Leiden durchmachen. (1Petr 5,8–9; NeÜ)

Aber jetzt müssen wir die sehr realen Tiere aus Fleisch und Blut in Daniels Löwengrube verlassen und uns den rätselhaften Tieren aus Daniels früheren Träumen zuwenden.

Kapitel 16

Die vier Tiere und der Menschensohn

Daniel 7

Der Rest des Buches Daniel besteht aus vier Visionen, die er selbst hatte – zwei in der babylonischen und zwei in der medopersischen Epoche. Die ersten beiden Visionen fallen in die Zeit Belsazars und liegen somit vor den Ereignissen in Kapitel 6, die dritte und die vierte Vision liegen nach diesen Ereignissen. Die ersten beiden Visionen fallen damit aus der Chronologie des Buches heraus, was uns zeigt, dass es Daniel hier nicht in erster Linie um die chronologische Abfolge geht. Die Visionen stehen aus logischen Gründen an dieser Stelle – Gründe, die sichtbar werden, wenn wir die Visionen im Kontext der übergreifenden Struktur des Buches betrachten. Wir sahen bereits, dass die Visionen zwei natürliche Paare ergeben: auf der einen Seite Kapitel 7 und 8, auf der anderen Seite Kapitel 9 und der Schlussabschnitt des Buches.

Daniel datiert seine erste Vision in das erste Jahr der Herrschaft Belsazars, also etwa zehn Jahre vor dem verhängnisvollen Gastmahl, von dem Kapitel 5 berichtet. Der Leser von Kapitel 7 weiß bereits, wie Belsazars Reich und Leben endeten, und es ist gut möglich, dass Daniel erst hier von seiner Vision berichtet, damit wir die ganze Geschichte Belsazars im Hinterkopf haben. Denn wenn Belsazar schon zu Beginn seiner Herrschaft anfing, den Charakter zu zeigen, den er an ihrem Ende demonstrierte, ist es keine Überraschung, dass Daniels erste Vision bereits das Böse widerspiegelt, das sich unter so viel Machtpolitik verbirgt. Die Tatsache, dass Daniel nicht zu Belsazars Gastmahl geladen gewesen war, sodass man ihn extra holen musste, und dass Belsazar ihn erst nicht erkannte, als er kam, lässt darauf schließen, dass das Regime Belsazar (das dem, was Daniel über Gott sagte und vorlebte, nicht so wohlwollend gegenüberstand wie Nebukadnezar) ihn nach und nach ins Abseits geschoben hatte.

Dieser Abstieg kann in Daniels wachem und gottesfürchtigem Geist nur neue Fragen aufgeworfen haben, was die Zukunft bringen würde. Unter Nebukadnezar hatte er eine Traumkarriere erlebt. Es stimmt, dass es gefährliche Momente gegeben hatte, aber im Allgemeinen hatte Daniel die Hochachtung der Menschen und das Wohlwollen des Königs persönlich genossen. Doch jetzt war diese Achtung am Schwinden, und wir können uns vorstellen, wie Daniel immer mehr erkannte, dass die Instabilität irdischer Mächte zum Teil auf die extreme Anfälligkeit für den Stolz und das Böse zurückging, die in der menschlichen Natur hochkommen können.

Dieses und noch viel mehr wird Daniel bereits aus Nebukadnezars Vision der Kolossalstatue verstanden haben. Aber das war nur die eine Seite der Medaille. Es gab noch einen zweiten, unheimlicheren Aspekt in den Korridoren der Macht, den Daniel in seinem Beruf real erlebt hatte. Und in dieser Vision und in der in Kapitel 8 offenbarte Gott ihm dies weiter.

In diesen Visionen treffen wir auf einen kleinen Zoo bizarrer und furchterregender Tierwesen. In der ersten (Kapitel 7) geht es um vier Tiere, die für vier Reiche stehen. Die Parallele zu der vierteiligen Statue in Nebukadnezars Traum in Kapitel 2 ist offensichtlich. Beide Visionen konzentrieren sich vor allem auf das vierte Reich und sein gewaltsames Ende. Die Annahme liegt daher nahe, dass die beiden Visionen dieselben vier Reiche thematisieren, nur jeweils aus einer anderen Perspektive.

In Kapitel 2 werden zwei der vier Reiche identifiziert. »*Du* bist das Haupt aus Gold«, sagt Daniel Nebukadnezar (Dan 2,38). Und die Worte »nach dir« in 2,39 weisen eindeutig auf Medo-Persien und die folgenden Reiche hin. In Kapitel 7 werden die Reiche nicht eindeutig bezeichnet, was nicht überrascht, wenn wir richtig liegen mit der Annahme, dass die Tiere von Kapitel 7 für die gleichen Reiche stehen wie die in Kapitel 2. Man beachte, dass die Tiere nicht bloße Chiffren für die Reiche sind (die wir ja schon kennen), sondern uns etwas über ihr *Wesen* sagen wollen – dass sie sich nämlich, auf jeweils unterschiedliche Weise, wie wilde Tiere verhalten.

In Kapitel 2 sind die Metalle, die für die vier Reiche stehen, von jeweils unterschiedlicher Stärke und unterschiedlichem Wert. In Kapitel 7 unterscheiden sich die Tiere in der Art ihrer Wildheit und Gefährlichkeit. Was sofort auffällt, ist, dass in Kapitel 2 das vierte Reich das schwächste ist, während es in Kapitel 7 »furchtbar und schreckenerregend und außergewöhnlich stark« genannt wird (V. 7). Das aber heißt, dass die Vision in Kapitel 7 nicht eine einfache Wiederholung von der in Kapitel 2 ist.

David Gooding hat in seiner literarischen Analyse des Buches Daniel[105] die Hauptähnlichkeiten und -unterschiede wie folgt zusammengefasst:

Kapitel 2	**Kapitel 7**
Gesamtüberblick über die Reiche der Heiden	Gesamtüberblick über die Reiche der Heiden
Vier Reiche in Gestalt eines Menschen	Vier Reiche als wilde Tiere
Die fatale Schwäche: Die Füße sind teils aus Eisen, teils aus Ton.	Die furchtbare Kraft: eine furchterregende Mischung aus raubtierhafter Aggressivität und menschlicher Intelligenz
Die ganze Figur wird durch einen von Gott herausgerissenen Stein zerstört.	Das letzte Tier wird vernichtet und alle Herrschaft dem Menschensohn übergeben.
Das universale Königreich des Messias beginnt.	

105 David W. Gooding, »The Literary Structure of Daniel and Its Implications«, *Tyndale Bulletin* 32 (1981).

Kapitel 7 gliedert sich in vier Abschnitte, die alle mit einem ähnlichen Satz eingeführt werden:

1. »Ich schaute in meiner Vision in der Nacht [...]« (V. 2)
   Die ersten drei Tiere.
2. »Nach diesem schaute ich in Visionen
   der Nacht [...]« (V. 7)
   Das furchtbare vierte Tier und sein Gericht und Ende.
3. »Ich schaute in Visionen der Nacht [...]« (V. 13)
   Das Kommen des Menschensohnes und sein Königtum.
4. »[...] die Visionen meines Hauptes
   erschreckten mich.« (V. 15)
   Erklärung der Visionen.
   Genaueres über das vierte Tier und sein Ende.

Die vier Tiere

Daniel sieht ein großes, vom Wind aufgewühltes Meer, aus dem nacheinander vier unwirklich aussehende Tiere steigen. Das Bild eines aufgewühlten Meeres taucht in der Bibel manchmal als Symbol für die rastlosen Völker der Erde auf (vgl. Jes 17,12; Offb 17,15). Daniel erfährt in der Vision, dass die vier Tiere für vier Reiche stehen, die sich auf der Erde erheben (Dan 7,17). Der Beginn der Vision erinnert an den Schöpfungsbericht der Bibel, wo es heißt: »[...] und der Geist Gottes schwebte über dem Wasser« (1Mo 1,2). Das hebräische Wort für »Geist« kann auch »Hauch« oder »Wind« bedeuten. Aber in Daniels Vision sind das Wasser und der Geist nicht der Auftakt für die Gestaltung der Erde als Heimat für den Menschen, sondern stehen für den Aufstieg einer Reihe von Tieren, die Weltreiche repräsentieren, die immer zerstörerischer werden.

Hinter dieser Symbolik der Tiere steht eindeutig eine andere Botschaft als hinter den verschiedenen Metallen der Kolossalstatue, doch es gibt auch Gemeinsamkeiten. Bei der Statue sahen wir z. B., dass sie nicht nur düster und apokalyptisch war. Dies gilt bis zu einem gewissen Grad auch hier, auch wenn der Eindruck im Ganzen deutlich düsterer ist als bei der Statue.

Die unterschiedlichen Metalle in Nebukadnezars Traum stehen für den unterschiedlichen Wert der aufeinanderfolgenden Reiche; die verschiedenen Tiere in Daniels Traum sind Beschreibungen von etwas, das man wohl am besten als die relative »animalische Wildheit« der Reiche beschreiben kann. Dem ersten Tier wird z. B. noch ein menschliches Herz gegeben. Die folgenden Tiere werden immer brutaler, und das vierte Tier ist extrem raubgierig. Es hat die Augen menschlicher Intelligenz, zeigt aber keine Spur von menschlichem Mitgefühl.

Das Bild ist klar: Von einer bestimmten Perspektive aus gesehen, ähneln Weltreiche Raubtieren. Tiere aber kennen keine moralischen Hemmungen, da sie im Gegensatz zum Menschen keine moralischen Wesen sind. Weltreiche neigen dazu, sich genauso zu verhalten – wie amoralische Machtblöcke. Alles in allem ist diese Vision wie ein Einblick in die dunklen Schattenseiten der Politik: die endlosen Machtkämpfe, bei denen die moralischen Bremsen immer weniger greifen, bis die nackte Herrschsucht auch die letzten Reste von Menschlichkeit und Mitleid erstickt hat.

Natürlich verhalten sich nicht alle wilden Tiere auf die gleiche Art. Sie sind nicht alle gleich gefährlich, und die Gefährlichen sind nicht notwendigerweise *immer* gefährlich. Wenn die Löwen im Zoo gerade gefüttert worden sind, kann ihr Wärter es wagen, das Gehege zu betreten, aber nicht, wenn sie hungrig sind. Ebenso sind wilde Tiere gegenüber ihrer eigenen Art meist nicht gefährlich, es sei denn, es geht um irgendwelche Revierkämpfe.

Das erste Tier in Daniels »Zoo« ist eine merkwürdige Kreuzung aus einem Löwen und einem Adler. Wir sahen bereits, dass es archäologische Hinweise für den Löwen als Symbol für

Babylon gibt, ganz zu schweigen von dem, was Daniel in der Löwengrube erlebte (die zum Zeitpunkt dieser Vision noch in der Zukunft liegt). Das Bild des Löwen benutzt auch Jeremia (Jer 4,7; 50,17). Er beschreibt Babylon (insbesondere Nebukadnezar) auch als Adler (48,40; 49,22; vgl. Hes 17,3). Dass dem Löwen die Adlerflügel ausgerissen werden und er wie ein Mensch aufrecht gestellt wird und das Herz eines Menschen bekommt, könnte sich auf die – wenn auch sprunghafte – Entwicklung Nebukadnezars hin zu einer menschlicheren Haltung (zumindest nach antiken Maßstäben) beziehen.

Das zweite Tier, ein Bär, steht für Medo-Persien. Dass es auf der einen Seite aufgerichtet ist, wird von manchen als Hinweis darauf gedeutet, dass die Perser in diesem Reich die erste Geige spielten; die drei Rippen werden von manchen mit Babylon, Lydien (heutige Türkei) und Ägypten in Verbindung gebracht.

Der geflügelte Leopard suggeriert große Geschwindigkeit, was gut zu dem griechischen Weltreich Alexanders des Großen passt, der mit legendärer Geschwindigkeit ein Land nach dem anderen eroberte. Die vier Köpfe könnten ein Hinweis darauf sein, dass das Reich Alexanders sich nach seinem Tod in vier Teilreiche aufspaltete, die jeweils von einem seiner Feldherren regiert wurden: Kassandros regierte über Mazedonien und Griechenland, Seleukos über Syrien und Oberasien, Lysimachos über Kleinasien und Thrakien und Ptolemaios über Ägypten, Südsyrien und Palästina.

Jetzt kommt eine Pause, und dann geht es weiter: »Nach diesem schaute ich in Visionen der Nacht.« Daniels ganze Aufmerksamkeit richtet sich jetzt auf ein furchterregendes viertes Tier (Dan 7,7): »Es hatte große eiserne Zähne; es fraß und zermalmte, und den Rest zertrat es mit seinen Füßen.«

Anders als die anderen drei, wird das vierte Reich nicht mit irgendeinem bekannten Tier verglichen, sondern einfach als anders beschrieben. Es hat zunächst zehn Hörner, doch dann wächst vor Daniels Augen ein elftes, kleines Horn zwischen ihnen empor, das drei von ihnen verdrängt. Als Daniel genauer hinschaut, sieht er, dass dieses seltsame kleine Horn menschliche Augen und einen Mund hat, »der große Worte redete« (7,8). Es war völlig surreal.

Ein Blick in den Himmel

Daniel schaut weiter, und die Szene wechselt. Jetzt blickt er in den Thronsaal des Universums hinein, in den Himmel selbst. Mit angehaltenem Atem sieht er, wie »einer, der alt war an Tagen« (NeÜ: »einer, der uralt war«), sich auf einen Thron setzt, der wie Feuerflammen aussieht. Dieser Thron hat Räder, die ebenfalls aus Feuer sind, und ein Feuerstrom geht von ihm aus. Gottes Heiligkeit ist absolut; er *ist* »ein verzehrendes Feuer« (Hebr 12,29). Die Gestalt auf dem Thron wird nicht näher beschrieben; wir lesen lediglich, dass »einer, der alt war an Tagen, sich setzte. Sein Gewand war weiß wie Schnee und das Haar seines Hauptes wie reine Wolle« (Dan 7,9).

Es ist ein Bild, das etwas von der absoluten Reinheit und Weisheit des großen Richters vermittelt, der da in Herrlichkeit auf seinem Thron sitzt, vor einer unfassbar großen Menge; »zehntausend mal Zehntausend« ergibt 100 Millionen! Es ist eine überwältigende Vision des Obersten Gerichtshofes des Universums. Bücher werden geöffnet, und die Verhandlung kann beginnen, als die »großen Worte« des kleinen Horns des vierten Tieres Daniels Aufmerksamkeit auf sich ziehen. Es ist nicht zu fassen, aber selbst hier, in der Gegenwart Gottes, des höchsten Richters, besteht das Horn darauf, gehört zu werden. Das Gerichtsverfahren gegen das vierte Tier wird nicht weiter beschrieben, aber das Urteil wird ausgeführt: Das Tier wird getötet und sein Körper verbrannt. Den anderen drei Tieren ergeht es weniger hart; ihre Macht wird ihnen genommen, »doch ließ man jedes bis zu einer bestimmten Frist am Leben« (Dan 7,12; NeÜ).

Dann kommt wieder eine Pause, bevor Daniel mit den Worten »Ich schaute in Visionen der Nacht« seinen Bericht fortführt. Was jetzt folgt, ist einer der Schlüsselabschnitte der gesamten biblischen Offenbarung:

> *Ich schaute in Visionen der Nacht: Und siehe, mit den Wolken des Himmels kam einer wie der Sohn eines Menschen. Und er kam zu dem Alten an Tagen, und man brachte ihn vor ihn. Und ihm wurde Herrschaft und Ehre und Königtum gegeben, und alle Völker, Nationen und Sprachen dienten ihm. Seine Herrschaft ist eine ewige Herrschaft, die nicht vergeht, und sein Königtum so, dass es nicht zerstört wird.* (Dan 7,13–14)

Daniel ist tief betroffen von dem, was er da gesehen hat, und wünscht, seine Bedeutung zu erfahren. Er tritt zu einem der Umstehenden (wohl einem Mitglied des himmlischen Gerichtshofs) und bittet ihn um eine Erklärung. Und er erfährt: »Diese großen Tiere – es sind vier – bedeuten: vier Könige werden sich von der Erde her erheben. Aber die Heiligen des Höchsten werden das Reich empfangen, und sie werden das Reich besitzen bis in Ewigkeit, ja, bis in die Ewigkeit der Ewigkeiten« (Dan 7,17–18).

Gott greift nicht immer ein

Es überrascht nicht, dass Daniel sich besonders für das vierte Tier mit seinem furchterregenden kleinen Horn interessierte, und das aus gutem Grund. Vor seinen erschrockenen Augen geschah etwas Schreckliches und Unvorhergesehenes: Er sah,

»wie dieses Horn gegen die Heiligen Krieg führte und sie besiegte« (Dan 7,21).

Es war eine höchst beängstigende Aussicht. Dieses vierte Tier, das so eine ungeheure Macht hatte, würde also nicht nur gegen die Heiligen kämpfen, sondern sie auch besiegen. Bisher hatte Gott im Buch Daniel immer dann, wenn der Staat Daniel oder seine Freunde mit dem Tod bedrohte, auf übernatürliche Weise eingegriffen und sie gerettet. Sicher, Daniels drei Gefährten hatten gegenüber Nebukadnezar eingeräumt, dass ihr Gott sie vielleicht nicht vor dem Feuerofen retten würde, aber dann rettete er sie doch. Bis jetzt hatten Daniel und seine Freunde nicht nur überlebt, sie hatten hohe Positionen im Staat inne, ohne dabei die Grundsätze ihres Glaubens verleugnen zu müssen.

Und jetzt offenbarte Gott Daniel also, dass seine Freunde recht gehabt hatten mit ihrer Aussage, dass Gott seine Leute nicht immer vor Leiden und Unterdrückung bewahren würde. Es würde der Tag kommen, an dem mächtige und schonungslose Feinde Gottes Volk den Krieg erklären und viele umbringen würden. Das kleine Horn auf dem Kopf des vierten Tieres steht für einen dieser Feinde. (Das Horn ist in der Bibel allgemein ein Bild für Macht; vgl. z. B. 5Mo 33,17; Sach 2,1–2.) Wie oben bereits erwähnt, hat das vierte Tier Augen, die menschliche Einsicht und Intelligenz symbolisieren, gepaart mit brutaler tierischer Kraft. Es hat kein menschliches Herz: Es ist ein furchtbares, böses, rücksichtsloses Wesen.

Viele der schlimmsten Verbrechen, die die Welt gekannt hat, wurden (und werden) von hochintelligenten Machtmenschen begangen; man denke nur an Hitler und seine willigen Gehilfen, und es ist kein Zufall, dass eine ihrer Hauptzielscheiben die Nation war, aus der Daniel stammte. Überhaupt war das 20. Jahrhundert das blutigste in der gesamten Geschichte der Menschheit; Millionen wurden hier zu Opfern des Machtwahns linker wie rechter Diktatoren. Wir stehen immer noch fassungslos vor den Verbrechen eines Hitler, Stalin, Mao oder Pol Pot. In den Händen solcher Bestien kamen Millionen um: Christen, Angehörige anderer Religionen und Atheisten.

Was sollen wir sagen, wenn wir an die vielen treuen Gottesfürchtigen denken, die alle nur erdenklichen Folter- und Todesarten erlitten und heute noch erleiden, die sich erbarmungslose menschliche Raubtiere ausdenken können – und Gott scheint nichts zu tun?

Daniel wirft diese Frage mehrmals auf. Kapitel 8,24 erwähnt einen anmaßenden König, der »entsetzliches Verderben anrichten und [...] erfolgreich sein und handeln [wird]. Und er wird die Starken und das Volk der Heiligen vernichten«. Daniel war verstört, und wir sind es auch. Wie sollen wir das verstehen? Wenn Gott Leiden verhindern kann, warum tut er es dann nicht? Das Problem des moralisch Bösen, es ist unausweichlich. Was ist die Antwort?

Nun, die Vision gibt drei Antworten:

1. Es wird ein Gericht geben.
2. Der Menschensohn wird kommen.
3. Die Heiligen werden das Reich erben.

Es wird ein Gericht geben

Wie immer es im Einzelnen aussehen wird, die Grundbotschaft ist klar und deutlich: Diese Welt wird nicht für immer von brutalen, gewissenlosen Regimes niedergetrampelt und versklavt werden. Der Tag wird kommen, wo Gott der Kriegsmaschinerie der Staaten, den Bomben der Terroristen, dem ganzen Ausmaß totalitärer Unterdrückung, den Gaskammern, den Arbeits- und Todeslagern und den zahllosen anderen abscheulichen Instrumenten des Todes ein Ende setzen wird. Es wird ein Gericht geben.

Die Tatsache, dass es ein Gericht geben wird, ist von größter Bedeutung. Ich betone dies bewusst, denn es gibt einige, die meinen, je weniger über solche Dinge gesagt werde, desto besser. Schließlich, so argumentieren sie, sei Gott ein Gott der Liebe, und das Gerede vom Gericht sei grausam und mittelalterlich. Aber solche Stimmen liegen voll daneben, wie etwas Nachdenken zeigt.

Lange, bevor Daniel nach Babylon verschleppt wurde, schrieben hebräische Dichter zahlreiche Psalmen, die das Volk Israel später in der Verbannung voll Inbrunst sang. Hier ein Beispiel:

> *Sagt unter den Nationen: Der HERR ist König! Ja, fest steht die Welt, sie wird nicht wanken. Er wird die Völker richten in Geradheit. Es freue sich der Himmel, und es jauchze die Erde! Es brause das Meer und seine Fülle! Es frohlockt das Feld und alles, was darauf ist! Auch alle Bäume im Wald sollen jubeln vor dem HERRN! Denn er kommt, denn er kommt, die Erde zu richten. Er wird die Welt richten in Gerechtigkeit und die Völker in seiner Wahrheit.* (Ps 96,10–13)

Der Dichter stellt sich vor, wie die ganze Schöpfung darüber jubelt, dass Gott kommt, um die Welt zu richten. Die Vorstellung von einem künftigen Gericht ist keineswegs düster und negativ, sondern das genaue Gegenteil. Es ist ein Grund zur Freude, und dieser Grund ist offensichtlich. Wenn wir Ungerechtigkeit, Diskriminierung, Schikanen oder sogar regelrechte Verfolgung erleiden, ist doch unser wichtigster Gedanke: Wie lange soll das noch so gehen? Wann tut endlich jemand etwas?

Die Menschen sehnen sich nach Gerechtigkeit, aber viele von ihnen erfahren sie in diesem irdischen Leben nie. Und hier sagt uns Daniel, dass das nicht alles ist, sondern der Tag kommt, an dem dieser Welt Gerechtigkeit zuteilwird. All das Böse, das

Menschen von den Raubtieren im Dschungel der Macht angetan worden ist, ist aufgeschrieben und dokumentiert, und wenn das himmlische Gericht tagt und Gott, der Uralte aus Daniel 7,9, den Vorsitz führt, werden alle Bücher geöffnet werden, und es wird Recht gesprochen werden, und die Urteile werden vernünftig, angemessen und gerecht sein.

Der Menschensohn wird kommen

In Nebukadnezars Vision in Kapitel 2 wurde die labile Kolossalstatue durch einen übernatürlichen Stein zerschmettert, der anschließend die ganze Erde füllte; das Unstabile, Zeitweilige wurde abgelöst durch das Stabile, Dauerhafte. Jetzt, in Kapitel 7, wird ein unglaublich starkes und wildes Tier vernichtet, und jemand »wie der Sohn eines Menschen« wird für immer König und Herr (Dan 7,13–14).

Die Botschaft hinter diesem Bild hat es in sich. Die Raubtiere der Machtpolitik, wie unbesiegbar sie sich auch manchmal vorkommen mögen, werden nicht für immer herrschen. Ein vollkommener Mensch, der Menschensohn, wird kommen, der die Herrschaft der Tiere beenden und ein Reich der vollkommenen Gerechtigkeit aufrichten wird. Das Gesetz des Dschungels wird aufhören – für immer. Dies ist eine Nachricht, wie sie besser nicht sein könnte, eine Nachricht, die verzweifelnden Menschen eine Hoffnung bringt, die echt und herrlich ist.

Wir haben heute das Vorrecht, in einer Zeit zu leben, in der wir wissen, wer dieser Menschensohn ist. Lange nach der Zeit Daniels hat er die Erde besucht und Gottes Plan der Heilsgeschichte einen entscheidenden Schritt weitergebracht. Es handelt sich natürlich um den Herrn Jesus Christus, der den Titel »Menschensohn« bzw. »Sohn des Menschen« als Beschreibung von sich selbst in Anspruch genommen hat.

Daniel führt den Begriff des Menschensohns im Zusammenhang mit dem Gericht ein. Er sagt nicht ausdrücklich, dass der Menschensohn selbst der Richter sein wird, obwohl dieser Schluss mehr als nahe liegt. Doch Jesus selbst sagt von sich:

> *Denn der Vater richtet auch niemand, sondern das ganze Gericht hat er dem Sohn gegeben, damit alle den Sohn ehren, wie sie den Vater ehren. Wer den Sohn nicht ehrt, ehrt den Vater nicht, der ihn gesandt hat. Wahrlich, wahrlich, ich sage euch: Wer mein Wort hört und glaubt dem, der mich gesandt hat, der hat ewiges Leben und kommt nicht ins Gericht, sondern er ist aus dem Tod in das Leben übergegangen. [...] Denn wie der Vater Leben in sich selbst hat, so hat er auch dem Sohn gegeben, Leben zu haben in sich selbst; und er hat ihm Vollmacht gegeben, Gericht zu halten, weil er des Menschen Sohn ist.* (Joh 5,22–27)

Gottes Endgericht wird ein Gericht sein, bei dem die Menschen von einem der Ihren gerichtet werden. Es sind Menschen, die gesündigt haben, und es wird ein vollkommener Mensch sein, der das Gericht vollzieht.

Nicht lange, nachdem er dies gesagt hatte, wurde Jesus in Jerusalem verhaftet und wegen Gotteslästerung vor das oberste jüdische Gericht, den Sanhedrin (Hohen Rat), gestellt. Der Höhepunkt des Verhörs kam, als der Hohe Priester, der als Richter fungierte, Jesus unter Eid die Frage aller Fragen stellte:

> *»Ich beschwöre dich bei dem lebendigen Gott, dass du uns sagst, ob du der Christus bist, der Sohn Gottes! Jesus spricht zu ihm: Du hast es gesagt. Doch ich sage euch: Von nun an werdet ihr den Sohn des Menschen sitzen sehen zur Rechten der Macht und kommen auf den Wolken des Himmels«* (Mt 26,63–64)

Sämtlichen Mitgliedern des Sanhedrins war klar, dass Jesus sich hier mit dem gleichsetzte, den ihr eigener Prophet Daniel vorausgesagt hatte: derjenige, in dessen Hand das Königtum gelegt werden würde, den alle Nationen und Menschen anbeten würden und dessen Reich universal und ewig wäre. Jesus beanspruchte, der verheißene jüdische Messias, der König zu sein. Die Mitglieder des Hohen Rates waren außer sich vor Wut angesichts dieser Lästerung aller Lästerungen. *Sie* saßen doch gerade über *ihn* zu Gericht; dass *er* einst *sie* richten würde, der bloße Gedanke war grotesk. Aber es war die Wahrheit. Jesus war ein Mensch, aber nie *nur* ein Mensch. Er ist »*wie* der Sohn eines Menschen« (Dan 7,13), der Menschensohn, der gleichzeitig Gottes Sohn ist. Der Titel »Menschensohn«, wie er bei Daniel vorkommt, beinhaltet nicht nur das Menschsein Jesu, sondern auch seine Göttlichkeit.

Die Richter Jesu erkannten damals nicht, dass sie gerade den Richter der Welt verhörten. Sie hätten es erkennen können, hätten sie ihn nur angehört, aber sie weigerten sich, ihn anzuhören. Stattdessen stürzten sie sich wie ein Wolfsrudel auf ihn, peitschten ihn aus, spuckten ihn an, verspotteten ihn, krönten ihn mit Dornen und nagelten ihn an ein Kreuz. Aber, wie Jesus andeutete, sie würden nicht für immer in Unwissenheit darüber bleiben, wer er war.

Für Daniel hatte Gott den Rachen der Löwen verschlossen. Für seinen Sohn tat er dies nicht. Jesus Christus, der vollkommene Menschensohn, der nie eine Sünde getan hatte, liebte uns so sehr, dass er sein Leben für unsere vielen Sünden dahingab. Damit ist er allein würdig, alle Gewalt und Macht an sich zu nehmen, zur ewigen Freude und Erlösung der seufzenden und wartenden Schöpfung (vgl. Röm 8,22). *Das* ist die große, die eigentliche Geschichte, die allein der menschlichen Historie ihren Sinn gibt. Vor 26 Jahrhunderten sah Daniel in einer Vision den Menschensohn auf den Wolken des Himmels kommen. Sechs Jahrhunderte nach ihm erklärte Jesus den Mitgliedern des Hohen Rates, dass sie den Menschensohn zur Rechten Gottes sitzen und auf den Wolken des Himmels kommen sehen würden. Er sprach dabei nicht von einer Vision, sondern von der Realität. Er hat nicht gesagt, *wann* dies geschehen wird – aber es wird geschehen.

Nicht lange nach Jesu Kreuzigung sah Stephanus, der erste christliche Märtyrer, den Sohn Gottes in seiner Herrlichkeit. Als Stephanus seine kraftvolle und mutige Verteidigung des Evangeliums vor dem Sanhedrin beendet hatte, blickte er zum Himmel hoch und sagte: »Siehe, ich sehe die Himmel geöffnet und den Sohn des Menschen zur Rechten Gottes stehen!« (Apg 7,56). Derselbe Hohe Rat, der aus dem Mund Jesu selbst gehört hatte, dass er der Menschensohn war, musste diese Behauptung jetzt erneut hören, und die Wirkung war dieselbe: In rasender Wut stürzten die Männer sich auf Stephanus und steinigten ihn.

Es ist die Tatsache, dass Jesus der Menschensohn *ist,* die Daniel, Stephanus und zahllosen anderen nach ihnen die Kraft gegeben hat, sich dieser Wut und diesem Hass zu stellen. Das Einzige, was Gottes Dienern einen klaren Kopf und ein festes Herz geben kann angesichts des Tobens der Feinde Gottes, ist der feste Blick auf den, dem alle Gewalt im Himmel und auf der Erde gegeben ist und der eines Tages zurückkehren wird auf den Planeten, der ihn abgelehnt hat.

Die Heiligen werden das Reich erben

Das Wort *Heiliger* bezeichnet einen Menschen, der sich von der übrigen Welt unterscheidet, der »herausgehoben«, »abgesondert« oder »gottgefällig« – also »heilig« – ist. Es bezieht sich auf Menschen, die sich wie Daniel von ihrer Umgebung dadurch abheben, weil sie Gott für sich herausgehoben haben als ihren Herrn, den sie über allem anderen ehren. Solche Menschen werden schließlich an Christi Reich teilhaben. (Eine eingehende Untersuchung des biblischen Begriffs des »Reiches« finden Sie in Anhang A.)

Ganz im Sinne von Daniels Vision hat der Menschensohn selbst seinen Jüngern zugesagt, dass sie einst auf eine ganz besondere Weise an seinem Reich teilhaben werden:

> *»Ich versichere euch«, erwiderte Jesus, »wenn der Menschensohn in der kommenden Welt [wörtlich: in der Wiedergeburt] auf dem Thron seiner Herrlichkeit sitzt, werdet auch ihr, die ihr mir gefolgt seid, auf zwölf Thronen sitzen, um die zwölf Stämme Israels zu richten.«* (Mt 19,28; NeÜ)

Manche Bibelausleger möchten den Begriff »Heilige« auf das Volk der Juden begrenzen, zu dem auch Daniel gehörte. Doch Paulus stellt klar, dass der Begriff viel mehr umfasst. Zunächst einmal meint er in der Tat die jüdischen Gläubigen, aber durch das Kreuz Christi haben sowohl Juden als auch Nichtjuden denselben Status:

> *Denn durch ihn haben wir beide in einem Geist freien Zugang zum Vater. So seid ihr also keine Fremden mehr, geduldete Ausländer, sondern ihr seid Mitbürger der Heiligen und gehört zur Familie Gottes. Ihr seid auf dem Fundament der Apostel und Propheten aufgebaut, in dem Jesus Christus selbst der Eckstein ist. Durch ihn sind alle Bauteile fest miteinander verbunden, sodass durch ihn, unseren Herrn, ein einzigartiges Heiligtum entsteht.* (Eph 2,18–21; NeÜ)

Dies bedeutet: *Alle* an Christus Gläubigen, egal, was ihr ethnischer Hintergrund ist, werden an diesem Reich teilhaben. Wie Paulus die multi-ethnische Gemeinde in Korinth erinnerte: »Wisst ihr nicht, dass die Heiligen die Welt richten werden?« (1Kor 6,2).

Aber wie soll das möglich sein? Wenn sie von einem bestialischen Feind ermordet worden sind, wie können die Heiligen das Reich in Besitz nehmen, wie Daniel behauptet? Diese Frage führt uns geradewegs ins Zentrum dieses Themas. Wenn der Tod das Ende ist, wenn es kein Leben nach dem Tod gibt, dann ist eines sicher: Die Heiligen werden das Reich nie bekommen. Es ist wichtig, dies zu sehen. Manchmal wissen wir nicht, was wir Menschen sagen sollen, die Agnostiker oder Atheisten geworden sind, weil sie das Problem des Bösen nicht lösen konnten. Aber hier müssen wir sehen, dass der Atheismus ja auch keine Antwort darauf hat. Den meisten Menschen widerfährt in *diesem* Leben keine Gerechtigkeit, und wenn (wie die Atheisten behaupten) nach dem Tod alles aus ist, dann werden sie niemals Gerechtigkeit bekommen.

Aber der Atheismus liegt falsch. Der Tod ist nicht das Ende. Gegen Ende des Buches Daniel offenbart Gott Daniel, dass es einmal eine Auferstehung der Toten geben wird (Dan 12,2.13). In Kapitel 7 wird eine Auferstehung nicht ausdrücklich erwähnt, obwohl die hundert Millionen Menschen, die da vor dem Thron Gottes stehen (7,10), uns unwillkürlich fragen lassen, wie sie dort hingekommen sind. Die biblische Antwort auf diese Frage wird nicht von Daniel, sondern von Johannes in der Offenbarung gegeben:

> *Danach sah ich eine riesige Menschenmenge aus allen Stämmen und Völkern, Sprachen und Kulturen. Es waren so viele, dass niemand sie zählen konnte. Sie standen [...] vor dem Thron und dem Lamm.* (Offb 7,9; NeÜ)

Und Johannes wird gesagt, wer diese Menschen sind:

> *»Diese Menschen haben die größte Bedrängnis überstanden, die es je gegeben hat. Sie haben ihre Gewänder gewaschen und im Blut des Lammes weiß gemacht. Darum*

> *stehen sie vor dem Thron Gottes [...] Und Gott wird jede Träne von ihren Augen abwischen.«* (Offb 7,14–17; NeÜ)

Diese Szene in der Offenbarung des Johannes entspricht der, die Daniel beschreibt. Riesige Menschenmengen werden dem Gericht über ein böses Tier beiwohnen, das Millionen auf dem Gewissen hat. Ihnen wird nicht nur Gerechtigkeit widerfahren, sondern dies wird *sichtbar* sein für all die, die Opfer der Ungerechtigkeit auf dieser Erde gewesen sind. Ihr Leiden wird vorbei sein. Sie sind auferweckt worden, um vor dem Thron Gottes zu stehen, und es ist Gott selbst, der ihnen die Tränen abwischt.

Dies ist ein starkes Bild. Tränen abzuwischen ist eine sensible Sache, weil das menschliche Auge so empfindlich ist; deshalb wischt man sich die Tränen meistens selbst ab. Dieses Bild sagt uns, dass Gott ein behutsames Gespür für die tiefsten Schreie unseres Herzens und das gesammelte Elend unseres Lebens hat. Er wird einst allen Schmerz und das Leid wegnehmen und es durch etwas ersetzen, das so herrlich ist, dass wir es uns gar nicht vorstellen können.

Der Apostel Paulus bekräftigt diese Hoffnung. Er erlebte zahlreiche übernatürliche Bewahrungen durch Gott, und doch blieben ihm das Leiden und die Hinrichtung unter dem »Tier« Nero nicht erspart; die »Zähne aus Eisen« (Dan 7,19) schlugen Paulus schließlich den Kopf ab. Doch bevor dies geschah, schrieb er in dem Bewusstsein, dass er dem Ende entgegenging, einen Brief aus seinem Gefängnis in der Hauptstadt des eisernen Reiches, um seine Glaubensbrüder zu ermutigen:

> *Denn ich denke, dass die Leiden der jetzigen Zeit nicht ins Gewicht fallen gegenüber der zukünftigen Herrlichkeit, die an uns offenbart werden soll. [...] Wer wird uns scheiden von der Liebe Christi? Bedrängnis oder Angst oder Verfolgung oder Hungersnot oder Blöße oder Gefahr oder Schwert? Wie geschrieben steht: »Deinetwegen werden wir*

> *getötet den ganzen Tag; wie Schlachtschafe sind wir gerechnet worden.« Aber in diesem allen sind wir mehr als Überwinder durch den, der uns geliebt hat. Denn ich bin überzeugt, dass weder Tod noch Leben, weder Engel noch Gewalten, weder Gegenwärtiges noch Zukünftiges, noch Mächte, weder Höhe noch Tiefe, noch irgendein anderes Geschöpf uns wird scheiden können von der Liebe Gottes, die in Christus Jesus ist, unserem Herrn.* (Röm 8,18.35–39)

Paulus ruft uns zu: Gebt nicht auf! Gott liebt uns, und er wird uns ans Ziel bringen, auch dann, wenn wir diese Welt vielleicht mit vielen unbeantworteten Fragen verlassen müssen.

Eine Vision der Zukunft

Daniel wollte noch mehr über das vierte Reich erfahren. Was bedeuten die zehn Hörner? Was hat es mit dem kleinen Horn auf sich, das Augen hat und einen Mund, der große Reden schwingt, und das die Heiligen bekriegt und besiegt?

Wir kommen jetzt in ein Fahrwasser, wo es unterschiedliche Meinungen gibt, auch unter denen, die (wie ich selbst) von der Inspiration und Autorität der Bibel überzeugt sind. Deswegen sind manche der Meinung, dass wir uns bei solchen Prophezeiungen nicht zu sehr in die Details vertiefen, sondern mit den großen Linien begnügen sollten. Sie weisen – nicht ganz zu Unrecht – darauf hin, dass der Versuch, Prophezeiungen im Detail zu deuten, ein schwieriges Unterfangen ist, das leicht zu sturem Dogmatismus und unchristlichen Streitereien führt.

Die großen Linien sind zweifellos wichtig. Wir haben bereits gesehen, dass die gnadenlose Verfolgung des Volkes Gottes durch brutale, gottfeindliche Regierungen wie dem vierten Tier seit Jahrhunderten eine Realität ist, und die biblische Prophetie gibt uns hier die begründete Hoffnung, dass Gott eines Tages alle solche bösen Mächte richten und vernichten wird. Diese Grundlinie ist äußerst wertvoll, und wir wären dumm, wenn wir uns durch unterschiedliche Meinungen in Detailfragen davon abhalten ließen, solche allgemeinen Aussagen zu glauben und zu predigen.

Doch all dies bedeutet nicht, dass es nicht *zusätzlich* verschiedene Ebenen der Erfüllung biblischer Prophetien geben kann und dass manche von diesen viel detaillierter und spezifischer sind als andere. Ein deutliches Beispiel dafür ist die Verheißung des »Samens« (in den meisten Bibelübersetzungen mit »Nachwuchs« oder »Nachkommen« wiedergegeben) in 1. Mose 3,15. Dort sagt Gott voraus, dass der »Same« der Frau den Kopf der Schlange zertreten wird: »Und ich werde Feindschaft setzen zwischen dir und der Frau, zwischen deinem Nachwuchs und ihrem Nachwuchs; er wird dir den Kopf zermalmen, und du, du wirst ihm die Ferse zermalmen.«

Eva gebar bald einen Sohn, aber dieser war nicht der »Same« in der vollen Bedeutung der Verheißung. Später verhieß Gott Abraham und Sara, dass durch ihren Nachkommen alle Völker der Welt gesegnet würden. Sie bekamen einen Sohn, aber auch er war nicht der »Same« im vollen Sinne. Noch später bekam David die Verheißung, dass Gott seinen »Samen« groß machen und ihm ein Reich geben würde, das nicht aufhören würde. Aber auch Davids Nachkommen waren nicht die volle Erfüllung dieser Verheißung. Im Neuen Testament schließlich lesen wir, dass der Abraham verheißene Nachkomme (»Same«) Jesus Christus ist (Gal 3,16).

Die ganze biblische Geschichte hindurch sehen wir teilweise Erfüllungen dieser Verheißung des »Samens«, was dazu führt, dass der Glaube daran lebendig bleibt. Doch dies ändert nichts an der Tatsache, dass es einmal eine endgültige, volle Erfüllung geben wird, die sich von allen Teilerfüllungen unterscheidet. Und nehmen wir auch zur Kenntnis, dass die Verheißungen bzw. Vorhersagen immer spezifischer werden, je näher wir dieser endgültigen Erfüllung kommen.

Ähnlich hier bei Daniel: Wir haben die allgemeine große Linie, dass Menschen, die Gott die Treue halten, von Regimen verfolgt werden, die ebenso intelligent wie unmenschlich sind. Aber das bedeutet nicht, dass diese Prophezeiung nicht spezifischere Details enthält. Wir sollten diese Einzelheiten ernst nehmen und gleichzeitig versuchen, nicht zu dogmatisch zu sein.

Wenn wir recht gehen in der Annahme, dass das vierte Tier dem »eisernen« Königreich von Nebukadnezars Traumbild entspricht – also dem Römischen Reich –, dann erhielt Daniel hier Einblick in Ereignisse, die für ihn in der Zukunft lagen. Was für Ereignisse waren das?

Ich finde es hier hilfreich, einen Schritt zurückzutreten und die großen Themen nebeneinanderzustellen. Dies scheinen die folgenden zu sein:

1. Ein unerhört mächtiges Tier tritt auf den Plan; es hat zehn Hörner und ein kleines Horn, das große Worte redet.
2. Dieses Tier führt Krieg gegen die Heiligen und ist siegreich.
3. Der Menschensohn kommt auf den Wolken des Himmels.
4. Der himmlische Gerichtshof spricht das Urteil über das Tier und vernichtet es.
5. Die Heiligen nehmen das Reich in Besitz.

Es liegt nahe, als Nächstes zu fragen, ob wir in der Bibel nicht etwas Vergleichbares finden? Und in der Offenbarung des Johannes finden wir tatsächlich folgende Beschreibung eines ebenfalls unerhört mächtigen Tieres:

Da sah ich ein Tier aus dem Meer heraufsteigen, das zehn Hörner und sieben Köpfe hatte. Auf jedem Horn trug es ein Diadem, und auf den Köpfen standen gotteslästerliche Namen. Das Tier sah aus wie ein Leopard, aber es hatte Tatzen wie ein Bär und ein Maul wie ein Löwe. Der Drache übergab ihm seine Macht, seinen Thron und alle Befehlsgewalt. An einem seiner Köpfe hatte das Tier eine schwere, ja, tödliche Verletzung. Aber seine Todeswunde wurde geheilt, und die ganze Welt folgte ihm mit staunender Bewunderung. Den Drachen beteten sie an, weil er dem Tier die Macht gegeben hatte. Und das Tier beteten sie an, weil sie sagten: »Wer kann sich denn mit dem Tier vergleichen? Wer kann es überhaupt mit ihm aufnehmen?« 42 Monate lang durfte es seinen Einfluss ausüben und anmaßende gotteslästerliche Reden führen. Niemand hinderte es daran. Es riss sein Maul auf und stieß Lästerungen gegen Gott aus, es verhöhnte seinen Namen und sein Heiligtum und alle, die im Himmel wohnen. Es wurde ihm erlaubt, mit allen Menschen Krieg zu führen, mit allen, die zu Gott gehören – und sie zu besiegen. Über jeden Stamm und jedes Volk, jede Sprache und jede Kultur durfte es seine Macht ausüben. Alle Menschen auf der Erde werden das Tier anbeten, alle außer denen, deren Namen seit Gründung der Welt im Lebensbuch des geopferten Lammes stehen. (Offb 13,1–8; NeÜ)

Dieses Tier hat etliche Eigenschaften mit Daniels viertem Tier gemeinsam:

1. Es hat zehn Hörner, die für zehn Könige stehen (Dan 7,24; vgl. Offb 17,12).
2. Es redet anmaßende, lästerliche Worte.
3. Es führt Krieg gegen die Heiligen und siegt.

4. Seine Macht ist zeitlich begrenzt. Bei Daniel sind es »eine Zeit und zwei Zeiten und eine halbe Zeit« (Dan 7,25), also dreieinhalb Zeiten, in der Offenbarung des Johannes 42 Monate, was dreieinhalb Jahren entspricht.
5. Das Tier in der Offenbarung des Johannes zeigt Merkmale der ersten drei Tiere in Daniels Vision: Es ist wie ein Leopard, mit Tatzen wie ein Bär und einem Maul wie ein Löwe.

Diese Ähnlichkeiten sind bemerkenswert. Aber es geht noch weiter: Bei Daniel wird das Tier im Zusammenhang mit dem Kommen des Menschensohnes auf den Wolken des Himmels gerichtet, das Tier in der Offenbarung wird von dem Reiter auf dem weißen Pferd besiegt, dessen Name »Das Wort Gottes« und »König der Könige und Herr der Herren« ist (Offb 19).[106]

Das Buch Daniel und die Offenbarung des Johannes beschreiben ganz offensichtlich in einer sehr ähnlichen, hochsymbolischen Sprache dasselbe. Die Frage stellt sich nun: Was ist die Realität, für die das Bild des Tieres steht? Um einer Antwort näherzukommen, lohnt es sich zu fragen, ob die Bibel an anderer Stelle in *direkter, nicht symbolischer* Sprache über dieses Thema spricht. Hier drängt sich 2. Thessalonicher 2 förmlich auf, wo Paulus über die Wiederkunft Christi schreibt:

106 Manche Ausleger sehen in dem »Kommen des Menschensohnes auf den Wolken des Himmels« einen Hinweis auf die Himmelfahrt Christi, als er zum Thron des Vaters aufstieg. Ich möchte jedoch Folgendes zu bedenken geben: Ergibt das Zitat dieses Textes durch unseren Herrn bei seinem Verhör vor dem Hohen Rat nicht mehr Sinn, wenn wir es auf sein Wiederkommen auf die Erde beziehen, wenn er auch für die sichtbar kommen wird, die ihn abgelehnt haben? Außerdem müsste man, wenn Daniel 7 die Himmelfahrt Jesu meinen würde, dann auch fragen, ob sich Gottes Gericht bereits bei der Himmelfahrt vollzogen hat – aber was für ein »Tier« wurde dann dabei gerichtet?

Was nun das Kommen unseres Herrn Jesus Christus und unsere Vereinigung mit ihm betrifft, bitten wir euch, liebe Geschwister: Lasst euch durch die Behauptung, der Tag des Herrn wäre schon da, nicht so schnell aus der Fassung bringen oder gar in Schrecken versetzen. Glaubt es nicht, auch wenn sich jemand auf eine Geistesoffenbarung, eine angebliche Aussage oder einen Brief von uns beruft. Lasst euch von niemand und auf keine Weise täuschen! Zuerst muss der Aufruhr gegen Gott kommen und der »Mensch der Gesetzlosigkeit«, der zur Vernichtung bestimmt ist, muss auftreten. Er wird sich auflehnen und über alles hinwegsetzen, was Gott oder Heiligtum genannt wird, bis er sich schließlich im Tempel Gottes niederlässt und für Gott ausgibt.

Erinnert ihr euch nicht, dass ich euch das alles schon gesagt habe, als ich noch bei euch war? Und nun wisst ihr ja, wodurch es noch zurückgehalten wird, denn er soll erst dann auftreten, wenn seine Zeit gekommen ist. Die geheime Kraft der Gesetzlosigkeit ist allerdings schon am Werk. Das wird so bleiben, bis der, der sie noch zurückhält, aus dem Weg genommen ist. Dann erst wird der Gesetzlose offen hervortreten. Wenn aber Jesus, der Herr, wiederkommt, wird er ihn durch einen Hauch seines Mundes beseitigen, ihn schon durch sein Erscheinen vernichten.

Dieser Gesetzlose wird mit Satans Hilfe auftreten und alle möglichen Machttaten, Zeichen und Wunder vollbringen und die Menschen verblenden. Alle, die ins Verderben gehen, wird er mit seinen Verführungskünsten zum Bösen verleiten. Sie werden ihm erliegen, weil sie es abgelehnt haben, die Wahrheit zu lieben, die sie gerettet hätte. (2Thes 2,1–10; NeÜ)

Paulus beschreibt hier in direkter Sprache das, was Daniel und die Offenbarung in Bildsprache schildern: die letzte Weltmacht, die durch das zweite Kommen Christi zerstört werden wird. Es überrascht nicht, dass viel darüber spekuliert worden ist, wer oder was hier genau gemeint ist. In jeder neuen Generation hat es Stimmen gegeben, die behaupteten, die Lösung gefunden zu haben – bis sich ihre Theorien durch den Gang der Geschichte als falsch erwiesen bzw. von der nächsten Theorie abgelöst wurden.

In 2. Thessalonicher 2 benutzt Paulus nicht das Bild von einem »Tier«, sondern spricht direkt vom »Menschen der Gesetzlosigkeit«. Die Offenbarung weist dem Tier außerdem eine Zahl zu – die berühmte 666 – und bezeichnet diese als »eines Menschen Zahl« (Offb 13,18). Es ist endlos darüber spekuliert worden, wer dieser Mensch sein wird. Ich halte diese Spekulationen logischerweise für fruchtlos. Jeder, der dies versucht, muss falsch liegen, denn die Bibel lehrt uns, dass der »Mensch der Gesetzlosigkeit« durch die Macht des Satans offenbart werden wird. Wenn die Zeit gekommen ist, wird niemand mehr raten müssen. Die Zahl 666 – wohl eine Gematrie – wird dann kein Rätsel mehr sein, sondern etwas Offensichtliches.

Eine Gematrie ist eine Zahl, die man dadurch erhält, dass man die Zahlenwerte der verschiedenen Buchstaben eines Namens oder Wortes nach einem bestimmten Schema zusammenzählt. Ein Beispiel wäre, dass A = 1, B = 2 ist usw. In der Antike könnte z. B. ein Junge Folgendes in die Rinde eines Baumes geschnitzt haben: »Ich liebe das Mädchen, dessen Zahl 53 ist«, worauf die Leute durch Herumprobieren mit verschiedenen Buchstabe-Zahl-Entsprechungen herausgefunden hätten, dass die Glückliche Julia hieß.

Wie bei vielen Symbolen in der Offenbarung ist auch hier das Wichtige nicht, für *wen* das Symbol steht, sondern *was* es an sich bedeutet – es ist die Zahl eines Menschen. D. h. das Tier steht nicht für eine abstrakte Idee der Macht, sondern ist ein realer Mensch. Das ist vielleicht von allen Dingen das Erschreckendste daran. Denn nach 2. Thessalonicher 2 wird die staatliche Macht von einem Menschen verkörpert werden, der sich gegen Gott auflehnt.

Es ist für die Mächtigen in Staat und Politik schon immer eine Versuchung gewesen, Gott zu spielen. Paulus hat bereits zu seiner Zeit darauf hingewiesen, dass »die geheime Kraft der Gesetzlosigkeit [...] schon am Werk« ist (2Thes 2,7; NeÜ). Mit dem Wort »Gesetzlosigkeit« bezog er sich nicht auf die Gesetze des Staates. Die Römer waren stolz auf ihr Recht, das von einem Ende des Reiches bis zum anderen galt und bis heute noch unser europäisches Recht prägt. Was Paulus meinte, war die *geistliche* Gesetzlosigkeit – die trotzige Missachtung Gottes, die typisch für die römischen Kaiser war (und auch schon für viele frühere Herrscher), die sich selbst für Götter hielten und die Anbetung durch ihre Untertanen forderten.

Dies stimmt mit einem weiteren Detail in der Beschreibung des vierten Tieres in Daniel 7 überein: »Und er wird danach trachten, Festzeiten und Gesetz zu ändern, und sie [die Heiligen] werden in seine Hand gegeben werden für eine Zeit und zwei Zeiten und eine halbe Zeit« (Dan 7,25). Daniel selbst hatte bereits einen durch böse Intriganten inszenierten Konflikt zwischen dem Gesetz seines Gottes und dem Gesetz des Staates erlebt, und diese Vision zeigt uns, dass dieser Konflikt nicht der letzte dieser Art war. Es würde noch schlimmer kommen. Darius untersagte das Gebet zu Gott für 30 Tage; unter dem vierten Tier wird das Verbot für eine viel längere Zeit gelten – für dreieinhalb »Zeiten«, was von den meisten als dreieinhalb Jahre gedeutet wird.

Doch mehr noch: Dieses Tier wird »Festzeiten [...] ändern«, d. h. die Zeiten der Feste und Zeremonien, die Israel als Teil seines Gottesdienstes beging – ein Thema, das in Daniels nächster Vision in Kapitel 8 vertieft wird.

Wir können das vierte Tier somit als den Höhepunkt des eitlen Aufstandes des Menschen gegen Gott betrachten. Sowohl 2. Thessalonicher 2 als auch die Offenbarung betonen, dass dieses Mensch-Tier seine Kraft vom Satan persönlich bezieht und ein Meister der Lüge und Verführung ist. Diese Information ist in Daniels Schilderung nicht enthalten, und die Darstellung in der Offenbarung ist noch in verschiedenen anderen Punkten detaillierter als die Daniels. So sagt sie uns zusätzlich, dass das Tier sieben Köpfe hat, und führt noch ein zweites Tier ein, das »handelte unter Aufsicht und mit Vollmacht des ersten Tieres und brachte die ganze Erde und alle ihre Bewohner dazu, das erste Tier anzubeten«; es »verführte [...] die Bewohner der Erde« (Offb 13,12–14; NeÜ).

Wir erfahren auch:

> *Und die zehn Hörner, die du gesehen hast, sind zehn Könige, die noch kein Königreich empfangen haben, aber mit dem Tier eine Stunde Macht wie Könige empfangen. Diese haben einen Sinn und geben ihre Kraft und Macht dem Tier. Diese werden mit dem Lamm Krieg führen, und das Lamm wird sie überwinden.* (Offb 17,12–14)

Es ist das Gleiche wie bei der Verheißung des »Samens« bzw. »Nachkommens«: Je näher wir der Zeit der Erfüllung der Prophezeiung kommen, desto mehr Einzelheiten erfahren wir. Fassen wir zusammen, dann erhalten wir das Bild eines außergewöhnlichen politischen Arrangements, wo zehn Könige oder Führer ihre Macht an einen einzigen Herrscher von ungeheurer Macht und Autorität abgeben. Wer immer diese Zehn sind, sie existieren ganz offenbar gleichzeitig und legen (ob nun freiwillig oder gezwungen) die Zügel ihrer Macht in die Hand eines einzigen Diktators – dem Menschen der Gesetzlosigkeit. Da er offenbar die gesamte Erde beherrscht, wird hier nicht weniger als eine Weltregierung vorausgesehen. (Was übrigens der Grund dafür ist, dass die zeitweilige Identifizierung der zehn Könige mit zehn europäischen Staaten weit daneben lag.)

Eine zukünftige Weltregierung?

Eine Weltregierung hat es in der ganzen bisherigen Geschichte nicht gegeben, aber die Idee ist nicht so weit hergeholt, wie es scheint. Im 20. Jahrhundert drängte es die Völker, internationale Organisationen wie die UN zu schaffen, um das Gleichgewicht der Kräfte zu wahren, eine Art Weltpolizei, um den Frieden zu erhalten. Doch die Bilanz der UN ist sehr gemischt, und einige sehr einflussreiche Stimmen haben die Meinung geäußert, dass die einzige wirkliche Lösung der politischen und sozialen Probleme der Welt eine internationale Regierung sei.

Im Jahre 1946, direkt nach dem Zweiten Weltkrieg, schrieb Albert Einstein:

> *Wir brauchen also eine Weltregierung, die kraft richterlicher Entscheidung die Konflikte zwischen den Nationen schlichtet. Diese Regierung muss sich auf eine klar formulierte Verfassung stützen, sie muss die alleinige Verfügung über die Angriffswaffen besitzen und von allen Völkern und Regierungen anerkannt werden.*[107]

Doch die Idee einer Weltregierung ist noch sehr viel älter. In der *Stanford Encyclopedia of Philosophy* heißt es zu dem Stichwort:

> *Der Begriff »Weltregierung« bezeichnet die Idee der Vereinigung der gesamten Menschheit unter einer gemeinsamen politischen Autorität. Bis dato hat es eine solche Regierung in der Geschichte der Menschheit nicht gegeben, aber Vorschläge für eine vereinte globale politische Autorität gibt es seit der Antike – in den ehr-*

107 Albert Einstein, *Aus meinen späten Jahren* (Stuttgart: Deutsche Verlagsanstalt, 1952), S. 146.

> *geizigen Plänen von Königen, Päpsten und Kaisern und in den Träumen von Dichtern und Philosophen.*[108]

Ein Beispiel aus dem Mittelalter ist der berühmte italienische Dichter, Philosoph und Staatsmann Dante Alighieri (1265–1321), der in seinem Werk *Das Gastmahl* schreibt:

> *Um diese Kriege und ihre Ursachen wegzuschaffen, ist es also notwendig, dass die ganze Erde und alles, was der menschlichen Gattung zum Besitz gegeben ist, eine Monarchie ist, d. h. ein einziger Herrschaftsbereich, und ein einziger Herrscher; dieser hält, da er alles besitzt und nicht mehr wünschen kann, die Könige zufrieden in den Grenzen ihrer Königreiche, sodass zwischen ihnen Frieden herrscht.*[109]

Für den deutschen Philosophen Immanuel Kant war die Bildung eines »Völkerstaat[es] *(civitas gentium),* der zuletzt alle Völker der Erde befassen würde«, ein Gebot der Vernunft.[110] Dennoch hatte Kant starke Vorbehalte gegen eine Weltmonarchie. Er fand eine Föderation freier, unabhängiger Staaten besser als »die Zusammenschmelzung derselben durch eine die andere überwachsende und in eine Universalmonarchie übergehende Macht, weil die Gesetze mit dem vergrößerten Umfange der Regierung immer mehr an ihrem Nachdruck einbüßen, und ein seelenloser Despotism[us], nachdem er die Keime des Guten ausgerottet hat, zuletzt doch in Anarchie verfällt.«[111]

108 *Stanford Encyclopedia of Philosophy,* 4. Dezember 2006, rev. 2. Juli 2012, http://plato.stanford.edu/entries/world-government .
109 Dante Alighieri, *Das Gastmahl. Viertes Buch,* übers. von Thomas Ricklin, Italienisch-Deutsch (Hamburg: Meiner, 2004), S. 29. (= Buch IV, Abschnitt iv.4)
110 Immanuel Kant, *Zum ewigen Frieden – ein philosophischer Entwurf,* hg. von Rudolf Malter (Stuttgart: Reclam, 2013), S. 27.
111 Ebd., S. 43.

Die Endstation eines solchen Despotismus sah Kant auf »dem Kirchhofe der Freiheit«.[112]

Im Lichte von Daniels Vision betrachtet, sind dies alarmierende Worte. Die Unterdrückung durch das vierte Tier klingt ganz nach einem solchen »Friedhof der Freiheit«. Dies ist der Grund, warum die Botschaft von Daniel 7 so wichtig ist. Daniel sagt hier offenbar, dass die letzte Regierung, die es auf der Erde geben wird, eine Weltregierung von unglaublicher Macht sein wird, die offenkundig und in höchstem Maße gottfeindlich ist.

Noch einmal: Ich versuche in diesem Buch nicht zu prognostizieren, wie der kommende Weltstaat aussehen wird, geschweige denn, wer an seiner Spitze stehen wird. Ganz einfach deshalb, weil ich es nicht weiß. Aber, wie schon erwähnt: Wenn es so weit sein wird, werden wir nicht mehr zu spekulieren brauchen; die Realität wird für alle offensichtlich sein. Hier könnte man natürlich einwenden, warum wir uns dann mit diesen Dingen überhaupt beschäftigen sollen. Vielleicht liegen diese Ereignisse ja noch in ferner Zukunft; wie können sie dann für uns heute relevant sein?

Hier sollten wir mindestens zweierlei bedenken. Erstens: Vor 20 Jahrhunderten lagen diese Ereignisse logischerweise in noch fernerer Zukunft als heute, aber Paulus fand es wichtig, dass die Christen in Thessalonich über den »Menschen der Gesetzlosigkeit« Bescheid wussten. Er nennt auch den Grund dafür: »Im Verborgenen ist die Gesetzlosigkeit [...] schon jetzt am Werk« (2Thes 2,7; NGÜ). Mit anderen Worten: Die Macht, die einmal kommen würde, warf in dem, was damals im Römischen Reich geschah, ihre Schatten bereits voraus. Die Feindseligkeit gegenüber denjenigen, die sich aufgrund ihres Glaubens an den einen wahren Schöpfergott weigerten, eine Prise Weihrauch auf dem Altar des Kaisers darzubringen und ihn anzubeten, nahm zu.

112 Ebd., S. 44.

Paulus fordert uns auf, auf solche Entwicklungen und Vorgänge in der Geschichte achtzuhaben. Sie sind nicht harmlos, sondern werden unerbittlich zu dem schlimmsten staatlich organisierten Gotteshass führen, den die Welt je gesehen hat. Das 1. Buch Mose zeigt uns natürlich, dass der Krieg gegen Gott schon vor Urzeiten begann, zu Beginn der Menschheitsgeschichte. Aber in der westlichen Welt erleben wir in der letzten Zeit, wie sich die offene Feindseligkeit nicht nur gegen Gott, sondern auch gegen die öffentliche Äußerung des Glaubens an Gott immer weiter verstärkt hat. Eine der großen Altlasten der Philosophie der Aufklärung ist die Annahme, dass alles echte Wissen rein an Fakten orientiert, wertfrei und objektiv sei, während Werte als subjektiv und im Grunde als Geschmacksache gelten. In der Folge wuchs die Überzeugung, dass der religiöse Glaube eher in den Bereich der privaten Werte als der öffentlichen Wahrheit gehöre. Nehmen wir dazu noch die immer populärere Idee, dass die Menschen autonome, emanzipierte Wesen seien, und wir bekommen ein kräftiges Rezept für die Abschaffung Gottes. Heute verkünden die Demagogen der Neuen Atheisten, dass die Wissenschaft, die sich ganz auf Vernunft und Beweise stütze, keinen Raum für den Glauben an Gott lasse, da der Glaube an ihn durch nichts belegt sei.

Mit etwas, was ich nur als mutwillige Kurzsichtigkeit bezeichnen kann, schüren die Neuen Atheisten die Feindschaft gegen Gott, indem sie das Christentum als Religion der Gewalt und Grausamkeit denunzieren. Dabei übersehen sie geflissentlich, was doch bestimmt auch sie wissen: dass Jesus selbst jede Gewalt in seinem Namen verboten hat und dass die schlimmsten Gewaltorgien der Geschichte auf das Konto der atheistischen Regimes des 20. Jahrhunderts gehen. (Näheres dazu in meinem Buch *Gott im Fadenkreuz*.) Ich muss hier immer daran denken, was mir ein russischer Intellektueller in den 1990er-Jahren sagte: »Wir dachten, wir könnten Gott abschaffen und den Wert des Menschen beibehalten, aber wir mussten die Erfahrung machen, dass das unmöglich ist.«

Dies sind bedeutende Themen, und allein die Tatsache, dass sie öffentlich diskutiert werden, heißt, dass wir sie als Brücke benutzen können, um mit Menschen um uns herum ins Gespräch über Gott und die menschliche Freiheit zu kommen. Das Buch Daniel zeigt uns deutlich, wohin der Versuch, Gott abzuschaffen, letztlich führen wird: nicht zur großen Freiheit, sondern zur großen Unterdrückung. Atheisten wie Friedrich Nietzsche haben dies deutlich gesehen: Der »Tod Gottes« führt nicht zur Freiheit des Menschen, sondern zu Nihilismus und zum Verlust von allem, auch zum Verlust von jeglichem Sinn. Es ist Zeit, diese Dinge wieder in den öffentlichen Diskurs einzubringen.

Und nicht nur das: Diejenigen unter uns, die Christus nachfolgen, müssen wissen, was auf sie zukommt, wenn sie nicht in Panik geraten und aufhören wollen, ihren Glauben offen zu bezeugen. Wir sahen es am Beispiel Daniels: Wenn wir uns auf einer Wanderung in einer unbekannten Gegend befinden und der Weg so schmal, steil und schwierig wird, dass wir uns fragen, ob wir nicht besser umkehren sollten, ist es sehr hilfreich, eine Karte zu besitzen, die uns zeigt, dass das Terrain zwar momentan in der Tat noch schwierig ist, die uns aber Mut macht weiterzugehen. Die Bibel ist solch eine Karte für unser Leben, ja, für die Weltgeschichte, und wir müssen ihr folgen, wenn wir auch die rauen Wegstrecken der Geschichte meistern wollen.

Als wir Daniel 2 studiert haben, haben wir davor gewarnt zu denken, das Reich Gottes würde dadurch herbeigeführt, dass die christliche Lehre die Gesellschaft immer mehr durchdringt, bis die ganze Welt mit ihren Regierungen irgendwann christlich geworden ist. Die biblische »Landkarte« sagt das genaue Gegenteil, sowohl in Daniel 2 als auch hier in Daniel 7. Das Reich Gottes als äußerlich sichtbare Größe wird beginnen, wenn Jesus wiederkommt, um das »Tier« und sein Reich zu vernichten.

Wie können wir uns vorbereiten?

Aber – so wird jetzt manch einer einwenden – wir können uns doch auf diese Dinge vorbereiten, ohne uns mit diesen seltsamen Details wie den verschiedenen Hörnern und Köpfen zu befassen! Das führt mich zu dem zweiten Grund für diese biblischen Prophezeiungen. Der Apostel Johannes beschreibt, wie Jesus vor dem Passahfest die Geldwechsler aus dem Tempel in Jerusalem hinaustrieb. Darauf stellten ihn die Juden zur Rede und fragten ihn:

> *»Mit welchem Wunderzeichen kannst du beweisen, dass du das Recht hast, so etwas zu tun?« Jesus entgegnete: »Zerstört diesen Tempel, und ich werde ihn in drei Tagen wieder aufbauen.« »Sechsundvierzig Jahre ist an diesem Tempel gebaut worden«, erwiderten die Juden, »und du willst das in drei Tagen schaffen?« Mit dem Tempel hatte Jesus aber seinen eigenen Körper gemeint. Als er von den Toten auferstanden war, dachten seine Jünger an diesen Satz. Da glaubten sie den Worten der Schrift und dem, was Jesus gesagt hatte.* (Joh 2,18–22; NeÜ)

Die Jünger Jesu konnten sich keinen Reim auf diese Ankündigung machen, bis das eigentliche Ereignis eintrat; dann erinnerten sie sich daran und es stärkte ihren Glauben an ihn.

Und kurz vor seiner Kreuzigung sagte Jesus seinen Jüngern, um sie zu trösten, dass er bald weggehen würde, und fügte hinzu: »Und jetzt habe ich es euch gesagt, ehe es geschieht, damit ihr glaubt, wenn es geschieht« (Joh 14,29).

Bei diesen beiden Beispielen aus dem Johannesevangelium geht es um sehr konkrete Ereignisse, und die Jünger verstanden die Vorhersagen erst, als sie eingetroffen waren, und nicht vorher. Die Annahme ist nur logisch, dass manche der Details im Buch Daniel (und in der Offenbarung des Johannes) erst dann klar sein werden, wenn sie sich erfüllen. Daniel selbst erwähnt ausdrücklich, dass ein Teil seiner Prophezeiungen bis zum Schluss »versiegelt« (d. h. unverständlich) sein wird (Dan 12,4). Wir können und dürfen daher nicht erwarten, dass wir jetzt schon alle Einzelheiten verstehen. Dies kann uns helfen, zu einer ausgewogenen Haltung gegenüber den Prophetien zu finden, die sie einerseits ernst nimmt und ihre großen Linien versteht, sich andererseits aber vor wilden Spekulationen hütet.

Im Laufe der Jahrhunderte ist dieses Kapitel aus dem Buch Daniel eine Quelle der Hoffnung für Millionen von Menschen gewesen, die wegen ihres Glaubens Leid und Verfolgung erfahren haben. Egal, wie stark die »Tiere« sind, das Äußerste, was sie erreichen können, ist, dass sie unseren Körper töten. An unsere Person, unsere Seele kommen sie nicht heran:

> *Und fürchtet euch nicht vor denen, die den Leib töten, die Seele aber nicht zu töten vermögen; fürchtet aber vielmehr den, der sowohl Seele als auch Leib zu verderben vermag in der Hölle! Werden nicht zwei Sperlinge für eine Münze verkauft? Und nicht einer von ihnen wird auf die Erde fallen ohne euren Vater. Bei euch aber sind selbst die Haare des Hauptes alle gezählt. Fürchtet euch nun nicht! Ihr seid wertvoller als viele Sperlinge. Jeder nun, der sich vor den Menschen zu mir bekennen wird, zu dem werde auch ich mich bekennen vor meinem Vater, der in den Himmeln ist. Wer aber mich vor den Menschen verleugnen wird, den werde auch ich verleugnen vor meinem Vater, der in den Himmeln ist.* (Mt 10,28–33)

Daniel sagt uns, dass es einen Himmel gibt, aus dem der Menschensohn eines Tages herabkommen wird, um als vollkommener Mensch den Tieren dieser Erde die Zügel der Herrschaft aus den Händen zu nehmen. Es wird ein Gericht geben, bei dem Gerechtigkeit ergeht. Der letzte große Aufstand gegen Gott und sein Volk wird zusammenbrechen, und die Heiligen – also die Menschen, die in den aussichtslosesten Lagen bis hin zum Martyrium an Gott festgehalten haben – werden das Reich erben.

Am Ende dieser ungeheuer starken Vision notiert Daniel seine eigene Reaktion darauf: »Mich, Daniel, ängstigten meine Gedanken sehr, und meine Gesichtsfarbe veränderte sich an mir. Und ich bewahrte die Sache in meinem Herzen« (Dan 7,28). Wie stark und tief unser Glaube auch sein mag und wie echt unsere Erfahrungen mit Gott, wir bleiben schwache Menschen, und nicht nur Daniel, sondern auch wir können nicht über Dinge wie in dieser Vision nachdenken, ohne zutiefst erschüttert zu werden.

Daniel behielt sie in seinem Herzen. Er dachte intensiv über alle Details dieser Vision nach und über die Fragen, die sie aufwarf. Wir sollten es ihm gleichtun, denn auch wir haben unsere Fragen. Wie können wir unserer Zukunft so sicher sein? Es ist schön, in einer vollbesetzten Kirche mitreißende christliche Lieder zu singen, aber was, wenn wir nur noch eine Minderheit sind (die möglicherweise aus *einer* Person besteht), die wegen ihres Glaubens an Gott brutalem Hass gegenübersteht? Hören wir auf den Rat, den uns ein Mann gibt, der genau das erleben musste. Paulus schrieb an seinen jungen Freund Timotheus die folgenden Worte, um ihm Mut zu machen für den Kampf, der vor ihm lag:

> *Richte deine Gedanken immer wieder auf Jesus Christus aus – auf ihn, der von den Toten auferweckt wurde und aus der Nachkommenschaft Davids stammt. Er ist der Inhalt der Gottesbotschaft, die mir anvertraut wurde. Ihretwegen habe ich Böses erfahren und bin jetzt wie ein Verbrecher gefesselt. Doch das Wort Gottes kann man nicht in Fesseln legen. Deshalb ertrage ich das alles für die, die Gott erwählt hat, damit auch sie durch Jesus Christus gerettet werden und an der ewigen Herrlichkeit teilhaben.*

> *Es ist ein wahres Wort: Wenn wir mit Christus gestorben sind, werden wir auch mit ihm leben. Wenn wir standhaft bleiben, werden wir auch mit ihm herrschen. Wenn wir ihn aber verleugnen, wird er auch uns verleugnen, und wenn wir untreu sind, bleibt er dennoch treu, denn er kann sich selbst nicht verleugnen.* (2Tim 2,8–13; NeÜ)

»Richte deine Gedanken immer wieder auf Jesus Christus aus – auf ihn, der von den Toten auferweckt wurde.« Das ist der Schlüssel zur Hoffnung. Der Tod ist nicht das Ende; es ist eine historische Tatsache, dass Jesus auferstanden ist und jetzt in Ewigkeit lebt. Etliche Jahre zuvor hatte Paulus den Philosophen in Athen gesagt, dass die Auferstehung Jesu *der* Beweis dafür ist, dass er an jenem kommenden Tag der Richter der Welt sein wird:

> *Nachdem nun Gott die Zeiten der Unwissenheit übersehen hat, gebietet er jetzt den Menschen, dass sie alle überall Buße tun sollen, weil er einen Tag festgesetzt hat, an dem er den Erdkreis richten wird in Gerechtigkeit durch einen Mann, den er dazu bestimmt hat, und er hat allen dadurch den Beweis gegeben, dass er ihn auferweckt hat aus den Toten.* (Apg 17,30–31)

Der Tag des Gerichts ist festgesetzt worden. Der Beweis ist für alle sichtbar. (Die Auferstehung Christi, mit all ihren Folgen, ist das historische Ereignis, das die Grundlage für den Glauben ist. Glaube im christlichen Sinne ist durch und durch indizienbasiert; er ist kein »blinder« Glaube!) Der Herr Jesus *ist* auferstanden. Diese Gewissheit gab Paulus bis zum Schluss ein unerschütterliches Vertrauen, als er sich für den letzten Kampf mit dem »eisernen Königreich« seiner Zeit rüstete:

> *Für mich ist die Zeit des Abschieds gekommen. Denn mein Leben wird bereits wie ein Trankopfer ausgegossen. Ich habe den guten Kampf gekämpft, das Ziel erreicht und den Glauben unversehrt bewahrt. Jetzt liegt der Ehrenkranz für mich bereit, die Gerechtigkeit, die der Herr als gerechter Richter mir an jenem großen Tag zuerkennen wird – aber nicht nur mir, sondern auch allen anderen, die sich auf sein sichtbares Wiederkommen freuen.* (2Tim 4,6–8; NeÜ)

Die Vision von Daniel 7 stellt uns, wie damals Daniel, vor gewisse harte Realitäten. Wie sollen wir darauf reagieren? Dies ist eine wichtige Frage. Es hat im Laufe der Geschichte immer wieder Christen gegeben, für die der Rückzug in die Privatsphäre oder das Kloster die einzig richtige Reaktion auf das Böse war, das sich in den Mächten und Regierungen dieser Welt manifestiert.

Daniel selbst hat die Vision tief betroffen gemacht, aber er reagierte nicht mit Rückzug. Er diente weiter dem König von Babylon und blieb bis zu seinem Tod in der obersten Etage des medo-persischen Reiches tätig. Ein Grund dafür ist vielleicht darin zu suchen, dass die Visionen in den Kapiteln 2 und 7 sich in gewissem Sinne die Waage halten. Kapitel 2 ist positiver und bejahend (wobei Fehler und Schwächen nicht verschwiegen werden), Kapitel 7 eher negativ und verurteilend (wobei es gewisse positive Dinge nicht übersieht). Das Neue Testament ist ebenso ausgewogen. Zur Zeit des Kaisers Nero kann Paulus einerseits schreiben, dass die menschliche Obrigkeit grundsätzlich von Gott eingesetzt ist; die Regierenden sollen nicht für die Guten, sondern für die Bösen ein Schrecken sein, und wir sollten sie gebührend respektieren (vgl. Röm 13,1–7). Doch andererseits zögert Paulus nicht, wie wir oben gesehen haben, zu sagen, dass das »Geheimnis«, das zum Menschen der Gesetzlosigkeit führen wird, bereits in eben dieser römischen Gesellschaft am

Werk ist (2Thes 2,7). Paulus ist überaus realistisch, wenn es um das Böse geht, das in unseren Regierungen am Werk ist, aber er fordert die Christen nicht zum großen Rückzug ins Private auf, sondern ermutigt sie dazu, in ihrer Gesellschaft produktiv als vorbildliche Bürger und Christen zu leben.

Es gibt natürlich Zeiten, in denen es schwierig wird, diese Balance zu halten. Sowohl Daniel als auch die Apostel waren bereit, der Obrigkeit den Gehorsam zu verweigern, wenn sie sich den Platz anmaßte, der allein Gott zukommt. Wir brauchen alle Weisheit, die Gott uns geben kann, wenn wir den Befehl unseres Herrn treu befolgen wollen, Salz und Licht in unserer Gesellschaft zu sein (Mt 5,13–14). Einen Teil dieser Weisheit finden wir im Buch Daniel.

Kapitel 17
Die Vision vom Widder und Ziegenbock
Daniel 8

Einige Jahre nach der Vision mit den vier Tieren hatte Daniel eine zweite Vision. Diesmal waren es nur zwei Tiere – ein Widder und ein Ziegenbock. Das erneute Tiermotiv zeigt, dass diese Vision mit der vorangehenden in Kapitel 7 ein Paar bildet. Aber es gibt offensichtliche Unterschiede zwischen den Visionen. In der zweiten kommen nur zwei Tiere vor, die aber beide mit spezifischen Reichen identifiziert werden – der Widder mit dem medo-persischen Reich, der Ziegenbock mit dem darauffolgenden mazedonischen bzw. griechischen Reich. Wenn unsere Identifizierung der vier Tiere in Kapitel 7 mit den Reichen von Kapitel 2 (Babylon, Medo-Persien, Griechenland und Rom) korrekt ist, bedeutet dies, dass es in Kapitel 8 um die beiden »mittleren« von diesen vier Reichen geht.

Daniel befand sich in der Vision in der Stadt Susa in der Provinz Elam, ca. 250 Kilometer östlich von Babylon im heutigen Iran. Er stand am Fluss Ulai (oder Ulai-Kanal), als er plötzlich einen Widder mit zwei Hörnern sah, der in alle Richtungen rannte und stieß. Der Widder war unglaublich stark; kein anderes Tier konnte ihn aufhalten, und niemand konnte sich aus seiner Gewalt retten. Er tat, was er wollte – bis ein Ziegenbock vom Westen herbeigestürzt kam, so schnell, dass seine Füße kaum den Boden berührten. Der Ziegenbock hatte ein auffallendes Horn zwischen den Augen. Er stieß den Widder so heftig, dass er ihm beide Hörner abbrach, und zertrampelte ihn. Nun war der Ziegenbock derjenige, der ungeheure Macht besaß, doch auf dem Höhepunkt seiner Macht zerbrach sein Horn und wurde durch vier neue Hörner ersetzt.

Daniel schaute weiter und sah, wie aus einem der vier Hörner ein weiteres Horn hervorwuchs. Erst klein, wuchs es bald dermaßen, dass es schließlich einen Teil des »Heeres des Himmels« und der Sterne vom Himmel herabwarf. Es beendete das tägliche Brandopfer und schändete das Heiligtum. Als Nächstes hörte Daniel, wie heilige Wesen darüber sprachen, wie lange die Schändung des Heiligtums währen und wann dieses wiederhergestellt werden würde. Die Antwort lautete: 2300 Abend- und Morgenopfer. Die Verfolgung wäre schrecklich, würde aber nicht für immer andauern.

Bevor wir uns die Details anschauen, lassen wir die Vision als Ganze auf uns wirken. Das Element der Macht wird mehrfach betont; von dem Widder heißt es: »Und niemand rettete aus seiner Hand« (Dan 8,4), von dem Ziegenbock: »Und niemand rettete den Widder aus seiner Hand« (Dan 8,7). Wir erinnern uns an das, was Nebukadnezar Daniels Freunden sagte: »Und wer ist der Gott, der euch aus meiner Hand retten könnte?« (Dan 3,15).

In der Gesamtstruktur des Buches Daniel verlaufen die Kapitel 3 und 8 parallel:

Kapitel 3	**Kapitel 8**
Nebukadnezar denkt, dass kein Gott die Juden aus seiner Hand retten kann. Er befiehlt den Juden, seinen Gott anzubeten. Die Juden verweigern dies. Gott bewahrt sie im Feuerofen. Gott demonstriert, dass er retten kann.	Der Widder und der Ziegenbock: Niemand kann aus ihrer Macht erretten. Die Macht des kleinen Horns, das den Gottesdienst der Juden stoppt und Gott selbst die Stirn bietet. Gottes Heiligtum und Wahrheit setzen sich schließlich durch.

Die Vision wird Daniel von einer Gestalt erklärt, die »wie ein Mann aussah« (Dan 8,15; NeÜ) und Gabriel heißt. Die Erklärung zeichnet ein sehr deutliches, leicht verständliches Bild von dem, was historisch folgen wird. Die beiden Tiere werden eindeutig identifiziert: Der Widder ist Medo-Persien, der Ziegenbock Griechenland. Das große Horn zwischen den Augen des Ziegenbocks ist Alexander der Große (356–323 v. Chr.), ein Militärgenie, das Aristoteles zum Lehrer hatte. Alexander eroberte mit atemberaubender Geschwindigkeit ein Riesenreich, das sich von Griechenland bis nach Indien erstreckte. Der Sieg des Ziegenbocks über den Widder weist auf die Schlacht von Issos hin (333 v. Chr.), in der Alexander die Armeen Darius III. besiegte. Zehn Jahre später, ganze 32 Jahre alt und auf der Höhe seiner Macht, starb Alexander in Babylon im Palast Nebukadnezars. Er wird wohl kaum gewusst haben, dass in eben dieser Stadt fast 300 Jahre zuvor ein Mann eine Prophezeiung über ihn niedergeschrieben hatte.

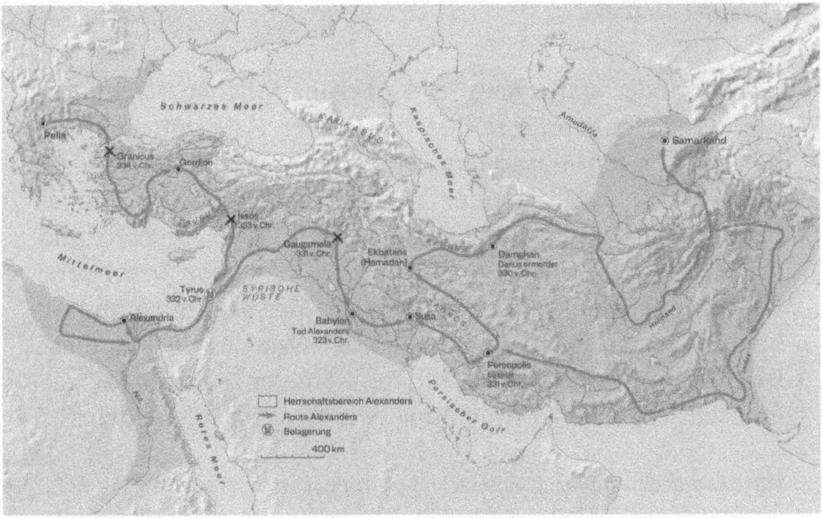

Das Reich Alexanders des Großen

Alexander der Große

Als Alexander starb, hatte er keinen natürlichen Nachfolger, und das Reich wurde schließlich in vier Teile aufgeteilt, denen je einer von Alexanders Feldherren vorstand. Kassandros herrschte über Mazedonien und Griechenland, Lysimachos über Kleinasien und Thrakien, Ptolemaios über Ägypten, Südsyrien und Palästina und (für unsere Studie von besonderer Bedeutung) Seleukos über Nordsyrien, Mesopotamien und Gebiete weiter im Osten. Ihre endgültige Gestalt erhielten diese Reiche erst nach etwa 40-jährigen Kämpfen.[113] Judäa lag geografisch genau an der Bruchlinie zwischen den Seleukiden und

113 Es war eine politisch äußerst komplexe Epoche, und der Leser, der sich detaillierter informieren möchte, sollte die Standardwerke über die Hellenistische Periode konsultieren. Ein guter Einstieg ist z. B. der Artikel über »Graeco-Roman Civilisation« in der *Encyclopedia Britannica.*

den Ptolemäern und war damit ein unvermeidliches Opfer der ständigen Kämpfe zwischen ihnen. (Mehr dazu in Dan 11.)

Die vier Hörner des Ziegenbocks, die das abgebrochene eine Horn ersetzten, sind treffende Symbole dieser vier Reiche. Nach der Beschreibung, die Daniel uns gibt, kann das neue Horn, das aus einem der vier Hörner hervorwächst und das Heiligtum in Jerusalem entweiht, niemand anderes sein als der Seleukidenkönig Antiochus IV., der von 175–164 v. Chr. herrschte. Dass dieses Horn anfangs als »klein« dargestellt wird (Dan 8,9), passt gut zu dem, was wir über Antiochus' Charakter wissen; er scheint ein hinterhältiger, kriecherischer Typ gewesen zu sein, der seine Machtbasis mit Lug und Trug vergrößerte (8,25). Im Besonderen gelang es ihm, »das Land der Zierde« (8,9) unter seine Herrschaft zu bekommen, dessen Hauptstadt Daniels Heimatstadt Jerusalem war. Die Gräuel, die er dort gegen das Volk der Juden beging, waren so abscheulich, dass er in rabbinischen Quellen als *harasha* (»der Böse«) bezeichnet wird.

Wir dürfen nicht vergessen, dass wir heute auf diese Ereignisse zurückschauen, während sie zu Daniels Zeiten noch in der Zukunft lagen. Daniel war, wie gesagt, kein Historiker, der seine Erfahrungen im 2. Jh. v. Chr. niederschrieb; er war ein Prophet im 6. Jh. v. Chr., der von Gott eine besondere übernatürliche Offenbarung über die Zukunft erhielt. Er bekam genügend über die Konturen dieser Zukunft gezeigt, um zu begreifen, dass das, was auf sein Volk zukam, unsagbar furchtbar sein würde. Seine erste Vision hatte ihm gezeigt, dass das schreckliche vierte Tier »Festzeiten und Gesetz ändern« und das Volk Gottes besiegen würde (7,25). Jetzt erfährt er, dass das »kleine Horn« ähnlich gegen Daniels Volk wüten wird: »Und er wird entsetzliches Verderben anrichten und wird erfolgreich sein und handeln. Und er wird die Starken und das Volk der Heiligen vernichten« (8,24).

Doch nicht nur das, sondern dieser Tyrann wird auch das Heiligtum Gottes in Jerusalem schänden, indem er das tägliche

Brandopfer abschafft, diesen öffentlichen Ausdruck der Hingabe Israels an Gott, den Gott selbst geboten hatte. Mit anderen Worten: Das Horn wird sich über Gott und sein Gesetz hinwegsetzen, gerade so wie das vierte Tier in Kapitel 7.

Wir sehen, wie in den ersten drei Abschnitten der zweiten Hälfte des Buches Daniel ein Muster Gestalt annimmt. Zuerst berichtet Daniel über seine eigenen Erfahrungen mit dem Gesetz der Meder und Perser, das erlassen wurde, um ihn zu zwingen, dem Gesetz seines Gottes nicht mehr zu gehorchen. Danach erzählt er von einer früheren Vision, die in dem grausamen König des vierten Reiches gipfelt, der versucht, »Festzeiten und Gesetz zu ändern«. Und danach kommt die Vision eines weiteren überaus mächtigen Königs, der so weit geht, dass er dem Volk Gottes die öffentliche Zeremonie des täglichen Brandopfers verbietet. Insgesamt ergibt sich hier ein Muster der immer aggressiver werdenden Verneinung Gottes und seines Gesetzes durch heidnische Könige.

Die letzte Vision traf Daniel ins Mark, sodass er tagelang krank war. Wenn wir uns anhand der historischen Quellen anschauen, was später unter Antiochus IV. geschah, kann uns diese Reaktion nicht erstaunen. Antiochus' unverfrorenes Wüten gegen Gott war etwas so Ernstes und Hochbedeutsames, dass es in Daniels letzter Vision (Dan 11) erneut thematisiert wird.

Aber diese Betonung von Antiochus IV. hat noch einen weiteren Grund, den man beim ersten Lesen leicht übersieht. Die Vision weist nämlich nicht nur auf die Zeit des Antiochus hin, sondern – so wird es Daniel explizit gesagt – auch auf »die Zeit des Endes« (8,17; NeÜ: »die letzte Zeit«).

Die nahe und die ferne Zukunft

Hier stellt sich sofort die Frage, was, um alles in der Welt, ein Seleukidenkönig des 2. Jh. v. Chr. mit der Zeit des Endes dieser

Welt zu tun haben kann. Die Antwort ist, dass die Person von Antiochus IV. und die von ihm verübten Gräuel lange Schatten in die Zukunft werfen. Am Ende der Zeiten wird so etwas wie ein zweiter Antiochus IV. an die Macht kommen, der ähnliche Dinge tun wird. In dem Antiochus der Seleukidenzeit war der Keim des Bösen angelegt, der in einer noch kommenden Zeit heranreifen und seine furchtbare Wirkung entfalten wird. Antiochus und seine Taten sind ein Prototyp der Zukunft, ein gedankliches Modell, das Daniel und uns helfen kann, uns vorzustellen, was einmal kommen wird – und uns entsprechender Tendenzen in unserer eigenen Zeit bewusst zu werden und sie richtig zu deuten.

Wenn wir die Deutung der Vision lesen, die Daniel von Gabriel erhält, drängt sich der Eindruck förmlich auf, dass hier etwas viel Ferneres und gleichzeitig Unheimlicheres als Antiochus IV. im Visier ist. Gabriel sagt über die vier Reiche:

> *Wenn dann die Herrschaft dieser Reiche zu Ende geht und das Maß ihrer Untaten voll ist, wird ein frecher und hinterlistiger König auftreten. Er wird sehr mächtig werden, wenn auch nicht durch eigene Kraft, und wird ungeheures Verderben anrichten. Was er unternimmt, wird ihm gelingen. Er wird die Starken vernichten und Gottes heiliges Volk ins Verderben stürzen. Dank seiner Schlauheit gelingt ihm der Betrug. In seinem Größenwahn wird er viele ahnungslose Menschen umbringen. Selbst gegen den höchsten Herrn wird er sich erheben, aber schließlich ohne menschliches Zutun zerschmettert werden.*
> (Dan 8,23–25; NeÜ)

Wenn man diese Worte liest, hat man fast den Eindruck, durch die Umrisse von Antiochus und seiner Zeit hindurch in ein noch viel größeres und schrecklicheres Szenario in der Zukunft zu blicken, wenn ein dreister, gewalttätiger König, der in seiner

Listigkeit, Durchtriebenheit und Macht Antiochus IV. gleicht, sich gegen Gott erhebt und schließlich auf übernatürliche Weise vernichtet wird.

Diese Beschreibung passt von ihrem Inhalt her gut zu einem anderen Bibelabschnitt, den wir bereits betrachtet haben: 2Thes 2,1–10 (vgl. das vorangehende Kapitel). Die Parallelen sind auffallend. Sowohl der rücksichtslose König in Daniels Vision als auch der »Gesetzlose« in 2. Thessalonicher 2 erhalten ihre Macht aus einer finsteren Quelle. Sie erheben sich gegen Gott, kämpfen gegen Christus, den »höchsten Herrn«, und werden schließlich durch Gottes übernatürliche Macht vernichtet.

Das aber heißt: Die Prophetien in Daniel 2, 7 und 8 (und auch, wie wir noch sehen werden, in 9 und 11) zielen alle auf diese letzte Manifestation des Bösen in Staat und Obrigkeit, die durch den wiederkommenden Christus vernichtet werden wird. Mit anderen Worten: Wir finden im Buch Daniel verschiedene Darstellungen dieser letzten Zeit aus unterschiedlichen Perspektiven, ähnlich wie wir im Neuen Testament vier Evangelien haben, die uns vier unterschiedliche Einblicke in die Ereignisse geben, die dem christlichen Glauben zugrunde liegen.

Eine moderne Parallele wären hier vielleicht die Astrofotografen, die nacheinander mit roten, grünen und blauen Farbfiltern Aufnahmen von Galaxien machen, die sie anschließend zu einem faszinierenden Gesamtfarbfoto zusammenfügen. In Daniels Visionen finden wir unterschiedliche Einzelbilder, deren Kombination uns eine Vorstellung vom Ganzen geben kann. Antiochus IV. ist nur ein Prototyp für das, was in der Zukunft in einem ganz anderen Maßstab geschehen wird.

Der Aufstieg der griechischen Kultur

Da Antiochus IV. solch eine zentrale Rolle als Denkmodell für die Zukunft spielt, tun wir gut daran, uns die Epoche vor Augen zu führen, in der er lebte. Sie bietet viel Interessantes, aber wir müssen uns mit einer groben Skizze begnügen.

Eine der Folgen der Eroberungen Alexanders des Großen war die Ausbreitung der griechischen Kultur über weite Gebiete der Erde; das Ergebnis war »ein neuer Typus von Zivilisation, bei dem eine Vielzahl von Völkern durch die griechische Sprache kulturell vereinigt wurde«.[114] Mit Alexander begann die sogenannte Hellenistische Epoche in der Geschichte der Menschheit (323–30 v. Chr.). Es war eine Zeit der hohen und berauschenden Kultur. Vor allem die Jahre 280–160 v. Chr. haben uns eine ganze Galerie von intellektuellen Koryphäen geschenkt, die den Grundstein für jene Disziplinen legten, die zur Wissenschaft werden sollten, wie wir sie heute kennen.

Einer meiner Helden ist hier der Mathematiker Euklid (um 365–300 v. Chr.). Es waren seine faszinierenden Erkenntnisse über die Axiome der Geometrie, die in mir die Liebe zur axiomatischen Methode weckten.

Dann der Astronom Aristarchos von Samos (310–230 v. Chr.). Er stellte das erste bekannte heliozentrische Modell des Sonnensystems vor, wobei er die Reihenfolge der Planeten in Bezug auf die Sonne korrekt wiedergab, und all das 1800 Jahre vor Kopernikus. Brillant!

Archimedes (287–212 v. Chr.) entwickelte die Mathematik weiter. Er berechnete die Zahl *pi* mit einer hohen Annäherung. Sein Freund Eratosthenes von Kyrene (276–195 v. Chr.), der dritte Leiter der großen Bibliothek von Alexandria, war ein Universalgenie; er war Mathematiker, Geograf, Astronom, Musiktheoretiker, Dichter und Athlet. Und er war nicht nur Geograf, er begründete die Geografie als Disziplin! Er schuf als Erster trigonometrische Tabellen und berechnete den Erdumfang und die Neigung der Erdachse mit bemerkenswerter Genauigkeit.

114 »Hellenistic Age«, *Encylopedia Britannica.*

Hipparchos (190–120 v. Chr.) gilt als der größte empirisch arbeitende Astronom der Antike. Er baute auf dem Wissen der Babylonier auf und entwickelte eine Methode zur Vorhersage von Sonnenfinsternissen.

Aber ich will nicht nur von Naturwissenschaftlern reden. Ich muss auch den Historiker Polybios erwähnen (200–118 v. Chr.), dessen *Historien*, eine Art Universalgeschichte, die Zeit von 264–146 v. Chr. abdecken. Seine Theorien über die Gewaltenteilung haben sehr viel später die Verfassung der USA mitgeprägt.

Dionysios Thrax (170–90 v. Chr.) gilt als der Verfasser der ersten bekannten Grammatik der griechischen Sprache. Es war die Blütezeit der epikureischen und stoischen Philosophen. Eine Zeit, in der solch berühmte Kunstwerke wie die *Venus von Milo* entstanden.

Das Museum von Alexandria mit seiner großen Bibliothek war ein führendes Forschungszentrum und ein Treffpunkt für Gelehrte und Schriftsteller. Kallimachus, der bedeutendste griechische Dichter des 3. Jh. v. Chr., besorgte die Katalogisierung der ca. 500 000 Schriftrollen der Bibliothek. Auch in anderen Städten gab es große Bibliotheken, und auf der Insel Rhodos z. B. gab es berühmte Schulen für Rhetorik und Philosophie.

Viele Griechen gingen als Händler und Söldner ins Ausland und ließen sich in Alexandria und anderen Städten nieder, die von Alexander dem Großen gegründet worden waren. Sie erbauten Sportanlagen, Theater, Ringkampfschulen und alle möglichen Vereinsstätten. Das griechische Recht war die Basis für Wirtschaft und Politik. Die Einheimischen merkten bald, dass es ihnen Vorteile brachte, wenn sie die hellenistische Kultur übernahmen, war dies doch die Kultur der Oberschicht. Viele nahmen griechische Namen an und besuchten griechische Schulen.

Mit der griechischen Kultur kam auch die griechische Religion. Überall wurden griechische Tempel erbaut, bis hinein in den heutigen Iran. Die reisenden Griechen lernten die Religionen des Ostens kennen, einschließlich des babylonischen Marduk- und Ischtarkultes, was dazu führte, dass sich die Glaubensvorstellungen vermischten. Viele hatten den Eindruck, dass es nur einen Gott gab, egal, unter wie vielen Namen er angerufen wurde. Mysterienreligionen, die eine Art persönliche Erlösung anboten, blühten überall im Reich auf, ebenso wie Magie und Okkultismus. Interessanterweise förderten die Seleukidenherrscher im Osten die Renaissance Babylons mit seiner alten Religion und der Keilschrift; die Kultur Nebukadnezars wurde wiedergeboren.

Kommt Ihnen hier auch manches bekannt vor? Die hellenistische Epoche im alten Orient weist etliche Gemeinsamkeiten mit unserer heutigen Zeit auf. Was uns eigentlich nicht überraschen sollte, wenn man bedenkt, wie viel unsere moderne Zivilisation den alten Griechen verdankt.

Werden wir nach diesem Überblick konkreter und schauen uns das Reich der Seleukiden an, aus dem Antiochus IV. stammte. Seine Hauptstadt war Antiochia am Orontes in Syrien, und zur Zeit seiner größten Ausdehnung reichte es von Kleinasien über Mesopotamien bis in den heutigen Iran. Es war ein wahrer Schmelztiegel von Völkern und Kulturen, der aufgrund seiner Größe und Vielfalt schwer zu kontrollieren war und dessen viele Fraktionen eine schwache Regierung hervorbrachten.

Es war eine Zeit endloser Spannungen und Kämpfe unter dem ständig wachsenden Schatten der Römer, die schließlich das Reich der Griechen annektieren würden. Der Vater von Antiochus IV., Antiochus III., musste nach der Niederlage gegen die Römer in der Schlacht bei den Thermopylen 191 v. Chr. Griechenland räumen. Die Römer legten ihm harte Friedensbedingungen auf, in Form von Reparationszahlungen und Gebietsabtretungen in Kleinasien, die seine Pläne zunichtemachten, ein zweiter Alexander der Große zu werden. Er richtete sein militärisches Augenmerk auf den Süden, besiegte 198 v. Chr.

die Ägypter in der Schlacht von Panium, nahe der Jordanquelle, und beendete damit die ptolemäische Herrschaft in Judäa.

Antiochus III. gewährte den Juden anfangs noch eine gewisse Autonomie. Flavius Josephus erwähnt in seinen *Jüdischen Altertümern*, dass er ihnen gestattete, »nach den Gesetzen ihrer Väter zu leben«.[115] Doch gleichzeitig begann er eine Hellenisierungskampagne, in deren Rahmen er unter anderem heidnische Götzenbilder im jüdischen Tempel aufstellen ließ. Als die Juden protestierten, machte Antiochus einen Rückzieher.

Tetradrachme von Antiochus IV.; Text der Inschrift: König Antiochus, der Erschienene Gott, Träger des Sieges

Sein Sohn Antiochus IV., der 175 v. Chr. den Thron bestieg und bis 164 v. Chr. über die Juden regierte, war aus anderem Holz geschnitzt als sein Vater. Er war der erste Seleukidenherrscher, der sich auf seinen Münzen als göttlich bezeichnete und zu diesem Zweck den Titel *Epiphanes* (»der Erschienene [Gott]«) wählte. Aufgrund seines exzentrischen Verhaltens wurde dieser Titel gerne als *Epimenes* (»Wahnsinniger«) parodiert.

115 Flavius Josephus, *Jüdische Altertümer,* übers. von Dr. Heinrich Clementz (Wiesbaden: marixverlag, 3. Aufl. 2011), S. 554. (= Buch XII, Kap. 3, §3)

Antiochus Epiphanes

Um in seinem großen multikulturellen Reich seine Macht zu konsolidieren, forcierte Antiochus IV. die Hellenisierung. Zu dieser Strategie gehörte auch der Versuch, eine Einheitsreligion zu schaffen, notfalls mit Gewalt. Er konnte den engstirnigen Exklusivismus des Judentums mit seiner Hingabe an einen einzigen Gott und der Ablehnung aller anderen nicht tolerieren. Mit dieser Politik folgte er unbewusst dem Weg vieler Herrscher vor ihm, wie Nebukadnezar mit seinem goldenen Standbild und Darius mit seinem Erlass. Aber Antiochus ging noch weiter – viel weiter.

Er schockierte die Juden, als er die Völker des Mittelmeerraums dazu aufforderte, ihn als den kanaanitischen Baal zu verehren, einen Naturgott, der für die Israeliten der Inbegriff des Heidentums und Götzendienstes war. Antiochus versuchte, sie erneut zu eben jenem faulen Kompromiss zu zwingen, der ihnen einige Jahrhunderte zuvor das Babylonische Exil eingebracht hatte.

Es gab auch Juden, die diese Entwicklung akzeptierten, ja, begrüßten. Eine sehr wichtige Quelle für die jüdische Geschichte dieser Epoche sind die apokryphen Makkabäerbücher, die uns die Ereignisse aus der Perspektive der gläubigen Juden schildern. Hier ein Auszug:

> *Zu dieser Zeit traten in Israel frevelhafte Leute auf; die überredeten viele und sagten: Lasst uns ein Bündnis mit den Völkern ringsum schließen; denn wir haben viel leiden müssen seit der Zeit, da wir uns von den Völkern abgesondert haben. Diese Meinung gefiel ihnen gut. Und einige aus dem Volk entschlossen sich, zum König zu gehen; der gestattete ihnen, heidnische Lebensweisen einzuführen. Da richteten sie in Jerusalem ein Gymnasion her, wie es auch die Heiden hatten, ließen ihre*

> *Vorhaut wieder herstellen und fielen vom heiligen Bund ab, passten sich den andern Völkern an und gaben sich dazu her, allen Lastern zu frönen.* (1Mak 1,11–15; LUT)

Diese abtrünnigen Juden schienen den Eindruck zu haben, dass sie durch ihr Jüdisch-Sein etwas verpasst hatten, ja, dass die ursprüngliche Herauslösung aus den Heiden die eigentliche Ursache ihrer Probleme war. Sie fanden die griechische Kultur und Lebensart sehr attraktiv. Sie legte ihnen viel weniger moralische Fesseln an als das Gesetz des Mose und ermöglichte ihnen, ihren Wünschen freien Lauf zu lassen. Sie eröffnete ihnen eine ganz neue Welt des Sports und der Unterhaltung, die ihnen bis dahin fremd gewesen war, ganz zu schweigen von der intellektuellen Stimulierung durch eine Kultur des freien Austausches von Ideen, bei dem man sich nicht auf eine bestimmte Weltanschauung festlegen musste. Und es war nicht nur ein Teil des einfachen Volkes, der die Hellenisierung begrüßte, sondern eine ganze Partei führender Persönlichkeiten, an deren Spitze kein Geringerer als der amtierende Hohe Priester Jason stand, der sich von jeglichem Glauben, dass die Bibel (also unser heutiges Altes Testament) von Gott kam, verabschiedet hatte.

Ein Teil der damaligen Juden befand sich im Freiheitsrausch, und Antiochus lieferte ihnen den »Stoff«.

Ein ganz ähnliches Verständnis von »Freiheit« haben viele unserer Zeitgenossen heute, und sie begründen damit, warum sie von Gott nichts mehr wissen wollen. Der Gott der Bibel, so behaupten sie, wolle ihnen ihre Freiheit, ihre Individualität, ihre Selbstentfaltung wegnehmen. Sie wollen frei sein von jeglicher Autorität, die über dem Menschen steht, und sie glauben, dass die säkulare Gesellschaft ihnen diese ersehnte Freiheit geben könne.

Wie für viele Menschen heute war das griechische Lebensideal das Streben nach dem Guten (Glück), und man legte großen Wert auf die menschliche Vernunft als Mittel, um dies zu erreichen. Das Maß aller Dinge war der Mensch. Heute finden wir das Gleiche in einer »christlichen« Version, und die sieht so aus:

> *Ein Jesus, der das Gewissen beruhigt, ein Kreuz, das kein Anstoß mehr ist, ein Reich Gottes, das diese Welt in Ruhe lässt, ein Geist, der sich im Privaten erschöpft, eine Westentaschenausgabe von Gott, eine vergeistigte Bibel und eine abgehobene Kirche. Das Ziel ist ein glückliches, bequemes, erfolgreiches Leben, das man über die Vergebung einer bloß abstrakten Sündhaftigkeit durch den Glauben an einen unhistorischen Christus bekommt.*[116]

Für die gläubigen Juden war die griechische Religion das genaue Gegenteil von allem, wofür das Judentum stand. Ihre Götter waren bloße mythologische (oder, modern ausgedrückt, freudsche) Projektionen menschlicher Gefühle wie Begehren, Angst, Gier, Neid und Zorn. Der rechtgläubige Jude dagegen glaubte an einen Gott, der sich offenbart hatte – etwas, was die alten Griechen wie so viele moderne Menschen mit Kopfschütteln quittierten.

Wie viele andere Herrscher auch stand Antiochus IV. vor der schwierigen Aufgabe, ein ganzes Sammelsurium von Völkern und Religionen zu vereinen. Dabei wusste er sehr wohl, wie tief die Loyalität zu einer Religion gehen kann. Er sah deutlich, dass das Gravitationszentrum dieser Juden ihr Gott war und nicht er. Ihre Treue zu ihrem Gott und seiner Offenbarung war stärker als jede Loyalität, die sie einem menschlichen König und seinen Befehlen entgegenbringen konnten. Das erste Gebot ihrer Religion – »Du sollst keine anderen Götter haben neben mir« – war eine unverhüllte Provokation für einen König,

116 Orlando E. Costas, *Christ Outside the Gate* (Maryknoll, New York: Orbis Books, 1982), S. 80.

der sich selbst »der Erschienene Gott« nannte. Antiochus hasste diese Judenreligion und war entschlossen, sie auszurotten. Er musste diese religiöse Loyalität auf seine eigene Person umlenken! Was er dann auch versuchte, wie einst Nebukadnezar und der ahnungslose Darius, mit furchtbaren Folgen für die winzige Provinz Judäa.

Auf dem Rückweg von einem seiner Feldzüge gegen Ägypten fiel er in Jerusalem ein, wo er bewusst den Tempel entweihte. Er betrat das Heiligtum und entfernte den goldenen Altar, an dem der Hohe Priester seine Gebete verrichtete, den goldenen Leuchter und zahlreiche der goldenen und silbernen kultischen Gefäße.

In Daniels Vision über die Schändung des Tempels werden diese Details nicht erwähnt, aber man denkt unwillkürlich zurück an den Anfang von Daniels Geschichte, als Nebukadnezar einen Teil der Tempelgeräte mit nach Babylon nahm. Und an die Rolle, die diese Gefäße bei Belsazars Gastmahl spielten. Jetzt vergriff sich auch Antiochus an ihnen. Aber das war erst der Anfang.

Ein paar Jahre später griff Antiochus Jerusalem mit einer beträchtlichen Streitmacht an und vergoss viel Blut. Es folgte ein Erlass, der im 1. Makkabäerbuch beschrieben wird:

König Antiochus erließ ein Gebot für sein ganzes Reich, dass alle zu einem Volk werden und ihre Gesetze aufgeben sollten. Und alle Völker willigten in das Wort des Königs ein. Und auch viele aus Israel willigten ein und opferten den Götzen und entweihten den Sabbat. Auch sandte Antiochus Boten mit Briefen nach Jerusalem und in alle Städte Judäas; in ihnen gebot er, die Gebräuche der Heiden anzunehmen, die Brandopfer, Speisopfer und Sündopfer im Heiligtum einzustellen, Sabbate und andere Feste abzuschaffen, das Heiligtum und das heilige Volk Israel zu entheiligen, Altäre, Tempel und Heiligtümer für die Götzen zu errichten, Schweine und andere unreine Tiere zu opfern. Auch die Beschneidung ihrer Söhne verbot er. So brachte er die Leute dazu, sich in allem mit Unreinheit und Gräuel zu beflecken, damit sie Gottes Gesetz vergäßen und alle seine Rechtsordnungen abschafften. Und wer dem König Antiochus nicht gehorsam wäre, der sollte sterben. Dies Gebot ließ er ausgehen durch sein ganzes Königreich und setzte Aufseher ein, die das ganze Volk zwingen sollten, dies zu halten. Den Städten Judäas befahlen sie zu opfern, Stadt für Stadt. (1Mak 1,41–51; LUT)

Antiochus verbot die jüdische Religionsausübung in einem Ausmaß, das sich selbst die intriganten Beamten unter Darius nicht im Traum hätten vorstellen können. Er verbot die Einhaltung des Sabbats und die jährlichen jüdischen Feste. Und – genau wie von Daniel vorhergesagt – er stellte das tägliche Opfer im Tempel ein. Dies war eine tägliche Zeremonie, bei welcher ein ganzes Tier verbrannt wurde, als Symbol der völligen Hingabe Israels an Gott: »Und du sollst den HERRN, deinen Gott, lieben mit deinem ganzen Herzen und mit deiner ganzen Seele und mit deiner ganzen Kraft« (5Mo 6,5). Das konnte Antiochus nicht tolerieren, und so verbot er es. Und er ging noch weiter und ließ auf dem Altar heidnische Opfer darbringen – der Gipfel der Gotteslästerung. (Dieser Punkt wird in Daniel 9 erneut zur Sprache kommen.)

Wie Nebukadnezar und viele andere vor und nach ihm konnte Antiochus niemanden dulden, der sich nicht vor ihm beugte. Er war entschlossen, den Geist dieser Menschen zu brechen. Und so verbot er auch das öffentliche Lesen aus dem Gesetz Moses und befahl, alle vorhandenen Exemplare des Gesetzes einzusammeln und zu verbrennen, ja, er verbot bei Todesstrafe sogar die Befolgung des Gesetzes. Nicht zuletzt verbot er auch die Beschneidung; er ging dabei so weit, dass er männliche jüdische Säuglinge, die beschnitten worden waren, um den Hals ihrer Mütter hängte und Mutter und Kind von den Mauern Jerusalems hinunterwerfen ließ.

Dieses widergöttliche Wüten erreichte seinen Höhepunkt am 25. Tag des Monats Kislew (nach unserem Kalender im Dezember) des Jahres 167 v. Chr., als Antiochus den Tempel in Jerusalem in aller Form Zeus weihte, dem obersten Gott des griechischen Götterhimmels. Es war eine noch nie dagewesene Gotteslästerung. Nebukadnezar, Belsazar und Darius hatten sich Gott widersetzt, aber so etwas hatte keiner von ihnen gewagt. Antiochus' Tat war eine neue Dimension des Bösen. In die Geschichte der Juden ist sie als »Gräuel der Verwüstung« eingegangen (Dan 9,27; Mt 24,15).

Daniel sagt voraus, dass etwas ganz Ähnliches in der letzten Zeit geschehen wird; und in klarer, nicht symbolischer Sprache lesen wir bei Paulus:

> *Zuerst muss der Aufruhr gegen Gott kommen und der »Mensch der Gesetzlosigkeit«, der zur Vernichtung bestimmt ist, muss auftreten. Er wird sich auflehnen und über alles hinwegsetzen, was Gott oder Heiligtum genannt wird, bis er sich schließlich im Tempel Gottes niederlässt und für Gott ausgibt.* (2Thes 2,3–4; NeÜ)

Antiochus war beinahe an diesem Punkt angelangt, als er in seinem Größenwahnsinn in den Tempel marschierte und ihn entweihte.

Und Gott reagierte nicht. Wie konnte sich ein heidnischer Polytheist auf den heiligsten Boden der Erde begeben, sich dem lebendigen Gott widersetzen, dessen Name dort wohnte, Gottes Gebote und Verordnungen abschaffen und ungestraft davonkommen?

Es schien, als sei jede Spur Gottes aus dem Universum verschwunden. Antiochus muss voller Schadenfreude gewesen sein bei dem Gedanken, dass er Gott aus der Welt verbannt hatte. Wie konnte ein vernünftiger Mensch es weiter mit dieser jüdischen Religion halten, wenn sie doch offensichtlich so hohl war? Es war eine furchtbare Situation für die gläubigen Juden.

Doch Antiochus hatte nicht bedacht, wie tief der Volkszorn ging, den er hier heraufbeschworen hatte. Dieser Zorn entlud sich in dem, was als der Makkbäeraufstand in die Geschichte eingegangen ist, so benannt nach seinem Anführer, Judas Makkabäus (»Judas der Hammer«). Judas war einer der fünf Söhne des Priesters Mattatias, der in Modeïn wohnte, einem knapp 30 Kilometer von Jerusalem gelegenen Dorf. Es war Mattatias selbst, der die Flamme des Widerstands entzündete, indem er einen Juden, der gerade den heidnischen Göttern opfern wollte, sowie einen anwesenden königlichen Aufseher tötete. Darauf floh er mit seiner Familie in die Berge, wo er eine Widerstandstruppe aufbaute, die entschlossen war, dem Bösen ein Ende zu setzen, das Antiochus den Juden aufgezwungen hatte.

Der Makkabäeraufstand, der darauf folgte, war historisch vielschichtig. Die Aufständischen kämpften nicht nur gegen die seleukidischen Besatzer, sondern auch gegen ihre jüdischen Kollaborateure, was den Konflikt zeitweise zu einem Bürgerkrieg werden ließ. 164 v. Chr., drei Jahre nach der Entweihung des Tempels durch Antiochus, konnten Judas und seine Kämpfer ganz Jerusalem zurückerobern, bis auf Antiochus' Zitadelle, die Akra, die auf einer Anhöhe über dem Tempelareal thronte. Zur Reinigung des Heiligtums und zum Bau eines neuen Altars aus unbehauenen Steinen wählte Judas Priester aus, die sich als integer erwiesen hatten. Zur Erinnerung an ihre feierliche Wiedereinweihung des Tempels begehen die Juden bis heute das Chanukka-Fest (*Chanukka* = »Einweihung«), das acht Tage dauert und am 25. Kislew des jüdischen Kalenders beginnt.

Gott erscheint – diesmal wirklich

Fast 200 Jahre später war der König der Könige persönlich zur Zeit des Chanukka-Festes (auch Fest der Tempelweihe genannt) in der Säulenhalle Salomos im Tempel in Jerusalem. Der Evangelist Johannes berichtet:

> *Da umringten ihn die Juden und sprachen zu ihm: Bis wann hältst du unsere Seele hin? Wenn du der Christus bist, so sage es uns frei heraus. Jesus antwortete ihnen: Ich habe es euch gesagt, und ihr glaubt nicht. Die Werke, die ich in dem Namen meines Vaters tue, diese zeugen von mir; aber ihr glaubt nicht, denn ihr seid nicht von meinen Schafen, wie ich euch gesagt habe. Meine Schafe hören meine Stimme, und ich kenne sie, und sie folgen mir; und ich gebe ihnen ewiges Leben, und sie gehen nicht verloren in Ewigkeit, und niemand wird sie aus meiner Hand rauben. Mein Vater, der sie mir gegeben hat, ist größer als alle, und niemand kann sie aus der Hand meines Vaters rauben. Ich und der Vater sind eins.*
>
> *Da hoben die Juden wieder Steine auf, dass sie ihn steinigten. Jesus antwortete ihnen: Viele gute Werke habe ich euch von meinem Vater gezeigt. Für welches Werk unter ihnen steinigt ihr mich? Die Juden antworteten ihm: Wegen eines guten Werkes steinigen wir dich nicht, sondern wegen Lästerung, und weil du, der du ein Mensch bist, dich selbst zu Gott machst.* (Joh 10,24–33)

An der Stelle, wo einst Antiochus IV. gestanden hatte, der sich *Epiphanes* (»Der Erschienene Gott«) nannte, stand jetzt Jesus. Er sagte: »Ich und der Vater sind eins«, und die Juden waren entsetzt. War dies eine Wiederholung der Geschichte von *Chanukka?* Es gab nur zwei mögliche Antworten auf Jesu Aussage: Entweder war dies die totale Gotteslästerung, oder die Behauptung war wahr. Die Juden entschieden sich für die Gotteslästerung und begannen, Steine aufzuheben, um Jesus zu töten. Nicht lange, und der Hohe Rat würde ihn durch die Römer hinrichten lassen.

Aber noch war es nicht so weit. Seinen Jüngern erklärte Jesus später, was für Folgen es haben würde, dass die jüdischen Führer ihn als ihren rechtmäßigen König ablehnten. Es würde zu einem neuen Exil und einer erneuten Zerstörung Jerusalems kommen. Doch der Tag würde kommen, an dem er wiederkäme, und Jesus verknüpfte diese Wiederkunft mit der Prophetie Daniels:

> *Wenn ihr nun den Gräuel der Verwüstung, von dem durch Daniel, den Propheten, geredet ist, an heiliger Stätte stehen seht – wer es liest, der merke auf! –, dann sollen die in Judäa auf die Berge fliehen […]*
>
> *Denn dann wird große Bedrängnis sein, wie sie von Anfang der Welt bis jetzt nicht gewesen ist und auch nie sein wird. […]*
>
> *Aber gleich nach der Bedrängnis jener Tage […] wird das Zeichen des Sohnes des Menschen am Himmel erscheinen; und dann werden wehklagen alle Stämme der Erde, und sie werden den Sohn des Menschen kommen sehen auf den Wolken des Himmels mit großer Macht und Herrlichkeit.* (Mt 24,15.21.29–30)

Zwei Dinge sind hier offensichtlich: dass für Jesus die Erfüllung der Prophetie Daniels noch in der Zukunft lag und dass er seine eigene Wiederkunft als der verherrlichte Menschensohn auf den Wolken des Himmels mit dieser Erfüllung verknüpfte. Jesus persönlich zeigt uns hier, dass Daniel 7 und Daniel 8 von demselben Thema handeln.

Also: An einem zukünftigen Tag wird ein anderer an dem Ort stehen, wo Antiochus IV. Gott lästerte und wo Jesus den berechtigten Anspruch erhob, Gott zu sein. Unter dem Jubel der Weltöffentlichkeit wird dieser künftige Machthaber behaupten, das höchste Wesen im Universum zu sein. An diesem Tag wird der Aufstand des Menschen gegen Gott den Höhepunkt der absoluten geistlichen Anarchie erreichen. Die alte Lüge der Schlange im Garten Eden – »Ihr werdet wissen, was Gut und Böse ist, und werdet sein wie Gott« (1Mo 3,5; NeÜ) – wird scheinbar zur Wahrheit geworden sein. Es wird als der endgültige Triumph des Menschen über Gott erscheinen.

Doch wenn diese Person sich zu Gott erklären wird, wird sie dies nicht als Theist tun. Es werden die Worte eines Antitheisten sein. Dieser künftige Weltherrscher wird nicht glauben, dass es einen übernatürlichen Gott gibt, der der Schöpfer des Himmels und der Erde und der Herr der Geschichte ist. Er wird all das abgelehnt haben. Er wird nur an sich selbst glauben – an sich als Gipfel des evolutionären Prozesses, als Punkt Omega der Geschichte, als biologischer Übermensch. Und er wird das stärkste aller menschlichen Gefühle, die religiöse Hingabe, ganz bewusst als Werkzeug zur Stärkung seiner Macht und Position einsetzen. Er wird hochintelligent sein (vgl. die »Augen wie Menschenaugen«, Dan 7,8) und eine Macht haben, die weit über die von Nebukadnezar, Darius, Alexander oder den Cäsaren hinausgeht, die ihren Zeitgenossen als unbesiegbar erschienen. Dieser absolut böse Mensch wird den übernatürlichen Gott des Himmels ablehnen, aber seine Macht, die Welt in seinen Bann zu ziehen, wird ironischerweise aus dem Bereich des Übernatürlichen kommen – aus dem Reich der Finsternis, des Teufels, ob er nun an einen Teufel glaubt oder nicht.

Doch seine Herrschaft wird nicht von Dauer sein. Wie bei allen anderen irdischen Reichen auch, wird sie nur vorübergehend sein. Zur Zeit Antiochus IV. säuberte Judas Makkabäus den Tempel, und nach Daniel 8 wird nach 2300 Tagen (also knapp sechseinhalb Jahren) der Tempel wiederhergestellt werden. Jesus hat dies bestätigt, als er sagte, dass nach einer ungeheuren Drangsalszeit er selbst in Macht und Herrlichkeit wiederkommen wird, um den Menschen der Gesetzlosigkeit zu vernichten und sein eigenes Reich heraufzuführen.

All dies liegt natürlich noch vor uns. Über Antiochus IV. und seine Zeit gibt es für uns nicht mehr viel zu sagen. Er starb im Jahr der Wiedereinweihung des Tempels, und es folgten ein paar Friedensjahre unter Judas Makkabäus. Als dieser fünf Jahre später starb, wurde sein Bruder Jonatan sein Nachfolger. Jonatan wurde ein Freund des neuen Königs Alexander Balas, der ihn um 153 v. Chr. zum Hohen Priester von Jerusalem ernannte – der Beginn der Priesterdynastie der Hasmonäer. Doch Jonatan stammte nicht aus der Linie Aarons, wie dies nach dem Gesetz des Moses für den Hohen Priester vorgeschrieben war, und dies befremdete die Traditionalisten, die darauf eine starke Oppositionsfraktion bildeten – die späteren »Pharisäer«.

Jonatan starb durch Verrat. Sein Nachfolger wurde sein Bruder Simon, der 135 oder 134 v. Chr. ermordet wurde. Ihm folgte sein Sohn Johannes nach – Johannes I. Hyrkan. Dieser besaß nichts von dem Eifer seines Großvaters, der den Aufstand gegen Antiochus IV. angeführt hatte, und war im Grunde ein Sadduzäer; die Sadduzäer aber verneinten die Dimension des Übernatürlichen und hingen dem Weltbild an, das Johannes' Großvater, Vater und Onkel so entschieden bekämpft hatten.

Die Zeit der widergöttlichen Ideologien geht weiter

Die zwangsweise Einführung einer heidnischen Religion, die gezielte Entweihung heiliger Stätten, Widerstand und Bürgerkrieg – das war damals, vor vielen Jahrhunderten, aber was hat das mit uns zu tun? So denken heute viele Christen, vor allem im Westen.

Aber die Geschichte ist noch nicht zu Ende. Daniel fordert uns auf, wachsam zu sein, denn etwas ganz Ähnliches wie damals in Judäa wird wieder geschehen, nur in ungleich größerem Maßstab. In den westlichen Ländern haben wir eine jahrzehntelange Phase hinter uns, die ungewöhnlich ruhig war und in der die Menschen in einer mehr oder weniger christlichen Kultur lebten, aus der viele Institutionen hervorgingen, die dem Frieden förderlich sind. Gleichzeitig hat es im vergangenen Jahrhundert in der Welt mehr Blutvergießen gegeben als in all den Jahrhunderten davor, und wir müssen uns der Tatsache stellen, dass ein Großteil dieses Blutvergießens auf das Konto widergöttlicher Ideologien geht, die den Menschen von machtbesessenen Diktatoren aufgezwungen wurden. Leute wie Stalin, Mao und Pol Pot übertreffen Antiochus IV. in Bezug auf die Millionen, die sie in den Tod trieben. Hitlers Wüten gegen die Juden, das Millionen von ihnen den Tod brachte, ist ohne Parallele in der Weltgeschichte. Wenn wir die heidnische Zwangskultur der Seleukidenzeit mit dem Staatsatheismus der Moderne vergleichen, dann sehen wir, dass die Motive, die Antiochus IV. antrieben, nach wie vor quicklebendig sind.

Enver Hoxha, der Führer der Sozialistischen Volksrepublik Albanien, der jegliche Art von Religion verbot, weckt in der Tat starke Erinnerungen an Antiochus. In Artikel 37 der albanischen Verfassung von 1976 hieß es: »Der Staat erkennt keine Religion an und unterstützt die atheistische Propaganda, um den Menschen eine wissenschaftliche, materialistische Weltanschauung zu vermitteln.« Das Strafgesetzbuch von 1977 sah für »religiöse Propaganda und die Herstellung, Verteilung oder Aufbewahrung religiöser Literatur« Gefängnisstrafen zwischen drei und zehn Jahren vor.

Ein anderes Beispiel ist *Juche*[117], die offizielle Staatsideologie von Nordkorea. Dazu die *New World Encyclopedia:*

117 oder Chuch'e-Ideologie *(Anm. d. Verl.)*

Laut Kim Jong-il[118] *ist die* [Juche-]*Doktrin ein Teil des Kim-Il-sung-ismus, nach ihrem Begründer und seinem Vater, Kim Il-sung. Das Grundprinzip der Juche-Ideologie lautet seit den 1970er-Jahren, dass »der Mensch Herr über alles ist und alles entscheidet«. [...] Juche bedeutet wörtlich »Subjekt«; in nordkoreanischen Quellen wird es auch mit »Unabhängigkeit« und »Geist der Autarkie« übersetzt.*

Die Juche-Theorie ist eine Art politische Ideologie, aber ihre Basis ist die Vergötterung und Mystifizierung von Kim Il-sung (1912–1994). Ihre religiösen bzw. pseudoreligiösen Eigenschaften unterscheiden die Juche-Ideologie von allen anderen Formen des Marxismus, einschließlich des Marxismus-Leninismus der früheren Sowjetunion, des europäischen Neomarxismus, des Maoismus und selbst des Stalinismus. Für die Juche-Ideologie ist Kim das »ewige Staatsoberhaupt«, ein messianischer Befreier der Menschheit; Nordkorea ist eine erwählte Nation, und die Nordkoreaner sind ein erwähltes Volk, das den Auftrag bekommen hat, die Welt zu befreien. Während Angst und Terror die klassischen Methoden zur physischen Kontrolle der Massen in einem totalitären Staat sind, ist die Juche-Ideologie ein Werkzeug zur inneren Beherrschung ihres Denkens. [...][119]

Im 21. Jahrhundert ist dies die Ideologie eines Landes, in dessen Zentrum die Vergötterung einer Führerperson steht – Kim Il-sung. Es ist genau das, was wir schon in der Antike gefunden haben. Um erneut die *New World Encyclopedia* zu zitieren:

118 Kim Jong-il war 1994–2011 der Diktator Nordkoreas. *(Anm. d. Übers.)*
119 http://www.newworldencyclopedia.org/entry/Juche

Sein Geburtsort und die Stätten seines Wirkens sind heilige Stätten, zu denen die Nordkoreaner Wallfahrten unternehmen. In jedem Haushalt hängt sein Porträt an der Wand, und die Menschen beginnen jeden Tag mit dem Rezitieren seiner Worte. Es gibt regelmäßige Selbstprüfungsversammlungen, in denen man Buße für seine Missetaten, für falsche Gedanken und Verhaltensweisen tun kann, auf der Basis der als heilige Schrift verstandenen Worte Kims. Ausgehend von der Vergötterung Kims wird Nordkorea als das erwählte Volk bezeichnet, und die Nordkoreaner werden in dem Bewusstsein erzogen, den Auftrag zu haben, die »Menschheit zu befreien«.

Als Ersatzreligion definiert die Juche-Ideologie das Wertesystem der Menschen, gibt ihrem Leben und Tun seinen Sinn und definiert die Normen für das Alltagsleben. Sie durchdringt jeden Aspekt des gesellschaftlichen und kulturellen Lebens in Nordkorea; der Zugang zu ausländischen Informationsquellen wird strikt kontrolliert.

Die Glorifizierung Kims zeigt sich auch in der nordkoreanischen Verfassung. Jeder Absatz der Präambel beginnt mit einer Huldigung Kims, und das Rechtssystem ist von der Kim-Verehrung durchdrungen. Mit anderen Worten: Wer Zweifel an Kim Il-sung äußert oder eine kritische oder skeptische Haltung zu dieser Ideologie hat, ist ein Übeltäter, der nach dem Gesetz bestraft werden muss.

Die Juche-Ideologie schafft ein Glaubenssystem, in welchem, äußerlich gesehen, die Menschen sich frei dafür entscheiden können, seine totalitäre Herrschaft zu unterstützen. Wer indessen nicht bereit ist, dieses Glaubenssystem anzunehmen, gilt als »Verräter«, und jeder Versuch, faktisch von dieser Norm abzuweichen, ist vor dem Gesetz strafbar. In der Praxis wird die Juche-Ideologie den Untertanen mit Angst und Terror aufgezwungen.

Insofern ist die politische Ideologie von Nordkorea ein Paradebeispiel für Totalitarismus.[120]

Das Beängstigende am Totalitarismus ist unter anderem das Maß an Betrug und Manipulation, das eingesetzt wird, um den Menschen die Wahrheit vorzuenthalten. In diesem Zusammenhang ist ein Detail bei dem »kleinen Horn« und seiner Machtergreifung in Daniel 8 bezeichnend. Es heißt dort in Vers 12: »Und das Horn warf die Wahrheit zu Boden.« (NeÜ: »So trat es die Wahrheit mit Füßen.«) Und in der folgenden Erklärung der Vision erfahren wir, dass der König »mit hartem Gesicht« durch »Ränke« erfolgreich sein wird (8,23).

Paulus äußert sich folgendermaßen über das Kommen des »Gesetzlosen«:

Dieser Gesetzlose wird mit Satans Hilfe auftreten und alle möglichen Machttaten, Zeichen und Wunder vollbringen und die Menschen verblenden. Alle, die ins Verderben gehen, wird er mit seinen Verführungskünsten zum Bösen verleiten. (2Thes 2,9–10; NeÜ)

Das Verhältnis zwischen Macht und Wahrheit ist ein Schlüsselelement, vor allem in der heutigen Welt mit ihrem starken postmodernen Relativismus – einem Denken, das seine Wurzeln im antiken griechischen Skeptizismus hat. Viele unserer Zeitgenossen interessieren sich viel mehr für ihre Gefühle und was eine Sache ihnen »bringt« als für die Frage, was tatsächlich wahr ist. Aber die Wahrheitsverweigerung hat ihren Preis.

Nach seinem Bruch mit dem Kommunismus schrieb Arthur Koestler:

120 Ebd.

> *Meine Parteierziehung hatte mich mit so kunstvollen geistigen Stoßdämpfern und dialektischen Wattepolstern ausgestattet, dass alles Gesehene und Gehörte sich automatisch in den vorgefassten Rahmen fügte.*[121]

Relativismus schwächt die geistigen und moralischen Widerstandskräfte gegen den Totalitarismus und macht anfällig für Manipulation und Betrug, mit dem Endergebnis, dass die »Wahrheit«, die wir glauben, von denen diktiert wird, die die Macht haben – eine furchtbare Situation, die den Menschen entwürdigt. Nun ist mir klar, dass viele die oben von mir zitierten Beispiele mit der Bemerkung abtun werden: »Gut, aber dieses extremistische Denken ist doch am Aussterben, weil es einfach nicht haltbar ist. Wir brauchen keine Angst zu haben, dass das noch einmal passiert. Wir sind doch mittlerweile zu zivilisiert, um uns auf solche Gewalt einzulassen. Warum soll ich es ernst nehmen, wenn Daniel durchblicken lässt, dass das noch einmal passieren wird, und sogar noch schlimmer und in globalem Ausmaß?«

Ich kann diese Reaktion gut verstehen, ja, zum Teil kenne ich sie von mir selbst. Es ist so beruhigend zu denken, dass wir diese Dinge für immer hinter uns gelassen haben. Doch die Realität sagt mir, dass es so einfach nicht ist. Es gibt Dinge, die haben wir nie hinter uns. Die Gewalt in der Welt ist nicht am Aussterben, allen Beteuerungen von Stephen Pinker (s. Kapitel 10) zum Trotz. Während ich dieses Buch schreibe, toben in vielen Gegenden der Welt Kriege, und an einigen von ihnen sind westliche Länder beteiligt. Und ob es uns gefällt oder nicht: Ein großer Teil des internationalen Terrorismus hat Verbindungen zum extremen religiösen Fundamentalismus.

121 Arthur Koestler et.al., *Ein Gott, der keiner war* (Konstanz: Europa Verlag, 1950), S. 66–67.

Dazu sind wir mit einem wachsenden, aggressiven Atheismus auf der intellektuellen und propagandistischen Ebene konfrontiert. In den säkularisierten westlichen Gesellschaften gibt es einen wachsenden Druck Richtung Marginalisierung, wenn nicht sogar Ausrottung des Glaubens an Gott. In vielen Ländern wird zunehmend die juristische Schiene dazu benutzt, die Gläubigen zu diskriminieren, ähnlich wie einst bei Darius.

Noch kommt es in vielen unserer Länder nicht zum direkten Einsatz von Gewalt gegen Christen, aber man muss sehr naiv sein, um zu glauben, dass dies so bleiben wird. Wie leicht wird doch vergessen, was das Ziel des ganzen Experiments des Kommunismus war. War es nicht Nikita Chruschtschow, der Nachfolger Stalins, der behauptete, dass er schon bald der Welt den letzten noch lebenden russischen Christen präsentieren würde? Irgendwie musste ich an diese Worte denken, als ich las, wie Steven Weinberg die Wissenschaftler aufforderte, alles nur Erdenkliche zu unternehmen, um die Macht der Religion zu brechen. Es ist ein Satz, der totalitär klingt. Alles nicht so schlimm? Doch solche Worte zeigen, woher der Wind weht, und es ist noch nicht so lange her, dass er in Richtung Gulag blies.

Ich möchte hier betonen, dass viele von uns, die keine Atheisten sind, die Antipathie der Neuen Atheisten gegen das furchtbare Böse, das im Namen der Religion in der Weltgeschichte verübt worden ist, teilen.[122] Doch ihre atheistische Agenda selbst, die vielen äußerlich so attraktiv erscheint, hat das Zeug dazu, genauso gefährlich zu sein, wenn nicht noch gefährlicher, und dies aus exakt den gleichen Gründen, die die Neuen Atheisten (mit weniger Rechtfertigung) gegen die Religion anführen. So warnt Dawkins (zumindest im Falle des Christentums entgegen den Fakten): »Die Lehren der ›gemäßigten‹ Religion sind zwar selbst nicht extremistisch, sie öffnen

122 Siehe mein Buch *Gott im Fadenkreuz,* Kapitel 3, woraus dieser und die folgenden Abschnitte mit einigen Abänderungen übernommen sind.

aber dem Extremismus Tür und Tor.«[123] Wäre es da nicht angebracht und konsequent, eine ähnliche Warnung vor den Lehren des »gemäßigten« Atheismus auszusprechen? Immerhin führt eine gerade Linie von der Philosophie der Aufklärung zu den Gewaltexzessen des 19. und 20. Jahrhunderts.

Die biblische Diagnose, wie sie sich in Nebukadnezars Traumbild widerspiegelt, ist die, dass die Menschheit durch das Böse entstellt ist. In Anbetracht unserer gemeinsamen Erfahrungen ist diese Feststellung kaum verwunderlich, auch wenn sie von Menschen mit allzu optimistischen Vorstellungen von »Fortschritt« bekämpft wird. John Gray, ein Experte in der Geschichte des europäischen Denkens, stellt hier klar:

> *Wichtig ist vor allem, dass wir uns von dem herrschenden Menschenbild lösen, dem zufolge wir zwar von Natur aus gutherzige Wesen sind, aus unerfindlichen Gründen aber dennoch auf eine Geschichte von Gewalt und Unterdrückung zurückblicken. Damit stoßen wir zum Kern dessen vor, was den Realismus der herrschenden Meinung so suspekt macht: Er beharrt nämlich darauf, dass bestimmte Fehler ein für allemal zum Wesen des Menschen gehören. Fast alle vormodernen Denker setzten klugerweise als gegeben voraus, dass das Wesen des Menschen ebenso festgefügt wie fehlerhaft ist. Jede politische Theorie, die in der Annahme gründet, die Strebungen des Menschen seien von Natur aus gütig, friedfertig oder vernünftig, ist unglaubwürdig.*[124]

Die Quelle dieses Bösen im Menschen sehen wir im folgenden Schlüsselsatz des Apostels Paulus:

123 Dawkins, *Der Gotteswahn*, S. 427.
124 John Gray, *Politik der Apokalypse. Wie Religion die Welt in die Krise stürzt* (Stuttgart: Klett-Cotta, 2009), S. 306–307.

Durch einen einzigen Menschen ist die Sünde in die Welt gekommen und durch die Sünde der Tod.

Auf diese Weise ist der Tod zu allen Menschen hingekommen, weil sie ja alle gesündigt haben. (Röm 5,12; NeÜ)[125]

Dies besagt erstens, dass wir alle eine gefallene, sündige und sterbliche Natur geerbt haben. Und zweitens hat jeder von uns auch persönlich gesündigt. Die Sünde ist etwas Universales. Man beachte, dass Paulus nicht sagt, dass »Sünden« in die Welt gekommen sind, sondern »die Sünde«. Er denkt nicht an bestimmte Einzelsünden, sondern an die Sünde als Prinzip. Es geht um eine Grundhaltung, einen tiefverwurzelten Egoismus, bei dem das menschliche Geschöpf seinen Eigenwillen gegen den Willen des Schöpfers durchsetzt.

Hören wir wieder John Gray:

Die totalitären Regime des 20. Jahrhunderts waren Versuche, einige der kühnsten Träume der Aufklärung umzusetzen. Manche ihrer schlimmsten Verbrechen wurden im Dienst hehrer Fortschrittsideale begangen. Selbst Regime, die sich als Feinde aufklärerischer Ideale betrachteten, haben versucht, die Wissenschaft, der man seit der Aufklärung eine Macht zuschreibt, zur Umformung des Menschen zu nutzen. Die Rolle, die die Auf-

125 Angesichts der bei Dawkins, Hitchens und anderen zu findenden Karikaturen der »Erbsünde« ist es wichtig, darauf hinzuweisen, dass der letzte Teilsatz dieses Zitates nicht (wie manchmal behauptet) besagt, dass alle Menschen *in* Adam gesündigt haben. Der letzte Teilsatz wird im griechischen Original eingeleitet durch die Konjunktion *eph' hō*, die nicht »in ihm« bedeuten kann, denn dann müsste es *en hō* heißen. *Eph' hō* bedeutet »weil«. Wenn dieser Satz bedeutete, dass alle »in Adam« gesündigt haben, hieße dies zudem, dass alle die Sünde Adams begangen haben, was Römer 5,14 ausdrücklich verneint. Man beachte auch, dass hier die Perfekt-Form »haben gesündigt« steht (vgl. Röm 3,23, wo dasselbe griechische Wort ebenfalls mit »haben gesündigt« übersetzt wird).

> *klärung für den Terror des 20. Jahrhunderts spielte, wird im Westen nach wie vor weitgehend ausgeblendet.*[126]

Dies ist sicherlich ein blinder Fleck in der Wahrnehmung der Neuen Atheisten, und der Grund dafür liegt auf der Hand. Wenn Dawkins ein Verbot der religiösen Unterweisung fordert, weil die Religionen so viel Unheil gestiftet hätten, müsste man konsequenterweise erst recht die Unterweisung im Atheismus verbieten, der zu furchtbaren Verbrechen geführt hat, an die sich viele Zeitgenossen noch erinnern können.

Eine auf Video aufgenommene Diskussion zwischen den vier führenden Neuen Atheisten – Dawkins, Dennett, Harris und Hitchens – trägt den Titel *The Four Horsemen* (»Die vier Reiter«). Dies soll ohne Zweifel eine Anspielung auf die vier »apokalyptischen Reiter« in Offenbarung 6,1–8 sein, die Eroberung, Krieg, Hungersnot und Tod über die Erde bringen. Man fragt sich, ob dieser Titel zeigt, wie wenig sie das biblische Buch kennen, das sie in den Dreck ziehen wollen! Wollen wir es hoffen, denn manche der Aussagen dieser »Reiter« sind ziemlich erschreckend. Z. B. die folgende von Sam Harris in seinem Buch *Das Ende des Glaubens:*

> *Gewisse Annahmen sind derart gefährlich, dass es vielleicht sogar ethisch wäre, diejenigen umzubringen, die an sie glauben.*[127]

Die Frage muss erlaubt sein, ob die Neuen Atheisten die Macht haben werden, darüber zu entscheiden, was alles zu diesen »gefährlichen Annahmen« gehört und wer das Urteil vollstrecken soll. Wehe der Welt, wenn sie dann auch noch die politische Macht erringen. Das Tier lässt grüßen.

126 Gray, *Politik der Apokalypse,* S. 61.
127 Harris, *Das Ende des Glaubens,* S. 52.

Daniels Visionen werden mit jedem Tag realistischer und glaubwürdiger.

Kapitel 18
Jerusalem und die Zukunft
Daniel 9

Wir kommen jetzt zu den letzten beiden Visionen Daniels. In beiden geht es um Schriften – in der ersten um das Buch des Propheten Jeremia, in dem Daniel gelesen hatte, in der zweiten um ein »Buch der Wahrheit« (Dan 10,21), dessen Inhalt Daniel durch einen Engelboten erklärt wird. Im Vergleich zu den vorangehenden beiden Visionen mit ihren fantastischen symbolischen Tieren sind die letzten Visionen sehr viel prosaischer, in der Sprache eines nüchternen Historikers.

Beide Visionen datieren aus der Zeit des medo-persischen Reiches. In der ersten springen wir von der Zeit Belsazars in das erste Jahr von Darius dem Meder und nehmen so die chronologische Reihenfolge im Buch wieder auf, die nach Kapitel 6 unterbrochen worden war. Wie wir bereits wissen, brachten Daniels Feinde Darius dazu, ein Gesetz zu erlassen, das Daniel das Gebet zu seinem Gott untersagte. Daniel ignorierte das Verbot und betete weiter täglich am offenen Fenster Richtung Jerusalem. Es besteht kein Zweifel, dass Daniel seine geliebte Stadt, aus der Nebukadnezar ihn hatte wegführen lassen, täglich auf dem Herzen lag.

Was würde mit Jerusalem geschehen? Es war die Stadt der Verheißungen Gottes, aber Gott scheint Daniel nicht sehr viel über die Zukunft Jerusalems gesagt zu haben, was seine bisherigen Visionen noch beunruhigender machte. In der ersten ging es um einen König, der die Festzeiten und das Gesetz Moses ändern und die Heiligen besiegen würde, in der zweiten um ein »Horn«, das das regelmäßige Opfer im Tempel in Jerusalem beenden und den Tempel schänden würde. Warum wurde Jerusalem in keiner dieser Visionen mit Namen genannt? Es klang gar nicht gut für die Stadt – aber die Visionen sagten auch voraus, dass der böse König vernichtet und die Heiligen das Reich erben würden. Wie sollte man sich das vorstellen?

Gedanken dieser Art müssen Daniel täglich durch den Kopf gegangen sein, und vielleicht hat er aus diesem Grund die erste Vision direkt nach Kapitel 6 eingefügt und die zweite vor Kapitel 9, damit wir die nötige Hintergrundinformation haben, wenn wir Daniel 9 lesen. In den ersten acht Kapiteln hat Daniel den Namen »Jerusalem« nur ein einziges Mal erwähnt (in Dan 6,11), obwohl es in seiner Vision in Kapitel 8 eindeutig um diese Stadt geht. In Kapitel 9 wird es wieder um die Verwüstung des Heiligtums gehen, diesmal im übergreifenden Kontext der Geschichte der Stadt. Im ersten Teil von Kapitel 9 betet Daniel für das in Trümmern liegende Jerusalem und dessen Zukunft; im zweiten Teil offenbart Gott ihm mit der berühmten Prophezeiung der »siebzig Jahrwochen« (wörtlich: »siebzig Siebenheiten«), was der Stadt in der Zukunft bevorsteht.

Kapitel 9 ist der vierte Abschnitt der zweiten Hälfte des Buches und bildet einen deutlichen Kontrast zum vierten Abschnitt der ersten Buchhälfte (Kapitel 4). In beiden Kapiteln geht es um eine Stadt – in Kapitel 4 um Babylon, in Kapitel 9 um Jerusalem. Babylon war überaus prächtig und eines der Weltwunder der Antike; Jerusalem dagegen lag in Trümmern, seiner Herrlichkeit beraubt.

Nebukadnezar war der Architekt von Babylon, aber wie wir sahen, war er so stolz auf seine Leistungen, dass Gott ihn züchtigte. Er wurde aus der Gemeinschaft der Menschen ausgestoßen und lebte sieben Jahre (wörtlich: »Zeiten«) lang wie ein Tier; danach gab Gott ihm seine frühere Herrlichkeit zurück.

In seiner Antwort auf Daniels Bußgebet über die Verwüstung, die Jerusalem wegen seiner Rebellion Gott gegenüber erfahren hatte, sagt Gott ihm, dass die Stadt wiederhergestellt werden wird. Doch da mit dem wachsenden Vorrecht auch die Verantwortung wächst, wird diese Wiederherstellung nicht sieben Jahre, sondern siebenmal siebzig Jahre (»siebzig Jahrwochen«, Daniel 9,24; NeÜ) dauern. Hier Kapitel 4 und 9 im direkten Vergleich:

Kapitel 4	**Kapitel 9**
Das herrliche Babylon	Das verwüstete Jerusalem
Nebukadnezar wird vor einer Strafe gewarnt.	Israel hat mit seinen Sünden die von Mose und den Propheten angekündigte Strafe auf sich geladen.
Er verharrt in seinem Stolz und wird sieben Jahre lang bestraft.	Israels fortgesetzte Sünde wird weiteres Elend bringen, bis die siebenmal siebzig Jahre vorbei sind.
Er wird wieder in sein Amt eingesetzt.	Jerusalem wird wiederhergestellt werden.

In Kapitel 4 haben wir erwähnt, dass die Bibel in gewisser Weise die Geschichte zweier Städte ist – Jerusalem und Babylon. Wir sahen auch, dass es nicht so sehr darum geht, *in* welcher Stadt wir leben, sondern *für* welche Stadt. Daniel lebte in Babylon, aber im tiefsten Sinne lebte er für Jerusalem und all das, wofür es stand. Wie vor ihm Abraham wartete er auf »die Stadt, die feste Fundamente hat, deren Baumeister und Schöpfer Gott selbst ist« (Hebr 11,10; NeÜ). Obwohl er in seinem Beruf Babylon treu diente, war die Mitte seines Lebens sein Glaube an Gott, und alles, was er tat, war ein Ausdruck dieser Hingabe und dieses Vertrauens.

Dies zeigte sich unter anderem in Daniels Interesse an den heiligen Schriften. Die Verbannten hatten wertvolle Schriftrollen mit nach Babylon gebracht, die Daniel eine wichtige Kraftquelle waren. Wir sahen bereits, dass er ein Mann des regelmäßigen Gebets war. Aber er war auch ein Mann der Bibel. Sein Gebet in Kapitel 9 zeigt uns, wie sehr er sich in das, was wir heute das Alte Testament nennen, vertieft hatte (soweit es damals schon vorlag und ihm zugänglich war). Aktuell hatte er das gelesen, was der Prophet Jeremia erst vor Kurzem über das Babylonische Exil vorhergesagt hatte, vor allem über seine Dauer:

> *Darum, so spricht der HERR der Heerscharen: Weil ihr auf meine Worte nicht gehört habt, siehe, so sende ich hin und hole alle Geschlechter des Nordens, spricht der HERR, und zu meinem Knecht Nebukadnezar, dem König von Babel, und lasse sie über dieses Land kommen und über seine Bewohner [...] Und dieses ganze Land wird zur Trümmerstätte, zur Wüste werden; und diese Nationen werden dem König von Babel dienen siebzig Jahre lang. Und es wird geschehen, wenn siebzig Jahre voll sind, suche ich am König von Babel und an diesem Volk ihre Schuld heim, spricht der HERR, und am Land der Chaldäer.* (Jer 25,8–12)

Daniels Reaktion ist sehr aufschlussreich:

> *Ich, Daniel, [achtete] in den Bücherrollen auf die Zahl der Jahre, über die das Wort des HERRN zum Propheten Jeremia geschehen war, dass nämlich siebzig Jahre über den Trümmern Jerusalems dahingehen sollten. Und ich richtete mein Gesicht zu Gott, dem Herrn, hin, um ihn mit Gebet und Flehen zu suchen, in Fasten und Sack und Asche.* (Dan 9,2–3)

Mit der Bibel beten

Wir können in diesem Zitat eindeutig sehen, dass Daniel davon überzeugt war, dass das, was Jeremia geschrieben hatte, das Wort Gottes war. Womit wir zu einem der offenen Geheimnisse von Daniels Leben und Zeugnis kommen. Er glaubte, dass die biblischen Schriften das Wort des lebendigen Gottes waren. Dies ist bis heute das Geheimnis davon, wie wir in »Babylon« leben können, ohne dass Babylon in uns lebt. Daniel glaubte, dass Gott Jeremia die Zukunft gezeigt hatte, so wie ihm Gott selbst in Kapitel 2 den Traum Nebukadnezars und seine Bedeutung enthüllt hatte.

Die 70 Jahre, die Jeremia erwähnt hatte, würden bald vorbei sein, und Daniel hatte viele Fragen. Was bedeutete diese Prophezeiung genau? Würde seine geliebte Stadt Jerusalem bald wiederhergestellt werden? Noch schien nichts darauf hinzudeuten. Und wie sollte das überhaupt zugehen? Vielleicht fragte Daniel sich sogar, ob er in seinem hohen Amt etwas dazu würde beitragen können. Wir können hier nur spekulieren. Was wir jedoch wissen, ist, dass er Gott im Gebet suchte. Wohlgemerkt: Er sagte nicht bloß, dass er Gottes Weisheit und Leitung suchte, er sagte mehr: Er suchte *Gott selbst*.

Und dies können wir gar nicht hoch genug bewerten. Daniel glaubte nicht nur, dass Gott zu Jeremia gesprochen hatte, er glaubte, dass Gott zu ihm selbst reden konnte. Für ihn gab es eine enge Verbindung zwischen diesen Schriftrollen (der Bibel) und dem lebendigen Kontakt mit Gott selbst. Gott hatte nicht nur damals durch sein Wort gesprochen, sondern seine Stimme war in diesem Wort nach wie vor zu hören. Und so ist es bis heute!

Wir haben gesehen, dass Daniel den Götzen Babylons im Namen des übernatürlichen Schöpfergottes entgegentrat – des Gottes, der keine Illusion ist. In Kapitel 2 behandelt er die Frage der Offenbarung und zeigt, dass ihm die damit verbundenen

Fragen (die ironischerweise auch das Wesen seiner eigenen Arbeit betrafen) wohlbewusst sind: Handelt es sich um echte Prophetie, die im 6. Jh. v. Chr. geschrieben wurde, oder nur um ein Stück Geschichtsschreibung, die nachträglich im 2. Jh. v. Chr. verfasst wurde? Er gibt uns ferner mehrere dramatische Beispiele für die übernatürliche Errettung aus großer Gefahr. Daniel interessiert sich sehr dafür, auf welche Art und Weise Gott sich selbst bezeugt, und in Kapitel 9 konfrontiert er uns mit der wichtigsten Methode: Gottes Selbstbezeugung durch sein Wort.

»Alle Schrift ist von Gott eingegeben«, heißt es im Neuen Testament (2Tim 3,16). Wir sollten daher mit äußeren Bestätigungen biblischer Aussagen durch Indizien aus Geschichte, Archäologie und verwandten Disziplinen rechnen, aber am Ende wird das Wort Gottes seine Echtheit immer selbst bestätigen, durch seine innere Stimmigkeit und seinen Wahrheitsgehalt. Wenn wir uns mit dem Wort Gottes beschäftigen, dann kann es passieren, dass wir in unserem Geist und Herzen die Gegenwart Gottes spüren und merken: Jetzt redet er mit mir. Und das hat nichts mit Sentimentalität oder einer überaktiven Fantasie zu tun.

Ich weiß noch, wie ich als junger Student in Cambridge selbst meine Fragen zur Inspiration der Bibel hatte. Nicht, dass ich nicht glaubte, dass Gott hinter der Bibel stand. Davon war ich fest überzeugt – und genau das war mein Problem, denn wenn die Bibel tatsächlich das Wort Gottes war, warum fand ich sie dann nicht interessanter? Wenn da wirklich Gott zu mir sprach, musste mir das doch wohl mehr »bringen«? Mir fiel auch auf, dass viele meiner christlichen Freunde sich zwar ebenfalls zur Inspirationslehre bekannten, aber sehr wenig Zeit in die Beschäftigung mit diesem Buch steckten, das doch ihrer Meinung nach von Gott inspiriert war. Da stimmte doch etwas nicht!

Dies ließ mir keine Ruhe, und ich suchte Rat bei einem um einiges älteren Freund und Mentor, der ein tiefes Bibelwissen hatte. Er lud mich zu einer Bibelstunde ein, die meine ganze

Einstellung umkrempelte. Denn dieser Mann entpuppte sich als zweiter Daniel – jemand, der Gott in seinem Wort suchte und dafür Zeit investierte.

Jesus hat einigen der Frommen seiner Zeit ins Stammbuch geschrieben: »Ihr forscht in der Schrift, weil ihr meint, in ihr das ewige Leben zu finden, doch sie spricht ja gerade von mir. Und doch wollt ihr nicht zu mir kommen, wo ihr das Leben erhalten würdet« (Joh 5,39–40; NeÜ). Diesen Fehler machte mein Freund nicht. Er suchte Gott *durch sein Wort* und zeigte mir, wie ich das auch tun konnte.

Mir wurde klar, dass ich in meinem Umgang mit der Bibel viel zu oberflächlich gewesen war. Ich war bereit, Stunden zu investieren, um ein paar Zeilen Mathematik zu verstehen, aber bei der Bibel mussten ein paar Minuten reichen. Ich lernte, geduldiger zu werden und mich von dem Wunsch leiten zu lassen, in der Bibel Gottes Stimme zu hören. Gott ist eine Person und keine Sammlung von Aussagesätzen, und es ist daher ein Unterschied, ob ich mehr über Gott wissen oder ihm selbst begegnen will.

Vor ein paar Jahren musste ich auf der Beerdigung eines lieben alten Freundes aus meiner Studienzeit in Cambridge sprechen. Er war jünger gewesen als ich, und ich hatte nicht erwartet, dass er vor mir sterben würde. Ein paar Wochen vor seinem Tod fragte ich ihn, was ich auf der Beerdigung sagen sollte. Ohne zu zögern, erwiderte er: »Ermutige sie, das zu tun, was wir als Studenten gemacht haben. Sag ihnen, sie sollen gemeinsam das Wort Gottes lesen, darüber sprechen, darüber nachdenken, darüber beten und dann auf Gott warten, bis sie sein Angesicht sehen.« Er unterbrach sich und fuhr dann fort: »Wenn sie das machen, werden sie etwas zu sagen haben.«

Das ist eine exakte Beschreibung der Einstellung Daniels. Daniel wartete auf Gott, bis er sein Angesicht sah und seine Stimme hörte, und darum hatte er etwas zu sagen, das noch heute, 25 Jahrhunderte nach seiner Niederschrift, zu uns spricht.

Daniels Gebet in Kapitel 9 bildet einen aufschlussreichen Kontrast zur Haltung Nebukadnezars in Kapitel 4. Nebukadnezar bewundert Babylon – *sein* Babylon, die Stadt, die er selbst erbaut hat – und platzt schier vor Stolz darüber, was für ein Genie er doch ist. Sein Geist versteigt sich in schwindelnde Höhen, worauf Gott ihn auf das Niveau eines Tieres herunterholt. In Daniel dagegen ist kein Gramm Stolz, als er demütig über die Ruinen seiner geliebten Stadt Jerusalem nachdenkt, die Nebukadnezar zerstört hat.

Daniels Gebet ist eines der großen Bekenntnisse der Bibel. Es zerfällt in drei Teile. Im ersten Teil spricht Daniel Gott in der zweiten Person direkt an: »Ach, Herr, du großer und furchtbarer Gott« (V. 4–8). Dann fährt er in der dritten Person fort: »Bei dem Herrn, unserem Gott, ist das Erbarmen« (V. 9–14). Und zum Schluss spricht er Gott wieder direkt an (V. 15–19).

> *Ach, Herr, du großer und furchtbarer Gott, der Bund und Güte denen bewahrt, die ihn lieben und seine Gebote halten! Wir haben gesündigt und haben uns vergangen und haben gottlos gehandelt, und wir haben uns aufgelehnt und sind von deinen Geboten und von deinen Rechtsbestimmungen abgewichen. Und wir haben nicht auf deine Knechte, die Propheten, gehört, die in deinem Namen zu unseren Königen, unseren Obersten und unseren Vätern und zum ganzen Volk des Landes geredet haben. Bei dir, Herr, ist die Gerechtigkeit.* (Dan 9,4–7)

Daniel steht an der Seite seines Volkes, als er dessen Sünden bekennt. Er zieht alle sprachlichen Register, um den Abgrund zu beschreiben, in den die Nation gesunken ist. Die Israeliten haben »gesündigt«, »gottlos gehandelt«, sich »aufgelehnt«, sind »abgewichen«, haben »nicht gehört«. Zweimal beschreibt er ihre Situation als eine »Beschämung des Angesichts« (V. 7–8; EU: »Schamröte im Gesicht«). Er rechtfertigt das Verhalten des Volkes nicht und gibt offen zu, dass Gott wiederholt zu allen – den Königen wie den einfachen Leuten – geredet hat, aber dass sie nicht hören wollten.

Und so kam das Unheil über die Menschen und ihre Stadt. Sie hätten wissen müssen, dass es kommen würde, hatte doch kein Geringerer als Mose, ihr großer Gesetzgeber, es vor langer Zeit vorhergesagt. Mose hatte dem Volk großartige Segensverheißungen zugesagt – wenn es Gottes Gebote hielte. Gott war ein Gott, der seinen Bund hielt, und denen, die ihm gehorchten, seine unerschütterliche Liebe erwies. Aber wenn sie nicht gehorsam wären, würde die Katastrophe kommen:

> *Wenn ihr mir aber nicht gehorcht und nicht all diese Gebote tut und wenn ihr meine Ordnungen verwerft und eure Seele meine Rechtsbestimmungen verabscheut, sodass ihr nicht alle meine Gebote tut und dass ihr meinen Bund brecht [… werde] ich mein Angesicht gegen euch richten, dass ihr vor euren Feinden geschlagen werdet. Und eure Hasser werden über euch herrschen […] Und wenn ihr mir daraufhin*
> *nicht gehorcht, dann werde ich fortfahren, euch zu züchtigen, und zwar siebenmal wegen eurer Sünden. Und ich werde euren starken Hochmut brechen und werde euren Himmel wie Eisen machen und eure Erde wie Bronze. […]*
>
> *Wenn ihr euch aber mir entgegenstellt und mir nicht gehorchen wollt, dann werde ich euch weiter schlagen, und zwar siebenfach nach euren Sünden. Und ich werde die Tiere des Feldes unter euch senden […] Und ich werde eure Städte zur Trümmerstätte machen und eure Heiligtümer öde machen […] Euch aber werde ich unter die Nationen zerstreuen […]*

> *Ihr werdet umkommen unter den Nationen, und das Land eurer Feinde wird euch fressen.* (3Mo 26,14–38)

Daniel, der die heiligen Schriften studiert hatte, wusste all dies; wir haben bereits gesehen, dass sein eigenes Buch viele Anklänge an diese Worte enthält. Hier drängt sich ein Vergleich dieser »siebenfachen« Strafen im 3. Buch Mose mit den »sieben Zeiten« bzw. Jahren in Daniel 4 und den siebzig Jahrwochen in Daniel 9 förmlich auf. Was Gott angedroht hatte, war jetzt eingetreten, und die Zukunft – so es denn noch eine gab – sah düster aus.

Aber es gab einen Hoffnungsschimmer. Gott war ein Gott der Gnade. Er war bereit, sich seinem Volk wieder zuzuwenden, wenn es nur Buße tat:

> *Und sie werden ihre Schuld bekennen und die Schuld ihrer Väter, die in ihrer Untreue liegt, mit der sie an mir treulos gehandelt haben [...], ob sich endlich ihr unbeschnittenes Herz demütigt und sie endlich ihre Schuld bezahlen. Dann werde ich an meinen Bund mit Jakob denken. [...] Aber selbst auch dann, wenn sie in dem Land ihrer Feinde sind, habe ich sie nicht verworfen und sie nicht verabscheut, ein Ende mit ihnen zu machen, meinen Bund mit ihnen ungültig zu machen; denn ich bin der HERR, ihr Gott. Und ich werde zum Guten für sie an meinen Bund mit den Vorfahren denken, die ich aus dem Land Ägypten vor den Augen der Nationen herausgeführt habe, um ihr Gott zu sein. Ich bin der HERR.* (3Mo 26,40–45)

An diese Verheißung klammert Daniel sich, und die tiefe Leidenschaft, mit der er fortfährt, kann uns nicht unberührt lassen:

> *Und nun, Herr, unser Gott, der du dein Volk aus dem Land Ägypten mit starker Hand herausgeführt und dir einen Namen gemacht hast, wie es an diesem Tag ist! Wir haben gesündigt, wir haben gottlos gehandelt. Herr, nach all den Taten deiner Gerechtigkeit mögen doch dein Zorn und deine Erregung sich wenden von deiner Stadt Jerusalem, dem Berg deines Heiligtums! Denn wegen unserer Sünden und wegen der Vergehen unserer Väter sind Jerusalem und dein Volk zum Hohn geworden für alle rings um uns her.* (Dan 9,15–16)

Daniel fleht zu Gott in aller Aufrichtigkeit und mit all der großen Sorge, die in ihm ist. Und dann geht er vom »wir« zum »ich« über als jemand, der nun für sich selbst bittet. Ganz alleine stürzt er sich ohne Wenn und Aber auf die reine Gnade Gottes:

> *Und nun, unser Gott, höre auf das Gebet deines Knechtes und auf sein Flehen! Und lass dein Angesicht leuchten über dein verwüstetes Heiligtum um des Herrn willen! Neige, mein Gott, dein Ohr und höre! Tu deine Augen auf und sieh unsere Verwüstungen und die Stadt, über der dein Name ausgerufen ist! Denn nicht aufgrund unserer Gerechtigkeiten legen wir unser Flehen vor dich hin, sondern aufgrund deiner vielen Erbarmungen.* (9,17–18)

Daniel ist zutiefst überzeugt: Wenn irgendetwas geschehen wird, dann nur aufgrund von Gottes Gnade und Barmherzigkeit. Und er öffnet sein Herz noch weiter, hält nichts mehr zurück und endet mit dieser herzzerreißenden Bitte:

> *Herr, höre! Herr, vergib! Herr, merke auf und handle! Zögere nicht, um deiner selbst willen,*

mein Gott! Denn dein Name ist über deiner Stadt und deinem Volk ausgerufen worden. (9,19)

Die emotionale Spannung ist geradezu greifbar. Daniel geht es nicht nur um Jerusalem, es geht ihm um Gottes Ansehen in der Welt. Doch, es gibt gute Gründe dafür, warum Gott die Verwüstung Jerusalems und die Schändung des Tempels zugelassen hat. Aber da ist noch mehr. Daniel kannte mit Sicherheit eine andere tragische Episode aus der früheren Geschichte seines Volkes. Die alten Israeliten hatten das Bewusstsein der Herrlichkeit Gottes und ihre Hingabe an ihn verloren. Sie dachten, dass die Bundeslade, dieses sichtbare Symbol der Gegenwart Gottes, sie wie ein Talisman vor den Philistern retten würde. Das tat sie aber nicht. Die Philister erbeuteten die Lade, und Gott ließ es zu, dass seine Herrlichkeit von ihnen wich. Aber das war noch nicht das Ende der Geschichte. Der Gott, der hinter der Bundeslade stand, war real, wie er den Philistern nachdrücklich demonstrierte. Als sie die Lade in den Tempel ihres Gottes gestellt hatten, lag dessen Statue am nächsten Morgen umgestürzt vor der Lade. (Vgl. 1Sam 4–5.)

Und so gründet Daniel seinen Glauben auf die Tatsache, dass Gott real ist, trotz der Rebellion und Sünde Judas. Gott muss und wird der Welt zeigen, wer er in Bezug auf Jerusalem ist; die Welt muss erfahren, dass er real ist.

Daniel sollte dieses Gebet nie vergessen. Später erinnerte er sich lebhaft daran, wann und wie es endete (Dan 9,21). Es war die Zeit, in der damals, als der Tempel noch in Betrieb war, in Jerusalem normalerweise das Abendopfer im Tempel dargebracht wurde. Es handelte sich um ein Brandopfer, das Israels ganze Hingabe an Gott symbolisierte – ihre Liebe zu ihm, mit ganzem Herzen, ganzer Seele und ganzer Kraft (vgl. 5Mo 6,5). Es war jene innere Haltung, die Daniel gerade mit seinem Gebet demonstriert hatte.

Gott erhört Daniels Gebet

Was jetzt folgt, ist dramatisch. Während Daniel noch betet, erscheint an seiner Seite etwas, was wie ein fliegender Mann aussah. Der Text identifiziert ihn als Gabriel, den Daniel bereits in seiner Vision in Kapitel 8 gesehen hatte: »Plötzlich [stand] einer vor mir, der wie ein Mann aussah« (Dan 8,15; NeÜ). Daniel war damals so erschrocken, dass er wie betäubt niedersank, bis Gabriel ihn anrührte und wieder auf die Beine stellte. (Etwas Ähnliches wird in der Vision in Kapitel 10 geschehen.)

Gabriel spricht Daniel mit seinem Namen an und erklärt ihm, dass er bereits zu Beginn seines Gebets den Auftrag erhalten hat, zu ihm zu kommen und ihm eine Botschaft zu überbringen – eine Botschaft der Erkenntnis, denn Daniel ist »ein Vielgeliebter« (9,23).

Daniel hatte Gott als den Gott angesprochen, »der Bund und Güte denen bewahrt, die ihn lieben und seine Gebote halten« (9,4). Jetzt teilt Gabriel ihm mit, dass Gott ihn sehr lieb hat. Ob wir uns vorstellen können, was diese Worte Daniel bedeutet haben? Solch eine persönliche Botschaft, durch einen Boten aus der jenseitigen Welt überbracht, muss ein ungeheurer Trost für ihn gewesen sein.

Der Engel Gabriel erscheint in der Bibel nur drei Personen: Daniel (zweimal), Zacharias (dem Vater Johannes des Täufers) und Maria (der Mutter Jesu). In der Szene mit Zacharias beschreibt Lukas ihn als »Engel des Herrn« (Lk 1,11), und Gabriel selbst sagt zu Zacharias: »Ich bin Gabriel, der vor Gott steht, und ich bin gesandt worden, zu dir zu reden und dir diese gute Botschaft zu verkündigen« (Lk 1,19).

Der Kontext ist hier, dass der Priester Zacharias im Tempel in Jerusalem am Räucheraltar steht, während draußen die Menschen beten. Da kommt Gabriel zu ihm, um ihm mitzuteilen, dass er der Vater des Vorläufers des Messias sein wird: »Gott hat dein Gebet erhört. Deine Frau Elisabet wird dir einen

Sohn schenken, und den sollst du Johannes nennen« (Lk 1,13; NeÜ). Zacharias kann das nicht glauben, weil er und seine Frau dazu eigentlich zu alt sind. Wegen dieses Unglaubens schlägt ihn der Engel mit einer vorübergehenden Stummheit (V. 20).

Der Unterschied zu Daniel könnte nicht größer sein. Daniel ist im Exil in Babylon, Jerusalem und der Tempel sind zerstört, aber Daniel glaubt, dass Gott sein Gebet erhören kann. Zacharias ist nicht im Exil, der Stadt geht es gut, und der Tempel steht, und er betet, aber tief in seinem Herzen sitzt ein resignierter Unglaube. Dass Gott es fertigbringen kann, den Alterungsprozess aufzuheben und ihm und seiner Frau ein Kind zu schenken – nein, er kann es sich nicht vorstellen. (Doch das änderte sich, als seine Frau schwanger wurde!)

Als Letztes kommt Gabriel nach Nazareth, »zu einer Jungfrau, die einem Mann namens Josef, aus dem Haus Davids, verlobt war« (Lk 1,27). Daniel hörte von Gabriel, dass er bei Gott sehr geliebt war, und jetzt nennt Gabriel Maria die »Begnadete« (V. 28). Sie erhält die gewaltigste der drei Botschaften. Gabriel kündigt ihr nicht das Kommen eines Engels oder Propheten in diese Welt an, sondern das Kommen Gottes selbst:

> *Und siehe, du wirst schwanger werden und einen Sohn gebären, und du sollst seinen Namen Jesus nennen. Dieser wird groß sein und Sohn des Höchsten genannt werden; und der Herr, Gott, wird ihm den Thron seines Vaters David geben; und er wird über das Haus Jakobs herrschen in Ewigkeit, und seines Königtums wird kein Ende sein.* (Lk 1,31–33)

In allen drei Fällen geht es beim Besuch Gabriels um Prophezeiungen von Gottes übernatürlichem Eingreifen in den Gang der Geschichte. In Daniel 8 erzählt er Daniel von der Zeit des Endes, wenn das »kleine Horn« das regelmäßige Brandopfer abschaffen und sich sogar gegen den »Fürsten der Fürsten« auflehnen, aber dann »ohne eine Menschenhand« (also auf übernatürliche Weise) »zerbrochen« werden wird (Dan 8,25). In Kapitel 9 erklärt Gabriel, dass »siebzig Jahrwochen« vergehen müssen, »bis der Aufruhr gegen Gott zum Abschluss gebracht, die Macht der Sünde gebrochen und die Schuld gesühnt ist, bis eine ewige Gerechtigkeit herbeigeführt, die Prophetie endgültig bestätigt und der Höchstheilige gesalbt ist« (9,24; NeÜ).

Und so wird Gabriel von Gott dazu auserwählt, Zacharias die Geburt des letzten und größten Propheten anzukündigen – Johannes des Täufers, der dem kommenden Messias den Weg bereiten wird. Und dieser Messias – so verkündigt Gabriel es Maria – wird den Namen Jesus haben und die Erfüllung von Gabriels Botschaft in Daniel 9 sein. Er wird die Versöhnung für die Sünden der Menschen sein und endlich ewige Gerechtigkeit bringen, wie in Daniel 7 und 8 angedeutet.

Dies ist die größte Geschichte aller Zeiten. Daniel betete zu einem Zeitpunkt, an dem es so aussah, als gäbe es gar keine Zukunft mehr. Gabriels Botschaft ist ein Quantensprung nach vorn und öffnet die Tür zur Zukunft.

Auch Daniels Sorge um Jerusalem wird honoriert. Uns mag seine Leidenschaft berühren, aber vielleicht denkt der eine oder andere bei sich: »Daniel, das war das Alte Testament, aber jetzt, da der König Jesus gekommen ist, sind das Volk Israel und Jerusalem Dinge der Vergangenheit.« Doch dies wäre ein Trugschluss. Wir werden uns dieses Thema genauer in Anhang A anschauen. Halten wir für den Augenblick nur fest, dass Jesus selbst Jerusalem und seine Bewohner sehr am Herzen lagen. Er weinte, als er der Stadt verkündete, was für furchtbare Folgen es haben würde, dass sie ihn als ihren Messias ablehnte (vgl. Lk 19,41–44). In seiner Endzeitrede sagte er ihren Untergang sowie die Zerstörung des Tempels des Herodes durch die Römer voraus; beides sollte sich im Jahre 70 n. Chr. erfüllen. Er warnte vor Verwüstungen und der Zerstreuung des jüdischen Volkes und ließ den Blick weit in die Zukunft, bis zu seiner Wiederkunft gehen:

> *Denn das ganze Land wird in schreckliche Not kommen, weil der Zorn Gottes über dieses Volk hereinbricht. Die Menschen werden mit dem Schwert erschlagen oder als Gefangene in alle Länder verschleppt. Jerusalem wird so lange von fremden Völkern niedergetreten werden, bis auch deren Zeit abgelaufen ist. […] Dann werden sie den Menschensohn mit großer Macht und Herrlichkeit auf einer Wolke kommen sehen.* (Lk 21,23–27; NeÜ)

In diesem Zitat finden wir viele Anspielungen auf Daniel. Daniel 7 und 8 erwähnen das »Niedergetreten-Werden«, Daniel 7 das Kommen des Menschensohnes, und die Tiere in Kapitel 7 stehen für die heidnischen Weltmächte, die diese Welt beherrschen werden, bis das Ende kommt.

So wie Daniel die Zeit des Endes durch die Brille der Gräueltaten des Antiochus Epiphanes sah (griechisches Reich, 168 v. Chr.), so sieht unser Herr Jesus die Endzeit durch die Brille der Zerstörung des jüdischen Tempels (durch das römische Reich, 70 n. Chr.) Wenn man die Endzeitrede Jesu im Matthäus- und Lukasevangelium liest, ist es manchmal schwierig zu entscheiden, ob es um das Jahr 70 n. Chr. geht oder um die Endzeit oder um beides gleichzeitig; dies gilt besonders für die Version in Matthäus 24.

In einem persönlichen Gespräch mit seinen Jüngern sagt Jesus diesen, dass der Tempel zerstört werden wird. Sie fragen ihn darauf:

> *Wann wird das alles geschehen? Gibt es ein Zeichen, an dem wir deine Wiederkehr und das Ende der Welt erkennen können?* (Mt 24,3; NeÜ)

Die Jünger verbanden also die Zerstörung des Tempels mit der Wiederkunft Christi, und dass Jesus so antwortete, wie er es tat, lag daran, dass das erste dieser Ereignisse bestimmte Aspekte hat, die zur Zeit des zweiten wiederkehren werden. Jesus nannte als ein Schlüsselereignis der Zukunft die Erfüllung einer von Daniels Prophetien:

> *Wenn ihr nun den Gräuel der Verwüstung, von dem durch Daniel, den Propheten, geredet ist, an heiliger Stätte stehen seht [...]*
> *Denn dann wird große Bedrängnis sein [...]*
> *Aber gleich nach der Bedrängnis jener Tage [...] wird das Zeichen des Sohnes des Menschen am Himmel erscheinen [...] und sie werden den Sohn des Menschen kommen sehen auf den Wolken des Himmels mit großer Macht und Herrlichkeit.* (Mt 24,15.21.29–30)

Bei Daniel wird der »Gräuel der Verwüstung«, diese kommende böse Macht, dreimal genannt:

1. *Er* [wird] *Schlachtopfer und Speisopfer aufhören lassen. Und auf dem Flügel von Gräueln kommt ein Verwüster, bis fest beschlossene Vernichtung über den Verwüster ausgegossen wird.* (Dan 9,27)
2. *Und Streitkräfte von ihm werden dastehen; und sie werden das Heiligtum, die Bergfestung entweihen und werden das regelmäßige Opfer abschaffen und den verwüstenden Gräuel aufstellen.* (Dan 11,31)
3. *Und von der Zeit an, in der das regelmäßige Opfer abgeschafft wird, um den verwüstenden Gräuel einzusetzen, sind es 1290 Tage.* (Dan 12,11)

Wir erfahren nicht, was dieser Gräuel genau ist, aber wie oben erwähnt, dürfte der Ursprung dieses Gedankens in der systematischen Schändung des Jerusalemer Tempels durch Antiochus IV. liegen, der den Tempel dem Zeus weihte und ein Schwein auf dem Altar opfern ließ. Wie wir in Kapitel 16 sahen, weist dieses Ereignis auf die Endzeit hin. Daniel 9 hat mithin denselben endzeitlichen Fokus wie die Visionen in den Kapiteln 7 und 8.

Kapitel 19

Die siebzig Jahrwochen

Daniel 9

Fragen wir, was Daniel 9 dem hinzufügt, was wir bereits aus den Kapiteln 2, 7 und 8 gelernt haben, ist die naheliegende Antwort: die berühmte Prophezeiung der siebzig »Wochen« bzw. »Jahrwochen«:

> *Siebzig Wochen sind über dein Volk und über deine heilige Stadt bestimmt, um das Verbrechen zum Abschluss zu bringen und den Sünden ein Ende zu machen und die Schuld zu sühnen und eine ewige Gerechtigkeit einzuführen und Vision und Propheten zu versiegeln und ein Allerheiligstes zu salben. So sollst du denn erkennen und verstehen: Von dem Zeitpunkt an, als das Wort erging, Jerusalem wiederherzustellen und zu bauen, bis zu einem Gesalbten, einem Fürsten, sind es sieben Wochen. Und 62 Wochen lang werden Platz und Stadtgraben wiederhergestellt und gebaut sein, und zwar in der Bedrängnis der Zeiten. Und nach den 62 Wochen wird ein Gesalbter ausgerottet werden und wird keine Hilfe finden. Und das Volk eines kommenden Fürsten wird die Stadt und das Heiligtum zerstören, und sein Ende ist in einer Überflutung; und bis zum Ende ist Krieg, fest beschlossene Verwüstungen. Und stark machen wird er einen Bund für die Vielen, eine Woche lang; und zur Hälfte der Woche wird er Schlachtopfer und Speisopfer aufhören lassen. Und auf dem Flügel von Gräueln kommt ein Verwüster, bis fest beschlossene Vernichtung über den Verwüster ausgegossen wird.* (Dan 9,24–27)

Es gibt viele Kontroversen und Meinungsverschiedenheiten über die Auslegung dieser Prophezeiung, und selbst unter den Experten, die ich gelesen habe, ist die Interpretation dieser Prophezeiung stark umstritten; es wäre also töricht zu meinen, man habe die definitive Lösung gefunden. Ich werde mich daher im Folgenden damit begnügen, einige Punkte durchzugehen, die ich für das Verständnis dieses Textes, der Generationen fasziniert hat, nützlich gefunden habe, und anschließend mein eigenes Fazit zu formulieren – hoffentlich nicht zu dogmatisch. Die Prüfung der meisten alternativen Meinungen muss ich dem interessierten Leser überlassen, da deren angemessene Darstellung (selbst wenn ich das leisten könnte) den Umfang dieses Buches glatt verdoppeln würde.

Zuerst fällt auf, dass die siebzig »Wochen«, was immer sie genau bedeuten, als die Summe von 7 Wochen + 62 Wochen + 1 Woche dargestellt werden. In den meisten Bibelübersetzungen steht in V. 25 hinter dem »sind es sieben [Jahr-]Wochen« ein Punkt, und im folgenden Satz wird nach 62 Wochen ein Gesalbter getötet. Anders in der Schlachter-Übersetzung:

> *Vom Erlass des Befehls zur Wiederherstellung und zum Aufbau Jerusalems bis zu dem Gesalbten, dem Fürsten, vergehen 7 Wochen und 62 Wochen; Straßen und Gräben werden wieder gebaut, und zwar in bedrängter Zeit. Und nach den 62 Wochen wird der Gesalbte ausgerottet werden, und ihm wird nichts zuteilwerden.*
> (Dan 9,25–26; SLT; ähnlich in der Menge-Übersetzung)

Das Wort »Woche« ist eine Übersetzung des hebräischen Wortes für »sieben«, und die erste Frage ist logischerweise: Was für eine Zeiteinheit ist hier gemeint? Manche Ausleger meinen, dass man diese »Wochen« rein symbolisch zu verstehen habe, ohne konkrete zeitliche Implikationen. Doch viele andere glauben, dass mit den »Wochen« jeweils eine Periode von sieben

Jahren gemeint sei, was insgesamt 490 Jahre ergäbe. Das würde bedeuten, dass die übliche Übersetzung, die hinter den ersten sieben Jahrwochen einen Punkt setzt und dann die 62 Jahrwochen neu zählt, kaum richtig sein kann; denn wenn der »Gesalbte« nach 49 Jahren (siebenmal sieben Jahre) erscheint, aber erst 434 Jahre später (62-mal sieben) getötet wird, würde dies bedeuten, dass er über 400 Jahre gelebt hat![128] Die zweite Lesart, die die sieben und die 62 Jahrwochen zu 69 Jahrwochen zusammenfasst, ist hier sicherlich die näherliegende. Der Gesalbte erscheint hier nach 69 »Wochen«, also 483 Jahren (wenn es sich wirklich um *Jahr*wochen handelt).

Die nächste Frage lautet: Wann beginnt die Periode der »siebzig Wochen«? Daniel schreibt von einer Periode, die »von dem Zeitpunkt an, als das Wort erging, Jerusalem wiederherzustellen und zu bauen« (9,25), beginnt. Die Rückkehr aus dem Babylonischen Exil, um Jerusalem wiederaufzubauen, ist in der Bibel ein großes Thema und durch mehrere königliche Erlasse belegt.

Esra beginnt seine Geschichte der Rückkehr aus dem Exil mit einem Erlass des Kyrus, der den Vertriebenen die Rückkehr in ihr Land und den Wiederaufbau ihres Tempels gestattete (vgl. Esr 1). Es folgt ein ausführliches Verzeichnis der Rückkehrer, die zunächst in ihre Heimatstädte zurückkehrten und sich dann in Jerusalem versammelten, um den Tempel wiederaufzubauen. Sie nahmen als Erstes das tägliche Brandopfer wieder auf (Esr 3,2), was uns zeigt, wie wichtig ihnen diese Zeremonie für ihre Identität als Nation war. Danach begannen sie mit dem

128 Es sei denn natürlich, diese Prophezeiung denkt an *zwei* Gesalbte. In der manchmal sogenannten antiochenischen Exegese ist der erste Gesalbte eine der führenden Figuren bei der Rückkehr der Juden aus dem Babylonischen Exil (möglicherweise Jeschua oder Serubbabel) und der zweite Onias III., der Hohe Priester im Jahre 171 v. Chr. Nach dieser Auslegung beginnen die 70 Jahrwochen mit einer Prophezeiung Jeremias. Von anderen Schwierigkeiten einmal abgesehen, ergibt ein einfaches Nachrechnen aufgrund der Prophetie Daniels, dass Onias dann erst 105 v. Chr. gestorben sein dürfte.

Wiederaufbau des Tempels, was jedoch den Widerstand von Gegnern weckte, die mächtig genug waren, um die Arbeiten zum Stillstand zu bringen.

Als Artaxerxes den medo-persischen Thron bestiegen hatte, schrieben die Gegner der Heimkehrer ihm einen Klagebrief, in welchem es hieß:

> *Es sei dem König kund, dass die Juden, die von dir heraufgezogen sind, zu uns nach Jerusalem gekommen sind. Sie bauen die aufrührerische und böse Stadt wieder auf [...]*
>
> *Nun sei dem König kund: Wenn diese Stadt wieder aufgebaut wird und die Mauern vollendet werden, dann werden sie Steuern, Abgaben und Zoll nicht mehr geben, und das wird schließlich die Könige schädigen.* (Esr 4,12–13)

Dieser Brief war irreführend, da die Exilanten mit dem Wiederaufbau des Tempels und nicht der Stadt beschäftigt waren, wie Esra sorgfältig vermerkt. Artaxerxes' Antwort kam prompt: »Nun gebt Befehl, diesen Männern Einhalt zu gebieten! Diese Stadt soll nicht wieder aufgebaut werden, bis von mir Befehl gegeben wird« (Esr 4,21). Die Arbeiten mussten eingestellt werden und ruhten bis zum zweiten Regierungsjahr des Darius.

Dann wurden sie wieder aufgenommen, was alsbald den Statthalter der Provinz auf den Plan rief: »Wer hat euch den Befehl gegeben, dieses Haus zu bauen und diese Mauer zu vollenden?« (Esr 5,3). Daraus wird deutlich, dass der Tempel das Problem war. Um den Sachverhalt zu klären, schickte der Statthalter einen Brief an König Darius, der die ursprüngliche Genehmigung des Kyrus in den Archiven fand und den Statthalter darüber informierte. Er wies ihn an, nicht nur die Arbeiten nicht zu behindern, sondern sie sogar aus der königlichen Kasse zu finanzieren. Jetzt kam der Wiederaufbau des Tempels richtig in Fahrt; Esra 6 berichtet über seine Fertigstellung und Einweihung.

Esra gewann das Vertrauen von Artaxerxes, und einige Zeit darauf wurde er zusammen mit einigen anderen Männern nach Jerusalem gesandt, mit einer beträchtlichen staatlichen Hilfe für die Instandhaltung des Tempels. Aber die Stadt Jerusalem war immer noch nicht wiederaufgebaut, und als Nehemia, ein jüdischer Hofbeamter von Artaxerxes, davon hörte, war er sehr betrübt darüber, und wie einst Daniel betete er zu Gott.

Nehemias Gebet ist kürzer als das Bußgebet Daniels, aber es atmet das gleiche tiefe Wissen um die Liebe Gottes, der bereit ist, sein Volk zurück in sein Land zu führen, wenn es nur Buße tut (Neh 1,4–11). Er beendet sein Gebet mit der Bitte um Gottes Hilfe bei einem wichtigen Gespräch mit Artaxerxes. Nehemia war der Mundschenk des Königs – eine hohe Vertrauensposition. Er war im Wesentlichen für die Sicherheit des Königs verantwortlich, und Gift war damals ein beliebtes Mittel, um Menschen loszuwerden. Nehemias Amt brachte ihn regelmäßig in Kontakt mit dem König. Jetzt, als er nach seinem Gebet dem König wieder den Wein reicht, macht er keinen Versuch, seine Traurigkeit zu verbergen, worauf der König ihn fragt, warum er so traurig ist. Es war nicht ungefährlich, vor einem König so offen seine Gefühle zu zeigen, und Nehemia muss innerlich gezittert haben. Aber er wagt es, den Grund seiner Trauer – Jerusalem – zu erwähnen. Worauf der König, der nicht auf den Kopf gefallen ist, ihn geradeheraus fragt: »Um was also bittest du?« (Neh 2,4). Nehemia berichtet: »Da betete ich zu dem Gott des Himmels und sagte dann zum König: Wenn es dem König gefällt, und wenn dein Knecht wohlgefällig vor dir ist, so wollest du mich nach Juda senden zu der Stadt der Gräber meiner Väter, damit ich sie wieder aufbaue!« (Neh 2,4–5).

Es war eine große und gewagte Bitte. Aber Nehemias Wesen und Verhalten waren so, dass der König ihm vor den Augen der ebenfalls anwesenden Königin seinen Wunsch gewährte.

Man fragt sich, ob der König sich an seinen Brief erinnerte, den er Jahre zuvor geschrieben und in dem er genau diese

Möglichkeit angesprochen hatte: »Diese Stadt soll nicht wieder aufgebaut werden, bis von mir Befehl gegeben wird« (Esr 4,21). Sein Erlass, der den Wiederaufbau Jerusalems erlaubte, erging im Monat Nissan seines 20. Regierungsjahres (d. h. im März 444 v. Chr.). Es war ein historischer Augenblick. Gottes Pläne für Jerusalem machten einen großen Sprung nach vorne; der Wiederaufbau der Stadt begann, die siebzig Jahrwochen hatten begonnen. (Im nächsten Kapitel werde ich eine andere Sicht des Beginns der siebzig Jahrwochen erwähnen.)

Damit haben wir eine erste Annäherung an die zeitliche Struktur von Daniels Prophetie (egal, wie die Details aussehen mögen). 490 – 7 = 483 Jahre bringen uns in die erste Hälfte des 1. Jh. n. Chr., genauer gesagt: in die 30er-Jahre, was hochbemerkenswert ist, da laut Daniel zu dieser Zeit ein Gesalbter getötet werden sollte (Dan 9,26). Dies kann sich nur auf Jesus von Nazareth beziehen, der sich selbst als den »Gesalbten« (Messias) Gottes bezeichnete und um 30 n. Chr. in Jerusalem gekreuzigt wurde.

Was wir gerade gemacht haben, ist eine grobe Berechnung anhand des gregorianischen Kalenders, der heute in Gebrauch ist, und das Ergebnis ist faszinierend. Doch es wird noch faszinierender, wenn wir uns darüber klar werden, dass der gregorianische Kalender vielleicht gar nicht die richtige Grundlage für unsere Berechnungen ist. Wir merken dies, wenn wir bedenken, dass Daniel erwähnt, dass die Opfer im Tempel in der Mitte der letzten Jahrwoche verboten werden – also dreieinhalb Jahre lang (Dan 9,27). In Kapitel 17 sahen wir, dass das vierte Tier nur eine begrenzte Zeit (»eine Zeit und zwei Zeiten und eine halbe Zeit«, Dan 7,25) gegen den Tempel wüten wird und dass laut Offenbarung 11,2 die heilige Stadt 42 Monate lang »zertreten« werden wird. Gleich im nächsten Vers (11,3) ist von zwei »Zeugen« die Rede, denen trotz aller Versuche, sie zu vernichten, die Macht gegeben wird, 1260 Tage lang zu prophezeien. Im nächsten Kapitel (Offb 12,6) lesen wir von einer Frau, die wieder 1260

Tage lang vor der Macht des Drachen beschützt wird. Im folgenden Kapitel (Offb 13,5) ist von 42 Monaten die Rede. Wenn, was vernünftig erscheint, die 1260 Tage und die 42 Monate dieselbe Zeitspanne meinen, dann wäre eine »Zeit« im Sinne von Daniel 7,25 ein Jahr von 360 Tagen, d. h. ein Mondjahr.

Dies entspricht sowohl der babylonischen als auch der jüdischen Zeitrechnung. Schon im 1. Buch Mose heißt es z. B., dass es vom 17. Tag des zweiten Monats bis zum 17. Tag des siebten Monats 150 Tage waren (1Mo 7,11; 8,3–4). Kein Geringerer als Isaac Newton hat auf dieses Phänomen des Mondjahres hingewiesen:

> *Bevor die korrekte Dauer des Sonnenjahres bekannt war, berechneten alle Völker die Monate nach dem Lauf des Mondes und die Jahre nach der Wiederkehr von Winter und Sommer, Frühling und Herbst. Bei der Herstellung von Kalendern für ihre Feste rechneten sie den Mondmonat zu 30 Tagen und das Jahr zu 12 Mondmonaten, wobei sie auf die nächsten runden Zahlen auf- und abrundeten. Daher stammt die Einteilung der Ekliptik in 360 Grade.*[129]

Man beachte hier die Formulierung »wobei sie auf die nächsten runden Zahlen auf- und abrundeten.« Dies geschah, weil der Mondzyklus 354 Tage lang ist. Damit ist das Mondjahr etwas über 11 Tage kürzer als das Sonnenjahr. Es scheint, dass zur Zeit der Babylonischen Gefangenschaft ein Extramonat von 30 Tagen (der *Ve'adar)* in den Kalender eingeschoben wurde, um die nötige Korrektur vorzunehmen (ähnlich wie wir heute alle vier Jahre ein Schaltjahr von 366 Tagen haben, da das Sonnenjahr in Wirklichkeit etwas *über* 365 Tage lang ist). Man beachte

129 Isaac Newton, *The Chronology of Ancient Kingdoms Amended* (London, 1728), S. 71.

in diesem Zusammenhang auch, dass unser Wort »Monat« mit »Mond« verwandt ist; sein hebräisches Äquivalent, *hodesh*, bedeutet wörtlich »Neumond«.

Damit kommen wir zu folgender Berechnung:

Die 69 Jahrwochen oder 483 Jahre zu je 360 Tagen
ergeben insgesamt 173 880 Tage.
Ein Sonnenjahr = 365,24219879 Tage.
177 880 Tage = 476,067663 Sonnenjahre =
476 Jahre + 24,7 Tage.

Wenn wir den vertrauten gregorianischen Kalender benutzen, als Ausgangspunkt den Anfang des Monats Nissan im Jahre 444 v. Chr. wählen und dann um 476 Jahre plus 25 Tage nach vorne gehen, landen wir im Monat Nissan des Jahres 33 n. Chr.

Die beiden Datierungen der Kreuzigung Jesu, die am häufigsten in der einschlägigen Literatur genannt werden, sind die Jahre 30 und 33 n. Chr. Einer der Gründe dafür ist, dass in diesen beiden Jahren der 14. Nissan (das Passahfest) auf einen Freitag fiel. Vor Kurzem hat der britische Physiker Sir Colin John Humphreys zusammen mit dem Astrophysiker Graeme Waddington berechnet, dass Jesus am 3. April 33 n. Chr. starb.[130] Humphreys geht unter anderem davon aus, dass Jesus den Mondkalender benutzt hat, der auf die Zeit des Babylonischen Exils (s. o.) zurückgeht. Diese Theorie, die breite Akzeptanz gefunden hat,[131] erweist Daniels Prophezeiung aus dem 6. Jh. v. Chr. als phänomenal exakte Vorhersage der Zeit, in der ein »Gesalbter« (der Messias) getötet werden wird (Dan 9,26).

Und selbst wenn (was ich nicht glaube) Daniel erst im 2. Jh. v. Chr. geschrieben und das historische Datum des Erlasses zum Wiederaufbau Jerusalems gekannt hätte, wäre Da-

130 Vgl. Colin J. Humphreys, *Die letzten Tage Jesu und das Geheimnis des Abendmahls* (Stuttgart: Urachhaus, 2012).
131 http://www.cam.ac.uk/research/news/the-penultimate-supper

niel 9 immer noch eine reale und äußerst genaue Vorhersage. Der Leser wird es uns nachsehen, dass unsere Berechnung die Theorie, dass das Buch Daniel erst aus dem 2. Jh. v. Chr. datiert, noch unwahrscheinlicher macht, da sie oft mit einer naturalistischen Verneinung der Möglichkeit echter vorhersagender Prophetie in Zusammenhang gebracht wird.

Leider trüben die Meinungsverschiedenheiten über die Interpretation der 70. Jahrwoche manchmal den Blick für die Gültigkeit, Genauigkeit und Wichtigkeit der messianischen Prophetie der ersten 69 Jahrwochen, obwohl dies logischerweise zwei getrennte Themen sind. Der springende Punkt ist dieser: Egal, wie wir die letzte Jahrwoche deuten, die verblüffend exakte Vorhersage des Todes des Messias in Daniel 9 ist ein mächtiges Indiz für den übernatürlichen Charakter der Schrift – und ein Argument mehr für die Wahrheit von Jesu Anspruch, der Messias zu sein.

Kapitel 20

Die siebzigste Jahrwoche

Daniel 9

Zu der letzten der siebzig Jahrwochen in Daniels Prophetie gibt es vor allem zwei Auslegungen. Die erste – sie wird oft »die traditionelle Auslegung« genannt – besagt, dass die 70. Jahrwoche unmittelbar auf die ersten 69 folgt. Die zweite Auslegung dagegen geht davon aus, dass die 70. Woche noch in der Zukunft liegt, was eine Lücke von unbestimmter Dauer zwischen den ersten 69 Jahrwochen und der letzten ergibt.

Die erste Theorie hat den offensichtlichen Vorteil, dass sie die ganzen siebzig Wochen als *einen* kontinuierlichen Zeitabschnitt betrachtet, ohne eine »künstliche« Lücke. Doch wenn wir versuchen, dies historisch nachzuvollziehen, stoßen wir alsbald auf ernste Schwierigkeiten. In Daniel 9,24 erfährt Daniel:

> *Siebzig Wochen sind über dein Volk und über deine heilige Stadt bestimmt, um das Verbrechen zum Abschluss zu bringen und den Sünden ein Ende zu machen und die Schuld zu sühnen und eine ewige Gerechtigkeit einzuführen und Vision und Propheten zu versiegeln und ein Allerheiligstes zu salben.*

Ohne Zweifel hat Christi Kreuzestod die Schuld gesühnt, aber wie sollen die anderen hier erwähnten Dinge in den sieben Jahren nach seinem Tod erfüllt worden sein? Die Probleme Israels und Jerusalems wurden nicht gelöst, sondern verschlimmerten sich zusehends, bis zur Zerstörung des Tempels durch Titus' Armeen im Jahre 70 n. Chr. und die darauffolgende, viele Jahrhunderte dauernde Zerstreuung.

Doch mehr noch: Wenn die 70. Jahrwoche unmittelbar auf die ersten 69 folgt, was hat Daniel dann mit dem Folgenden gemeint?

> *Und das Volk eines kommenden Fürsten wird die Stadt und das Heiligtum zerstören, und sein Ende ist in einer Überflutung; und bis zum Ende ist Krieg, fest beschlossene Verwüstungen. Und stark machen wird er einen Bund für die Vielen, eine Woche lang; und zur Hälfte der Woche wird er Schlachtopfer und Speisopfer aufhören lassen. Und auf dem Flügel von Gräueln kommt ein Verwüster, bis fest beschlossene Vernichtung über den Verwüster ausgegossen wird.* (Dan 9,26b–27)

Wir finden in der Geschichte Israels zur Zeit Jesu und kurz danach nichts, was zu dieser Beschreibung passen würde. Die Opfer im Tempel in Jerusalem gingen nach der Kreuzigung Jesu bis zur Zerstörung des Tempels 70 n. Chr. weiter – viel länger als sieben Jahre. Die Schwierigkeiten werden rasch unüberwindlich.

Man beachte, dass diese Überlegungen darauf basieren, dass die siebzig Jahrwochen mit dem Erlass des Artaxerxes im Jahre 444 v. Chr. beginnen. Manche Gelehrte lassen die Jahrwochen bereits mit dem etwas früheren Erlass des Artaxerxes beginnen, den er Esra mitgab, als er diesen nach Jerusalem schickte (vgl. Esr 7), obwohl es dabei um den Wiederaufbau des Tempels ging und nicht der Stadt. Sie lassen die 69 Jahrwochen mit der Taufe Jesu im Jordan, die seiner Salbung gleichkommt, enden. Darauf folgt dann sofort die 70. Woche, in deren Mitte (etwa dreieinhalb Jahre nach seiner Taufe) Jesus gekreuzigt wurde. Das Ende der 70. Woche ist dann das Martyrium des Stephanus und die bald darauf folgende Berufung des Paulus, und der in Daniel 9,27 erwähnte »Bund« ist der »neue Bund«, den Christus beim Abendmahl für seine Jünger stiftete.

Diese Sicht wird dem prophetischen Wert der ersten 69 Jahrwochen gerecht, doch die Interpretation der 70. Woche macht (jedenfalls meiner Meinung nach) einen gekünstelten Eindruck. Man denke nur daran, dass diese Jahrwoche schon lange vor der Zerstörung Jerusalems zu Ende war und dass andererseits der von Jesus begründete neue Bund nicht auf sieben Jahre begrenzt war.

Schauen wir uns jetzt einen anderen Interpretationsvorschlag an, der sich aus einer Parallele zwischen Daniel 9 und Daniel 8 ergibt, wo die Vision Ereignisse aus der Zeit von Antiochus IV. Epiphanes aufgreift und sie als historische Brille zur Betrachtung der Endzeit benutzt, wenn sich ähnliche Dinge ereignen werden. Könnte dies bei Daniel 9 ähnlich sein?

Schauen wir uns diese entscheidende Passage noch einmal genauer an:

> *Und nach den 62 Wochen wird ein Gesalbter ausgerottet werden und wird keine Hilfe finden. Und das Volk eines kommenden Fürsten wird die Stadt und das Heiligtum zerstören, und sein Ende ist in einer Überflutung; und bis zum Ende ist Krieg, fest beschlossene Verwüstungen. Und stark machen wird er einen Bund für die Vielen, eine Woche lang; und zur Hälfte der Woche wird er Schlachtopfer und Speisopfer aufhören lassen. Und auf dem Flügel von Gräueln kommt ein Verwüster, bis fest beschlossene Vernichtung über den Verwüster ausgegossen wird.* (Dan 9,26–27)

Wenn wir den Tod des Gesalbten mit der Kreuzigung des Messias Jesus gleichsetzen und uns dann fragen, was der folgende Satz bedeutet: »Und das Volk eines kommenden Fürsten wird die Stadt und das Heiligtum zerstören«, bietet sich als Antwort geradezu an, dass hier die Zerstörung Jerusalems und des Tempels durch Titus im Jahre 70 n. Chr. gemeint ist.

Die nächste Frage lautet dann: Was ist mit dem Rest dieses Abschnitts gemeint? Die »Verwüstungen« und »Gräuel« erinnern an Daniel 8, aber auch, wie wir noch sehen werden, an Daniel 11,31. Beide Passagen haben einen doppelten Bezug: auf Antiochus IV. Epiphanes und auf die Endzeit. Könnte es sein, dass es in Daniel 9 ähnlich ist, aber dieses Mal die Zeit des Endes durch die Brille des Jahres 70 n. Chr. betrachtet wird? Der »kommende Fürst« wäre dann Titus, der Jerusalem zerstört, worauf eine nicht näher bezeichnete Periode von Kriegen folgt, »bis zum Ende«. Der »er« in dem Satz »Und stark machen wird *er* einen Bund für die Vielen, eine Woche lang« wäre dann nicht Titus, sondern jemand anderes, der aber, wie Titus, das Heiligtum in Jerusalem entweiht und der die endgültige Verkörperung der Macht des Heidentums ist – der in 2. Thessalonicher 2 erwähnte »Mensch der Gesetzlosigkeit«.

Man kann darüber streiten, ob es in Daniel 9 interne Beweise dafür gibt, dass die letzte Woche nicht unmittelbar auf die ersten 69 folgt. Es scheint hier eine gedachte zeitliche Lücke zu geben und die Art prophetische »Fernsicht«, die wir schon in anderen Kapiteln des Buches Daniel sahen. Diese Deutung wird dadurch gestützt, dass der Herr selbst seine Jünger über die Zerstörung Jerusalems belehrte:

- Auf die Zerstörung Jerusalems wird eine unbestimmte Zeit von »Kriegen und Kriegsgerüchten« folgen (Mt 24,6).
  Vgl. hier Dan 9,26: »Und bis zum Ende ist Krieg«.
- »Und Jerusalem wird zertreten werden von den Nationen« (Lk 21,24).
- Daniels »Gräuel der Verwüstung« wird in Zusammenhang mit seiner (Jesu) Wiederkunft (Mt 24,15) gesehen.

Auch die Offenbarung weiß von einer Zeit, in der die heilige Stadt »zertreten« wird (Offb 11,2), und diese Zeit ist mit der Wiederkunft Christi verbunden. Da es also in der Zeit, bevor Christus wiederkommt, zur Schändung des Heiligtums und zum Zertreten des Volkes Gottes und der Stadt sowie zu heftigen Verfolgungen kommen wird, ist es offensichtlich, dass das in Daniel 9,24 verheißene Ende des Aufstands gegen Gott und das Kommen einer ewigen Gerechtigkeit nicht 33 oder 70 n. Chr. oder zu irgendeinem anderen Zeitpunkt bis zur Gegenwart erfolgt ist, sondern dass die Erfüllung noch aussteht.

Wie die Vision von den vier Tieren in Daniel 7 zeigt, kommen die ewige Gerechtigkeit und das Reich für die Heiligen erst dann, wenn der Menschensohn auf den Wolken des Himmels kommt (Mt 24,30). Was ganz zu dem passt, was der Apostel Paulus den Philosophen in Athen sagte – dass der Herr Jesus an einem festgesetzten Tag »den Erdkreis richten wird in Gerechtigkeit« (Apg 17,31). Ähnlich bei Petrus: Wenn Christus wiederkommt, wird es einen neuen Himmel und eine neue Erde geben, in denen Gerechtigkeit herrscht (vgl. 2Petr 3,11–13).

Ich kann mir gut vorstellen, dass manche Leser an dieser Stelle sagen: »Selbst wenn Sie recht haben sollten – was bringt es denn, sich über einen Zeitabschnitt von ganzen sieben Jahren Gedanken zu machen, der vielleicht in ferner Zukunft liegt? Diese paar Jahre können doch für uns keine große Bedeutung haben, und eigentlich lenken sie uns doch bloß von unserer Aufgabe, als Christen in der realen Welt hier und jetzt zu leben, ab! Solche Spekulationen bringen den christlichen Glauben nur in Verruf! Warum lassen wir das ganze Thema nicht und konzentrieren uns auf das, was wirklich wichtig ist?«

Ich kann diese Stimmen gut verstehen. Wenn die Beschäftigung mit dem Buch Daniel uns nur in endlose Spekulationen führt (und nicht zu einem Glaubensleben, wie Daniel es hatte), haben wir weder Daniels Botschaft verstanden noch Jesu Aufforderung, als Licht und Salz der Welt für Gott zu leben. Aber ich bin überzeugt, dass Daniel ein Prophet war, der Gottes Wort weitergab. Daniel 9 gehört zum Wort Gottes, und folglich muss ich es als Gottes Wort behandeln. Natürlich darf ich nicht den Sinn für Verhältnismäßigkeit verlieren und meine ganze Zeit damit verbringen, über einen kleinen Teil von Gottes Wort nachzudenken, und den Rest ignorieren. Aber ich darf Daniel 9 auch nicht als irrelevant abtun, sondern muss diesem Kapitel gerecht werden.

Mehrere Dinge sind mir hier wichtig, und das erste ist, dass die Prophezeiung der siebzig Jahrwochen Gottes Antwort auf Daniels Sorge um die Stadt Jerusalem war, die doch Gottes Namen trug und mit seinem Ansehen in der Welt zu tun hatte. Einerseits zeigte Gott Daniel, dass die Lösung des Problems der Sünde Israels (ja, der Sünde der ganzen Welt) nicht über Nacht kommen würde. Und gleichzeitig machte er Daniel Mut: Der Tag würde kommen, an dem das Geschick Jerusalems sich wenden würde. Diese Botschaft wurde durch Jesus persönlich vertieft, dessen Jünger sehr bestürzt wurden, als er ihnen die verheerende Zukunft beschrieb, die auf Jerusalem wartete, nachdem es ihn als Messias abgelehnt hatte. Aber er gab ihnen auch Hoffnung: Der Tag würde kommen, an dem die heidnische Herrschaft und die Entweihung der Stadt enden und die Erlösung anbrechen würde.

Auch der Apostel Paulus trug große Sorge um sein Volk und seine Nation. Den Christen in Rom schrieb er:

> *Mein Herz ist von tiefer Traurigkeit erfüllt, und es quält mich unablässig, wenn ich an meine Brüder denke, an die Leute meines eigenen Volks. Für sie hätte ich es auf mich genommen, verflucht und für immer von Christus getrennt zu sein.* (Röm 9,2–3; NeÜ)

Paulus redet hier, wohlgemerkt, nicht von der Gemeinde, obwohl deren Probleme ihm ständig auf dem Herzen lagen. Es schmerzt ihn vielmehr, dass sein eigenes Volk – Israel –, das von Gott so viele Privilegien bekommen hat, wie z. B. die Erzväter, das Gesetz, den Bund und die Verheißungen, ja, in das der Messias hineingeboren wurde, dass dieses Volk seinen Messias abgelehnt hat. Wie vor ihm Daniel fragte Paulus sich, was die Zukunft bringen würde, und ebenfalls wie Daniel sah er, dass ein Tag kommen würde, wo das Schicksal seines Volkes sich wendete.

Paulus beruft sich auf eine Prophezeiung, die bereits vor der Zeit Daniels erging, und schaut voraus auf ihre Erfüllung:

> *Ein Teil von Israel hat sich verhärtet. Aber das gilt nur so lange, bis die volle Zahl von Menschen aus den anderen Völkern zum Glauben gekommen ist. Israel als Ganzes wird dann so gerettet werden, wie geschrieben steht: »Aus Zion wird der Retter kommen, der alle Gottlosigkeit von Jakobs Nachkommen entfernt. Und der Bund, den ich mit ihnen schließen werde, besteht darin, dass ich sie von ihren Sünden befreie.«* (Röm 11,25–27; NeÜ; vgl. Jes 59,20–21)

Die gesamte Bibel hindurch spüren wir etwas wie einen Zeitpfeil, der auf den Tag zusteuert, an dem der Messias in Macht und Herrlichkeit wiederkommen wird. Dies ist die große Hoffnung, die Jesus seinen Jüngern im persönlichen Gespräch in Aussicht stellte:

> *Und wenn ich dann alles vorbereitet habe, komme ich zurück und werde euch zu mir holen, damit auch ihr da seid, wo ich bin.* (Joh 14,3; NeÜ)

Diese Zukunftshoffnung soll den Charakter der Jünger prägen (wie sie auch Daniels Charakter geprägt hatte): »Wer auf so etwas hofft, wird immer darauf achten, sich von Sünde zu reinigen, um rein zu sein wie er« (1Jo 3,3; NeÜ).

Es kann sein, dass jemand jetzt sagt: »Gut, diese allgemeine Hoffnung, dass Christus wiederkommt, sehe ich ein; das ist etwas wirklich Wichtiges. Mein Problem sind all diese Einzelheiten. Warum soll ich mich mit dieser Periode von sieben Jahren herumschlagen?«

Vielleicht kann ein Beispiel, das wir alle kennen, hier weiterhelfen. Es gibt in der Geschichte einen Abschnitt von drei Tagen, der für Millionen von Menschen (einschließlich mir selbst und vielen meiner Leser) sehr, sehr wichtig ist. Ich meine natürlich die Tage, in denen Christus starb und auferstand. Sie werden dies sofort verstehen, denn die bedeutendsten Ereignisse in der Geschichte unseres Planeten fanden während dieser drei Tage statt. Was an diesem Zeitabschnitt wichtig ist, ist nicht seine Länge, sondern das, was in dieser Zeit geschah. Doch andererseits braucht auch das bedeutendste historische Ereignis eine bestimmte Zeitspanne, in der es stattfindet.

Das gleiche Prinzip gilt auch für die Zukunft. Stellen wir uns vor, Sie reden mit einer jungen Frau, die Ihnen sagt: »Nächstes Jahr gibt es einen Tag – den 14. September –, der sehr wichtig für mich ist; dann ist nämlich ...« Stellen wir uns weiter vor, Sie lassen die Frau gar nicht erst ausreden, sondern fragen direkt, wie aus der Pistole geschossen: »Wie kann ein 24-Stunden-Zeitraum, der fast ein Jahr entfernt liegt, so wichtig sein?« Worauf die Frau erwidert: »Weil ich an dem Tag heirate!« Was Sie etwas verlegen machen wird, denn Sie hatten nicht bedacht, dass die Bedeutung nicht in der Länge der Zeit liegt, bis etwas geschieht, sondern in dem, was in diesem Zeitraum geschehen wird.

Ich glaube, dass dasselbe für Daniels 70. Jahrwoche gilt – und für die »eine Zeit, zwei Zeiten und eine halbe Zeit« von Daniel 12,7 (NeÜ) und Offenbarung 12,14. Wichtig ist dabei nicht die Dauer, bis etwas geschieht, sondern das, was in dieser Zeit geschehen wird. Natürlich ist die Länge der Zeit nicht unwichtig. Wenn es sich, wie dies den Anschein hat, um eine Zeit intensiver Verfolgung handeln wird, wird ihre Dauer für die Betroffenen ein wichtiges Thema sein, so wie einst die Dauer des Babylonischen Exils für Daniel.

Es scheint, dass Daniels Prophetien über die Endzeit das in den Mittelpunkt rücken, was Paulus den »Menschen der Gesetzlosigkeit« nennt. Dieser wird ein unglaublich brutaler Machtmensch sein, von böser Macht getrieben, der sich in seiner maßlosen Arroganz schließlich herausnehmen wird, die Stelle Gottes einzunehmen. Was natürlich bedeutet, dass die Dauer seiner Herrschaft für alle von ihr Betroffenen wichtig sein wird. Wir wissen nicht, wann all dies geschehen wird, aber selbst dann, wenn es uns nicht persönlich betreffen sollte, sollten wir darüber Bescheid wissen. Wenn Paulus dieses Thema für wichtig genug befand, um es frischbekehrten Christen des 1. Jahrhunderts nahezubringen (vgl. 2Thes 2,5), wie viel ernster sollten wir es dann im 21. Jahrhundert nehmen!

Diese zukünftigen Ereignisse sind nur die Ernte einer langen Saat von Ideen, Einstellungen, Gedankengebäuden und Ideologien, die von der Antike bis heute die Geschichte durchziehen. In unserer Zeit ist insbesondere der säkulare Naturalismus alles andere als harmlos, mit seiner Marginalisierung Gottes und der Entwertung menschlichen Lebens und menschlicher Würde. Wir sollten bewusst wahrnehmen, was hier geschieht, und diese negativen Folgen denen deutlich machen, die bereit sind, uns zuzuhören.

Man könnte hierzu noch viel sagen, doch dieses Buch ist nicht der Ort dafür. Die Offenbarung des Johannes gibt uns wie kein anderes biblisches Buch Einblick in die ideologischen und kulturellen Entwicklungen, die in der Endzeit zur Reife kommen werden. Eine vertiefende Analyse muss sich auf dieses Buch konzentrieren und nicht auf das Buch Daniel. Wir sollten uns jedoch bei all dem darüber im Klaren sein, dass wir nicht erwarten können, alles vollständig zu verstehen, was in diesen Büchern geschrieben steht. Viele Dinge werden uns verborgen bleiben, wie Daniel selbst uns im letzten Abschnitt seines Buches klarmachen wird.

Folgen für die Datierung des Buches Daniel

David W. Gooding weist in seiner Analyse der literarischen Struktur des Buches Daniel darauf hin, dass die bewusst parallele Anordnung von Kapitel 9 und 4 es sehr unwahrscheinlich macht, dass das Buch erst zur Zeit von Antiochus IV. im 2. Jh. v. Chr. entstand. Goodings Beobachtungen sind so wichtig, dass ich sie hier ausführlich zitiere:[132]

> *Es ist gleich aus mehreren Gründen schwer vorstellbar, dass der Text dieser Kapitel und ihre symmetrische Anordnung erst während der Verfolgung der Juden durch Antiochus entstanden. Erstens wird keine Kritik an der Kultur geübt, für die die Erbauung Babylons ein so deutlicher Ausdruck war. Stattdessen wird der Erbauer von Babylon als ein mächtiger Baum dargestellt, den Gott selbst zur Bewahrung und Freude seiner Untertanen wachsen ließ. Seine Sünde liegt allein in seinem Stolz. Es ist daher unwahrscheinlich, dass Kapitel 4 erst zu einer Zeit entstand, in der die heidnische Kultur des Hellenismus, der mittlerweile ungehindert in Palästina Fuß gefasst hatte, bereits zu einem der Hauptübel geworden war, gegen das die Makkabäer kämpften – ein Übel, das so groß war, dass der Kompromiss mit ihm als Abfall von Gott betrachtet wurde (1Mak 1,11–15; 2Mak 4,9–17).*
>
> *Zweitens war es Nebukadnezar, der Jerusalem verwüstet, das Heiligtum zerstört und die goldenen und silbernen*

132 David W. Gooding, »The Literary Structure of Daniel and Its Implications«, *Tyndale Bulletin* 32 (1981).

Tempelgefäße nach Babylon gebracht hatte. Aber in Kapitel 9 wird ihm die Verwüstung Jerusalems nicht zur Last gelegt; die Schuld liegt hier ganz bei Israels beharrlichem Sündigen. Es ist schwer vorstellbar, dass die Abfassung von Kapitel 4 und seine parallele Anordnung zu Kapitel 9 erst zu der Zeit erfolgten, als Antiochus IV. nach Jerusalem gekommen war, voller Anmaßung den Tempel besetzt und »das Silber und Gold, die kostbaren Gefäße und verborgenen Schätze« in sein eigenes Land geschafft hatte. Oder als zwei Jahre später sein oberster Steuereinnehmer »voll Hinterlist friedliche Worte« zu den Bürgern Jerusalems redete, nur um die Stadt plötzlich zu überfallen, zu plündern und in Brand zu stecken, worauf er der Stadt »eine heidnische Besatzung« aufzwang durch »frevelhafte Leute« (vgl. 1Mak 1,20–24.29–34). Überhaupt, wenn Kapitel 4 unterstellt hätte, dass Nebukadnezar ununterbrochen Erfolg hatte und gedieh, während Jerusalem verödet dalag, und ihn erst später ein ungeheuerliches Schicksal traf, dann kann man davon ausgehen, dass es Zeiten gegeben haben mag, in denen Antiochus erblühte, während Jerusalem darniederlag. Denn in 2. Makkabäer 6,12–16 werden die jüdischen Leser aufgefordert, sich vom Elend Jerusalems nicht entmutigen zu lassen, sondern »zu bedenken, dass unserm Volk Strafen nicht zum Verderben, sondern zur Erziehung widerfahren. Denn das ist ein Zeichen großer Gnade, wenn den Sündern nicht lange Zeit gewährt wird, sondern sie bald der Strafe anheimgegeben werden. Denn unser Herrscher sieht uns nicht so langmütig zu wie den andern Völkern, die er hingehen lässt, bis sie das Maß ihrer Sünden erfüllt haben, und sie dann bestraft; sondern er hat beschlossen, uns gegenüber nicht so zu sein, dass wir's nicht zu weit treiben mit unseren Sünden und er zuletzt sich an uns rächen müsse. Deshalb nimmt er seine Barmherzigkeit nie ganz von uns; und wenn er uns durch ein Unglück erzieht, lässt er doch sein Volk nie im Stich.«

Indem Daniel die Kapitel 4 und 9 ganz bewusst symmetrisch einander gegenüberstellt, lädt er den Leser auch dazu ein, Gottes Bestrafung Nebukadnezars und seine Bestrafung Jerusalems miteinander zu vergleichen. Aber im Buch Daniel kann Nebukadnezar nicht so lange sündigen, bis es zu spät ist und er einen schrecklichen Tod stirbt, wie es später von Antiochus berichtet wird (vgl. 1Mak 6,8–13; 2Mak 9,5–28), sondern Nebukadnezar wird von Gott so behandelt, wie dies nach 2. Makkabäer eigentlich für Israel typisch ist, ein Zeichen seiner großen Güte gegenüber diesem Volk. Gott achtet sorgfältig darauf, Nebukadnezar nicht zu vernichten, sondern ihn zur Umkehr zu bewegen, um ihm so seine ursprüngliche politische Größe und kulturelle Herrlichkeit wiederzugeben. Und mehr noch: Nebukadnezar reagiert auf diese Strafe und wird zurechtgebracht, während Israel nach Daniels Bekenntnis so in seiner Sünde beharrt, dass Jerusalem trotz seiner Wiederherstellung erneut verwüstet werden und bis zum Ende weitere Katastrophen erleiden wird.

Es ist daher kaum vorstellbar, dass die Abfassung und die symmetrische Komposition der Kapitel 4 und 9 erst zur Zeit der Makkabäer erfolgten. Und es ist noch schwerer vorstellbar, dass die Geschichte der Bestrafung Nebukadnezars in der Makkabäerzeit in das Buch eingefügt wurde, um den Gläubigen Hoffnung zu geben, dass Gott mit Antiochus genauso handeln würde, wie er mit Nebukadnezar gehandelt hat.

Kapitel 21
Der Mann über dem Strom
Daniel 10

Im letzten Abschnitt des Buches, in den Kapiteln 10 bis 12, finden wir die vierte Vision, die Gott Daniel schenkte. Er datiert sie auf das dritte Regierungsjahr des Kyrus, verortet sie am Ufer des Tigris-Stromes und beschreibt sie als Offenbarung eines großen Konfliktes. Wieder stellt er klar, dass das, was er da schreibt, nicht seinem eigenen brillanten Gehirn entsprungen ist, sondern eine *echte* Offenbarung Gottes ist. Sie »ist wahr und betrifft einen großen Kampf« (Dan 10,1; NeÜ).

Da dies die längste der Visionen ist, beginne ich damit, ihren Inhalt zu skizzieren. Daniel sieht die herrliche Gestalt eines Mannes über dem mächtigen Tigris-Strom. Die Erscheinung überwältigt ihn dermaßen, dass er wie betäubt niedersinkt. Ein himmlischer Bote weckt ihn auf und sagt ihm, dass er gekommen ist, um ihm zu offenbaren, was seinem Volk in der Zukunft widerfahren wird. Auf seinem Weg zu Daniel stellten sich ihm Mächte aus der unsichtbaren Welt entgegen, aber jetzt ist er endlich da und kann Daniel mitteilen, »was im Buch der Wahrheit aufgezeichnet ist« (Dan 10,21).

Es folgt ein langer Überblick über den weiteren Gang der Geschichte. Wir können davon ausgehen, dass er zur Zeit Daniels in Medo-Persien beginnt; es folgen der Aufstieg des griechischen Reiches unter Alexander dem Großen und die anschließende Aufteilung unter seine vier Feldherren nach seinem Tod. Danach kommen die ständigen Reibereien zwischen den Teilreichen, vor allem zwischen den Seleukiden (»König des Nordens«) und den Ptolemäern (»König des Südens«); der traurige Höhepunkt wird die Entweihung des Tempels in Jerusalem durch Antiochus IV. Epiphanes im 2. Jahrhundert sein.

Als Nächstes wird die Zeit von Antiochus IV. als Prototyp der »Zeit des Endes« (Dan 11,35) beschrieben, was uns bereits vertraut ist, wenn ein besonders machtgieriger König »sich erheben und sich groß machen [wird] gegen jeden Gott« (11,36). Für das Volk Daniels, Israel, wird dies eine Zeit noch nie gekannter Not sein. Es folgen die Errettung Israels sowie die Auferstehung der Gerechten und der Ungerechten.

An dieser Stelle erhält Daniel den Auftrag, das Buch zu versiegeln »bis zur Zeit des Endes« (12,4).

Danach bemerkt Daniel zwei weitere Gestalten, die an den beiden Ufern des Stromes stehen. Die eine fragt den Mann am anderen Ufer des Flusses: »Wann ist das Ende dieser außergewöhnlichen Ereignisse?« (Dan 12,6). Die Antwort lautet: »Zeit, Zeiten und eine halbe Zeit!« (12,7). Daniel versteht nicht und fragt, was dies bedeutet, und die Gestalt wiederholt, dass die Worte »geheim gehalten und versiegelt sein [sollen] bis zur Zeit des Endes« (12,9). Das Buch endet mit einer wunderbaren Verheißung an Daniel: »Du wirst dich zur Ruhe legen und am Ende der Zeit auferstehen, um dein Erbe in Empfang zu nehmen« (12,13; NeÜ).

Eine Botschaft vom Himmel

Schauen wir uns jetzt diese Vision im Detail an. Daniel hört, dass ihr Inhalt »im Buch der Wahrheit aufgezeichnet ist« (Dan 10,21). Seine letzte Vision hatte er gehabt, als er ein anderes Buch der Wahrheit studierte – den Propheten Jeremia. Dieses Buch war ihm zugänglich gewesen. Doch jetzt, in der letzten Vision, ist das »Buch der Wahrheit« keins, das man in einer Bibliothek findet, sondern sein Inhalt wird ihm direkt offenbart. Hier wird bestätigt, was wir bereits wissen: Daniel war ein echter Prophet, d. h. dass Gott ihm neue Informationen direkt offenbarte.

Daniel erfährt, dass das Buch der Wahrheit detaillierte Informationen über historische Ereignisse nach seinem Tod enthält. Die Tatsache, dass es bereits geschrieben worden war, ist sehr auffällig. Dies führt manche zu dem Schluss, dass wir es folglich nicht ernst nehmen können, denn sonst würden wir bei einem deterministischen (oder zumindest mehr oder weniger deistischen) Gottesbild landen, in welchem Gott sozusagen die ganze Weltgeschichte wie ein Uhrwerk aufgezogen hat, das nun abläuft, ohne dass wir Menschen irgendeine Verantwortung oder Möglichkeit der Interaktion mit Gott hätten. Halten wir hier gleich fest, dass derselbe Einwand natürlich auch für Jeremias Prophezeiung der Babylonischen Gefangenschaft gelten würde, in der Daniel las, als er die Vision von den siebzig Jahrwochen erhielt, ja, er gälte für *jede* Art von Prophetie, einschließlich der von Daniel selbst.

Manche meinen, wenn bestimmte Ereignisse schriftlich vorhergesagt wurden, dann bewirke derjenige, der hinter der Vorhersage steht, dass diese Ereignisse eintreten, und schließe damit jede Entscheidungs- und Handlungsfreiheit der Beteiligten aus. Doch dies wäre nur dann der Fall, wenn wir von der naiven Annahme ausgehen, dass Gott die gleiche Beziehung zur Zeit hat wie wir. Tatsache ist aber, dass wie noch nicht einmal wissen, was Zeit ist, geschweige denn, wie komplex Gottes Verhältnis zu ihr ist.

Dies ist auch nicht der Ort für eine detaillierte Auseinandersetzung mit der biblischen Lehre zum Verhältnis von Gottes Souveränität und der Verantwortung des Menschen. Ich möchte hier nur so viel erwähnen: Selbst wenn das Eintreten bestimmter Ereignisse durch Gottes Offenbarung vorhergesagt wird, hebt dies in keiner Weise die moralische Handlungsfähigkeit und damit die Verantwortung und Rechenschaftspflicht des Menschen auf. Dies ist ein Thema nicht nur im Alten Testament, sondern auch im Neuen Testament. Denken Sie z. B. an die Aussage des Petrus zu Pfingsten vor der Menge in Jerusalem: »Diesen Mann, der nach dem bestimmten Ratschluss und nach Vorkenntnis Gottes hingegeben worden ist, habt ihr durch die Hand von Gesetzlosen an das Kreuz geschlagen und umgebracht« (Apg 2,23).

Daniel datiert die Vision auf das dritte Regierungsjahr des Kyrus, also mehr als 70 Jahre nach seiner Deportation aus Jerusalem. Er muss inzwischen mindestens 85 Jahre alt gewesen sein. Es ist interessant, wie er sich hier vorstellt – mit dem Namen, den er vor all den Jahren in Babylon erhielt. Es ist gerade so, als würde er sagen: »Ja, ich bin derselbe Daniel, den Nebukadnezar in Beltschazar umbenannte.«

Diese Datierung sagt uns auch etwas, was Daniel nicht explizit erwähnt: dass die Vision zwei Jahre nach dem Edikt des Kyrus erfolgte, das einem Teil der jüdischen Verbannten die Rückkehr nach Jerusalem zum Wiederaufbau des Tempels erlaubte (Esr 1,1ff.). Daniel hatte sich den Rückkehrern nicht angeschlossen – ob nun wegen seines hohen Alters oder weil er immer noch in der babylonischen Administration gebraucht wurde. Edward Young hat darauf hingewiesen, dass dann, wenn der Daniel des 6. Jh. v. Chr. nur das Produkt der Fantasie eines Autors des 2. Jh. v. Chr. wäre, es plausibel gewesen wäre, ihn so bald wie möglich nach Jerusalem zurückkehren zu lassen: »Dass Daniel nicht nach Palästina zurückkehrt, ist ein starkes Argument gegen die These, dass das Buch ein Produkt der Makkabäerzeit ist.«[133]

Wenn wir das Buch Esra lesen, können wir uns gut vorstellen, dass es Daniel zu Ohren gekommen war, dass sich die Dinge in Jerusalem nicht gut entwickelten. Daniel machte sich nach wie vor große Sorgen um sein Volk und dessen Zukunft. Es muss daher sehr deprimierend für ihn gewesen sein, aus der Vision von den siebzig Jahrwochen zu erfahren, dass die endgültige

133 Edward J. Young, *The Prophecy of Daniel* (Grand Rapids: Eerdmans, 1949), S. 223.

Wiederherstellung Jerusalems und seines Volkes sehr viel länger dauern würde, als er ursprünglich gehofft hatte.

> *Damals trauerte ich, Daniel, drei Wochen lang. Ich verzichtete auf besondere Speisen, aß kein Fleisch, trank keinen Wein und pflegte mich nicht mit Salbölen, bis die drei Wochen um waren.* (Dan 10,2–3; NeÜ)

Der Ausdruck »drei Wochen lang« (im Hebräischen wörtlich: »drei Wochen von Tagen«) will womöglich den Kontrast zwischen dieser kurzen Zeit und den siebzig endlosen Jahrwochen in Daniel 9 betonen.

Es war der erste Monat des jüdischen Jahres, der Monat Nisan, kurz nach dem Passahfest, an dem Daniel und sein Volk eigentlich voller Freude die wunderbare Errettung aus der ägyptischen Knechtschaft durch Gott hätten feiern sollen. Die Passah-Feierlichkeiten begannen am 14. Tag des Monats und dauerten normalerweise eine Woche. Wahrscheinlich hatte Daniel in diesem Jahr das Passah gefeiert, aber seine Trauer war so tief, dass er dreimal so lange trauerte, wie die Passah-Feierlichkeiten dauerten. Es war ihm gerade so, als sei sein Volk gestorben. Daniel konnte nicht wissen, dass Jahrhunderte später Paulus, den der gleiche Kummer umtrieb, der Hoffnung Ausdruck geben würde, dass das »tote« Israel wiedererstehen möge:

> *Denn wenn schon die Verstoßung Israels der Welt die Versöhnung mit Gott brachte, was wird dann erst Israels Wiederannahme bringen? Nicht weniger, als dass Tote lebendig werden.* (Röm 11,15; NeÜ)

Das Elend seines Volkes drückte Daniel so sehr, dass er auf köstliche Speisen, Fleisch und Wein verzichtete. Wir erinnern uns an den Anfang des Buches, wo Daniel die Kost des Königs verweigerte, um sich nicht mit der heidnischen Kultur zu beschmutzen.

Wir können den ersten Versen von Daniel 10 übrigens entnehmen, dass er später nicht immer einen Bogen um gutes Essen und Wein machte. Jetzt aber verzichtete er drei Wochen lang darauf – diesmal nicht, um keine faulen Kompromisse mit dem Heidentum zu schließen, sondern weil ihm das Wohl seines Volkes so am Herzen lag.

Wir können natürlich nicht Daniels Gedanken von damals lesen, aber was hier steht, berührt uns auf einer sehr menschlichen Ebene. Sein ganzes Leben lang hatte Daniel immer wieder Gottes Vorsehung und sein übernatürliches Eingreifen erlebt. Er hatte erlebt, wie Gott auf den höchsten Ebenen des Staates am Werk war – sogar im Herzen des Königs selbst. Gott hatte ihm drei direkte Offenbarungen über die Zukunft geschenkt, und in allen ist von schrecklichen Dingen die Rede, die über sein Volk kommen werden. Doch hier steht er, selbst einer aus diesem Volk: immer noch fest in dem Glauben, der in dem Studenten in Babylon gewachsen war, aber zutiefst verunsichert angesichts all der merkwürdigen Wendungen im Ergehen seines Volkes. Es war fast zu viel für einen so sensiblen, brillanten, mitfühlenden Mann wie Daniel. Und so fastete und trauerte er und verzichtete sogar darauf, seine Haut mit den üblichen Ölen vor der großen Hitze zu schützen.

Vielleicht hoffte er, dass Gott noch eine weitere Botschaft für ihn hatte – keine Sentimentalitäten, sondern eine Botschaft der Wahrheit, die ihn in seinem Alter trösten konnte, sodass er in dem Wissen sterben konnte, dass die Zukunft sicher war. Er sehnte sich danach, dass seine Trauer sich in Freude verwandelte.

Eines Tages stand er am Ufer des Tigris und schaute in die unablässig dahinströmenden Fluten. An dieser Stelle war der Fluss über eineinhalb Kilometer breit; es war einer der mächtigsten Ströme auf Erden. In der jüdischen Literatur waren große Flüsse ein Bild für den Gang der Geschichte der Nationen der Welt – wie die Konflikte gegeneinander anschwollen, sich eine Zeit lang beruhigten, dann wieder hochschossen, über die Ufer traten und einander in einem nicht enden wollenden Sog der Kriege und Kämpfe und Leiden erfassten. Der Prophet Jesaja z. B. beschrieb die Kriegsmaschinerie der Assyrer folgendermaßen:

> *Und der HERR fuhr fort, weiter zu mir zu reden: Weil dieses Volk das Wasser von Siloah verworfen, das still dahinfließt, und Freude hat an Rezin und dem Sohn des Remalja: darum, siehe, lässt der Herr das mächtige und große Wasser des Stromes über sie heraufsteigen – den König von Assur und all seine Herrlichkeit. Er wird heraufsteigen über all seine Betten und über all seine Ufer gehen. Und er wird über Juda dahinfahren, alles überschwemmen und überfluten; bis an den Hals wird er reichen. Und die Spanne seiner Flügel wird die Weite deines Landes füllen, Immanuel!* (Jes 8,5–8)

Es ist ein packendes Bild: Jerusalem, das wie ein Kopf auf dem Nacken eines Berges thront, ist drauf und dran, von den mächtigen Armeen Assyriens verschlungen zu werden, die das Land überfluten.

Der Fluss der Geschichte

Ein ähnliches Bild hatte Daniel in seiner letzten Vision erlebt: »Und sein Ende ist in einer Überflutung; und bis zum Ende ist Krieg« (Dan 9,26). Jetzt, da er am Ufer des ruhelos dahinströmenden Tigris steht, muss er erneut an den unerbittlichen Fluss der Geschichte denken. Wohin führt er? Was bedeutet er? Bald wird er von Mächten hören, die »überschwemmen und überfluten« (11,10.40). Am Anfang seines Buches hat er Gottes Souveränität über den Gang der Geschichte betont; es war letztlich Gott, der Juda in die Hand Nebukadnezars gab (Dan 1,2). Jetzt, am Ende des Buches, kehrt er zu diesem Thema zurück. Wie soll er mit der Komplexität dessen, was ihm bereits geoffenbart worden ist, umgehen? Die Niederlage Judas gegen die Babylonier war relativ leicht zu verstehen gewesen; ihre moralischen und geistlichen Ursachen prägen Daniels Bußgebet in Kapitel 9. Er ist zutiefst erschüttert von dem, was bisher nur ihm bekannt war: dass die Zukunft des Volkes lang und dunkel sein wird und dass es noch Wellen heftiger Verfolgung durch die heidnischen Nationen erleben wird. Die Vision in Kapitel 9 hatte zu viel im Unklaren gelassen; Daniel wollte so gerne mehr wissen.

Wohin floss der Tigris? Wohin die Geschichte? Wohin Daniels Volk, ja, er selbst? Gab es irgendetwas, das den Fluss aufhalten konnte? Konnte man vielleicht gegen den Strom anschwimmen? Was war überhaupt der Sinn des Ganzen? Seine Gedanken sind voller Fragen, als er dort am Ufer steht und über den mächtigen Strom schaut. Und dann sieht er plötzlich etwas, über dem Fluss: die strahlende, majestätische Gestalt eines Mannes. Er ist in Leinen gekleidet, mit einem Gürtel aus feinstem Gold. Sein Körper leuchtet wie ein Edelstein, sein Gesicht ist wie ein Blitz, seine Augen sind wie Feuerfackeln, und seine Füße glänzen wie Bronze. Jetzt spricht er, und seine Stimme ist wie das Tosen einer großen Menschenmenge. Dies ist kein Mensch, noch nicht einmal ein Engel; das hier ist die überwältigende, überragende Herrlichkeit Gottes.

Sechs Jahrhunderte später sieht der Apostel Johannes ihn wieder: das Gesicht wie die Sonne, die Augen wie Feuerflammen, die Füße wie glänzende Bronze und die Stimme wie das Brausen des Meeres. Jesus Christus, der auferstandene und zum Himmel aufgefahrene Sohn Gottes. Wie ist es möglich, dass schon Daniel ihn sah? Wir stehen hier vor einem tiefen Geheimnis. Es war derselbe Apostel Johannes, der in seinem

Evangelium schrieb: »Niemand hat Gott jemals gesehen; der einziggeborene Sohn, der in des Vaters Schoß ist, der hat ihn bekannt gemacht« (Joh 1,18). Er ist das Wort, das bei Gott war, das selbst Gott war und das Gott in einzigartiger Weise offenbart. Dies ist die Person, die Daniel sah.

Daniel wird an jenem Tag nicht allein gewesen sein. Vielleicht hatte er ein paar liebe Freunde mitgebracht, die sein Anliegen teilten. Wir wissen es nicht, aber wie später die Begleiter des Paulus auf der Straße nach Damaskus (Apg 9,7) sahen sie die Vision nicht. Doch sie spürten, dass hier etwas Gewaltiges geschah, und brachten sich zitternd in Sicherheit. Daniel blieb alleine zurück und sah die überwältigende Herrlichkeit des Mannes über dem Strom.

Die Wirkung der Vision auf ihn war so gewaltig, dass er alle Kraft verlor und sein Gesicht kreidebleich wurde. Der brausende Klang der Worte, die da von oben kamen, ließ ihn ohnmächtig zu Boden sinken und wie in einen Tiefschlaf fallen. Dem Apostel Johannes erging es genauso; wie tot fiel er vor der strahlenden Erscheinung nieder, bis er eine Hand auf der Schulter spürte und die Stimme Jesu hörte, der zu ihm sprach: »Fürchte dich nicht.«

Das Nächste, was Daniel spürte, war die Berührung einer Hand, die ihn, der vor Schwäche und Angst zitterte, auf Hände und Knie stellte. Und dann hörte er eine Stimme. Der Bibeltext beschreibt sie nicht ausdrücklich als die des Engels Gabriel, der später zu Maria kam, aber die Worte klingen ganz ähnlich:

> *Daniel, du vielgeliebter Mann! Achte auf die Worte, die ich zu dir rede, und steh an deinem Platz! Denn ich bin jetzt zu dir gesandt.* (Dan 10,11)

Wieder eröffnet ein übernatürlicher Bote Daniel persönlich, dass Gott ihn sehr liebt. Er ist weit davon entfernt, abgelehnt zu werden, weil er zu viele Fragen gestellt hat, sondern er ist »vielgeliebt«. Es ist das mit Abstand Wunderbarste, was ein Mensch hören kann, dass er von Gott geliebt ist. Dieses Wissen gibt Stabilität und Hoffnung in den schlimmsten Situationen.

Daniel wurde dies vor 26 Jahrhunderten gesagt, und jeder von uns kann es heute erfahren. Denn ein noch größerer himmlischer Bote als der, den Gott zu Daniel sandte, ist in unsere Welt gekommen – Gott selbst, der in seinem Sohn, dem Herrn Jesus Christus, Mensch wurde, brachte uns die frohe Botschaft:

> *Denn so hat Gott die Welt geliebt, dass er seinen einzigen Sohn gab, damit jeder, der an ihn glaubt, nicht verloren geht, sondern ewiges Leben hat.* (Joh 3,16)

Jeder, der sich auf Jesus einlässt und ihm vertraut, wird für immer die Freundschaft und Liebe Gottes genießen. Er darf die Stimme Gottes selbst hören, die zu ihm spricht: »Du vielgeliebte Frau, du vielgeliebter Mann.«

Manchmal wird der Weg schwierig, auch für Menschen, die an Jesus glauben. Sie stehen vor scheinbar unbeantwortbaren Fragen und unlösbaren Problemen, die oft mit dem Fluss des Lebens zu tun haben. Gerade in solchen Augenblicken unseres Lebens brauchen wir am meisten die Gewissheit, dass es eine Welt gibt, die hinter dieser irdischen Welt liegt – dass es einen Gott gibt, der wirklich da ist und der mich liebt.

Immer noch zitternd rappelt Daniel sich hoch, und die Stimme fährt fort:

> *Fürchte dich nicht, Daniel! Denn vom ersten Tag an, als du dein Herz darauf gerichtet hast, Verständnis zu erlangen und dich vor deinem Gott zu demütigen, sind deine Worte erhört worden. Und um deiner Worte willen bin ich gekommen. Aber der Fürst des Königreichs Persien stand mir 21 Tage entgegen. Und siehe, Michael,*

einer der ersten Fürsten, kam, um mir zu helfen, und ich wurde dort entbehrlich bei den Königen von Persien. Und ich bin gekommen, um dich verstehen zu lassen, was deinem Volk am Ende der Tage widerfahren wird; denn noch gilt die Vision für ferne Tage. (Dan 10,12–14)

Diese Worte lassen uns etwas von Daniels innerer Verfassung ahnen, als er sein dreiwöchiges Fasten begann. Er wollte Gottes Plan verstehen, und so demütigte er sich vor ihm. So schätzte die himmlische Welt seine Einstellung ein. Daniel hatte sein Leben unter Stolzen verbracht, die von Gott gedemütigt wurden. Gott brauchte ihn nicht erst auf den Boden der Tatsachen zu stellen; er hatte sich selbst gedemütigt.

Wir alle verabscheuen jene demonstrative Demut, die falsch und geheuchelt ist. Doch es gibt auch echte und ungeheuchelte Demut, und eine solche Art sich zu demütigen wird von Christen sogar erwartet. Der Apostel Petrus schreibt:

Alle aber umkleidet euch mit Demut im Umgang miteinander! Denn »Gott widersteht den Hochmütigen, den Demütigen aber gibt er Gnade«. Demütigt euch nun unter die mächtige Hand Gottes, damit er euch erhöht zur rechten Zeit, indem ihr alle eure Sorge auf ihn werft! Denn er ist besorgt für euch. (1Petr 5,5–7)

Es geht hier um unsere Einstellung gegenüber unseren Mitmenschen. Anstatt uns selbst für wichtiger zu halten als andere, sollten wir unseren Nächsten höher schätzen als uns selbst.

Daniel hatte sein Leben unter Königen und Herrschern verbracht, aber es war ihm nicht zu Kopf gestiegen. In Gottes Augen – was die Perspektive ist, die letztlich zählt – war er immer noch ein demütiger Mann. Und die himmlische Welt beobachtete ihn. In dem Augenblick, als er sein dreiwöchiges Fasten begann, um auf Gott zu warten, reagierte die himmlische Welt, und ein Bote wurde entsandt, der Daniel eine Botschaft bringen sollte.

Ein Bote vom Himmel

Aber der Bote wurde aufgehalten. Dies ist eine erstaunliche Feststellung, die ein Fenster in eine unsichtbare Wirklichkeit öffnet, über die wir sehr wenig wissen. Der Bote berichtet Daniel von einem merkwürdigen Kampf in der unsichtbaren Welt: »Aber der Engelfürst von Persien hat sich mir 21 Tage lang entgegengestellt. Da kam Michael, einer der höchsten Engelfürsten, mir zu Hilfe« (Dan 10,13; NeÜ). Etwas später in der Vision wird Michael als »der große Fürst, der für die Söhne deines Volkes eintritt« bezeichnet (12,1).

Der Skeptiker wird spotten, wenn Christen ihm sagen, dass sie nicht nur an Gott glauben, sondern auch noch an eine unsichtbare Welt, in der es übernatürliche Wesen gibt – Engel und Dämonen. Aber dieser Spott kommt mir hohl vor, und dies heute mehr denn je zuvor. Wenn ein Wissenschaftler mit Überzeugung erklärt, dass es sehr wahrscheinlich auf irgendeinem fernen Planeten auch Leben gibt (oder dass wir höchstwahrscheinlich in einem Multiversum leben und dass es in den vielen Teiluniversen vor Leben nur so wimmelt), wird nicht gespottet, sondern es herrscht fasziniert-andächtige Aufmerksamkeit; aber wenn die Bibel erklärt, dass unsere irdische Welt nicht die einzige ist und dass es »da draußen« noch andere Wesen gibt, wird dies lediglich belächelt. Das ist intellektuell widersprüchlich und zeigt, welch tiefe Vorurteile die naturalistische Weltanschauung hervorgebracht hat.

Daniel hat uns bisher allen Grund gegeben, ihn ernst zu nehmen. Er ist ein außergewöhnlich brillanter und weiser Mann, der zwei Weltreiche verwaltet hat und von Gott gebraucht wurde, um ihren Herrschern zu zeigen, dass Gott und die übernatürliche Welt Wirklichkeit sind. Nein, er hat seine fünf Sinne nicht abgeschaltet. Wir haben bereits, als wir uns mit der Rolle Gabriels beschäftigt haben, gesehen, dass das Alte wie das Neue Testament die Realität der Engel bezeugen. Jesus selbst sagte bei seiner Verhaftung zu Petrus, als dieser zum Schwert griff:

> *Oder meinst du, dass ich nicht meinen Vater bitten könne und er mir jetzt mehr als zwölf Legionen Engel stellen werde? Wie sollten denn die Schriften erfüllt werden, dass es so geschehen muss?* (Mt 26,53–54)

Jesus sprach hier nicht in Bildern; er erklärte Petrus, warum er ihn nicht mit Gewalt beschützen sollte. Jesus hätte all den Schutz, den er brauchte, von übernatürlichen Engelskräften herbeirufen können, aber er entschied sich dagegen.

Wer oder was sind Engel? Nach der Bibel sind es »dienstbare Geister, ausgesandt zum Dienst um derer willen, die das Heil erben sollen« (Hebr 1,14). Die Menschen dagegen sind in gewisser Hinsicht »ein wenig niedriger« als die Engel (Hebr 2,7, SLT), da sie Geist *und* Fleisch sind. »Geist« bedeutet nicht, dass die Engel keine *realen* Wesen sind. Der Einfluss des Materialismus ist leider so stark, dass viele Menschen davon ausgehen, die Materie sei die einzige Realität. Tatsache ist jedoch, dass die Materie nicht nur nicht die einzige, sondern noch nicht einmal die primäre Realität ist. Nach Jesus ist Gott *Geist* (Joh 4,24), was bedeutet, dass Geist die primäre Realität ist. Die Materie ist abgeleitet: Alle Dinge wurden durch ihn erschaffen (vgl. Joh 1,3).

Es sollte daher kein prinzipielles Problem geben zu akzeptieren, dass Gott andere Wesen geschaffen hat, die Geist sind. Das behauptet jedenfalls die Bibel, und dort besonders das Buch Daniel.

Der Engelbote erklärt Daniel, dass in einer anderen Welt ein Kampf tobt, der in gewisser Weise die Kämpfe in der irdischen

Welt widerspiegelt bzw. der sich auch in den Konflikten dieser Welt manifestieren kann. Wir finden diese Idee wieder in der Offenbarung des Johannes:

> *Dann brach im Himmel ein Krieg aus: Der Engelfürst Michael kämpfte mit seinen Engeln gegen den Drachen. Der Drache und seine Engel wehrten sich, aber sie konnten nicht standhalten. Von da an war für ihn und seine Engel kein Platz mehr im Himmel. Der große Drache, die uralte Schlange, die auch Teufel oder Satan genannt wird und die ganze Menschheit verführt hatte, wurde mit all seinen Engeln auf die Erde hinabgestürzt.* (Offb 12,7–9; NeÜ)

Ich möchte hier betonen, dass die Vorstellung von einem kosmischen Konflikt keine überzogene Sonderlehre christlicher Extremisten ist. Paulus sagt allen Christen, dass sie es mit Mächten der unsichtbaren Welt zu tun haben, gegen die sie sich nur dann wirksam verteidigen können, wenn sie die Waffenrüstung einsetzen, die Gott ihnen zur Verfügung stellt:

> *Schließlich: Werdet stark im Herrn und in der Macht seiner Stärke! Zieht die ganze Waffenrüstung Gottes an, damit ihr gegen die Listen des Teufels bestehen könnt! Denn unser Kampf ist nicht gegen Fleisch und Blut, sondern gegen die Gewalten, gegen die Mächte, gegen die Weltbeherrscher dieser Finsternis, gegen die geistigen Mächte der Bosheit in der Himmelswelt.* (Eph 6,10–12)

Die atheistische Leugnung der Dimension des Übernatürlichen kann selbst gestandene Christen dazu bringen, die Mächte des Bösen zu unterschätzen. Dieser Teil des Buches Daniel hätte seine Pflicht erfüllt, wenn er uns dazu bringen würde, diese Ebene des Konflikts ernst zu nehmen.

Als Daniel hört, dass der Engel ihm eröffnen will, was dem jüdischen Volk am Ende der Zeit widerfahren wird, schaut er zu Boden und verstummt. Worauf jemand, der wie ein Mensch aussieht (aber sehr wahrscheinlich keiner ist), seine Lippen berührt, sodass Daniel wieder reden und beschreiben kann, wie sehr ihn die Vision erschüttert hat. Er fragt sich, woher er die Kraft nehmen soll, mit diesem hohen Gast zu sprechen. Er spürt, dass da jemand vor ihm steht, der unendlich größer ist als er.

Der, der wie ein Mensch aussieht, berührt Daniel erneut, sodass er Kraft bekommt, und wiederholt, dass Daniel von Gott geliebt ist. Dann fragt er ihn, ob er weiß, warum er gekommen ist. Ohne eine Antwort abzuwarten, erklärt er, dass er bald wieder zurückkehren muss, um gegen den Fürsten von Persien zu kämpfen und danach gegen einen neuen Gegner, den Fürsten von Griechenland. Doch vorher wird er Daniel noch verraten, was im »Buch der Wahrheit« geschrieben steht.

Dazu musste Daniel noch eine weitere wichtige Hintergrundinformation erfahren:

> *Ja, es gibt niemand, der mit mir zusammen*
> *seine Kräfte gegen jene beiden aufbietet, außer*
> *Michael, eurem Fürst. Auch ich habe ihm einmal*
> *Hilfe und Schutz gegeben. Das war im ersten*
> *Regierungsjahr des Meders Darius.*
> (Dan 10,21–11,1; NeÜ)

In dem übernatürlichen Kampf gegen die mächtigen Fürsten von Medo-Persien und Griechenland hatte Daniels Engelbote (also wahrscheinlich Gabriel) einen Helfer in einem anderen Engel. Sein Name ist Michael, und Daniel erfährt, dass er »euer Fürst« ist, »der große Engelfürst Michael [...], der dein Volk beschützt« (Dan 10,21; 12,1; NeÜ). Es war Gabriel, der Michael zu Beginn der Herrschaft des Darius zu Hilfe geeilt war. Daniel hatte dies nicht gemerkt; wahrscheinlich hatte er gar nicht gewusst, dass es diesen Engel gab.

Dies bringt Daniel in Gedanken zurück zum Beginn des medo-persischen Reiches (und damit zum ersten Teil der zweiten Hälfte des Buches). Will dieser Engelbote Daniel sagen, dass er selbst oder Michael oder sie alle beide bei Daniels Bewahrung in der Löwengrube beteiligt waren? Auf jeden Fall erfährt Daniel hier, dass es in der unsichtbaren Welt einen mächtigen Engelfürsten gibt, der sein Volk beschützt – und damit ist er gerüstet für den Inhalt des »Buchs der Wahrheit«, das jetzt für ihn aufgeschlagen wird.

Kapitel 22

Das Buch der Wahrheit

Daniel 11

»Und nun will ich dir die Wahrheit mitteilen« (Dan 11,2) – mit diesen Worten beginnt der Engel seine bemerkenswerte Schilderung dessen, was in der Zeit nach Daniel geschehen wird. Man beachte die Betonung, dass dies die Wahrheit ist. Was jetzt folgt, ist keine Prognose irgendwelcher »Experten«, die das Licht ihres eigenen Verstandes nutzen. Es erhebt den Anspruch, eine übernatürliche Offenbarung der Wahrheit zu sein.

Wie schon früher erwähnt, vertrat der griechische Philosoph Porphyrios im 3. Jh. n. Chr. eine andere Auffassung. Für ihn war Daniel 11 keine Prophetie, sondern Geschichtsschreibung, aufgezeichnet im 2. Jh. v. Chr., in der Zeit von Antiochus IV.; das prophetische Element sei lediglich vorgetäuscht. Diese Argumentation hat seit dem 18. Jahrhundert eine Renaissance erfahren, vor allem bei denen, die aus Prinzip echte Prophetie für unmöglich halten, was in der Regel aus einer allgemeinen Verneinung des Übernatürlichen folgt.

Dabei sollten wir beachten, dass die Grundlage für diese Ablehnung die anerkannte historische Genauigkeit eines großen Teils von Daniel 11 ist, vor allem was die Zeit von Antiochus IV. betrifft. Die große Frage ist *nicht,* ob Daniel 11 gut zu den historischen Fakten passt; dies ist unstrittig. Das Problem entsteht vielmehr gerade durch diese große Übereinstimmung mit den historischen Fakten, und die Schlüsselfrage lautet: Wann wurde das Buch Daniel geschrieben? Wir haben bereits verschiedene Gründe für die traditionelle Position genannt, dass das Buch aus dem 6. Jh. v. Chr. stammt, und wir werden im Folgenden weitere Indizien anführen, die sich aus diesen letzten Kapiteln des Buches ergeben.

Der Engelbote eröffnet Daniel, dass die Vision für »ferne Tage« gilt (Dan 10,14; NeÜ: für »die letzte Zeit«). In Daniel 11,40 finden wir die Formulierung »zur Zeit des Endes«, und 12,2 ist eine der wenigen Stellen im Alten Testament, die von der Auferstehung der Toten spricht. Dieser letzte Abschnitt des Buches Daniel führt uns also in die Endzeit hinein. Doch 11,21–25 ist nach allgemeiner Auffassung eine Beschreibung der Regierungszeit von Antiochus IV. Was heißt dies? Wahrscheinlich, dass Kapitel 11, so wie vorher schon Kapitel 8, die Zeit von Antiochus IV. als Modell oder Prototyp für die Ereignisse der Endzeit verwendet. Was uns sofort zur nächsten Frage führt: Was fügt diese zweite, detailliertere Beschreibung dem hinzu, was wir bereits aus Kapitel 8 wissen?

Ein Vorgeschmack auf die Endzeit

Wenn ein bestimmtes historisches Ereignis ein Modell oder Prototyp der Endzeit ist, besteht immer die Gefahr, den Prototyp mit dem Ereignis zu verwechseln, das er vorzeichnet. Lord Sacks, der ehemalige Großrabbiner Großbritanniens, schreibt in einer Untersuchung über die Irrwege der Religion: »Manchmal liegt es daran, dass religiöse Menschen versuchen, das Ende der Zeit mitten in der Zeit herbeizuführen.«[134]

Um dieser Gefahr zu begegnen, war es Daniel ein großes Anliegen, deutlich zu machen, dass die Regierungszeit des Antiochus IV. noch nicht die Endzeit war. Aber seine Zeitgenossen dachten da womöglich anders, und nach David Gooding[135] ist dies einer der Hauptgründe, warum Daniel das 11. Kapitel schrieb.

134 Sacks, *The Great Partnership*, S. 5.
135 David W. Gooding, »The Literary Structure of Daniel and Its Implications«, *Tyndale Bulletin* 32 (1981).

Wir finden eine exakte Parallele im Neuen Testament, wo Jesus den Untergang Jerusalems als Prototyp für die Endzeit benutzt, aber gleichzeitig seine Jünger ausdrücklich vor denen warnt, die dieses und andere Ereignisse mit der Endzeit selbst verwechseln würden:

> *»Gebt Acht, dass euch niemand irreführt!«, erwiderte Jesus. »Viele werden unter meinem Namen auftreten und von sich sagen: ›Ich bin es!‹ und: ›Die Zeit ist da!‹ Lauft ihnen nicht nach! Erschreckt nicht, wenn ihr von Kriegen und Unruhen hört! Das muss vorher geschehen, aber das Ende kommt nicht gleich danach.«* (Lk 21,8–9; NeÜ)

Als konkrete Beispiele für den Versuch, das Ende der Zeit schon mitten in der Zeit herbeizuführen, nennt Lord Sacks die zwei großen jüdischen Aufstände gegen Rom (66 und 132 n. Chr.), die zur Zerstörung des Tempels, zur Zerstörung Jerusalems und zum Tod von 58 000 Menschen geführt haben. Er kommentiert: »Es war die größte Katastrophe in der jüdischen Geschichte vor dem Holocaust.«[136]

In den langen Jahrhunderten der Geschichte des Christentums waren die Menschen immer wieder versucht, die Warnung Jesu in den Wind zu schlagen. Sie dachten allen Ernstes, dass *ihre* Zeit schon die Endzeit sei, und verhielten sich dann oft auf eine Art und Weise, die die christliche Botschaft in Misskredit brachte. So glaubten im Zweiten Weltkrieg nicht wenige, dass Hitler und Mussolini der Beweis dafür seien, dass das Ende nahe war, aber damit lagen sie falsch.

Es sollte uns daher nicht überraschen, dass Daniel in diesem letzten Teil seines Buches den Lesern, die vier Jahrhunderte nach ihm leben würden, eine ähnliche Warnung zuruft. Der Engelbote sagt ihm, dass etliche aus seinem Volk nicht nur die

136 Sacks, *The Great Partnership*, S. 258.

Zeit von Antiochus IV., sondern auch andere historische Situationen falsch deuten würden, als sei das Ende schon gekommen, was manchmal in einer Katastrophe enden würde. Manche würden sogar den vergeblichen Versuch unternehmen, das Reich Gottes mit Waffengewalt herbeizuzwingen:

> *In dieser Zeit werden sich noch viele andere gegen den König vom Süden erheben. Sogar aus deinem Volk werden sich gewalttätige Menschen erheben, um die Weissagung zu erfüllen. Aber sie werden scheitern.* (Dan 11,14; NeÜ)

Wir sollten daher Daniel 11 nicht nur als Liste von Prophezeiungen lesen, deren sukzessive Erfüllung unseren Glauben stärkt (auch wenn dies sicher eine seiner Aufgaben ist), sondern es wurde auch geschrieben, um künftige Generationen vor der Gefahr eines falschen Deutens der »Zeichen der Zeit« zu warnen, das voreilig den Beginn des Endes proklamiert.

Wir haben in diesem Buch immer wieder auf Informationen aus Geschichte und Archäologie zurückgegriffen, und ich hoffe, dies hat geholfen, ein tieferes Verständnis der von Daniel beschriebenen Ereignisse zu gewinnen. Doch in Kapitel 11 stehen wir vor einem Problem, und dieses besteht nicht darin, dass es zu wenig Informationen gibt, sondern es ist das genaue Gegenteil: Es gibt in gewisser Weise zu viele! So vieles aus Kapitel 11 wird durch Historiker wie Polybios, Livius, Herodot, Josephus und die Makkabäerbücher erhellt (und die Liste ist noch lange nicht vollständig), dass man allein über diesen Abschnitt des Buches Daniel ein ganzes Buch schreiben könnte. Ich verweise hier auf meinen Anhang D, in welchem ich anhand antiker Quellentexte untersuche, wie Daniel 11 in die hellenistische Epoche passt. Damit können wir uns in diesem Kapitel ganz auf die Bedeutung von Daniel 11 innerhalb des Buches Daniel als Ganzem konzentrieren.

Büste von Antiochus IV. (Altes Museum, Berlin)

Die Struktur von Daniel 11

Nach einer kurzen Einleitung, die uns bis zum Tod Alexanders des Großen und der Aufteilung seines Reiches unter seine vier Feldherren bringt, wird die weitere Entwicklung der Geschichte in vier Blöcke aufgeteilt: Daniel 11,5–19; 11,20–28; 11,29–35 und 11,36–12,3.

David Gooding bringt in seinem Artikel über die literarische Struktur des Buches Daniel die folgende Analyse:[137]

> *Durch eine sehr präzise und konsequente Verwendung der Begriffe weist der Autor darauf hin, dass nur die letzte dieser Perioden »die Zeit des Endes« ist; erst diese Ereignisse führen wirklich das Ende herauf. Vor 11,40 wird lediglich in 11,35 auf die »Zeit des Endes« hingewiesen, die hier noch in der Zukunft liegt. Erst mit dem Ereignis von 11,40 beginnt diese Zeit.*
>
> *Aber durch bewusste Parallelen in der Wortwahl richtet diese Vorausschau der Geschichte unsere Aufmerksamkeit auf die Tatsache, dass zwar erst die letzte Periode wirklich die Zeit des Endes ist und das Ende selbst bringt, dass aber alle vier Perioden gemeinsame Merkmale aufweisen und Wiederholungen fast identischer Situationen zeigen: Ein König wird einen gewaltigen Feldzug gegen Ägypten beginnen und dabei entweder auf seiner Hin- oder Rückreise oder in beiden Fällen Truppen im »Land der Zierde«* [Israel] *stationieren und Zerstörungen bzw. Gräuel androhen oder verüben. Mit anderen Worten: Keiner der drei ersten Blöcke weist zwar alle charakteristischen Eigenschaften und die spezifische Verkettung von Ereignissen der Endzeit auf, ähnelt aber doch bis zu einem gewissen Grad dieser Zeit, ohne mit ihr identisch zu sein.*

Daniel hatte also die Sorge, dass es in den drei ersten Perioden Menschen geben würde, die fälschlicherweise denken würden, dass die Zeit des Endes bereits da war.

137 David W. Gooding, »The Literary Structure…«

Periode 1 (11,5–19): Der Engel kündigt an, dass in der ersten Periode, in welcher der Seleukidenkönig Antiochus III. Israel beherrscht, einige Juden einen gewaltsamen Aufstand machen werden, um die Vision zu erfüllen (11,14), doch sie werden scheitern. Wahrscheinlich gehen sie fälschlicherweise davon aus, dass das Ende bereits nah ist.

Periode 2 (11,20–28): In der zweiten Periode wird eine Situation kommen, in der der grausame König des Nordens (Antiochus IV.) mit dem König des Südens (Ptolemäus V. von Ägypten) am Verhandlungstisch sitzt, wobei beide Könige »auf Bosheit bedacht« sind (V. 27). Ihre Pläne werden jedoch zunichtewerden, »weil die Zeit für das Ende noch nicht gekommen ist« (11,27; NeÜ). Auch dies dürfen wir wohl als Warnung verstehen, nicht dem Trugschluss zu erliegen, dass die Kriege und Intrigen dieser Könige, zwischen denen Israel wie zwischen Hammer und Amboss eingeklemmt ist, bedeuten, dass die Zeit des Endes schon da ist.

Periode 3 (11,29–35): Daniel erfährt weiter, dass im dritten Geschichtsabschnitt der König des Nordens (wieder Antiochus IV.) seine Wut über die durch Rom durchgesetzte Begrenzung seiner Macht in Ägypten an den Juden auslassen wird, die sich geweigert haben, seine Hellenisierungspolitik in ihrem Land mitzumachen:

> *Zur bestimmten Zeit wird er wieder nach Süden ziehen, aber es wird beim zweiten Mal nicht so sein wie beim ersten Mal. Denn Schiffe aus Kittim werden gegen ihn kommen. Und er wird verzagen und umkehren; aber er wird den heiligen Bund verfluchen und entsprechend handeln: er wird umkehren und sein Augenmerk auf die richten, die den heiligen Bund verlassen. Und Streitkräfte von ihm werden dastehen; und sie werden das Heiligtum, die Bergfestung entweihen und werden das regelmäßige Opfer abschaffen und den verwüstenden Gräuel aufstellen. Und*

> *diejenigen, die sich am Bund schuldig machen, wird er durch glatte Worte zum Abfall verleiten.* (Dan 11,29–32)

Wir haben Antiochus' Terror-Regime gegen die Juden bereits beschrieben – wie er in Jerusalem das tägliche Opfer abschaffte, ein Schwein auf dem Altar opferte und den Tempel zum Zeus-Tempel umwidmete (vgl. Kapitel 17). Es war für die gläubigen Juden die absolute Gotteslästerung und der Anlass zum Makkabäer-Aufstand, der schließlich zur Wiedereroberung des Tempels und seiner Wiedereinweihung als Haus Gottes führte.

Es war eine schlimme Zeit, aber auch die dritte Periode war noch nicht die Zeit des Endes. Der Bibeltext fährt fort:

> *Aber das Volk, das seinen Gott kennt, wird sich stark erweisen und entsprechend handeln. Und die Verständigen des Volkes werden die Vielen unterweisen; aber sie werden stürzen durch Schwert und Flamme, durch Gefangenschaft und Beraubung – eine Zeit lang. Und während sie stürzen, wird ihnen mit einer kleinen Hilfe geholfen werden. Doch viele werden sich ihnen heuchlerisch anschließen. Und von den Verständigen werden einige stürzen, damit unter ihnen Läuterung, Prüfung und Reinigung bewirkt wird bis zur Zeit des Endes. Denn es verzögert sich noch bis zur bestimmten Zeit.* (Dan 11,32–35)

Auch wenn Antiochus' Aktionen gegen die Juden noch nicht die Endzeit einläuten würden, sagt Daniel voraus, dass das Volk Israel auf unbestimmte Zeit Verfolgung, Krieg, Gefangenschaft und Tod erleiden wird. (Der Albtraum des Holocaust sollte erst noch kommen.) Es werden hier keine wunderbaren Bewahrungen in Aussicht gestellt, wie Daniel und seine Freunde sie in der ersten Hälfte des Buches Daniel erlebten. Wir finden hier vielmehr eine Parallele zu den Warnungen Jesu an seine Jünger, was seine Wiederkunft und die Endzeit betrifft:

> *Und Jesus antwortete und sprach zu ihnen: Seht zu, dass euch niemand verführt! Denn viele werden unter meinem Namen kommen und sagen: Ich bin der Christus! Und sie werden viele verführen. Ihr werdet aber von Kriegen und Kriegsgerüchten hören. Seht zu, erschreckt nicht! Denn es muss geschehen, aber es ist noch nicht das Ende. Denn es wird sich Nation gegen Nation erheben und Königreich gegen Königreich, und es werden Hungersnöte und Erdbeben da und dort sein. Alles dies aber ist der Anfang der Wehen.*
>
> *Dann werden sie euch in Bedrängnis überliefern und euch töten; und ihr werdet von allen Nationen gehasst werden um meines Namens willen. Und dann werden viele zu Fall kommen und werden einander überliefern und einander hassen; und viele falsche Propheten werden aufstehen und werden viele verführen; und weil die Gesetzlosigkeit überhandnimmt, wird die Liebe der meisten erkalten; wer aber ausharrt bis ans Ende, der wird gerettet werden. Und dieses Evangelium des Reiches wird gepredigt werden auf dem ganzen Erdkreis, allen Nationen zu einem Zeugnis, und* dann wird das Ende kommen. (Mt 24,4–14; Hervorhebung von J. Lennox)

Jesus sagt hier, dass solche Dinge wie Kriege und Kriegsgerüchte, Verfolgungen, Hungersnöte und Erdbeben manche glauben lassen werden, dass das Ende schon da sei. Solche Ereignisse sind jedoch kein Zeichen für das Ende selbst.

Jesus warnt seine Jünger vor Entwicklungen, die dem Ende vorangehen, aber noch nicht selbst das Ende sind. Ähnlich will, wie mir scheint, Daniel uns sagen, dass die drei Perioden der hellenistischen Geschichte, die in Antiochus IV. gipfeln, noch *nicht* die Zeit des Endes sind.

Wenn wir davon ausgehen, dass der Text von Daniel 11 *vor* den geschilderten Ereignissen geschrieben wurde – was naheliegt, wenn die Endperspektive des Textes nicht weniger als das Ende aller Geschichte ist –, dann ist es sehr wohl vernünftig zu schließen, dass das Buch nicht zur Zeit von Antiochus IV. geschrieben wurde, sondern schon viel früher.

Periode 4 (11,36–12,3): Trotzdem gibt es noch viele, die davon ausgehen, dass es in Daniel 11 und 12 nur um Antiochus IV. und seine Zeit geht. Halten wir inne und überlegen wir, was dies bedeuten würde.

Es würde bedeuten, dass Antiochus einen erneuten Feldzug gegen Ägypten unternimmt (Dan 11,40), der erfolgreich ist und seinen Reichtum und seine Macht vermehrt (11,43). Doch von diesem Feldzug zurückgekehrt, wird er irgendwo zwischen dem Mittelmeer und Jerusalem »sein Ende finden« (11,45; SLT). Es folgt eine »Zeit der Bedrängnis« für Israel, wie die Nation sie noch nie erlebt hat, die mit der Rettung Israels endet (12,1). Zum Schluss kommt die Auferstehung der Toten (12,2).

Die Auferstehung der Toten – dies ist wirklich das Ende!

Aber nicht nur das, sondern der Bibeltext gibt uns einen zeitlichen Rahmen. Daniel will logischerweise wissen, wie lange all diese Dinge dauern werden, und der Mann über dem Strom erklärt ihm: »Eine Zeit, zwei Zeiten und eine halbe Zeit« (12,7; NeÜ). Daniel erfährt weiter, dass es von der Abschaffung des täglichen Brandopfers und des Gräuels der Verwüstung im Tempel noch rund dreieinhalb Jahre bis zum Ende sein werden (12,11).

David Gooding analysiert, was es bedeutet, wenn man die Aussagen in Daniel 12,11 und 11,31 auf dieselbe Gräueltat bezieht:[138]

138 David W. Gooding, a. a. O.

Aber nach der Mehrheitsmeinung musste dieses letzte Ereignis bereits stattgefunden haben, bevor das Buch geschrieben und veröffentlicht wurde (denn wäre es vor dem Ereignis veröffentlicht worden, wären die Vorhersagen in ihm echte Fälle von Prophetie gewesen). Die Vertreter der Mehrheitsmeinung verraten uns nicht, wie lange der Autor nach der Errichtung des Gräuels der Verwüstung brauchte, um dieses Buch mit seiner so bemerkenswert komplexen Struktur zu schreiben; auch nicht, wie lange es dauerte, bis es unter die Leute kam. Der gesunde Menschenverstand lässt vermuten, dass, als das Buch endlich fertiggeschrieben und veröffentlicht war, ein beträchtlicher Teil der dreieinhalb Jahre bereits verstrichen war, womit das Buch verheißen würde, dass das Ende noch schneller kommen wird als nach dreieinhalb Jahren.

Spinnen wir den Faden weiter: Als das Buch veröffentlicht wurde, merkten seine Leser, obwohl sie ein recht intimer Kreis gewesen sein dürften, zum Glück nicht, wer der Autor war. Der Verleger verriet die Identität des Autors auch nicht und hielt das Buch überhaupt für sehr alt, ohne sich zu fragen, warum er noch nie von ihm gehört hatte. Man hielt die vaticinium ex eventu [»Prophezeiung nach dem Ereignis«, also als Prophetie getarnte Geschichtsschreibung] für echte Prophetie, glaubte der Vorhersage des Autors, wurde durch sie ermutigt und gestärkt und bereitete sich auf das Ende vor. Aber das Ende kam nicht. Antiochus fiel nicht erneut in Ägypten ein. Er lagerte nicht zwischen Jerusalem und dem Meer. Er starb zwar, aber nicht dort, sondern weit weg im Osten. Israel ging weiter durch Notzeiten, aber durch nichts, was es nicht schon gegeben hätte. Und die Auferstehung der Toten kam definitiv nicht. Auch die anderen Dinge, die andere Kapitel des Buches Daniel für die Zeit des Endes angekündigt hatten, kamen nicht: Die Herrschaft der Heiden wurde nicht über-

> *all gebrochen, und Israel wurde nicht die Weltherrschaft gegeben.*
>
> *Das Einzige, was damals tatsächlich geschah, war die Befreiung und Reinigung des Tempels in Jerusalem. Aber obwohl die Frommen sahen, dass die Vorhersagen nicht stimmten, ließen sie sich nicht unterkriegen. Sie akzeptierten die Vorhersagen tapfer weiter als echt und das ganze Buch als zuverlässig, bewahrten es sorgfältig auf, zitierten aus ihm (z. B. in 1Mak 2,60) und nahmen es in den Kanon der heiligen Schriften auf.*
>
> *Spätestens hier wird die Mehrheitsmeinung, die in der angeblichen Unglaubwürdigkeit echter Zukunftsprophetie gründet, selbst [...] unglaubwürdig.*

Die Mehrheitsmeinung ist aber noch aus einem ganz anderen Grund nicht wahrscheinlich. Da Daniel selbst den Aufstieg eines vierten Weltreiches (Rom) ankündigte, das nach Griechenland kommen würde, kann er nicht gedacht oder gelehrt haben, dass die Zeit von Antiochus IV. bereits das Ende war. Daniel scheint die Unterscheidung zwischen Prototyp und endgültiger Erfüllung klarer gewesen zu sein als seinen Kritikern.

Zukunftsprophetie

Wir haben in unserer Untersuchung dieses Abschnitts des Buches Daniel einen kritischen Punkt erreicht, an dem wir erneut vor der entscheidenden Frage stehen, ob es so etwas wie echte Zukunftsprophetie gibt. Mancher Leser mag denken, dass ich unnötig auf diesem Thema herumreite. Ich glaube, es ist nicht unnötig, denn hinter der Frage der Prophetie steht eine noch fundamentalere Frage: Welche Weltanschauung ist wahr? Der biblische Theismus mit seiner übernatürlichen Dimension oder der Naturalismus, der die Möglichkeit von Wundern verneint? Eines der Hauptanliegen des Buches Daniel ist die Darlegung der biblischen Weltsicht, und es sollte uns nicht überraschen, dass wir immer wieder auf dieses Thema stoßen, bei dem so viel auf dem Spiel steht.

Der schottische Aufklärungsphilosoph David Hume hat die Möglichkeit von Wundern lautstark zurückgewiesen.[139] Wenn wir uns unter dem Eindruck seiner Worte fragen, ob am Naturalismus nicht doch etwas dran ist, werden wir nicht in der Lage sein zu sehen, wie wichtig das Buch Daniel als prophetisches Buch ist. Was ich an dieser Stelle eigentlich leisten müsste, ist die Demonstration, dass eine *A-priori*-Ablehnung des Übernatürlichen nicht nur unwissenschaftlich ist, sondern dass die Existenz der Vernunft und die daraus folgende Fähigkeit, wissenschaftlich zu arbeiten, in die andere Richtung weisen.

Es ist mir nicht möglich, dies in dem begrenzten Rahmen dieses Buches zu leisten, aber ich habe an anderer Stelle eingehend aus der Perspektive des Wissenschaftlers darüber geschrieben.[140] Wenn es, wie ich glaube, keine *A-priori*-wissenschaftlichen Probleme mit der Möglichkeit vorhersagender Prophetie gibt, haben wir jede Freiheit, Daniel beim Wort zu nehmen. Gehen wir also zurück zum Text und schauen uns an, was er aussagt.

Was nach Antiochus kommt

Bis jetzt (Dan 11,35) war es möglich, die maßgebenden historischen Ereignisse anhand außerbiblischer Quellen zu identifizieren. Jetzt wird es schwieriger:

139 Eine eingehende Darstellung von Humes Position findet sich in meinem Buch *Hat die Wissenschaft Gott begraben?*.
140 Siehe meine Bücher *Hat die Wissenschaft Gott begraben?* und *Gott im Fadenkreuz*.

Und der König wird nach seinem Belieben handeln, und er wird sich erheben und sich groß machen gegen jeden Gott, und gegen den Gott der Götter wird er unerhörte Reden führen. Und er wird Erfolg haben, bis die Verfluchung vollendet ist, denn das Festbeschlossene wird vollzogen. Und selbst auf den Gott seiner Väter wird er nicht achten, und weder auf den Schatz der Frauen noch auf irgendeinen Gott wird er achten; sondern er wird sich über alles erheben. Und stattdessen wird er den Gott der Festungen ehren. Und den Gott, den seine Väter nicht gekannt haben, wird er mit Gold und mit Silber und mit Edelsteinen und mit Kostbarkeiten ehren. Und er wird gegen die starken Festungen vorgehen mit einem fremden Gott. Wer ihn anerkennt, dem wird er viel Ehre erweisen. Und er wird solchen Leuten Herrschaft verleihen über die vielen und ihnen das Land zum Lohn austeilen. (Dan 11,36–39)

Auf den ersten Blick scheint Daniel hier weiter von Antiochus IV. Epiphanes zu reden. Er war in der Tat ein eigensinniger und stolzer König, wie schon viele vor ihm (Daniel erwähnt einige von ihnen, vgl. Dan 8,4; 11,3; 11,16). Er überhöhte sich selbst und war der erste der Seleukidenkönige, der sich göttliche Ehre anmaßte. Wir sahen in Kapitel 17, dass seine Münzen die Inschrift »der Erschienene (Gott)« trugen. Sein heftigster Angriff richtete sich gegen den »Gott der Götter«, also den Gott Israels. Er war gottfeindlich und erinnert uns damit an die sogenannten »Neuen Atheisten«, die sich nicht damit begnügen, persönlich die Existenz Gottes zu leugnen, sondern die einen aktiven Kampf gegen Gott und jegliche Äußerungen des Glaubens an ihn vonseiten anderer führen.

Doch Antiochus IV. ging nicht so weit, dass er sich über jeden Gott erhob. Er zwang die Juden nicht, ihn selbst anzubeten, sondern versuchte, ihnen die griechischen Götter aufzuzwingen.

Die Aussage »Und er wird Erfolg haben, bis die Verfluchung vollendet ist« (11,36) gibt Rätsel auf, denn Antiochus brauchte bloß gegenüber der Linie des römischen Legaten aus der Reihe zu tanzen, um politisch erledigt zu sein. Es ist schwer vorstellbar, wie er danach noch Erfolg gehabt haben könnte.

Ebenfalls problematisch sind die hier gemachten Aussagen über die Haltung des Königs des Nordens gegenüber den griechischen Göttern (»Gott seiner Väter«). Nach Daniel 11,37 kümmert er sich nicht um sie. Mark Mercer glaubt, dass bei Antiochus IV. das Gegenteil der Fall war, und zitiert als Gewährsleute die antiken Historiker Livius und Polybios:

> *Doch auf zwei großen, wichtigen Gebieten war seine Seele wahrlich königlich – in seinen Wohltaten für die Städte, und in den Ehrungen für die Götter.* (Livius 41.20.5)

> *An Pracht der Opfer, die er in den Städten darbringen ließ, und der den Göttern erwiesenen Ehren stellte er alle früheren Könige in den Schatten.* (Polybios, Geschichte, Buch XXVI.10)[141]

Mercer kommt zu dem Schluss:

> *Nach dem, was Livius und Polybios über Antiochus IV. Epiphanes zu sagen haben, fällt es schwer, in ihm den König des Nordens aus Daniel 11,36–45 zu sehen.*[142]

Und wer ist der »Gott der Festungen«, den er ehrt – ein Gott, der nicht nur seinen Vätern, sondern auch zeitgenössischen Historikern unbekannt war? Joyce Baldwin schreibt:

141 Polybios, *Geschichte*. Gesamtausgabe in 2 Bänden, Bd. 2, eingeleitet und übertragen von H. Drexler (Zürich: Artemis Verlag, 1963), S. 1118.
142 Mark Mercer, »The Benefactions of Antiochus IV Epiphanes and Dan. 11:37–38. An Exegetical Note«, *TMSJ* 12/1, Spring 2001, S. 89–93.

> *Es stimmt, dass Antiochus IV. mehr oder weniger zu der in diesen Versen gegebenen Beschreibung passt, aber es zeigen sich Diskrepanzen, wenn es um die Details seiner religiösen Praxis geht.*[143]

Der nächste Abschnitt in Daniel 11 macht die Identifikation seines Königs des Nordens mit Antiochus IV. vollends unwahrscheinlich:

> *Und zur Zeit des Endes wird der König des Südens mit ihm zusammenstoßen, und der König des Nordens wird gegen ihn anstürmen mit Wagen und mit Reitern und mit vielen Schiffen. Und er wird in die Länder eindringen und wird sie überschwemmen und überfluten. Und er wird in das Land der Zierde eindringen, wobei vieles stürzen wird. Diese aber werden seiner Hand entrinnen: Edom und Moab und die Besten der Söhne Ammon. Und er wird seine Hand an die Länder legen, und für das Land Ägypten wird es kein Entrinnen geben. Und er wird die Schätze an Gold und Silber und alle Kostbarkeiten Ägyptens in seine Gewalt bringen, und Libyer und Kuschiter werden in seinem Gefolge sein. Aber Gerüchte von Osten und von Norden her werden ihn erschrecken; und er wird mit großem Zorn ausziehen, um viele zu vernichten und an ihnen den Bann zu vollstrecken. Und er wird seine Königszelte aufschlagen zwischen dem Meer und dem Berg der heiligen Zierde. Dann wird er an sein Ende kommen, und niemand wird ihm helfen.* (Dan 11,40–45)

143 Joyce Baldwin, *Daniel*. Tyndale Old Testament Commentaries (Nottingham und Downers Grove: IVP, 2009), S. 219.

Ernest Lucas kommentiert:

> *Diese Verse haben jahrhundertelang die Kommentatoren ins Grübeln gebracht. Einerseits sehen sie wie eine Fortführung der Geschichte von Antiochus IV. aus, mit dem vom Leser erwarteten Bericht über seinen Sturz und Tod. Doch andererseits zeigen sie keinerlei Ähnlichkeiten mit den Ereignissen nach Antiochus' zweitem Rückzug aus Ägypten und dem Beginn der Verfolgung der Juden.*[144]

Lucas weiter zu den antiken Berichten über den Tod von Antiochus IV.:

> *Bei allen Diskrepanzen und legendären Elementen sind sich diese Berichte einig, dass Antiochus einen Feldzug gegen Persien begann, vergeblich versuchte, einen Tempel zu plündern, und einen frühen Tod erlitt, die drei der Quellen einer plötzlichen Krankheit zuschreiben. […] Nichts von all dem hat irgendeine Beziehung zu dem, was in Daniel 11,40–45 steht.*[145]

James A. Montgomery, der der Meinung war, dass sich die Passage sehr allgemein auf den Tod des Antiochus bezöge, vertrat dennoch die Ansicht, dass dies

> *auf keinen Fall als exakte Prophezeiung der tatsächlichen Umstände seines Untergangs gelesen werden kann. Der angebliche siegreiche Ägyptenfeldzug einschließlich der Eroberung der Kyreneika und Äthiopiens – und das*

144 Ernest C. Lucas, *Daniel*. Apollos Old Testament Commentary (Leicester: IVP, 2002), S. 290.
145 Ebd., S. 291.

> *angesichts der Macht Roms und des Schweigens der säkularen Geschichtsschreibung – ist reine Fantasie.*[146]

Diese Feststellungen sind hochinteressant, denn es besteht Einigkeit darüber, dass die historischen Angaben bis Vers 36, wenn nicht sogar bis Vers 40, bemerkenswert korrekt sind. Was bedeutet dies? Dass wir die in Daniel 11,40–45 erwähnten Ereignisse in der Geschichte der Antike nicht finden, weil *sie noch nicht stattgefunden haben.* Die vierte Periode in Daniel 11 liegt noch in der Zukunft. Wie Daniel selbst betont, handelt es sich um die »Zeit des Endes« (11,40).

Diese Unterscheidung zwischen den ersten drei Perioden und der vierten ist der zentrale Punkt, den Daniel anspricht – erst die letzte Periode ist die »Zeit des Endes«.

Es ist hier gerade so wie in Daniel 8: Daniel benutzt das Leben und die Epoche von Antiochus IV. als Prototyp, als Modell für die Endzeit (vgl. oben Kapitel 17), in der ein noch viel schlimmerer Gewaltherrscher auftreten wird, der sich selbst zum Gott erklären wird. In Daniel 11,35–39, dem Übergang von Periode 3 zu Periode 4, überlagern die Umrisse von Antiochus IV. als antikem König des Nordens die des endzeitlichen Königs des Nordens.

Theodotion, der um 150 n. Chr. die hebräische Bibel ins Griechische übersetzte, und Hippolyt von Rom (3. Jh. n. Chr.) lokalisierten den Übergang zur Endzeit bei Daniel 11,36, während Hieronymus (4. Jh. n. Chr.) ihn bereits bei 11,21 ansetzte, mit einzelnen historischen Anspielungen in späteren Versen.

Daniel 11 ergänzt also die Kapitel 7, 8 und 9, indem es uns eine vierte Vorschau auf die Endzeit gibt, in der der letzte menschliche Gegenspieler Gottes auftreten wird, der letzte König des Nordens, der Mensch der Gesetzlosigkeit, das Tier aus

146 James A. Montgomery, *A Critical and Exegetical Commentary on the Book of Daniel.* International Critical Commentary (Edinburgh: T. & T. Clark, 1927), S. 423.

dem Meer, das sich über alles erhebt, was Gott genannt oder angebetet wird.

Kapitel 23

Die Zeit des Endes

Daniel 12

Wir befinden uns jetzt im Bereich der zukünftigen Dinge, und da ist es gut, wenn wir uns daran erinnern, dass die Erfüllung biblischer Prophetie in der Regel viel komplexer ist, als wir uns das zunächst vorstellen.

Denken wir nur an die bekannteren Prophezeiungen über den Messias. Daniel sieht ihn auf den Wolken des Himmels kommen, bei Sacharja kommt er auf dem Rücken eines Esels. Ein scheinbarer Widerspruch, der sich dadurch auflöst, dass das »Kommen« des Messias kein einmaliges Ereignis ist, sondern dass es um zwei verschiedene »Kommen« geht, die durch eine sehr lange Zeitspanne getrennt sind, in der der Messias abwesend sein würde. Sein erstes Kommen, bei dem er die Prophezeiung Sacharjas und noch viele andere Prophezeiungen erfüllte, zog sich über 30 Jahre hin, und das zweite Kommen (seine Wiederkunft) steht noch aus. Wenn jemand uns die Aufgabe gegeben hätte, rein aufgrund unserer Kenntnis der alttestamentlichen Prophetien das »Kommens« des Messias in einer Zeitleiste darzustellen, hätte auch nur einer von uns erkannt, dass dieses Kommen in zwei Etappen erfolgen sollte, ganz zu schweigen von der genauen Abfolge der Details? Wohl kaum.

Doch trotz aller gebotenen Zurückhaltung: Denken wir ruhig einmal darüber nach, zu welchen Schlüssen wir gekommen wären, wenn wir das 11. Kapitel des Buches Daniel, kurz nachdem Daniel es verfasst hatte, hätten lesen können – natürlich ohne das Wissen über die weitere hellenistische Geschichte, das wir heute haben. Es gibt viele Dinge, die wir nicht hätten wissen können, z. B. die Namen der Könige des Nordens bzw. des Südens. Wir hätten auch nicht gewusst, dass Daniel einige der medo-persischen Könige ausgelassen hatte. Aber es wäre uns klar geworden, dass es die drei Perioden gibt, die der Zeit des Endes vorausgehen, aber nicht die Zeit des Endes sind. Und die Kapitel 2 und 7 des Buches Daniel hätten uns bestätigt, dass die Zeit des Endes nicht zur Zeit der griechischen Reiche kommen würde, sondern erst viel später. Und dies hätte ausgereicht, um zu erkennen, was Daniels Hauptanliegen ist.

Auf dem Weg nach Harmagedon

Mit dieser Einstellung wollen wir uns jetzt dem Teil der Prophetie Daniels zuwenden, der die Zukunft der Welt betrifft – und das nicht nur für Daniel, sondern auch für uns. Die »Endzeit« wird sicher viel komplexer sein, als wir uns das je vorstellen können, aber gewisse grobe Umrisse sind schon jetzt erkennbar. Laut Daniel wird es nicht Antiochus IV., sondern ein Herrscher der Endzeit sein, der in Ägypten und Israel (das »Land der Zierde«) einfällt, mit riesigen Verlusten an Menschenleben. Er wird den Reichtum Ägyptens an sich reißen und große Regionen in Nordafrika unter seine Herrschaft bringen. Er wird diese Länder plötzlich wieder verlassen. Aufgescheucht durch Bedrohungen aus dem Osten und Norden, wird er sich wutentbrannt dorthin begeben und zwischen dem Meer und dem Berg Zion sein Ende finden.

Dies sieht wie eine Parallele zu Offenbarung 16 aus, wo die Könige der Erde (einschließlich der aus dem Osten) aufmarschieren:

> *Sie brachten alle Könige der Erde dazu, ihre Truppen zu dem Krieg aufmarschieren zu lassen, der an jenem großen Tag des allmächtigen Gottes beginnt. [...] Jene Geistesmacht führte die Könige an einen Ort, der auf Hebräisch Harmagedon [...] heißt.* (Offb 16,14.16; NeÜ)

Drei Kapitel später beschreibt Johannes diese letzte Schlacht folgendermaßen:

> *Schließlich sah ich, wie das Tier die Könige der Erde zusammenbrachte und wie sie mit ihren Heeren gegen den Reiter auf dem weißen Pferd und seinem Heer in den Kampf zogen.* (Offb 19,19; NeÜ)

Die Offenbarung sagt uns, dass in der letzten Schlacht der Reiter auf dem weißen Pferd, der vom Himmel herabsteigt, den despotischen Herrscher der Endzeit besiegt. In einer weniger bildhaft-symbolischen Sprache[147] sagt Paulus: »Dann erst wird der Gesetzlose offen hervortreten. Wenn aber Jesus, der Herr, wiederkommt, wird er ihn durch einen Hauch seines Mundes beseitigen, ihn schon durch sein Erscheinen vernichten« (2Thes 2,8; NeÜ). Der Richter aus Daniel 7 wird »mit den Wolken des Himmels« erscheinen, und dann kommt das Ende.

Dieses Endzeit-Szenario, das ja einen ungeheuren Flächenbrand im Nahen Osten voraussetzt, wird oft belächelt, und dies nicht nur, weil es hier um die Welt des Übernatürlichen geht. Wie ich es erlebe, gründet dieser Spott (zumindest teilweise) auf einem blauäugigen Optimismus, dass die Menschheit moralisch solche Fortschritte machen werde, dass Aggression und Krieg undenkbar würden. Aber unter den 26 Jahrhunderten, die seit Daniels Zeit vergangen sind, war es das 20. (und nicht z. B. das »finstere Mittelalter«), in welchem mit Abstand am meisten Blut geflossen ist. Die Schlacht an der Somme fand im 20. Jahrhundert statt, nicht im 2.

147 Es ist generell ein Fehler zu meinen, die Verwendung von Bildern oder Symbolen bedeute, dass hier etwas nicht Reales beschrieben wird. Wenn Jesus sich z. B. als »Tür« bezeichnet, ist er zwar keine buchstäbliche Tür, sehr wohl nimmt er aber die Funktion einer Tür wahr, indem er uns eine echte Beziehung zu Gott eröffnet. Es ist unsere Vertrautheit mit dem Ersteren, die uns hilft, Letzteres zu begreifen.

Nach Daniel liegt die schlimmste Zeit noch vor uns. Der verheerende Angriff auf die Juden in der dritten Periode der Weissagung (Dan 11,29–35) wird nicht der letzte sein; die Endzeit hält noch eine weitere große Leidenszeit für die Juden bereit:

> *In dieser Zeit wird der große Engelfürst Michael auftreten, der dein Volk beschützt. Denn es wird eine Zeit der Bedrängnis sein, wie es sie seit Menschengedenken noch nie gegeben hat.* (Dan 12,1; NeÜ)

Michael kennen wir bereits. Er ist der mächtige Engelfürst, der in einer Welt, die außerhalb der unseren liegt, als Beschützer Israels agiert. Er war es, der Daniel die Vision verkündete, und er wird einmal aufstehen, um Israel in seiner letzten Prüfung beizustehen – in einer »Zeit der Bedrängnis [...], wie es sie seit Menschengedenken noch nie gegeben hat.«

Diese düstere Aussage ist schwere Kost. Die Herrschaft von Antiochus IV. war eine schlimme Zeit, und die Zerstörung Jerusalems unter den Römern nicht weniger. Die Gräuel des Holocaust sind kaum in Worte zu fassen. Doch Daniel macht deutlich, dass es am Ende der Zeit *noch schlimmer* kommen wird. Und Jesus hat zwei Jahrhunderte nach Antiochus IV. vor seinen Jüngern die Vorhersage Daniels bekräftigt:

> *Wenn ihr nun den Gräuel der Verwüstung, von dem durch Daniel, den Propheten, geredet ist, an heiliger Stätte stehen seht [...] dann wird große Bedrängnis sein, wie sie von Anfang der Welt bis jetzt nicht gewesen ist und auch nie sein wird. Und wenn jene Tage nicht verkürzt würden, so würde kein Fleisch gerettet werden; aber um der Auserwählten willen werden jene Tage verkürzt werden. [...] Aber gleich nach der Bedrängnis jener Tage wird die Sonne verfinstert werden [...] Und dann wird das Zeichen des Sohnes des Menschen am Himmel erscheinen [...] und sie*

> *werden den Sohn des Menschen kommen sehen auf den Wolken des Himmels mit großer Macht und Herrlichkeit. Und er wird seine Engel aussenden mit starkem Posaunenschall, und sie werden seine Auserwählten versammeln von den vier Winden her, von dem einen Ende der Himmel bis zu ihrem anderen Ende.* (Mt 24,15.21–22.29–31)

Christus stellt die letzte »Bedrängnis« in den Kontext seiner Wiederkunft und der Sammlung seiner Auserwählten. Daniel stellt sie nicht nur in den Kontext einer großen Errettung für sein Volk, sondern in den der Auferstehung der Toten. In einem der wenigen Abschnitte im Alten Testament, der explizit die Auferstehung nennt, schreibt er:

> *Doch dein Volk wird gerettet werden, und zwar jeder, der im Buch Gottes aufgenommen ist. Und viele von denen, die in der Erde ruhen, werden erwachen: die einen zum ewigen Leben und die anderen zur Schande, zur ewigen Abscheu.* (Dan 12,1–2; NeÜ)

Hier ist ausdrücklich die Rede von der Auferstehung des Leibes. Wir haben bereits mehrfach gesehen, dass das Buch Daniel die naturalistische Weltanschauung einer »geschlossenen Welt« infrage stellt. Daniel war ein Mensch, der zwar in dieser irdischen Welt lebte, aber für eine andere Welt lebte, die die irdische überdauern würde – eine übernatürliche Welt, die sich ihm und seinen Freunden wiederholt unmissverständlich gezeigt hatte. Gott selbst hatte eingegriffen, um ihr Zeugnis zu schützen, ihr Leben zu retten und ihnen Zukünftiges zu offenbaren, und dies mit solch einer Macht und Präzision, dass selbst heidnische Könige erkennen mussten, dass hier eine andere Welt in die ihrige einbrach.

Der Abschnitt über die Auferstehung am Ende von Daniels Bericht bestätigt diese übernatürliche Dimension. Der Gott, der den Überblick über die Geschichte hat und die Zukunft offenbaren kann, ist der Gott, der die Toten auferwecken wird. Daniel wusste noch nicht, was wir heute wissen: dass sich die Moleküle in unserem Körper in einem ständigen Wandel befinden, sodass sie etwa alle sieben Jahre komplett ausgetauscht werden – und trotzdem bleiben wir dieselbe Person. Es gibt eine Struktur, die jeden einzelnen Menschen definiert und ihm seine Existenz und Identität gibt, und wenn wir von der Realität Gottes ausgehen, ist der Gedanke, dass es Gott selbst ist, der diese Strukturen in seinem »Gedächtnis« gespeichert hat, nicht zu weit hergeholt. Er kann diese benutzen, um uns unseren künftigen Auferstehungsleib zu geben.

Ich weiß sehr wohl, dass es heute im Namen der neurowissenschaftlichen Forschung angesagt ist, den Begriffen »Geist« und »Körper« jede getrennte Bedeutung abzusprechen und zu behaupten, es gäbe nur das materielle Gehirn. Ich möchte jedoch darauf hinweisen, dass eine solche Schlussfolgerung zunehmend ungerechtfertigt ist – aus zwei Gründen.

Erstens: In unserem Verständnis der Natur spielt die *Information* eine immer zentralere Rolle, und Information ist nichts Materielles, auch wenn sie gewöhnlich ein materielles Trägersubstrat hat. Information ist daher nicht auf Materie reduzierbar; es gibt sogar Physiker, die die Information für das Primäre und die Materie für das bloß Sekundäre halten. (Mehr darüber in meinem Buch *Hat die Wissenschaft Gott begraben?*) Diese Position stimmt mit der Aussage der Bibel überein, dass Gott, das Wort, primär und die Materie sekundär ist – er war vor der Materie da (vgl. Joh 1,1–3).

Zweitens: Auch wenn die Neurowissenschaft uns faszinierende Einblicke in die Zusammenhänge zwischen unseren Gedanken und den unterschiedlichen Gehirnarealen gegeben hat, sind die Theorie des Geistes und die Theorie des Gehirns nicht identisch. Der Neurowissenschaftler kann mir (jedenfalls teilweise) sagen, was sich gerade in meinem Gehirn abspielt, aber er kann mir nicht sagen, was ich gerade denke.[148]

Nach der Weltsicht der Bibel ist der Geist nicht nur nicht dasselbe wie das Gehirn, sondern er ist der primäre »Stoff« des Universums. Denn das ewige Wort, das Gott ist, ist Geist und keineswegs materiell (vgl. Joh 4,24).

Der Theologe Johannes von Damaskus hat im 8. Jh. n. Chr. diesen Abschnitt des Buches Daniel wie folgt kommentiert:

> *Wenn er* [Daniel] *sagt: »Viele, die im Erdenstaube schlafen, werden auferweckt werden«, so ist klar, dass er die Auferstehung der Leiber meint. Denn es wird doch wohl niemand behaupten, dass die Seelen im Erdenstaube schlafen.*
>
> *Aber fürwahr, auch der Herr lehrt in den heiligen Evangelien sehr deutlich die Auferstehung der Leiber. Denn er sagt: »Die in den Gräbern sind, werden die Stimme des Sohnes Gottes hören […]« Kein Vernünftiger aber dürfte je sagen, in den Gräbern seien die Seelen.*[149]

Nach all dem Elend und der Finsternis des Leidens und der Verfolgung ist dies eine frohe Botschaft. Daniel macht sich große Sorgen um das Schicksal seines Volkes. Jetzt erfährt er von dem Engelboten, dass die große Errettung kommen wird, aber erst in der Zeit des Endes. Diese Errettung wird endgültig und von

148 Weiteres darüber in: John C. Lennox, »How Do I Account for the Existence of Consciousness, Thought and the Human Self?«, in: Roy Abraham Varghese (ed.), *The Missing Link. A Symposium on Darwin's Framework for a Creation-Evolution Solution* (Lanham: University Press of America, 2013), S. 225–247.

149 *Des heiligen Johannes von Damaskus genaue Darlegung des orthodoxen Glaubens*, aus dem Griechischen übersetzt (München: Kösel & Pustet, 1923 = Bibliothek der Kirchenväter Bd. 44), S. 263f. (= Abschnitt IV.27).

Dauer sein, und für alle, die Gott treu gewesen sind, wird sie die Auferstehung von den Toten und das ewige Leben bedeuten.

Wir haben jetzt den Höhepunkt der Botschaft des Buches Daniel erreicht. Es hat schon so viel Leiden, Elend, Blutvergießen und Tod gegeben, so viele Enttäuschungen, vergebliche Hoffnungen, geplatzte Träume und tiefe Verzweiflung. Und es wird noch viel mehr davon geben. Ist es wirklich wahr, dass all dies eines Tages vorbei sein wird – für immer?

Die Namen in dem Buch

Das gilt für die, deren Namen man »im Buch aufgeschrieben findet« (Dan 12,1f.). In zwei kurzen Sätzen beschreibt Daniel die schlimmste aller Zeiten und die beste aller Zeiten. Die Auferstehung des Leibes, vom Tod »zu ewigem Leben«, wird die große Wende sein. Sie ist die einzige Antwort auf all die Sehnsüchte und Hoffnungen, deren Menschen fähig sind. Allein sie kann den Schatten des Todes wegnehmen, der die Menschen seit dem Einbruch der Sünde in die Welt verfolgt.

Doch es gibt auch eine Kehrseite. Der Engel erklärt Daniel, dass es auch Menschen gibt, die »zur Schande, zu ewigem Abscheu« aufwachen werden. Wir leben in einem moralischen Universum, in dem es nicht egal ist, wie die Menschen sich verhalten. Die Geschichte wird nicht von einem unerbittlichen Schicksal gesteuert. Uns Menschen wurde die außerordentliche Würde der Entscheidungsfreiheit gewährt, doch diese moralische Fähigkeit bringt unweigerlich eine letzte Verantwortlichkeit mit sich. Wir wissen bereits aus Daniel 7, dass Gott die Welt in Gerechtigkeit richten wird, wenn der Menschensohn wiederkommt (vgl. Kapitel 16).

Außerdem wird Daniel gesagt, dass das Kriterium für die Auferweckung zum ewigen Leben darin besteht, dass man seinen Namen »im Buch aufgeschrieben findet«. Man beachte hier das Wort »findet«, das ein sorgfältiges Suchen in Unterlagen impliziert, wie es typisch für ein Gerichtsverfahren ist.

Etwas ganz Ähnliches sehen wir in der Beschreibung des Endgerichtes in der Offenbarung des Johannes:

> *Und ich sah die Toten, die Großen und die Kleinen, vor dem Thron stehen, und Bücher wurden geöffnet; und ein anderes Buch wurde geöffnet, welches das des Lebens ist. Und die Toten wurden gerichtet nach dem, was in den Büchern geschrieben war, nach ihren Werken. […] Und wenn jemand nicht geschrieben gefunden wurde in dem Buch des Lebens, so wurde er in den Feuersee geworfen.* (Offb 20,12.15)

Es gibt mehrere Parallelen zwischen diesem Abschnitt und dem in Daniel 12. Zunächst werden Bücher geöffnet. Dann wird ein anderes Buch erwähnt – das Buch des Lebens –, und das Urteil hängt letztlich daran, welche Namen in diesem Buch geschrieben stehen. In der Vision der Offenbarung wird auch das »Tier« verbrannt.

Bei dem Wort »Buch« bzw. »Bücher« dürfen wir nicht an Bücher denken, wie wir sie kennen. Es handelt sich um Aufzeichnungen Gottes, die für uns vermutlich unverständlich sind. Aber sie sind sehr real.

Die letzte Erwähnung des Buches des Lebens in der Offenbarung kann uns zeigen, dass es hier um alles oder nichts geht. Johannes schreibt über das neue Jerusalem:

> *Und alles Unreine wird nicht in sie hineinkommen, noch derjenige, der Gräuel und Lüge tut, sondern nur die, welche geschrieben sind im Buch des Lebens des Lammes.* (Offb 21,27)

Der Eintrag des eigenen Namens in dieses Buch ist daher eine wesentliche Voraussetzung für den Eintritt in Gottes himmlisches Reich. Wie Johannes in seinem Evangelium erklärt, muss man von Neuem geboren sein, um in das Reich Gottes kommen zu können (Joh 3,3), und diese Wiedergeburt bekommt man, wenn man Jesus Christus vertraut. Am Ende seines Evangeliums sagt Johannes ausdrücklich, dass er dieses geschrieben hat, »damit ihr glaubt, dass Jesus der Christus ist, der Sohn Gottes, und damit ihr durch den Glauben Leben habt in seinem Namen« (20,31). Für Johannes besteht der Weg zum Leben also darin, sein Vertrauen auf Jesus zu setzen und zu glauben, dass er der Messias, der Sohn Gottes ist – der, der »das Lamm Gottes« wurde, »das die Sünde der Welt wegnimmt« (1,29).

Die Frage, ob man Christus vertraut hat oder nicht, um gerettet zu werden, wird das Urteil im Endgericht bestimmen. Dies ist ein fundamentaler Bestandteil des christlichen Evangeliums. Die große Botschaft des Evangeliums lautet ja, dass wir die Erlösung durch den Glauben an Christus bekommen und nicht durch »Werke«, also irgendwelche eigenen Leistungen. Die Bibel stellt Abraham, den großen Vater der hebräischen Nation, als das Urbeispiel eines Menschen dar, der auf Gott vertraut:

> *Was hat denn bei unserem Stammvater Abraham – von dem wir Juden ja abstammen – dazu geführt, dass er für gerecht erklärt wurde? Etwa seine eigenen Leistungen? Dann hätte er Grund, stolz auf sich zu sein. Aber das zählt nichts vor Gott, denn die Schrift sagt: »Abraham glaubte Gott, und das ist ihm als Gerechtigkeit angerechnet worden.« Wenn jemand Leistungen erbracht hat, erhält er den Arbeitslohn, den er verdient. Er bekommt ihn nicht geschenkt. Wenn aber jemand keine Leistungen vorweisen kann, sondern sein Vertrauen auf den setzt,*

der den Gottlosen gerecht spricht, dann wird ihm sein Glaube als Gerechtigkeit angerechnet. (Röm 4,1–5; NeÜ)

Das Prinzip des Glaubens ist glasklar und das Fundament echter Hoffnung. Aber warum steht dann in der Bibel: »Und die Toten wurden gerichtet nach dem, was in den Büchern geschrieben war, nach ihren Werken« (Offb 20,12)? Widerspricht dies nicht dem Prinzip, dass die Erlösung allein auf Glauben beruht? Nein. Wenn diese Bücher geöffnet werden, gehört das Buch des Lebens nicht dazu. In allen menschlichen Gerichtshöfen wird ein Unterschied gemacht zwischen *Urteil* (»schuldig« oder »nicht schuldig«) und *Strafmaß*. Zwei verschiedene Angeklagte können beide des Mordes für schuldig befunden werden, aber das Strafmaß kann sehr unterschiedlich sein, je nachdem, ob mildernde Umstände vorliegen oder nicht. Wir alle akzeptieren dies als ein moralisches Grundprinzip.

Das Gleiche gilt auch auf einer höheren Ebene. Jesus hat sich einmal über Menschen geäußert, die ihn schroff ablehnten, obwohl sie viele seiner Wunder erlebt hatten. Er weist darauf hin, dass das Urteil je nach Gelegenheit und Privileg unterschiedlich ausfallen wird:

Dann fing er an, die Städte zu schelten, in denen seine meisten Wunderwerke geschehen waren, weil sie nicht Buße getan hatten: Wehe dir, Chorazin! Wehe dir, Betsaida! Denn wenn in Tyrus und Sidon die Wunderwerke geschehen wären, die unter euch geschehen sind, längst hätten sie in Sack und Asche Buße getan. Doch ich sage euch: Tyrus und Sidon wird es erträglicher ergehen am Tag des Gerichts als euch. Und du, Kapernaum, meinst du, du werdest etwa bis zum Himmel erhöht werden? Bis zum Hades wirst du hinabgestoßen werden; denn wenn in Sodom die Wunderwerke geschehen wären, die in dir geschehen sind, es wäre geblieben bis auf den heutigen Tag.

Doch ich sage euch: Dem Sodomer Land wird es erträglicher ergehen am Tag des Gerichts als dir. (Mt 11,20–24)

In ähnlicher Weise erinnert Paulus die Christen daran, dass ihr Verhalten wichtig ist:

Nach der mir verliehenen Gnade Gottes habe ich als erfahrener Baumeister das Fundament gelegt. Ein anderer baut auf dieser Grundlage weiter. Aber jeder soll darauf achten, wie er weiterbaut. Niemand kann ein anderes Fundament legen, außer dem, das längst gelegt ist, Jesus Christus. Ob aber jemand auf diesem Fundament Gold, Silber oder wertvolle Steine verbaut oder nur Holz, Heu und Stroh, das wird der Tag des Gerichts durch Feuer offenbar machen. Denn das Werk jedes Einzelnen wird im Feuer auf seine Qualität geprüft. Hält das, was er auf das Fundament gebaut hat, stand, wird er belohnt. Wenn es verbrennt, wird er den Schaden zu tragen haben. Er selbst wird zwar gerettet werden, aber so wie jemand, den man aus dem Feuer reißt. (1Kor 3,10–15; NeÜ)

Paulus spricht hier zu Menschen, die »das Fundament« bereits haben, d. h. sie haben Christus im Glauben als ihren Erlöser angenommen. Aber sie sollten trotzdem darauf achten, keine falschen Dinge und Unrat mit in ihr Leben hineinzunehmen, denn Gott wird ihr Leben einmal prüfen und alles Unbrauchbare verbrennen. Es ist also nicht egal, wie wir auf unserem Fundament weiterbauen. Aber auch dies gilt: Wenn das Lebenswerk eines Menschen dem Feuer zum Opfer fällt, wird er selbst dennoch gerettet werden, auch wenn er Schaden erleiden wird; denn unsere Erlösung hängt nicht an der Qualität unseres Lebens, sondern an unserem Vertrauen auf Christus. Paulus trifft hier genau die gleiche Unterscheidung, wie wir sie auch bei Daniel und in der Offenbarung finden: Die Bücher, die geöffnet werden, bestimmen das Strafmaß; das Buch des Lebens verkündet das Urteil.

Das letzte Wort hat also Christus als unser Richter. Hören wir noch einmal auf ihn:

> *Denn so hat Gott die Welt geliebt, dass er seinen einzigen Sohn gab, damit jeder, der an ihn glaubt, nicht verloren geht, sondern ewiges Leben hat. Denn Gott hat seinen Sohn nicht in die Welt gesandt, dass er die Welt richtet, sondern dass die Welt durch ihn gerettet wird. Wer an ihn glaubt, wird nicht gerichtet; wer aber nicht glaubt, ist schon gerichtet, weil er nicht geglaubt hat an den Namen des einzigen Sohnes Gottes.* (Joh 3,16–18)

Dieser Abschnitt enthält eine der bekanntesten und stärksten Formulierungen der Liebe Gottes – aber auch eine ernüchternde Warnung: Es ist möglich, verloren zu gehen! Die Alternative zum Glauben an Christus, der mir das ewige Leben bringt, ist die Verdammnis. Das große Kriterium für Gottes Richterspruch wird im letzten Satz erklärt: »Wer aber nicht glaubt, ist schon gerichtet« Und warum ist er gerichtet? »Weil er nicht geglaubt hat an den Namen des einzigen Sohnes Gottes.« Menschen werden nicht aufgrund ihrer Taten oder ihres Verdienstes verurteilt werden, sondern weil sie nicht an Christus geglaubt haben. *Das* ist die entscheidende Information, die im Lebensbuch des Lammes verzeichnet ist.

Bedenken wir hier auch Folgendes: Daraus, dass das Urteil daran hängen wird, ob der Betreffende an Christus geglaubt hat oder nicht, folgt logisch und moralisch, dass dieser Mensch zu dieser Entscheidung auch fähig gewesen ist. Und tatsächlich betont Christus in dem Vers, der unmittelbar auf die oben zitierten Verse folgt, dass wir die Verantwortung für unsere persönlichen Entscheidungen übernehmen müssen:

> *Dies aber ist das Gericht, dass das Licht in die Welt gekommen ist, und die Menschen haben die Finsternis mehr geliebt als das Licht, denn ihre Werke waren böse.* (Joh 3,19)

Wir können uns entscheiden, und diese Entscheidung müssen wir verantworten. Jesus sagt hier, dass die, die nicht an ihn glauben, dies deswegen nicht tun, weil sie die »Finsternis« lieben. Das ist ihre Entscheidung; das ist das, was sie wollen, und dafür tragen sie die Verantwortung. Es wäre moralisch absurd, jemanden zu verurteilen, weil er etwas nicht getan hat, was er gar nicht tun *konnte*. Aber es gibt Menschen, die genau diesem Trugschluss anheimfallen. Sie führen, neben anderen Bibelstellen, die folgende über das Buch des Lebens an:

> *Alle Menschen auf der Erde werden das Tier anbeten,*
> *alle außer denen, deren Namen seit Gründung der*
> *Welt im Lebensbuch des geopferten Lammes stehen.*
> (Offb 13,8; NeÜ)

Manche Ausleger schließen hieraus, dass Gott schon lange vor der Erschaffung des Menschen, ja, der Erde, die Namen derer, die er zur Erlösung bestimmt hatte – und nur diese – in das Buch des Lebens geschrieben hat. Diese Liste ist endgültig; die, deren Namen in ihr stehen, werden errettet werden, und die anderen werden niemals eingeschrieben werden, egal, was sie in ihrem Leben tun.

Es ist offensichtlich, dass diese deterministische Deutung in völligem Widerspruch zu dem oben Gesagten steht, und wir sollten uns daher etwas genauer anschauen, was die Bibel an anderen Stellen über das Buch des Lebens schreibt. Nehmen wir als Erstes zur Kenntnis, dass es in Offenbarung 13,8 heißt: »*seit* Gründung der Welt« (und nicht: »*vor* Gründung der Welt«). Das Zweite ist, dass die Vorstellung eines Buches, in welchem Namen verzeichnet sind, erstmals im 2. Buch Mose auftaucht, auch dort im Kontext eines Gerichtes. Nachdem die Israeliten das Goldene Kalb aufgestellt und angebetet hatten, sagte Mose zu ihnen:

> *Ihr habt eine große Sünde begangen. Doch jetzt will ich zum HERRN hinaufsteigen, vielleicht kann ich Sühnung für eure Sünde erwirken.*
>
> *Darauf kehrte Mose zum HERRN zurück und sagte: Ach, dieses Volk hat eine große Sünde begangen: Sie haben sich einen Gott aus Gold gemacht. Und nun, wenn du doch ihre Sünde vergeben wolltest! Wenn aber nicht, so lösche mich denn aus deinem Buch, das du geschrieben hast, aus. Der HERR aber sprach zu Mose: Wer gegen mich gesündigt hat, den lösche ich aus meinem Buch aus.* (2Mo 32,30–33)

Mose wusste also, dass sein eigener Name bereits in diesem Buch stand. Es war ihm ein solches Anliegen, dass Israel Vergebung erlangte, dass er bereit war, seinen Namen wieder ausstreichen zu lassen, wenn er damit seinem Volk helfen konnte. Es scheint vernünftig, aus dieser Aussage abzuleiten, dass die Namen bereits im Buch stehen, aber wegen der Sünde gegen Gott daraus entfernt werden können. Diese Schlussfolgerung wird durch die Verheißung gestützt, die der Gemeinde in Sardes im Buch der Offenbarung gegeben wird:

> *Wer überwindet, der wird so mit weißen Kleidern bekleidet werden, und ich werde seinen Namen aus dem Buch des Lebens nicht auslöschen und seinen Namen bekennen vor meinem Vater und vor seinen Engeln.* (Offb 3,5)

Das Wort »überwindet« (NeÜ: »wer den Kampf besteht«) ist typisch für Johannes und findet sich auch z. B. in 1. Johannes 5,5: »Wer aber ist es, der die Welt überwindet, wenn nicht der, der glaubt, dass Jesus der Sohn Gottes ist?«

Nehmen wir diese beiden Bibelstellen zusammen, bedeutet dies, dass der Name desjenigen, der an Jesus als den Sohn Gottes glaubt, niemals aus dem Buch des Lebens getilgt wird. Diejenigen dagegen, die diesen Glauben verweigern, werden aus dem Lebensbuch gelöscht und sind selbst für die Konsequenzen verantwortlich. Dies ist kein theologischer Determinismus, und es besteht auch kein Widerspruch zu den ausdrücklichen Aussagen unseres Herrn, nach denen wir als von Gott erschaffene moralische Wesen fähig zum Glauben sind und folglich die persönliche Verantwortung dafür tragen, dies auch zu tun.

Nun zum Positiven: Das Wunderbare an der christlichen Botschaft ist, dass unsere Erlösung ein Geschenk Gottes ist und dass wir folglich *wissen* können, dass unsere Namen im Buch des Lebens stehen. Seinen Jüngern, die von einem Missionseinsatz zurückkehrten und ihm begeistert berichteten: »Herr, auch die Dämonen sind uns untertan in deinem Namen«, erwiderte Jesus:

> *Ich schaute den Satan wie einen Blitz vom Himmel fallen. Siehe, ich habe euch die Macht gegeben, auf Schlangen und Skorpione zu treten, und über die ganze Kraft des Feindes, und nichts soll euch schaden. Doch darüber freut euch nicht, dass euch die Geister untertan sind; freut euch aber, dass eure Namen in den Himmeln angeschrieben sind!* (Lk 10,17–20)

Jesus sah die Gefahr, dass seine Jünger sich auf die Fähigkeiten verlassen würden, die er ihnen gegeben hatte, und so ermahnte er sie, ihre Zuversicht nicht auf das zu gründen, was sie alles konnten, sondern auf das Wissen, dass ihre Namen im Himmel aufgeschrieben waren.

Aber wie konnten sie dessen gewiss sein? Nur, indem sie dem Wort Jesu glaubten. Womit wir wieder zu dem zentralen Punkt kommen: Wir Menschen neigen dazu, unser Vertrauen auf alles Mögliche zu setzen, aber nicht auf Gott. Wir setzen auf unsere Leistungen, unsere Verdienste, ja, sogar (wie im Fall der Jünger) auf unsere Geistesgaben. Wie Abraham müssen wir lernen, dem zu vertrauen, was Gott sagt. Davon wird letztlich alles abhängen – auch die Qualität unseres Lebens und unserer Werke. Gott ist sehr an unseren Werken interessiert, aber das Geheimnis, sie überhaupt tun zu können, liegt nicht in diesen Werken selbst, sondern in unserem Vertrauen auf Gott. Noch einmal: Das Heil kommt von Gott – es ist sein Geschenk, unabhängig von unserem Verdienst. Und Gott hat uns die wunderbare Fähigkeit und Freiheit geschenkt, dieses Geschenk der Erlösung im Glauben anzunehmen. Wie Paulus es ausdrückt:

> *Denn durch die Gnade seid ihr gerettet worden aufgrund des Glaubens. Dazu habt ihr selbst nichts getan, es ist Gottes Geschenk und nicht euer eigenes Werk. Denn niemand soll sich etwas auf seine guten Taten einbilden können. In Jesus Christus sind wir Gottes Meisterstück. Er hat uns geschaffen, dass wir tun, was wirklich gut ist, gute Werke, die er für uns vorbereitet hat, dass wir damit unser Leben gestalten.* (Eph 2,8–10; NeÜ)

Aus dem Todesschlaf erwachen

Die Auferstehungshoffnung, die wir in Daniel 12 finden, ist kein Produkt von Mythos, Fantasie oder utopischem Wunschdenken. Nach Paulus ist die Auferstehung wie eine große Ernte, die durch das wichtige Auftreten der Erstlingsfrüchte garantiert wird:

> *Nun aber ist Christus aus den Toten auferweckt, der Erstling der Entschlafenen; denn da ja durch einen*

> *Menschen der Tod kam, so auch durch einen Menschen die Auferstehung der Toten. Denn wie in Adam alle sterben, so werden auch in Christus alle lebendig gemacht werden. Jeder aber in seiner eigenen Ordnung: der Erstling, Christus; sodann die, welche Christus gehören bei seiner Ankunft; dann das Ende.* (1Kor 15,20–24)

Paulus benutzt hier den Schlaf als Bild für den Tod, aber der Erste, der dies tat, war Daniel. So wie der Schlaf mit dem Aufwachen endet, wird es auch einmal ein Aufwachen aus dem Tod geben. Für Paulus wie für Daniel wird die Hoffnung auf die Auferstehung des Leibes sich am Ende der Zeit erfüllen. Die Garantie für diese Hoffnung ist die Auferstehung Christi – ein Ereignis, das bereits stattgefunden hat und in die Weltgeschichte eingegangen ist. Sie steht im Zentrum der christlichen Botschaft – einer Botschaft, die ich für wahr halte, auf der Grundlage sehr stichhaltiger Indizien.

Die »Neuen Atheisten« versichern uns gebetsmühlenartig, dass sie seriöse Wissenschaftler seien und bereit, den Fakten zu folgen. Doch in ihren Publikationen bekomme ich einen ganz anderen Eindruck: dass sie sich weigern, die historische Faktenlage bezüglich der Existenz Jesu und erst recht bezüglich seiner Auferstehung ernst zu nehmen. Für alle, die bereit sind, sich unvoreingenommen den Fakten zu stellen, habe ich sie in meinem Buch *Gott im Fadenkreuz* zusammengetragen, sodass ich sie hier nicht wiederholen muss.

Für den, der an Jesus Christus glaubt, bedeutet seine Auferstehung von den Toten unter anderem ganz praktisch, dass sein Leben und seine Arbeit einen tiefen, echten Sinn bekommen, eine wunderbare, bleibende Bestätigung. Aber mehr noch: Sie garantiert ihm auch, dass er selbst einst in Herrlichkeit auferstehen wird. Paulus beendet seine ausführliche Verteidigung der Auferstehung mit diesen Worten:

> *Darum bleibt standhaft, liebe Geschwister, lasst euch nicht erschüttern! Tut immer euer Bestes für die Sache des Herrn, denn ihr wisst: In Verbindung mit dem Herrn ist eure Mühe nie umsonst.* (1Kor 15,58; NeÜ)

Jahrhunderte zuvor hatte Daniel es so ausgedrückt:

> *Doch die Verständigen werden leuchten wie der strahlende Himmel; und die, die vielen anderen zur Gerechtigkeit verholfen haben, werden glänzen wie die Sterne, immer und ewig.* (Dan 12,3; NeÜ)

Die ernsten Aspekte der Prophetie Daniels dürfen niemals als Entschuldigung dafür missbraucht werden, sich fatalistisch zurückzulehnen, anstatt sich für das Wohl unserer Mitbürger einzusetzen und Frieden und Wahrheit zu fördern, wo wir nur können. Selbst in den allerschlimmsten Zeiten ist es möglich, »vielen anderen zur Gerechtigkeit zu verhelfen« und zu »glänzen wie die Sterne«.

Der himmlische Bote erteilt Daniel eine letzte Anweisung:

> *Aber du, Daniel, bewahre die Worte zuverlässig auf und versiegle das Buch bis zur Zeit des Endes. Viele werden darin forschen und das Verständnis wird zunehmen.* (Dan 12,4; NeÜ)

Wir haben uns bemüht, das Buch Daniel so weit wie möglich zu verstehen, aber manche seiner Aspekte und Informationen werden erst zur Zeit des Endes wirklich klar werden. Dies sollte uns nicht überraschen. Ähnlich war es mit den Prophetien über den Tod, die Auferstehung und die Himmelfahrt des Messias, speziell am Tag des Pfingstwunders. Damals konnte Petrus auf einmal genau anhand der Bibel erklären, an welchem Punkt im großen Erlösungsplan Gottes die Menschheit angekommen war. Wir, die wir zwischen Pfingsten und der Endzeit leben, sollten demütig erkennen, dass wir eben *nicht* alles wissen bzw. verstehen. Es könnte sogar sein, dass wir vor lauter Hektik und ständig wachsender Information in manchen Punkten völlig falsch liegen, was das Verstehen der biblischen Prophetie betrifft!

Wie lange noch?

Die Vision war vorbei. Die ganze Visionsserie war abgeschlossen. Aber es gab immer noch etwas zu lernen für Daniel. Er beschreibt in der ersten Person, wie er drei Gestalten sah – einen auf jedem der Ufer des Stromes und einen in Leinen Gekleideten über dem Wasser, das weiter unter ihm dahinfloss:

> *Und einer sagte zu dem in Leinen gekleideten Mann, der oben über dem Wasser des Stromes war: Wann ist das Ende dieser außergewöhnlichen Ereignisse? Und ich hörte den in Leinen gekleideten Mann, der oben über dem Wasser des Stromes war, und er erhob seine Rechte und seine Linke zum Himmel und schwor bei dem, der ewig lebt: Zeit, Zeiten und eine halbe Zeit! Und wenn die Zerschlagung der Kraft des heiligen Volkes abgeschlossen sein wird, wird alles dies vollendet werden. Und ich hörte es, aber ich verstand es nicht; und ich sagte: Mein Herr, was wird der Ausgang davon sein?* (Dan 12,6–8)

Die Frage, die der nicht weiter beschriebene »eine« stellt (war es vielleicht Daniel selbst?), ist die, die Daniel schon seit vielen Jahren umgetrieben hatte, wie wir in Kapitel 7, 8 und 9 sahen. Man beachte, wie diese Frage lautet: Nicht, *ob* diese Dinge geschehen werden, und auch nicht, *wann* sie kommen, sondern *wie lange* es bis zu ihrem Ende dauern wird. Mit anderen Worten: Wie lange wird jene letzte Zeit der Schrecken für Daniels Volk andauern? Die Antwort erfolgt auf ebenso dramatische wie feierliche Art und Weise. Der Mann über dem Strom hebt beide Hände zum Himmel hoch und schwört einen feierlichen Eid, dass sie »Zeit, Zeiten und eine halbe Zeit« (NeÜ: »eine Zeit, zwei Zeiten und eine halbe Zeit«) dauern wird, und nicht länger. Ähnlich hat unser Herr Jesus seinen Jüngern versprochen, dass die kommende große Zeit der Bedrängnis »verkürzt« werden wird (Mt 24,22).

Daniel hört, was der Mann über dem Wasser sagt, aber er versteht es nicht, und so fragt er einfach: »Mein Herr, wie wird das alles ausgehen?« (Dan 12,8; NeÜ). Er beschließt sein Buch mit der Antwort, die er erhält:

> *Und er sagte: Geh hin, Daniel! Denn die Worte sollen geheim gehalten und versiegelt sein bis zur Zeit des Endes. Viele werden geprüft und gereinigt und geläutert werden. Aber die Gottlosen werden weiter gottlos handeln. Und die Gottlosen werden es alle nicht verstehen, die Verständigen aber werden es verstehen. Und von der Zeit an, in der das regelmäßige Opfer abgeschafft wird, um den verwüstenden Gräuel einzusetzen, sind es 1290 Tage. Glücklich, wer ausharrt und 1335 Tage erreicht! Du aber geh hin auf das Ende zu! Und du wirst ruhen und wirst auferstehen zu deinem Los am Ende der Tage.* (Dan 12,9–13)

Es blieb viel, was Daniel nicht verstand, so wie es heute viel gibt, was wir nicht verstehen. Es ist versiegelt bis zu der Zeit, wenn es gebraucht werden wird. Daniel ging seinen Weg weiter, bis dieses Leben für ihn zu Ende war. Aber das Grab war noch nicht das Ende für ihn. Er würde im Todesschlaf ruhen, aber nur, um einst wiederaufzuerstehen. (Das griechische Wort für »Auferstehung« – *anastasis* –, das im Neuen Testament benutzt wird, bedeutet wörtlich »wieder aufrecht stehen«.) Daniel überlebte

Babylon, er überlebte Medo-Persien und er wird auch den Tod überleben.

Und wir? Wenn wir unser Vertrauen auf Jesus, den Menschensohn und Sohn Gottes, gesetzt haben, haben auch wir unseren eigenen, ewigen Ort zugewiesen bekommen. Der Herr Jesus hat uns diese gewaltige Verheißung hinterlassen:

> *Euer Herz werde nicht bestürzt. Ihr glaubt an Gott, glaubt auch an mich! Im Hause meines Vaters sind viele Wohnungen. Wenn es nicht so wäre, würde ich euch gesagt haben: Ich gehe hin, euch eine Stätte zu bereiten? Und wenn ich hingehe und euch eine Stätte bereite, so komme ich wieder und werde euch zu mir nehmen, damit auch ihr seid, wo ich bin. Und wohin ich gehe, dahin wisst ihr den Weg. Thomas spricht zu ihm: Herr, wir wissen nicht, wohin du gehst. Und wie können wir den Weg wissen? Jesus spricht zu ihm: Ich bin der Weg und die Wahrheit und das Leben. Niemand kommt zum Vater als nur durch mich.* (Joh 14,1–6)

Anhang A

Was ist das Reich Gottes?

Das Wort »Reich« bzw. »Königreich« hat in der Bibel unterschiedliche Bedeutungen, je nach dem Kontext, in dem es erscheint.

Zunächst einmal kann es Herrschaftsbefugnis bedeuten, also die Autorität zu regieren. Als z. B. König David die Sammlung der Materialien zum Bau des Tempels organisierte, betete er vor dem ganzen Volk:

> *Dir, Jahwe, gehört das Reich, und du bist es, der als Haupt über alles erhoben ist. Reichtum und Ehre kommen von dir, und du bist der Herr über alles.* (1Chr 29,11–12)

David bezieht sich hier eindeutig auf die Tatsache, dass Gott der Herrscher des Universums ist. Ähnlich fordert Jesus im Neuen Testament seine Jünger auf: »Trachtet aber zuerst nach dem Reich Gottes und nach seiner Gerechtigkeit! Und dies alles wird euch hinzugefügt werden« (Mt 6,33; NeÜ). Mit anderen Worten: Die Jünger sollen in ihrem Leben und in dem ihrer Mitmenschen als Erstes Gottes Herrschaft anstreben.

Somit ist das Reich Gottes zunächst einmal die Herrschaft Gottes, und als solche hat es immer existiert und wird immer existieren. Das Reich Gottes ist eine Realität, die hier und jetzt da ist. Dies war eine der zentralen Lektionen, die Nebukadnezar von Gott lernen musste: »Sein Reich ist ein ewiges Reich, und seine Herrschaft währt von Generation zu Generation!« (Dan 3,33).

Wenn Daniel also davon redet, dass Gott in den Tagen gewisser irdischer Könige ein Reich errichtet, kann er damit nicht Gottes ewige Königsherrschaft als solche meinen, sondern vielmehr, wie diese Herrschaft zu bestimmten Zeiten in die menschliche Geschichte hineinwirkt. Was uns daran erinnert, dass eine der zentralen Hoffnungen des Alten Testaments das Kommen des Messias, des ewigen Königs ist.

Diese Messiashoffnung lässt sich bis zu den Anfängen des Volkes Israel zurückverfolgen. Als Gott Abraham berief (aus genau der Region, in die Daniel als junger Mann deportiert wurde), verhieß er ihm, dass aus seinen Nachkommen Könige hervorgehen würden. Diese Verheißung erfüllte sich zum Teil in König David, der die Nation vereinigte und Jerusalem zu ihrer Hauptstadt machte. Doch David selbst wusste sehr wohl, dass er noch nicht die endgültige Erfüllung der Verheißung war; auch nicht sein Sohn Salomo, obwohl der Beginn seiner Herrschaft sehr verheißungsvoll aussah. Gott sprach von einem künftigen Nachkommen Davids, der für immer und ewig auf Davids Thron sitzen würde (2Sam 7,13).

Doch dann ließ sich zuerst Israel und später auch Juda auf die götzendienerischen Praktiken der Nachbarvölker ein. Wieder und wieder warnten die Propheten das Volk, dass dann, wenn es nicht Buße tat, unweigerlich das Gericht Gottes kommen würde. Ihre Warnungen verhallten ungehört, und so wurde erst Israel von den Assyrern erobert und danach, wie wir unter anderem im Buch Daniel lesen, Juda von den Babyloniern besiegt.

Als Israel und Juda ihre Königreiche verloren, müssen viele damals den Eindruck gehabt haben, dass die Verheißung eines künftigen Messiaskönigs erloschen war. Doch dieselben Propheten, die die Deportationen nach Assyrien und Babylon angekündigt hatten, sprachen auch von der Hoffnung auf eine künftige Wiederherstellung Israels.

Auch Daniel hatte diese Hoffnung, wie seine Botschaft an Nebukadnezar zeigt. Wir wissen natürlich heute, dass nach mehreren Jahrhunderten, in denen Gott schwieg, schließlich ein neuer Prophet kam – Johannes der Täufer, der verkündete, dass der verheißene Messias und König da war. Wie die frühesten Quellen bezeugen, wies er damit auf Jesus hin, der sein Wirken mit den Worten begann: »Die Zeit ist erfüllt, und das Reich Gottes ist nahe gekommen. Tut Buße und glaubt an das Evangelium!« (Mk 1,15).

Die damaligen religiösen und politischen Obrigkeiten, an ihrer Spitze der Hohe Priester bzw. Pontius Pilatus, fragten sich besorgt, wie das mit dem »Reich« gemeint war. Die wachsende Beliebtheit Jesu beim Volk war ihnen nicht geheuer, und sie begannen, sich bedroht zu fühlen, als es gerüchteweise hieß, dass Jesus vielleicht der so lang erwartete Messias war, der bald einen Aufstand gegen die römischen Besatzer lostreten und dem Volk und seiner Hauptstadt endlich die Freiheit zurückgeben würde.

Der biblische Historiker Lukas hat in seinem Evangelium zwei sehr bedeutsame Begebenheiten festgehalten, zu denen es kam, als der kleine Jesus im Tempel in Jerusalem Gott geweiht wurde:

> *Damals lebte in Jerusalem ein gerechter und gottesfürchtiger Mann namens Simeon. Er wartete auf die Ankunft des Messias, der Israel Trost und Rettung bringen würde. Der Heilige Geist ruhte auf ihm und hatte ihm die Gewissheit gegeben, dass er nicht sterben werde, bevor er den vom Herrn gesandten Messias gesehen habe. Als die Eltern von Jesus das Kind hereinbrachten, um mit ihm zu tun, wie es nach dem Gesetz üblich war, kam Simeon, vom Geist Gottes geführt, gerade in den Tempel. Er nahm das Kind in seine Arme und pries Gott: »Herr« sagte er, »nun kann dein Diener in Frieden sterben, denn du hast deine Zusage erfüllt. Mit meinen eigenen Augen habe ich die Rettung gesehen, die du für alle Völker vorbereitet hast – ein Licht, das die Nationen erleuchten und dein Volk Israel zu Ehren bringen wird.«*

> *Josef und die Mutter von Jesus wunderten sich, als sie hörten, was Simeon über das Kind sagte. Simeon segnete sie und sagte zu Maria, seiner Mutter: »Er ist dazu bestimmt, dass viele in Israel an ihm zu Fall kommen und viele durch ihn aufgerichtet werden. Er wird ein Zeichen Gottes sein, gegen das viele sich auflehnen werden – so sehr, dass der Kummer deine Seele wie ein Schwert durchbohren wird. Doch so kommt an den Tag, welche Gedanken in ihren Herzen sind.«*
>
> *Damals lebte auch eine alte Prophetin in Jerusalem. Sie hieß Hanna und war eine Tochter Penuëls aus dem Stamm Ascher. Nur sieben Jahre war sie verheiratet gewesen und war jetzt eine Witwe von 84 Jahren. Sie verließ den Tempel gar nicht mehr und diente Gott Tag und Nacht mit Fasten und Beten. Auch sie kam jetzt dazu und lobte Gott. Und zu allen, die auf die Erlösung Jerusalems warteten, sprach sie über dieses Kind.* (Lk 2,25–38; NeÜ)

Simeon hatte die Zusage bekommen, »dass er nicht sterben werde, bevor er den vom Herrn gesandten Messias gesehen habe«. Nun, eines Tages, als er wieder im Tempel war, erkannte er das Jesuskind als den Messias. Auch eine hochbetagte Prophetin, Hanna, erkannte Jesus und redete über ihn »zu allen, die auf die Erlösung Jerusalems warteten«. Diese beiden Motive – das Kommen des Messias und die Erlösung Jerusalems – waren in der Erwartung der Juden untrennbar miteinander verbunden. Es überrascht daher nicht, dass, als Jesus zu lehren und zu predigen begann, die Menschen – und die Obrigkeit – sehr genau darauf achteten, was er über das Reich zu sagen hatte.

Aber hinter dieser Predigt vom Reich Gottes steckte mehr als das, was viele der Juden anfangs dachten. Wir sehen dies in einer von Lukas aufgezeichneten Szene, in der Jesus erst zu den Pharisäern und dann zu seinen Jüngern über das Wesen dieses Reiches spricht:

> *Und als er von den Pharisäern gefragt wurde: Wann kommt das Reich Gottes?, antwortete er ihnen und sprach: Das Reich Gottes kommt nicht so, dass man es beobachten könnte; auch wird man nicht sagen: Siehe hier! Oder: Siehe dort! Denn siehe, das Reich Gottes ist mitten unter euch.* (Lk 17,20–21)

Die Pharisäer – eine streng konservative Gruppierung im Judentum – träumten von einem Reich Gottes, das äußerlich sichtbar war. Aus dem, was Jesus hier seinen Jüngern sagt, geht klar hervor, dass solch ein äußeres Reich in der Tat zu Gottes Plan dazugehörte. Solch ein Reich würde eines Tages kommen. Aber indem sie sich nur auf das Reich Gottes als sichtbares, äußeres Geschehen konzentrierten, standen die Pharisäer in Gefahr, etwas sehr Wichtiges zu übersehen. Der König selbst stand vor ihnen – und sie erkannten ihn nicht! Und dies nicht etwa mangels genügender Beweise, von denen Jesus ihnen mehr als genug gegeben hatte. Nein, ihr Problem war, dass sie blind dafür waren, dass das Reich Jesu eine geistliche Dimension hatte.

Jesus hat dies einmal einem der Pharisäer – einem führenden jüdischen Theologen in Jerusalem namens Nikodemus – eingehend erklärt. Nikodemus kam eines Nachts zu Jesus, um sich mit ihm über das Reich Gottes (oder das Himmelreich, wie es auch genannt wird) zu unterhalten. Jesus sagte ihm: »Wahrlich, wahrlich, ich sage dir: Wenn jemand nicht von Neuem geboren wird, kann er das Reich Gottes nicht sehen« (Joh 3,3). Und er fuhr fort und erklärte dem verdutzten Theologieprofessor, dass der Weg zu dieser Wiedergeburt – also zum Empfang des ewigen Lebens, von dem er redete, und damit zum Eintritt in sein Reich – über den Glauben an ihn verlief: »Denn so hat Gott die Welt geliebt, dass er seinen einzigen Sohn gab, damit jeder, der an ihn glaubt, nicht verloren geht, sondern ewiges Leben hat« (Joh 3,16).

Nikodemus war es nie in den Sinn gekommen, dass das Reich Gottes eine zentrale geistliche Dimension hatte. So wie die anderen »Experten« seiner Zeit und wie viele aus dem gemeinen Volk hoffte Nikodemus auf ein politisches Reich, das die verhassten Römer ein für alle Mal aus dem Land jagen würde. Sie wollten ein Ende der Herrschaft des »eisernen Reiches« aus Daniels Vision.

Doch wenn wir uns anschauen, wer der Messiaskönig ist und wofür er steht, dann hat sein Reich unweigerlich eine geistliche Dimension. Die Existenz und die Fortdauer jedes Reiches hängen von der Loyalität seiner Untertanen gegenüber dem König ab, und wenn dieser König kein Geringerer ist als Gott in Menschengestalt, ist es klar, dass es um viel mehr geht als um Politik und die äußere Freiheit von Unterdrückung. Dann ist Vertrauen gefragt und die Loyalität des menschlichen Herzens. Schließlich war es ein Mangel an Gottvertrauen, das zum Einbruch der tödlichen Sünde in die Welt führte, und der Weg zurück zur Gemeinschaft mit Gott kann nur darüber gehen, dass wir neu lernen, Gott zu vertrauen. Wenn ein Mensch lernt, Jesus Christus, dem Sohn Gottes, als seinem Retter und Herrn zu vertrauen, kommt es zu einem geistlichen Wunder: Dieser Mensch wird wiedergeboren und ein Bürger des Reiches Gottes.

Doch jetzt stellt sich die nächste Frage: Wie sieht denn die Beziehung zwischen dem inneren, geistlichen Reich und dem äußeren, sichtbaren Reich aus? Dazu müssen wir uns anschauen, wie es nach der Antwort Jesu auf die Frage der Pharisäer nach dem Kommen des Reiches Gottes im Bibeltext weitergeht. Jetzt redet Jesus zu seinen Jüngern:

> *Er sprach aber zu den Jüngern: Es werden Tage kommen, da ihr begehren werdet, einen der Tage des Sohnes des Menschen zu sehen, und ihr werdet ihn nicht sehen. Und man wird zu euch sagen: Siehe dort!, oder: Siehe hier! Geht nicht hin, folgt auch nicht! Denn wie der Blitz blit-*

zend leuchtet von einem Ende unter dem Himmel bis zum anderen Ende unter dem Himmel, so wird der Sohn des Menschen sein an seinem Tag. Vorher aber muss er vieles leiden und verworfen werden von diesem Geschlecht. Und wie es in den Tagen Noahs geschah, so wird es auch sein in den Tagen des Sohnes des Menschen: Sie aßen, sie tranken, sie heirateten, sie wurden verheiratet bis zu dem Tag, da Noah in die Arche ging und die Flut kam und alle umbrachte. Ebenso auch, wie es geschah in den Tagen Lots: Sie aßen, sie tranken, sie kauften, sie verkauften, sie pflanzten, sie bauten; an dem Tag aber, da Lot von Sodom hinausging, regnete es Feuer und Schwefel vom Himmel und brachte alle um. Ebenso wird es an dem Tag sein, da der Sohn des Menschen offenbart wird. An jenem Tag – wer auf dem Dach sein wird und sein Gerät im Haus hat, der steige nicht hinab, um es zu holen; und wer auf dem Feld ist, wende sich ebenso wenig zurück. Denkt an Lots Frau! Wer sein Leben zu retten sucht, wird es verlieren; und wer es verliert, wird es erhalten. Ich sage euch: In jener Nacht werden zwei auf einem Bett sein; einer wird genommen und der andere gelassen werden. Zwei werden zusammen mahlen; die eine wird genommen, die andere gelassen werden. Und sie antworten und sagen zu ihm: Wo, Herr? Er aber sprach zu ihnen: Wo der Leichnam ist, da sammeln sich auch die Adler [Geier]. (Lk 17,22–37)

So wie die Pharisäer den Fehler machten, sich nur auf die sichtbare Seite des Reiches Gottes zu konzentrieren, sodass sie seine geistliche Dimension glatt übersahen, kann man auch den umgekehrten Fehler machen und so sehr die geistliche Dimension des Reiches Gottes betonen, dass man für seinen sichtbaren Aspekt blind wird. Und so erklärte Jesus seinen Jüngern, dass das Kommen des Reiches Gottes nicht nur sichtbar sein würde, sondern auch universal und weltweit wahrnehmbar.

Jesus sagte dies, um seine Anhänger vor falschen Ansprüchen zu warnen, dass das Reich Gottes bereits gekommen sei, ohne dass sie es bemerkt hätten. Er wies darauf hin, dass Menschen kommen und behaupten würden, sie wüssten, wo das Reich Gottes sei. Sie würden sagen: »Hier ist es!« oder: »Dort ist es!« Jesu Rat lautet: Hört nicht auf sie! Denn wenn der Menschensohn sich wirklich offenbaren wird, werden das alle merken – sofort; kein Irrtum möglich.

Um seine Jünger noch besser vor falschen Erwartungen zu schützen, erklärt Jesus ihnen, dass vor der Offenbarung des Menschensohnes gewisse andere Dinge geschehen werden. Der Menschensohn wird viel leiden müssen. Seine Zeitgenossen werden ihn beobachten und verwerfen. Und dies sollte die Jünger nicht überraschen, denn die Zeitgenossen von Noah und Lot hatten auch nicht auf deren Warnungen gehört.

Wir sehen also, dass das Kommen des Reiches Gottes sich (mindestens) in zwei Phasen vollzieht. In der ersten Phase wird es ein geistliches Phänomen sein; erst in der zweiten wird es für alle sichtbar werden – dann, wenn Jesus wiederkommt.

Noch mehr über das Wesen des Reiches Jesu erfahren wir, wenn wir uns die Art und die Umstände seiner Ablehnung durch die Menschen ansehen. Lukas berichtet, wie Jesus auf einem Esel in Jerusalem einzieht, an dem Tag, den wir heute als den Palmsonntag kennen. Die Bedeutung dieses Einzugs war unmissverständlich: Jesus kam als der rechtmäßige König und Messias zu seinem Volk.

> *Und als er sich schon dem Abhang des Ölbergs näherte, fing die ganze Menge der Jünger an, mit lauter Stimme freudig Gott zu loben über alle die Wunderwerke, die sie gesehen hatten, und sie sagten: »Gepriesen sei der König, der da kommt im Namen des Herrn!« Friede im Himmel und Herrlichkeit in der Höhe! Und einige der Pharisäer aus der Volksmenge sprachen zu ihm:*

> *Lehrer, weise deine Jünger zurecht! Und er antwortete und sprach zu ihnen: Ich sage euch, wenn diese schweigen, so werden die Steine schreien.* (Lk 19,37–40)

Die Mitglieder des Hohen Rates beließen es nicht bei kritischen Worten. Sie schmiedeten ein Komplott, um Jesus von einer Gruppe römischer Soldaten verhaften zu lassen und ihn vor ihr Gericht zu stellen:

> *Und als es Tag wurde, versammelte sich die Ältestenschaft des Volkes, Hohe Priester sowie Schriftgelehrte, und führten ihn hin in ihren Hohen Rat und sagten: Wenn du der Christus bist, so sage es uns! Er aber sprach zu ihnen: Wenn ich es euch sagte, so würdet ihr nicht glauben; wenn ich aber fragen würde, so würdet ihr mir nicht antworten. Von nun an aber wird der Sohn des Menschen sitzen zur Rechten der Macht Gottes. Sie sprachen aber alle: Du bist also der Sohn Gottes? Er aber sprach zu ihnen: Ihr sagt es; ich bin es. Sie aber sprachen: Was brauchen wir noch Zeugnis? Denn wir selbst haben es aus seinem Mund gehört.* (Lk 22,66–71)

Wie Jesus es seinen Jüngern vorhergesagt hatte, prüften die religiösen Autoritäten seinen Anspruch (auf eine unglaublich oberflächliche Art und Weise) und verwarfen ihn. Aber eine solche Ablehnung bedeutete nur, dass Jesus sich nun zur Rechten Gottes setzen würde. Matthäus fügt hinzu, dass Jesus zum Hohen Rat sagt: »Doch ich sage euch: Von nun an werdet ihr den Sohn des Menschen sitzen sehen zur Rechten der Macht und kommen auf den Wolken des Himmels« (Mt 26,64).

Der letzte Teil dieses Satzes ist ein Zitat aus Daniel 7,13. Jesus behauptet also, dass er der göttliche Menschensohn ist, den Daniel in seiner Vision sah und der einst mit den Wolken des Himmels kommen wird, um das Reich Gottes aufzurichten. Für die Hohen Priester war dies die reine Gotteslästerung, und sie verurteilten Jesus zum Tod.

Aber die Römer erlaubten ihnen nicht, selbst Hinrichtungen vorzunehmen. Sie brauchten also ein offizielles Todesurteil gegen Jesus, das von den römischen Machthabern ausgesprochen wurde. Und so führten sie Jesus vor Pilatus:

> *Und die ganze Menge von ihnen stand auf, und sie führten ihn zu Pilatus. Sie fingen aber an, ihn zu verklagen, und sagten: Diesen haben wir befunden als einen, der unsere Nation verführt und sie davon abbringt, dem Kaiser Steuer zu geben, indem er sagt, dass er selbst Christus, ein König, sei. Pilatus aber fragte ihn und sprach: Bist du der König der Juden? Er aber antwortete ihm und sprach: Du sagst es. Pilatus aber sprach zu den Hohen Priestern und den Volksmengen: Ich finde keine Schuld an diesem Menschen. Sie aber bestanden darauf und sagten: Er wiegelt das Volk auf und lehrt durch ganz Judäa hin, angefangen von Galiläa bis hierher.* (Lk 23,1–5)

Mit dieser geografischen Angabe versehen, schickte Pilatus Jesus zu König Herodes, in dessen Zuständigkeitsbereich Galiläa fiel, aber Herodes schickte ihn zum Urteil zurück zu Pilatus. Dann wurde das Urteil gesprochen:

> *Als aber Pilatus die Hohen Priester und die Obersten und das Volk zusammengerufen hatte, sprach er zu ihnen: Ihr habt diesen Menschen zu mir gebracht, als mache er das Volk abspenstig; und siehe, ich habe ihn vor euch verhört und habe an diesem Menschen keine Schuld gefunden, worin ihr ihn anklagt; aber auch Herodes nicht, denn er hat ihn zu uns zurückgesandt, und siehe, nichts Todeswürdiges ist von ihm getan. Ich will ihn nun züchtigen und losgeben.* (Lk 23,13–17)

Für unser Verständnis der verschiedenen Phasen des Reiches Gottes ist dieser »Freispruch« äußerst wichtig. Der Apostel Johannes erklärt uns genauer, wie es dazu kam, indem er detailliert über das Verhör Jesu durch Pilatus berichtet:

> *Pilatus ging nun wieder hinein in das Prätorium und rief Jesus und sprach zu ihm: Bist du der König der Juden? Jesus antwortete: Sagst du dies von dir selbst aus, oder haben dir andere von mir gesagt? Pilatus antwortete: Bin ich etwa ein Jude? Deine Nation und die Hohen Priester haben dich mir überliefert. Was hast du getan? Jesus antwortete: Mein Reich ist nicht von dieser Welt; wenn mein Reich von dieser Welt wäre, so hätten meine Diener gekämpft, damit ich den Juden nicht überliefert würde, jetzt aber ist mein Reich nicht von hier. Da sprach Pilatus zu ihm: Also bist du doch ein König? Jesus antwortete: Du sagst es, dass ich ein König bin. Ich bin dazu geboren und dazu in die Welt gekommen, dass ich für die Wahrheit Zeugnis gebe. Jeder, der aus der Wahrheit ist, hört meine Stimme. Pilatus spricht zu ihm: Was ist Wahrheit? Und als er dies gesagt hatte, ging er wieder zu den Juden hinaus und spricht zu ihnen: Ich finde keinerlei Schuld an ihm.* (Joh 18,33–38)

Jesus sagte Pilatus unmissverständlich, dass sein »Reich« keine politische Gefahr für Pilatus darstellte, aus dem einfachen Grund, weil es »nicht von dieser Welt« war. (Es würde bis zu seiner Wiederkunft »nicht von dieser Welt« sein, wie er den Hohen Priestern klargemacht hatte.) Pilatus hatte dafür klare Beweise: Jesus hatte den Soldaten, die ihn verhafteten, keinerlei Widerstand geleistet, ja, er hatte sogar seinen Jüngern verboten, ihre Schwerter zu benutzen (vgl. Lk 22,49–51). Sein Königreich war offensichtlich kein irdisches Reich – mit Soldaten, die ihren König mit Waffengewalt verteidigten. Der politisch und militärisch gewiefte Pilatus sah klar, dass Jesus, politisch betrachtet, harmlos war, und befand ihn infolgedessen für unschuldig. Doch er kam nicht durch mit seinem Urteil – nicht, weil es falsch gewesen wäre, sondern weil die Hohen Priester und der Pöbel so lange auf ihn einschrien, bis er ihnen endlich zu Willen war und Jesus kreuzigen ließ.

Es ist offensichtlich, wie wichtig es ist, dies zu begreifen, in einer Welt, die von religiösen und militärischen Konflikten gezeichnet ist. Weil dieses Reich in seiner gegenwärtigen Phase »nicht von dieser Welt« ist, wäre es ein Fehler, Jesus oder seine Botschaft mit Gewalt verteidigen zu wollen. Einer der großen Skandale in der Geschichte des Christentums sind die vielen Todesopfer, die ein falsches Bibelverständnis zu diesem Thema gefordert hat. Da ich an anderer Stelle *(Gott im Fadenkreuz)* bereits ausführlich auf dieses Problem eingegangen bin, möchte ich es hier bei der Bemerkung belassen, dass jemand, der für die Sache Christi zu den Waffen greift, Christus nicht folgt, sondern ihm im Gegenteil sogar ungehorsam ist.

Jesus hatte den Jüngern wiederholt gesagt, dass die Menschen ihn ablehnen und töten würden, doch sie hatten es nicht begriffen. Es widersprach ihren tief verwurzelten Erwartungen, wie der Messias sein und was er bei seinem Kommen tun würde. In seinem Bericht über die Ereignisse um den Tod und die Auferstehung erwähnt Lukas auch die Niedergeschlagenheit und Verwirrung einiger dieser Jünger. Sie waren zu dem Dorf Emmaus unterwegs, das gut elf Kilometer von Jerusalem entfernt lag, und wussten noch nicht, dass Jesus auferstanden war. Lukas schildert, wie Jesus sich ihnen unterwegs anschloss, ohne dass sie ihn erkannten. Das Gespräch drehte sich um die Ereignisse, die sich gerade in Jerusalem zugetragen hatten, und die beiden Jünger waren sehr deprimiert. Jesus fragte sie, worüber sie redeten, und sie sagten:

> *Das von Jesus, dem Nazarener, der ein Prophet war, mächtig im Werk und Wort vor Gott und dem ganzen Volk; und*

> *wie ihn die Hohen Priester und unsere Obersten zum Todesurteil überlieferten und ihn kreuzigten.* (Lk 24,19–20)

Und dann erklärten sie ihm, warum sie so enttäuscht waren: »Wir aber hofften, dass er der sei, der Israel erlösen solle« (24,21).

Sie hatten mit der großen Befreiung gerechnet, und die war nicht gekommen. Ihr großer Prophet war hingerichtet worden, und jetzt war alles aus. Sie erkannten Jesus immer noch nicht, bis er schließlich sagte:

> *Ihr Unverständigen und im Herzen zu träge, an alles zu glauben, was die Propheten geredet haben! Musste nicht der Christus dies leiden und in seine Herrlichkeit hineingehen? Und von Mose und von allen Propheten anfangend, erklärte er ihnen in allen Schriften das, was ihn betraf.* (Lk 24,25–27)

Und die verblüfften Jünger entdeckten bald, dass keinesfalls alles aus war. Lukas berichtet, wie sie ihn erkannten, als er das Brot mit ihnen brach. Der Fremde, der ihnen so viel zu sagen hatte, war kein anderer als der auferstandene Herr.

In den ersten 40 Tagen nach seiner Auferstehung ist Jesus seinen Jüngern wiederholt erschienen, und es überrascht nicht, dass diese Erscheinungen zu einem Wiederaufflammen der Freiheitshoffnungen führten, die sie für ihr Land hatten. Sie wussten ja jetzt, dass Jesus die Macht über den Tod hatte. Sicher würde er dann auch endlich politisch die Initiative ergreifen, das Besatzerregime stürzen und die Nation befreien? Also beschlossen sie, ihn darauf anzusprechen. Lukas hat die Szene am Beginn der Apostelgeschichte, die die Anfänge der christlichen Kirche beschreibt, festgehalten:

> *Sie nun, als sie zusammengekommen waren, fragten ihn und sagten: Herr, stellst du in dieser Zeit für Israel das Reich wieder her?* (Apg 1,6)

Es war eine sehr präzise Frage. Sie fragten nicht: »Herr, hast du vor, irgendwann das Reich Israel wiederherzustellen?« Diese Frage hätten sie nie gestellt – aus dem einfachen Grund, weil sie mit dieser Wiederherstellung fest rechneten. Es ging ihnen nicht um die Tatsache der Wiedererrichtung des Reiches an sich, sondern um den Zeitpunkt. Also nicht: »Wirst du das tun?«, sondern: »Wirst du das *jetzt* tun?«

Jesu Antwort lautete:

> *Es ist nicht eure Sache, Zeiten oder Zeitpunkte zu wissen, die der Vater in seiner eigenen Vollmacht festgesetzt hat. Aber ihr werdet Kraft empfangen, wenn der Heilige Geist auf euch gekommen ist; und ihr werdet meine Zeugen sein, sowohl in Jerusalem als auch in ganz Judäa und Samaria und bis an das Ende der Erde.* (Apg 1,7–8)

Jesu Antwort enthält drei Hauptpunkte:

1. Die Jünger sollen sich keine Gedanken um den Zeitpunkt der Wiedererrichtung des Reiches machen.
2. Diesen Zeitpunkt hat der Vater bereits festgelegt; das Reich wird genau zu der Zeit wiedererrichtet werden, die er bestimmt hat.
3. In der Zwischenzeit haben die Jünger die Aufgabe, Jesu Zeugen in der Welt zu sein – in der Kraft des Heiligen Geistes, der bald auf sie kommen wird.[1]

1 Eine detailliertere Analyse der Antwort Jesu gibt David W. Gooding, *True to the Faith* (London: Hodder & Stoughton, 1990; Myrtlefield House, 2013).

Das nächste Ereignis, über das Lukas berichtet, ist die Himmelfahrt Jesu, die ein weiteres deutliches Zeichen dafür war, dass die sofortige Wiederherstellung des Reiches Israel mit ihm selbst als König nicht zu diesem Zeitpunkt geschehen würde. Doch in der Himmelfahrt lag auch eine positive Botschaft. Sie wurde durch zwei Männer in weißen Gewändern überbracht, die plötzlich vor den Jüngern standen und sagten:

> *Männer von Galiläa, was steht ihr und seht hinauf zum Himmel? Dieser Jesus, der von euch weg in den Himmel aufgenommen worden ist, wird so kommen, wie ihr ihn habt hingehen sehen in den Himmel.* (Apg 1,11)

Bei der Himmelfahrt sahen sie, wie Jesus weg von der Erdoberfläche in einer Wolke verschwand. Gott benutzte diese Szene als Anschauungsunterricht, um den Jüngern zu zeigen, dass Jesus, der die Erde gerade sichtbar körperlich verlassen hatte, einst genauso körperlich und sichtbar wiederkommen würde.

Wie wichtig ein rechtes Verständnis der Himmelfahrt ist, zeigt die Pfingstpredigt des Petrus. Er erklärt der Menge, dass das, was in den letzten acht Wochen geschehen ist, im Alten Testament vorhergesagt war. Der Prophet Joel hatte für die Zeit vor dem Tag des Gerichts eine große Ausgießung des Heiligen Geistes verheißen. Genau diese Ausgießung war gerade vor den Augen der Menge geschehen – ein höchst bedeutsames Ereignis, das zugleich die Erfüllung der Worte eines zeitgenössischen Propheten bedeutete.

Dieser Prophet war Johannes der Täufer, der ganze drei Jahre zuvor gesagt hatte, dass Jesus der war, der mit dem Heiligen Geist taufen würde (Apg 1,5). Joel und Johannes sprachen beide von demselben Ereignis. Das Kommen des Geistes – so Petrus weiter – zeigte aber auch, dass sich noch etwas anderes erfüllt hatte, was unter anderem vor Jahrhunderten von König David prophezeit worden war: »Denn du wirst meine Seele nicht im

Hades zurücklassen noch zugeben, dass dein Heiliger Verwesung sehe« (Apg 2,27, Ps 16,10 zitierend).

Petrus erklärt, dass David hier offensichtlich nicht über sich selbst redet. Seine Zuhörer wussten genau, dass gar nicht weit von der Stelle, wo Petrus stand, Davids Grab lag. David hatte von der Auferstehung des Messias gesprochen. Diese Auferstehung hatte erst kürzlich stattgefunden, wie Petrus und die anderen Jünger bezeugen konnten.

Und Jesus war nicht nur von den Toten auferweckt, sondern auch zur Rechten Gottes erhöht worden. Erneut zitiert Petrus David: »Der Herr sprach zu meinem Herrn: Setze dich zu meiner Rechten, bis ich deine Feinde lege zum Schemel deiner Füße!« (Apg 2,34–35; vgl. Ps 110,1).

David selbst fuhr nicht zum Himmel auf; Gott (»der Herr«) redet hier also zu jemandem, der größer ist als David (nämlich zu Davids »Herrn«, dem Messias), und bietet ihm den höchsten Ehrenplatz an. Und so zeigt das vereinte Zeugnis der alttestamentlichen Prophetie und der gerade in Jerusalem geschehenen Ereignisse, dass »Gott ihn sowohl zum Herrn als auch zum Christus gemacht hat, diesen Jesus, den ihr gekreuzigt habt« (Apg 2,36).

Es war für Petrus und seine Zuhörer sehr wichtig, dass sie sahen, an welchem Punkt der Menschheitsgeschichte sie angelangt waren. Was gerade in Jerusalem geschehen war, war ein großer Schritt vorwärts in Gottes Erlösungsplan. Jesus war gestorben, wiederauferstanden und zur Rechten Gottes aufgefahren. Aber das war noch nicht das Ende der Geschichte; Jesus würde so lange zur Rechten Gottes sitzen, bis Gottes Feinde besiegt wären; erst danach wäre die große Wiederherstellung vollständig.

Was Petrus in seiner Pfingstpredigt noch nicht explizit anspricht – die Verknüpfung dieser endgültigen Wiederherstellung mit der Wiederkunft Jesu –, holt er in seiner zweiten großen Predigt in Jerusalem nach. Durch Petrus und Johannes hatte Gott einen lahmen Bettler geheilt, der an der »Schönen Pforte« des Tempels lag. Petrus nutzt diese Demonstration der Macht Gottes prompt, um der erstaunten Menge zu erklären, dass dieses Wunder im Namen Jesu geschehen ist – also des Mannes, den sie getötet hatten, den Gott aber von den Toten auferweckt hat. Er weist sie nachdrücklich darauf hin, dass diese Dinge von den Propheten vorhergesagt worden sind:

> *Und jetzt, Brüder, ich weiß, dass ihr in Unwissenheit gehandelt habt, wie auch eure Obersten. Gott aber hat so erfüllt, was er durch den Mund aller Propheten vorher verkündigt hat, dass sein Christus leiden sollte. So tut nun Buße und bekehrt euch, dass eure Sünden ausgetilgt werden, damit Zeiten der Erquickung kommen vom Angesicht des Herrn und er den euch vorausbestimmten Jesus Christus sende! Den muss freilich der Himmel aufnehmen bis zu den Zeiten der Wiederherstellung aller Dinge, von denen Gott durch den Mund seiner heiligen Propheten von jeher geredet hat.* (Apg 3,17–21)

Man beachte, dass Petrus hier erneut das Wort *bis* benutzt. Diesmal meint es nicht so sehr die Besiegung der Feinde Gottes, als vielmehr die positive Wiederherstellung aller Dinge. Dazu gehört auch die Wiedererrichtung des Königreiches Israel (vgl. Apg 1,6), aber darüber hinaus noch viel mehr. Laut Petrus wird diese Wiederherstellung zur Zeit des zweiten Kommens Jesu erfolgen.

Dies ist auch in einer der Bitten des Vaterunsers enthalten: »Dein Reich komme; dein Wille geschehe, wie im Himmel, so auch auf Erden!« (Mt 6,10). Noch geschieht Gottes Wille auf der Erde nicht ebenso wie im Himmel, aber der Tag kommt, an dem dies anders wird.

Zusammenfassung

Während seines öffentlichen Wirkens und Lehrens, vor allem aber vor seinem Tod und danach, machte Jesus es seinen Jüngern immer deutlicher, dass sein Reich sich in zwei Phasen entfalten würde.

Die erste Phase wäre ein geistliches Reich, in das man dadurch eintritt, dass man umkehrt und Jesus als seinen Retter und Herrn annimmt. Wer dies tut, bekommt ewiges Leben; er wird in das Reich Gottes hinein wiedergeboren.

Seit der Himmelfahrt Jesu und der Sendung des Heiligen Geistes haben die Christen die Botschaft von diesem Reich – das Evangelium von Jesus Christus – in aller Welt zu predigen, so lange, bis Jesus wiederkommt.

Mit der Wiederkunft Jesu wird die zweite Phase des Reiches Gottes beginnen. Christus wird als der rechtmäßige König der Erde wiederkommen. Dies sind die Gründe dafür, dass wir von einem ersten und einem zweiten Kommen Christi reden.

Anhang B
Übersetzung der Inschrift auf dem Kyrus-Zylinder[2]

[Als ... Mar]duk, König des ganzen Himmels und der Erde, der ... der, in seinen ..., verwüstet seine ...

[...] breit? in Verstand, ... welcher prüft (?) die [Welt]gegenden

[...] sein [Erst]geborener (= Belsazar), ein niederer Mensch wurde über sein Land gesetzt,

aber [...] er setzte [eine (...) Fäl]schung über sie.

Er machte eine Fälschung von Esagil, [und ...] für Ur und die übrigen Kultstädte.

Riten, die ihnen nicht angemessen waren, [unreine] Spei[se-Opfer ...] respektlose [...] wurden täglich heruntergeleiert, und als Beleidigung

stoppte er die täglichen Opfer. Er misch[te sich in die Riten ein und] führte ein [...] in den Heilig-

2 https://www.britishmuseum.org/collection/object/W_1880-0617-1941 (Abr. 14. Dezember 2021); Übersetzung ins Englische: Irving Finkel, Assistant Keeper, Department of the Middle East; hier aus dem Englischen übersetzt. Siehe auch: https://docplayer.org/38961728-K2-1-kyros-zylinder-obj-fo-mus-kop-lit-bearbeitung-uebersetzung-behandlung-lit-behandlung-inh-bem.html (Abr. 14. Dezember 2021)

tümern. In seinem Herzen wurde die Ehrfurcht
vor Marduk, dem König der Götter, beendet.

Und er tat noch mehr Böses an seiner Stadt, tag-
täglich; ... sein [Volk ...], er brachte Verderben über
sie alle durch ein Joch ohne Erleichterung.

Enlil-der-Götter wurde sehr zornig über ihre
Klagen, und [...] ihr Gebiet. Die Götter, die
dort wohnten, verließen ihre Schreine,

zornig darüber, dass er (sie) gezwungen hatte, Shuanna (Ba-
bylon) zu betreten. Der er[höhte Marduk, Enlil-der-Göt]ter,
ließ ab von seinem Zorn. Er begann, anders zu denken über
all die Siedlungen, deren Heiligtümer in Trümmern lagen,

und über die Menschen des Landes Sumer und Akkad,
die wie Leichname geworden waren, und erbarmte
sich ihrer. Er inspizierte und prüfte alle die Länder,

auf der Suche nach dem rechtschaffenen König sei-
ner Wahl. Er nahm die Hand des Kyrus, des Königs der
Stadt Anshan, und rief ihn mit seinem Namen und pro-
klamierte ihn laut als Herrscher über alles von allem.

Er ließ das Land Guti und alle Soldaten der
Meder sich zu seinen Füßen niederwerfen,
während er in Gerechtigkeit und Rechtschaffen-
heit das schwarzköpfige Volk wie ein Hirte weidete,

das er unter seine Obhut getan hatte. Marduk,
der große Herr, der sein Volk versorgt, sah mit
Freude seine guten Taten und sein rechtes Herz

und befahl ihm, nach Babylon zu gehen. Er ließ ihn die Straße nach Tintir (Babylon) nehmen, und wie ein Freund und Gefährte ging er an seiner Seite.

Seine riesigen Truppen, deren Zahl, wie das Wasser in einem Fluss, niemand zählen konnte, marschierten in voller Bewaffnung an seiner Seite. Er ließ ihn ohne Kampf oder Schlacht direkt nach Shuanna hineingehen; er ersparte seiner Stadt Babylon Mühsal. Er gab in seine Hände Nabonidus, den König, der ihn nicht fürchtete.

Alle Menschen von Tintir, von ganz Sumer und Akkad, Edle und Gouverneure, verneigten sich vor ihm und küssten seine Füße, vor Freude über sein Königtum, und ihre Gesichter leuchteten.

Der Herr, durch dessen Hilfe alle vor dem Tod errettet wurden und der sie alle vor Elend und Mühsal bewahrte, sie segneten ihn mit lieblichen Worten und rühmten seinen Namen. ...

Ich bin Kyrus, König des Universums, der große König, der mächtige König, König von Babylon, König von Sumer und Akkad, König der vier Himmelsrichtungen,

Sohn des Kambyses, des großen Königs, des Königs der Stadt Anshan, Enkelsohn des Kyrus, des großen Königs, des Kö[nigs der Stadt] Anshan, Nachkomme des Teispes, des großen Königs, des Königs der Stadt Anshan,

der ewige Same des Königtums, dessen Herrschaft Bel (Marduk) und Nabu lieben, und mit dessen Königtum sie sich zu ihrer Freude beschäftigen. Als ich als Bringer des Friedens nach Babylon ging,

gründete ich meine königliche Residenz im Palast,
unter Feiern und Jubel. Marduk, der große Herr,
gewährte mir als mein Schicksal die Großmütigkeit
eines, der Babylon liebt, und jeden Tag
suchte ich ihn in Ehrfurcht.

Meine zahlreichen Truppen marschierten friedlich durch Babylon, und ganz [Sumer] und Akkad hatte nichts zu befürchten.

Ich suchte die Sicherheit der Stadt Babylon und
aller ihrer Heiligtümer. Was die Bevölkerung Babylons angeht, [...] die wie ohne gött[liche Absicht] ein
Joch erduldet hatte, das ihr nicht auferlegt war,

linderte ich ihre Erschöpfung; ich befreite
sie von ihren Banden (?). Marduk, der große
Herr, frohlockte über [meine guten] Taten,

und er sprach einen lieblichen Segen über mich aus, über
Kyrus, den König, der ihn fürchtet, und über Kambyses, den
Sohn [meiner] Lenden, [und über] alle meine Soldaten,

dass wir voll Glück in seiner Gegenwart wohnen
mögen, in Wohlergehen. Auf seinen hohen Befehl
brachten alle Könige, die auf Thronen sitzen,

aus jeder Gegend, vom Oberen bis zum Unteren Meer, jene,
die [entfernte Gegend]en bewohnen, (und) die Könige
des Landes der Amurru, die in Zelten wohnen, sie alle

brachten ihren großen Tribut nach Shuanna und
küssten meine Füße. Von [Shuanna] schickte ich
zurück an ihre Orte in der Stadt Assur und Susa,

in Akkad, im Land von Eshnunna, in der Stadt Zamban, der Stadt Meturnu, in Der, bis zur Grenze des Landes Guti – in die Heiligtümer jenseits des Tigris-Stromes – deren Schreine früher verfallen waren,

die Götter, die darin wohnten, und errichtete bleibende Heiligtümer für sie. Ich sammelte all ihr Volk und brachte es zurück an seine Wohnorte,

und die Götter des Landes Sumer und Akkad, die Nabonidus – zum Zorn des Herrn der Götter – nach Shuanna gebracht hatte: auf Befehl Marduks, des großen Herrn,

brachte ich sie unverletzt zurück in ihre Kammern, in die Heiligtümer, die sie glücklich machen. Mögen all die Götter, die ich in ihre Heiligtümer zurückbrachte,

jeden Tag vor Bel und Nabu um ein langes Leben für mich bitten und meine guten Taten erwähnen und also sprechen zu Marduk, meinem Herrn: Kyrus, der König, der dich fürchtet, und Kambyses, sein Sohn,

mögen sie die Versorger unserer Schreine sein bis in ferne (?) Tage, und mögen die Menschen von Babylon Segnungen über mein Königtum herabrufen. Ich habe es all den Ländern möglich gemacht, in Frieden zu leben.

Jeden Tag vermehrte ich durch [... Gän]se, zwei Enten und zehn Tauben die [früheren Opfer] an Gänsen, Enten und Tauben.

Ich bemühte mich, die Verteidigungsanlagen der Mauer Imgur-Enlil zu verstärken, der großen Mauer Babylons, und [ich vollendete] den Kai aus gebrannten Ziegeln am Ufer des Grabens, welchen ein früherer König erbau[t, aber] das Werk [nicht voll]endet hatte.

[Ich ... das nicht die Stadt umgab] draußen, das kein früherer König erbaut hatte, seine Arbeiter, den Flussdeich [von seinem Land hinein in] Shuanna.

[... mit As]phalt und gebrannten Ziegeln erbaute ich es neu und [vollendete] das [Werk].

[...] große [Türen aus Zedernholz] mit Bronzeverkleidung, [und ich setzte ein] alle ihre Türen, Türschwellen und Zubehörteile mit Kupferteilen.

[...] Ich sah innen eine Inschrift von Assurbanipal, einem König, der vor mir war.

[...] sein ... Marduk, der große Herr, Schöpfer (?) von [...]
[...] mein [... Ich überreichte] als ein Geschenk ...
dir zur Freude für immer.

Anhang C
Die Struktur des Buches Daniel

Teil 1	Teil 2
Kapitel 1	*Kapitel 6*
Nebukadnezar verwahrt die Tempelgeräte Gottes in seinem Götzentempel.	Darius verbietet für 30 Tage das Gebet zu Gott.
Daniel und seine Freunde weigern sich, sich mit heidnischen Dingen unrein zu machen.	Daniel weigert sich, das Praktizieren der jüdischen Religion auszusetzen.
Die Hofbeamten sind positiv eingestellt.	Die Hofbeamten intrigieren gegen Daniel.
Stärkung der körperlichen und geistigen Gesundheit Daniels und seiner Freunde.	Erweis der politischen Loyalität Daniels zum König.
Daniel und seine Freunde werden befördert.	Daniel wird wieder in sein Amt eingesetzt.
Kapitel 2	*Kapitel 7*
Ein Überblick über den Gang der heidnischen Reiche.	Ein Überblick über den Gang der heidnischen Reiche.
Vier Reiche in Gestalt eines Mannes.	Vier Reiche in der Gestalt wilder Tiere.

Die fatale Schwäche: die Mischung von Eisen und Ton an den Füßen. Die ganze Männerfigur zerstört durch den von Gott kommenden Stein. Das weltweite Königreich des Messias beginnt.	Die furchtbare Macht: eine furchterregende Mischung tierischer Aggression und menschlicher Intelligenz. Das letzte Tier wird vernichtet und die Weltherrschaft dem Menschensohn übergeben.
Kapitel 3 Nebukadnezar glaubt, dass kein Gott die Juden aus seiner Hand retten kann. Er befiehlt ihnen, seinen Gott anzubeten. Die Juden trotzen seinem Befehl. Sie werden in dem Ofen bewahrt. Dies demonstriert Gottes Macht, zu erretten.	*Kapitel 8* Das kleine Horn, aus dessen Hand niemand erretten kann. Es schafft den jüdischen Gottesdienst ab und trotzt Gott selbst. Gottes Heiligtum und Wahrheit setzen sich schließlich durch.
Kapitel 4 Die Herrlichkeit Babylons. Warnung an Nebukadnezar, dass er Strafe verdient.	*Kapitel 9* Die Verwüstung Jerusalems. Israels Sünden haben den im Alten Testament angedrohten Fluch über das Volk gebracht.

Er beharrt in seinem Stolz; die Strafe kommt und dauert sieben Jahre. Rehabilitation Nebukadnezars.	Jerusalem wird wiedererbaut werden, aber Israels fortgesetztes Sündigen wird weiteres Elend bringen. Erst nach sieben mal siebzig Jahren wird Jerusalem endgültig wiederhergestellt werden.
Kapitel 5 Belsazar macht Genuss zu seinem Gott, erkennt aber noch die Götter aus Stein etc. an. Die Schrift an der Wand. Das Ende Belsazars und des Babylonischen Reiches.	*Kapitel 10–12* Der König erhebt sich über alle Götter und achtet keinen Gott. Das »Buch der Wahrheit«. Die Serie scheinbarer »Enden«, die dann zur »Zeit des Endes« führt und schließlich zum finalen Ende.

Anhang D

Daniel 11 und die antike Geschichte

Das 11. Kapitel des Buches Daniel ist ein faszinierender, in der Perspektive einzigartiger Kommentar zu verschiedenen historischen Ereignissen. Es beschreibt Ereignisse von außerordentlicher Komplexität, und dieser Anhang soll aufzeigen, wie der Text im Buch Daniel mit Angaben aus anderen historischen Quellen zusammenpasst.

> *Und nun will ich dir die Wahrheit mitteilen: Siehe, noch drei Könige werden in Persien aufstehen, und der vierte wird größeren Reichtum erlangen als alle.* (Dan 11,2a)

Daniel erfährt, dass es im medo-persischen Reich noch vier weitere Könige geben wird und dass der vierte der reichste sein wird. Da Daniel zur Zeit des Kyrus schrieb, sind diese Könige Kambyses II. (530–522), Smerdis (522), Darius I. (522–486) und schließlich Xerxes I. (486–465), der in der Tat sagenhaft reich war. Er benutzte seinen Reichtum, ganz wie von Daniel vorhergesagt, um seine Macht auszubauen und Griechenland anzugreifen:

> *Und wenn er durch seinen Reichtum mächtig geworden ist, wird er alles gegen das Königreich Griechenland aufbieten.* (Dan 11,2b)

Im Jahre 500 v. Chr. startete eine Enklave von ionischen Griechen, die sich an der Westküste Kleinasiens niedergelassen hatten, einen Aufstand gegen Darius I., den Vater des Xerxes. Sie baten Athen um Hilfe und brannten die persische Stadt Sardis nieder. Die Niederschlagung des Aufstands dauerte sechs Jahre, und Darius schwor den Athenern Rache für ihre Unterstützung der Aufständischen. Sein erster Versuch in dieser Richtung, 491 v. Chr., musste abgebrochen werden, weil ein Sturm einen Großteil der persischen Flotte zerstörte.

Ein Jahr später landete vor den Augen des Feindes ein persisches Heer bei der Ebene von Marathon, und es folgte eine der berühmtesten Schlachten der Geschichte. Anstatt sich in ihrer Stadt einzuigeln, suchten die Athener bei Marathon die Entscheidungsschlacht. Eigentlich waren sie den Persern hoffnungslos unterlegen, aber sie kamen derartig schnell, dass die persischen Bogenschützen nutzlos waren. Die Perser erlitten eine empfindliche Niederlage. Der griechische Historiker Herodot berichtet:

> *In der Schlacht bei Marathon hatten die Barbaren sechstausendvierhundert, die Athener hundertzweiundneunzig Tote. So viel waren auf beiden Seiten gefallen.*[3]

Der Rest der persischen Flotte fuhr weiter nach Athen, doch die athenische Armee erreichte die Stadt vor ihr. (Der Läufer, der die Nachricht vom Sieg nach Athen brachte, war der Urahn des Marathonlaufs.) Die Perser gaben auf und traten die Heimreise an.

Ein wütender Darius beschloss, es den Griechen jetzt erst recht zu geben, doch er starb über den Vorbereitungen und überließ den Feldzug seinem Sohn Xerxes. Zuerst zögerlich, stellte Xerxes eine riesige Armee mit über 1000 Schiffen zusammen. Er besiegte die Griechen in der Schlacht bei den Thermopylen, unterlag ihnen aber in der berühmten Seeschlacht bei Salamis.

3 Herodot, Das Geschichtswerk des Herodot von Halikarnassos (Frankfurt/M: Insel Verlag, 2001), S. 526 (= 6. Buch, § 117)

Das medo-persische Reich schleppte sich danach noch anderthalb Jahrhunderte dahin – eine Periode, über die Daniel hinweggeht. Als Nächstes lesen wir in Daniel 11:

> *Dann wird ein großer Held König werden und mit großer Macht herrschen. Er wird durchsetzen, was er will. Doch auf dem Höhepunkt seiner Macht wird sein Reich zerbrochen und nach den vier Himmelsrichtungen zerteilt werden. Es fällt aber nicht seinen Nachkommen zu, und es ist auch nicht mehr so mächtig wie unter seiner Herrschaft. Denn sein Reich wird zerrissen und wird anderen gehören, die nicht mit ihm verwandt sind.* (11,3–4; NeÜ)

Wenn dies, wie wir meinen, eine echte Vorhersage ist, dann ist sie äußerst bemerkenswert, denn sie meint eindeutig Alexander den Großen, der unerhört schnell zu schwindelerregender Macht aufstieg und sehr jung starb. Da er keine direkten Erben hatte, wurde sein Reich in vier Teilreiche aufgeteilt, an deren Spitze jeweils einer seiner Feldherren stand.

Die von Daniel empfangene Prophezeiung beschreibt ihn als einen König, der »durchsetzt, was er will«. Das Bild ist nicht das einer willkürlich-deterministischen Lenkung der Geschichte durch Gott, bei der die menschlichen Herrscher (und die Menschen überhaupt) bloße Marionetten sind. Gottes Umgang mit historischen Prozessen ist so, dass Alexander wie auch die nach ihm erwähnten Herrscher die Freiheit haben, als moralisch verantwortliche Wesen zu agieren. Ihre Autorität und ihre Entscheidungen sind echt und haben moralische Folgen für sie selbst wie für die anderen Menschen.

Nach dieser Einleitung wendet Daniel seine Aufmerksamkeit den Rivalitäten und Spannungen zwischen zwei der vier Teilreiche zu, in die Alexanders Riesenreich zerfiel: dem Seleukidenreich (den »Königen des Nordens«) und dem Reich der Ptolemäer (den »Königen des Südens«). »Norden« und »Süden«

sind hier relativ zu Israel gemeint. Die Ausdrücke »König des Nordens« und »König des Südens« sind als Oberbegriffe zu verstehen, die im Laufe von Daniel 11 auf verschiedene Könige Anwendung finden – 13 insgesamt.

> *Und der König des Südens wird mächtig werden, aber auch einer von seinen Obersten, und der wird mächtig sein über ihn hinaus und wird herrschen, seine Herrschaft wird eine große Herrschaft sein.* (Dan 11,5)

Und so geschah es. 316 v. Chr. griff ein anderer von Alexanders Feldherren Babylonien an, und Seleukos I. floh nach Ägypten, wo er Ptolemäus half, in der Schlacht von Gaza gegen Antigonus siegreich zu sein. Seleukos, dem man den Sieg zuschrieb, erhielt den Löwenanteil des Königreichs des Antigonus und wurde so der Gründer der Seleukidendynastie.

Die Jahre gingen dahin, und die Nachfolger der Könige der verschiedenen Dynastien wurden allmählich kriegsmüde. Um 250 v. Chr. unternahmen der damalige König des Südens, Ptolemäus II. Philadelphus, und der König des Nordens, Antiochus II. Theos, den Versuch einer Allianz durch Einheirat, wie in der Prophetie angekündigt:

> *Und nach Jahren werden sie sich verbünden; und die Tochter des Königs des Südens wird zum König des Nordens kommen, um ein Abkommen zu treffen.* (Dan 11,6a)

Dieses Arrangement war von Anfang an eine Katastrophe. Ptolemäus hatte eine Tochter, Berenike, und Antiochus (ein schwacher Mann) erklärte sich bereit, sich von seiner Frau Laodike (die ihm zwei Söhne – Seleukos Callinicus und Antiochus – geschenkt hatte) scheiden zu lassen und Berenike zu heiraten. Man feierte eine pompöse Hochzeit, Antiochus erhielt eine stattliche Mitgift, und die beiden Könige dachten, dass ihre Zukunft nun gesichert sei.

Doch bald darauf starb Ptolemäus. Antiochus schickte Berenike darauf prompt zurück nach Ägypten und nahm Laodike wieder zur Frau. Deren Dankbarkeit (falls sie überhaupt existierte) war kurzlebig, denn in der Folge vergiftete sie Antiochus und ließ Berenike und ihr Kind von Auftragsmördern umbringen. Wie die Prophezeiung über Berenike sagt:

> *Aber sie wird die Kraft des Armes nicht behalten, und auch er und sein Arm werden nicht bestehen. Und sie wird dahingegeben werden, sie und die sie kommen ließen und der, der sie gezeugt, und der, der sie zur Frau genommen hat in jenen Zeiten. Und aus dem Spross ihrer Wurzeln steht einer an seiner Stelle auf. Der wird gegen die Heeresmacht kommen und wird in die Bergfestung des Königs des Nordens eindringen und mit ihnen nach Belieben verfahren und wird sich als mächtig erweisen.* (Dan 11,6b–7)

Berenikes Bruder Ptolemäus III. Euergetes war entschlossen, seine Schwester zu rächen. Er eroberte Seleucia, den befestigten Hafen der Hauptstadt von Antiochus, und ließ Laodike hinrichten. In der Folge riss er den Großteil des seleukidischen Territoriums in Asien an sich und kehrte mit reicher Beute nach Ägypten zurück, wieder wie prophezeit.

> *Auch wird er ihre Götter samt ihren gegossenen Bildern und ihren kostbaren Geräten, Silber und Gold, nach Ägypten entführen.* (Dan 11,8)

Dies erinnert an das, was Nebukadnezar einst mit Jerusalem machte (vgl. Dan 1), doch mit einem interessanten Unterschied: Ptolemäus nahm auch die Götterbilder mit, Nebukadnezar nur die Tempelgeräte – aus dem einfachen Grund, weil die Hebräer keine Bilder und Statuen hatten, die ihren Gott darstellten. Die Aktion des Ptolemäus war ein vernichtender Schlag gegen das Nordreich, denn die Götterbilder einer Nation fortzubringen war ein Zeichen der totalen Eroberung.

> *Und er wird einige Jahre ablassen vom König des Nordens. Und der wird in das Reich des Königs des Südens kommen, aber wieder in sein Land zurückkehren.* (Dan 11,8b–9)

Es folgten zwei Jahre Frieden. Dann versuchte Seleukos, in Ägypten einzufallen. Seine Invasionsflotte scheiterte in einem Sturm, und er musste mit leeren Händen zurückkehren. Er starb bei einem Sturz von seinem Pferd, und seine Söhne folgten ihm nach.

> *Aber seine Söhne werden sich zum Krieg rüsten und eine Menge großer Heere zusammenbringen; und sie wird kommen, kommen und überschwemmen und überfluten und wird dann umkehren. Und sie werden sich wieder rüsten zum Vormarsch bis zu seiner Festung.* (Dan 11,10)

Diese Söhne waren Seleukos III. Ceraunus (226–223; er wurde in der heutigen Türkei ermordet) und Antiochus III. »der Große« (223–187). Antiochus III. stellte den Stolz der Dynastie zum Teil wieder her, indem er mit einer großen Streitmacht den gerade erwähnten Hafen Seleucia, der nur ca. 25 Kilometer von seiner Hauptstadt Antiochia entfernt lag, zurückeroberte; seine Besetzung durch die Ägypter war eine große Schande für ihn gewesen. Der damalige Herrscher in Ägypten, Ptolemäus IV. Philopater (221–203), war ein schwacher, zaudernder Mann, dessen Truppen es nicht mit denen aus dem Norden aufnehmen konnten, die wie eine Sturzflut die Stadt überfluteten. Unterwegs fiel Antiochus in Palästina ein, das er zum Großteil eroberte. Wieder sehen wir das Bild eines mächtigen Flusses – als ob Daniel, als er neben dem Tigris-Strom stand, diesen wie einen Träger der Geschichte sah, der sie unerbittlich mit sich in die Zukunft riss.

Voller Zorn sandte Ptolemäus IV. seine Armee gegen Antiochus. Die Heere trafen bei Raphia, einer ägyptischen Stadt an der Nordgrenze der Sinai-Region (im heutigen Gaza-Streifen), aufeinander.

> *Da wird der König vom Süden voller Wut gegen den König vom Norden kämpfen und ihn trotz seiner Übermacht besiegen. Doch wenn er die große Heeresmasse besiegt hat, wird er übermütig werden. Er wird Zehntausende fällen, aber seine Macht nicht lange behaupten.* (Dan 11,11–12; NeÜ)

Der antike Historiker Polybios hat uns eine faszinierende Schilderung der berühmten Schlacht von Raphia hinterlassen. Hier eine Kostprobe:

> *Antiochos und Ptolemaios aber, die in der Zwischenzeit ihre Rüstungen vollendet hatten, schickten sich zu Frühlingsbeginn zum entscheidenden Waffengang an. Das Heer des Ptolemaios, das aus Alexandreia ausrückte, hatte eine Stärke von etwa siebzigtausend Mann zu Fuß, fünftausend Reitern und dreiundsiebzig Elefanten. Auf die Kunde von ihrem Anmarsch sammelte auch Antiochos sein Heer. Es bestand aus etwa fünftausend Leichtbewaffneten, Daern, Karmaniern und Kilikiern, die der Makedone Byttakos führte und betreute. Dem Aetoler Theodotos, der zu Antiochos übergegangen war, war ein Korps von zehntausend aus dem ganzen Königreich ausgewählten Leuten unterstellt, die nach makedonischer Art, zumeist mit silbernen Schilden, bewaffnet waren. Die Stärke der Phalanx, an-*

> *geführt von Nikarchos und Theodotos Hemiolios, betrug gegen zwanzigtausend. Hinzu kamen agrianische und persische Bogenschützen und Schleuderer, zweitausend, tausend Thraker unter dem Kommando von Menedemos aus Alabanda, Meder, Kissier, Kadusier und Karmanen, zusammen gegen fünftausend, die dem Meder Aspasianos zu gehorchen hatten. Die Araber und ihre Nachbarstämme hatten gegen zehntausend Mann unter Führung des Zabdibelos gestellt. Die griechischen Söldner, gegen fünftausend, befehligte der Thessaler Hippolochos. Kreter befanden sich im Heer fünfzehnhundert unter Eurylochos, Neokreter tausend unter Zelys aus Gortyn. Ihnen waren fünfhundert lydische und tausend kardakische Speerschützen unter dem Galater Lysimachos zugeteilt. Die Reiterei war im ganzen sechstausend Mann stark, von denen viertausend Antiochos' Neffen Antipatros, die übrigen Themison unterstanden. Die Gesamtstärke dieses Heeres betrug zweiundsechzigtausend Mann zu Fuß, sechstausend Reiter und hundertzwei Elefanten.*[4]

Die Niederlage kostete Antiochus III. mehr als 10 000 seiner Soldaten. Doch der träge Ptolemäus nutzte die Chance nicht, die sein Sieg ihm gab. Er schloss Frieden mit Antiochus und führte ein ausschweifendes Leben, was schließlich zu Unruhen in Ägypten führte (Polybios, Geschichte, Buch XIV.12.) Sein Sohn Ptolemäus V. kam noch als Kind auf den Thron, unter der Regentschaft des Agathocles.

Nachdem er 14 Jahre lang die Grenzen seines Reiches bis nach Zentralasien ausgedehnt hatte, sah Antiochus III. eine neue Chance, es den Ägyptern heimzuzahlen. Er verbündete sich mit Philip V. von Mazedonien, eroberte den südlichen Teil

4 Polybios, Geschichte, Bd. 1, eingeleitet und übertragen von Hans Drexler (Zürich: Artemis, 2. Aufl. 1978), S. 493f. (= Buch V.79).

Syriens zurück und fiel in Judäa ein. Nach einem Rückschlag im Jahr 200 v. Chr. konnte er schließlich die Ägypter unter ihrem Feldherrn Skopas bei Paneas am Hermon, in der Nähe der Quellflüsse des Jordans, besiegen. Die Ägypter zogen sich in die Küstenfestung Sidon zurück, die Antiochus darauf belagerte und aushungerte, bis Skopas und seine Truppen sich ergaben. Jetzt hielt Antiochus III. das frühere Territorium Israels besetzt.

Daniel beschreibt diese Ereignisse wie folgt:

> *Und der König des Nordens wird wiederkommen und eine Menge Truppen aufstellen, größer als die frühere; und nach Ablauf der Zeiten, nach Jahren, wird er mit einem großen Heer und mit großer Ausrüstung kommen. Und in jenen Zeiten werden viele gegen den König des Südens aufstehen; und Gewalttätige deines Volkes werden sich erheben, um die Vision zu erfüllen, und sie werden zu Fall kommen. Und der König des Nordens wird kommen und einen Wall aufschütten und eine befestigte Stadt einnehmen. Und die Streitkräfte des Südens werden nicht standhalten, selbst sein auserlesenes Volk nicht. Sie werden keine Kraft haben, standzuhalten.*
> (Dan 11,13–15)

Wir erinnern uns, dass der himmlische Bote Daniel all dies sagt; bei den »Gewalttätigen deines Volkes« geht es also um die Juden, in deren Land immer wieder Fremde einfielen. Daniel erfährt weiter, dass sie »sich erheben« werden, »um die Vision zu erfüllen«. Da diese Vision nicht weiter bezeichnet wird, ist es sicher legitim, sie mit der großen Vision gleichzusetzen, die Daniel das ganze Buch hindurch umtreibt – der Vision des messianischen Königreiches, die sich in der Endzeit erfüllen wird.

Es gab auch Juden, die sich Antiochus III. anschlossen. Wir sahen bereits, dass viele Juden die Hellenisierung ihres Landes begrüßten – ein Umstand, der in den kritischen Tagen von Antiochus IV. »Epiphanes« eine zentrale Rolle spielen sollte. Wir bekommen hier eine erste Ahnung von etwas, das in der Folgezeit noch sehr wichtig werden sollte.

Flavius Josephus beschreibt die Situation folgendermaßen:

> *Als nun infolgedessen Antiochus die Städte Coelesyriene, welche Skopas erobert hatte, sowie Samaria in seine Gewalt brachte, unterwarfen sich ihm die Juden freiwillig, ließen ihn in die Stadt [Jerusalem] einziehen, versahen sein Heer und seine Elefanten mit Lebensmitteln [...] Antiochus, der es für billig hielt, die Treue und das Entgegenkommen der Juden zu belohnen, schrieb nun an seine Heerführer und Freunde, gab den Juden das Zeugnis, dass sie sich um ihn sehr verdient gemacht hätten, und zeigte ihnen an, welche Geschenke er ihnen dafür zugedacht habe.*[5]

Josephus zitiert darauf einen Brief des Antiochus, in welchem dieser erwähnt, dass die Juden ihm bei der Vertreibung einer ägyptischen Garnison aus einer Festung in Jerusalem behilflich waren. Laut Josephus ordnete Antiochus auch an, den Juden bei nötigen Arbeiten am Tempel behilflich zu sein und die entsprechenden Materialien nicht zu besteuern; er fuhr fort:

> *Allen Angehörigen des Volkes soll gestattet sein, nach den Gesetzen ihrer Väter zu leben, und es sollen die Ältesten, die Priester, die Tempelschreiber und die Sänger von der Kopfsteuer, der Abgabe für die Krone und jeder anderen Steuer befreit sein.*[6]

5 Flavius Josephus, *Jüdische Altertümer,* übers. von Heinrich Clementz (Wiesbaden: Marixverlag, 3. Aufl. 2011), S. 553 (= Buch 12, Kapitel 3.3).
6 A. a. O., S. 554 (= Buch 12, Kapitel 3.3).

Weiter bekräftigte Antiochus das Recht der Juden, Fremden das Betreten des Tempels zu untersagen. Auf diese Weise bestätigte er die den Juden durch den Erlass des Artaxerxes gewährten Rechte, auf den Daniel 9,25 sich bezieht.

> *Und der, der gegen ihn gekommen ist, wird nach seinem Belieben handeln, und niemand kann vor ihm bestehen. Und im Land der Zierde wird er mit seinem Heer stehen, und Vernichtung wird in seiner Hand sein. Und er wird sein Angesicht darauf richten, in den Besitz seines ganzen Reiches zu kommen, und wird mit ihm ein Abkommen treffen, und eine Tochter von seinen Frauen wird er ihm geben, um es zu verderben. Aber das wird keinen Bestand haben, und es wird ihm nicht gelingen.* (Dan 11,16–17)

Antiochus III. (der mittlerweile wegen seiner Triumphe im Osten »der Große« hieß) war mächtig genug, um zu tun, was er wollte. (Man beachte auch hier die nichtdeterministischen Implikationen dieser Mitteilung.) Doch angesichts der wachsenden Bedrohung im Westen durch Rom schloss Antiochus ein Bündnis mit dem jungen Ptolemäus V., indem er ihm seine Tochter Kleopatra, die damals noch ein Kind war, zur Frau gab. Die Hochzeit wurde in Raphia gefeiert, wo Antiochus seinen Sieg errungen hatte. Doch Kleopatra erwies sich als zutiefst loyal gegenüber Ptolemäus – so sehr, dass sie sogar ein ägyptisch-römisches Bündnis gegen ihren Vater unterstützte. Ganz wie Daniel von dem Engelboten vorhergesagt, hatte Antiochus für seine politischen und territorialen Pläne in Ägypten keinen Nutzen von dieser Ehe.

> *Und er wird sein Angesicht zu den Inseln wenden und viele einnehmen. Aber ein Feldherr wird seinem Schmähen ein Ende machen; mit einem Fluch wird er ihm sein Schmähen zurückzahlen. Und er wird sein Angesicht den*

> *Festungen seines Landes zuwenden und wird stürzen und fallen und nicht mehr zu finden sein.* (Dan 11,18–19)

Nachdem seine Pläne, über das Bündnis mit Ptolemäus V. Ägypten in seine Hand zu bekommen, gescheitert waren, annektierte Antiochus III. ägyptische Territorien an der Küste Kleinasiens. Er nutzte auch die Schwäche des mazedonischen Königs Philip aus, um einen Teil Mazedoniens an sich zu reißen. Danach machte er den Fehler, trotz der Warnungen Roms Griechenland anzugreifen. Die Römer besiegten ihn darauf gleich zweimal auf griechischem Boden – 191 v. Chr. bei den Thermopylen, 190 v. Chr. weiter östlich bei Magnesium. Diese Siege ebneten den Weg für die Ausdehnung des Römischen Reiches nach Osten.

Es war der römische Feldherr Lucius Scipio, der »seinem Schmähen ein Ende machte«. Antiochus wurde zu einem Vasallen Roms, ja, musste sogar seinen Sohn (den späteren Antiochus IV.) als Geisel nach Rom schicken. Er zog sich geschlagen in seine Festungen in Syrien zurück und wurde schließlich ermordet, als er versuchte, den Tempel in Bet at Elam (Elymais) zu plündern, um seine Schulden bei den Römern zu bezahlen. So erfüllte es sich, dass er »stürzen und fallen und nicht mehr zu finden sein« würde.

> *Und es wird an seiner Stelle jemand aufstehen, der einen Eintreiber von Abgaben durch die Herrlichkeit des Königreichs ziehen lässt; aber in wenigen Tagen wird er zerschmettert werden.* (Dan 11,20)

Antiochus' Nachfolger wurde sein Sohn Seleukos IV. Philopator. (Wir erinnern uns, dass sein anderer Sohn – der spätere Antiochus IV. – noch als Geisel in Rom war.) Das erste Problem, vor dem Philopator stand, war der ungeheure Schuldenberg der noch nicht geleisteten Abgaben an Rom. Als er vom Tempelschatz in Jerusalem hörte, beschloss er, ihn für die Staatsfinanzen zu konfiszieren. Er entsandte also einen »Eintreiber von Abgaben« namens Heliodorus. Die Geschichte wird in dramatischem Stil im 2. Makkabäerbuch erzählt und ist es wert, ausführlich zitiert zu werden:

> *Als man in gutem Frieden in der heiligen Stadt wohnte und die Gesetze aufs Beste gehalten wurden, weil der Hohe Priester Onias fromm war und das Böse hasste, wurden sogar die Könige bewogen, die Stadt zu ehren und herrliche Geschenke in den Tempel zu schicken. So gewährte auch Seleukus, der König in der Asia, aus seinen eignen Einkünften alle Kosten, die der Opferdienst mit sich brachte.*
>
> *Ein gewisser Simon aber aus dem Haus Balgeas, der zum Tempelvorsteher eingesetzt war, verfeindete sich mit dem Hohen Priester wegen der Ordnung der Märkte in der Stadt. Weil ihm aber Onias zu mächtig war, zog er zu Apollonius, dem Sohn des Tharseas, der damals Befehlshaber in Zölesyrien und Phönizien war, und meldete ihm, dass der Tempelschatz in Jerusalem unermesslich reich sei, sodass man die Höhe der Gelder nicht errechnen könne; man bedürfe ihrer auch nicht zum Opfer; es sei möglich, dass diese Gelder unter das Verfügungsrecht des Königs fielen.*
>
> *Als nun Apollonius zum König kam, berichtete er ihm, was ihm über die Gelder bekannt war. Da bestimmte der König seinen Kanzler Heliodor, entsandte ihn und gab ihm den Befehl, sich die erwähnten Gelder ausliefern zu lassen. Der machte sich sogleich auf und gab an, er müsste die Städte in Zölesyrien und Phönizien bereisen. Seine Absicht aber war, den Befehl des Königs auszuführen.*
>
> *Als Heliodor nun nach Jerusalem kam und der Hohe Priester der Stadt ihn freundlich empfangen hatte, erzählte er, was seinem Herrn angezeigt worden war, und teilte mit, wozu er da wäre, und fragte, ob das in Wahr-*

heit zuträfe. Da antwortete ihm der Hohe Priester: Es ist Geld, das Witwen und Waisen gehört, hinterlegt zu treuer Hand. Anderes aber gehört dem Hyrkanus, dem Sohn des Tobias, einem sehr bedeutenden Mann. Und es verhält sich gar nicht so, wie der Verräter Simon gesagt hat; denn es sind nicht mehr als vierhundert Talente Silber und zweihundert Talente Gold. Es wäre gänzlich unmöglich, denen Unrecht zu tun, die auf die Heiligkeit der Stätte vertraut haben und auf die Würde des Tempels, der in aller Welt so hoch geehrt wird, und auf seine Unverletzlichkeit. Aber Heliodor bestand auf dem Befehl des Königs und sagte, er müsste die Gelder für den königlichen Schatz nehmen, und bestimmte einen Tag und kam in den Tempel, um sie zu besichtigen.

Da erhob sich großer Jammer in der ganzen Stadt. Die Priester warfen sich in ihrem heiligen Schmuck vor den Altar und riefen den Himmel an, der geboten hatte, das, was hinterlegt worden war, zu schützen – nun möge er den Leuten das Hinterlegte unversehrt erhalten. Den Hohen Priester aber konnte niemand ohne Bestürzung anblicken; denn weil sein Gesicht so erbleicht war, sah man ihm an, dass er in großen Ängsten war. Denn er war so tief erschrocken und zitterte am ganzen Leibe, dass alle, die ihn sahen, verspüren mussten, welcher Schmerz sein Herz erfüllte.

Die Leute aber liefen in Scharen aus den Häusern und beteten miteinander, weil sie sahen, dass die heilige Stätte in Schmach und Schande gebracht werden sollte. Und die Frauen legten Säcke an, entblößten die Brust und liefen auf die Gassen; und sogar jene Jungfrauen, die sonst nicht unter die Leute gingen, liefen unter die Tore und auf die Mauern. Etliche lehnten sich aus den Fenstern; alle aber hoben ihre Hände auf zum Himmel und hielten das Bittgebet. Es war zum Erbarmen, wie das Volk in einem großen

Durcheinander niederfiel und dem Hohen Priester so angst und bange vor dem Kommenden war.

Während sie so den allmächtigen Herrn anriefen, dass er das anvertraute Gut denen, die es hinterlegt hatten, unversehrt und sicher erhalten wollte, suchte Heliodor sein Vorhaben auszuführen. Und als er schon mit den Kriegsleuten in der Schatzkammer stand, tat der Herrscher über die Geister und alle Mächte ein gewaltiges Zeichen, sodass alle, die einzudringen sich erdreistet hatten, von der Macht Gottes geschlagen in lähmende Furcht und Verzagtheit fielen. Denn es erschien ihnen ein Pferd, das mit prächtigem Geschirr geschmückt war, darauf saß ein furchterregender Reiter; das rannte mit aller Macht auf Heliodor zu und drang mit den Vorderfüßen auf ihn ein. Und der Reiter auf dem Pferd schien eine goldene Rüstung zu tragen. Auch erschienen dem Heliodor zwei junge Männer, die stark und schön waren und prächtig gekleidet; die traten auf beiden Seiten neben ihn hin und geißelten ihn unablässig mit vielen Schlägen, sodass er im Nu zu Boden fiel und in Ohnmacht sank.

Da nahm man ihn und legte ihn auf eine Trage. Eben noch war er mit großem Gefolge und allen Kriegsleuten in die Schatzkammer gegangen, und nun trug man ihn, weil er sich selbst nicht mehr helfen konnte. Deutlich erkannten alle die Macht Gottes. Er aber lag durch Gottes Wirken stumm da und war jeder Hoffnung und Hilfe beraubt; die Juden aber lobten den Herrn, der seine heilige Stätte so geehrt hatte. Und den Tempel, der kurz zuvor voll Furcht und Schrecken gewesen war, erfüllte Freude und Wonne nach diesem Zeichen des allmächtigen Herrn.

Aber einige Freunde des Heliodor kamen eilends und baten Onias, doch den Höchsten anzurufen, dass er dem Heliodor, der jetzt in den letzten Zügen lag, das Leben schenken solle. Weil aber der Hohe Priester die Sorge hatte, der König könnte den Argwohn haben, die Juden hätten dem Heliodor etwas angetan, opferte er für ihn, damit er gesund würde. Und als der Hohe Priester das Sühnopfer darbrachte, erschienen die beiden jungen Männer wieder in derselben Kleidung und sagten zu Heliodor: Danke dem Hohen Priester Onias vielmals, denn um seinetwillen hat dir der Herr das Leben geschenkt. Du aber verkündige allen die große Kraft Gottes, weil du vom Himmel herab gegeißelt worden bist. Und als sie dies gesagt hatten, verschwanden sie. Heliodor aber opferte dem Herrn und tat ihm sehr große Gelübde, weil er ihm das Leben wiedergegeben hatte, und empfing den Onias und kehrte danach mit der Streitmacht zum König zurück und bezeugte allen, wie er mit eignen Augen die Taten des höchsten Gottes gesehen hätte.

Als ihn aber der König fragte, welchen geeigneten Mann er sonst noch einmal nach Jerusalem schicken könnte, antwortete ihm Heliodor: Wenn du einen Feind hast oder einen, der dich zu stürzen gedenkt, den schicke hin! Du wirst ihn dann zurückbekommen, nachdem er gegeißelt worden ist, wenn er überhaupt mit dem Leben davonkommt. Denn es wirkt wahrhaftig eine Kraft Gottes an jener Stätte. Der seine Wohnung im Himmel hat, wacht darüber und hilft ihr; und alle, die ihr in böser Absicht nahen, schlägt und vernichtet er.

Damit genug von Heliodor und der Bewahrung der Schatzkammer. (2Mak 3,1–40; LUT)

Der griechische Historiker Appian von Alexandria (ca. 95–165 n. Chr.) beschreibt den weiteren Gang der Dinge, einschließlich des Todes des Philopator durch die Hand des Heliodorus im Jahre 175 v. Chr.:

> *In der Folgezeit starb Antiochos der Große, und sein Sohn Seleukos (IV.) folgte ihm in die Regierung. Dieser überließ an Stelle seines Bruders Antiochos (IV)., den er zurückholte, seinen Sohn Demetrios (I.) den Römern als Geisel [am 3. September 175]. Während dieser Antiochos aus der Geiselschaft heimkehrte und sich noch in Athen aufhielt, fiel Seleukos der Verschwörung eines gewissen Höflings Heliodoros zum Opfer. Der wollte sich selbst gewaltsam zum Herrscher aufschwingen, doch wurde er von Eumenes [II. Soter von Pergamon] und Attalos (II.) vertrieben, die Antiochos auf den Thron setzten und ihn so für sich zu gewinnen suchten; denn infolge gewisser Streitigkeiten waren auch diese beiden den Römern verdächtig geworden.*[7]

Philopators Sohn Demetrius war der natürliche Thronerbe. Doch Appian berichtet, dass Seleukos ihn nach Rom schickte, um dort Antiochus (den Bruder des Seleukos) abzulösen. Demetrius hatte einen jüngeren Bruder, der ebenfalls Antiochus hieß und damals in Syrien war. Der ältere Antiochus war in Athen, als die Nachricht von der Ermordung seines Bruders durch Heliodorus kam. Mithilfe des Eumenes, des Königs von Pergamon, sowie durch diverse Intrigen (die Historiker sind sich über die Details nicht ganz einig) konnte er Heliodorus die Macht entreißen. Dieser wiederum hatte nach dem Tod des Philopator die Macht ergriffen, möglicherweise offiziell im Namen des jungen Antiochus. Heliodorus floh, und Antiochus IV. »Epiphanes« begann sein ruchloses Regiment, das von 175 bis 164 v. Chr. dauerte. Der junge Antiochus wurde 170 v. Chr. ermordet.

Das Buch Daniel fasst die wesentlichen Punkte auf engstem Raum zusammen:

7 Appian von Alexandria, *Römische Geschichte. Erster Teil: Die römische Reichsbildung*, übers. von Otto Veh (Stuttgart: Hiersemann, 2. Aufl. 2019), S. 313f. (= Syrisches Buch, § 45)

> *Und an seiner Stelle wird ein Verachteter aufstehen, auf den man nicht die Würde des Königtums gelegt hat; und er wird unversehens kommen und sich durch Heucheleien des Königtums bemächtigen.* (Dan 11,21)

Er fährt fort:

> *Und die heranflutenden Streitkräfte werden vor ihm weggeschwemmt und zertrümmert werden, ja, sogar ein Fürst des Bundes. Denn nachdem er sich mit ihm verbündet hat, wird er betrügerisch handeln und wird hinaufziehen und mit wenig Volk Macht gewinnen. Unversehens wird er in die fetten Gegenden einer Provinz eindringen und tun, was weder seine Väter noch die Väter seiner Väter getan haben: Raub und Plündergut und Besitz wird er ihnen austeilen, und gegen Festungen plant er seine Anschläge, doch nur eine Zeit lang.* (11,22–24)

Dieser Abschnitt gibt uns Einblicke in den Charakter des Antiochus, die durch die Historiker mehr als bestätigt werden. Antiochus begann mit der relativ begrenzten Unterstützung durch König Eumenes II. von Pergamon und schloss dann weitere Bündnisse, die er bedenkenlos brach, wenn dies in seine Pläne passte. Um Einfluss und Unterstützung zu gewinnen, setzte er seinen wachsenden Reichtum in einem Maße ein wie noch niemand vor ihm. Polybios berichtet: »An Pracht der Opfer, die er in den Städten darbringen ließ, und der den Göttern erwiesenen Ehren stellte er alle früheren Könige in den Schatten.«[8]

Wie wir bereits sahen, verschaffte Antiochus' bizarres und zügelloses Verhalten ihm den Spitznamen »Epimanes« (»Ver-

8 Polybios, *Geschichte, Bd. 2,* eingeleitet und übertragen von H. Drexler (Zürich: Artemis Verlag, 1963), S. 1118 (= Buch XXVI.10).

rückter«, ein Wortspiel mit »Epiphanes« [»erschienener Gott«]). Polybios schreibt über ihn:

Er machte sich manchmal aus dem Palast davon, entwischte seinem Gefolge und trieb sich mit einem oder zwei Begleitern irgendwo in der Stadt herum. Am meisten fand man ihn bei den Silber- und Goldschmieden, wo er sich mit den Graveuren und anderen Handwerkern unterhielt und technische Fragen erörterte. Er ließ sich dazu herab, nicht nur mit Leuten aus dem Volk zu verkehren, sondern zechte auch mit zufällig anwesenden Fremden aus den untersten Schichten. Wenn er aber erfuhr, dass irgendwelche junge Leute, wo es immer sein mochte, miteinander tafelten, erschien er unangemeldet mit einem Schwarm von Flötenspielern und anderen Musikanten, was die meisten so aus der Fassung brachte, dass sie aufstanden und davonliefen. Oft legte er auch die königliche Kleidung ab, zog sich eine Toga an und ging so auf dem Markt umher, als wolle er sich um ein Amt bewerben, schüttelte den Leuten die Hand oder umarmte sie gar und bat sie, ihm ihre Stimme zu geben, um entweder Aedil oder auch Volkstribun zu werden. Wenn er das Amt erhalten hatte, setzte er sich nach römischer Sitte auf die Sella curulis, hörte sich die Reden der Prozessierenden an und entschied sie mit Gewissenhaftigkeit und Hingabe. Alle verständigen Menschen fühlten sich ratlos. Die einen sahen darin einen Zug schlichter Volkstümlichkeit, andere hielten ihn für verrückt. Denn auch mit seiner Art zu schenken stand es ähnlich. Manche bekamen von ihm Würfel aus Rehknochen, andere Datteln, noch andere Gold. Leuten, die er noch nie gesehen hatte, gab er bei zufälliger Begegnung die unerwartetsten Geschenke.[9]

9 Polybios, *Geschichte, Bd. 2,* S. 1117f. (= Buch XXVI.1–9)

Die Erwähnung des »Fürsten des Bundes« in Daniel 11,22 erstaunt, denn sie bezieht sich eindeutig auf eine Einzelperson, steht aber in einer allgemeinen Aussage über Armeen, die »weggeschwemmt und zertrümmert werden«. Mit dem Titel »Fürst des Bundes« bezeichnete man in Jerusalem den jüdischen Hohen Priester, und hier betreten wir die zwielichtige Welt des Missbrauchs geistlicher Ämter. Der damalige Hohe Priester, Onias III., war für seine Integrität und seinen Eifer für das Gesetz bekannt. Er hatte sich Heliodorus entgegengestellt, als dieser den Tempelschatz in Jerusalem rauben wollte. Er war auch ein Gegner der Hellenisierungskampagne, die Antiochus forcieren wollte. Laut dem Historiker Malcolm Errington bot 172 v. Chr. Onias' Bruder Jason, der Kopf der prohellenistischen Partei in Jerusalem, Antiochus eine große Geldsumme an, falls dieser *ihn* zum Hohen Priester machte. Jason *»hatte vor, Jerusalem zu einem griechischen Stadtstaat zu machen, unter dem dynastischen Namen Antiocheia, mit einer Liste registrierter Bürger (die er selbst stellen würde!), einem Gymnasion für die sportliche Betätigung«.*[10] Antiochus, der ein guter Geschäftsmann war, willigte ein und ließ Onias absetzen.

Doch nicht lange danach bot Menelaus (der überhaupt nicht zur hohepriesterlichen Familie gehörte, sondern zur rivalisierenden tobiadischen Familie) Antiochus noch mehr Geld an, worauf er das Amt des Hohen Priesters erhielt. Doch er hatte Probleme, das Geld, das er Antiochus versprochen hatte, aufzubringen, ohne sich aus dem Tempelschatz zu bedienen. Damit brachte er immer mehr Menschen gegen sich auf, und dies keineswegs nur die orthodoxen, antihellenistischen Juden. Es gärte in der Bevölkerung, was schließlich zum Eingreifen der seleukidischen Garnison in Jerusalem führte.

10 R. Malcolm Errington, *A History of the Hellenistic World* (Oxford: Blackwell, 2008), S. 270.

Onias beschuldigte Menelaus öffentlich des Diebstahls mehrerer goldener Gefäße aus dem Tempel, um seine Schulden zu begleichen, musste aber nach Daphne flüchten, wo Menelaus ihn schließlich ermorden ließ. Es war ein Dammbruch. Joyce Baldwin schreibt:

> *Dieses Datum steht für den Beginn der Einmischung des Staates in religiöse Angelegenheiten. Ein Präzedenzfall war geschaffen worden, den die römischen Kaiser sich gerne zum Vorbild nehmen würden und der in der politischen Szene des 20. Jahrhunderts etwas ganz Normales geworden ist. Die Menschen, die die legitimen Hirten des Volkes Gottes sind, aus dem Amt zu entfernen und zu verfolgen heißt nicht weniger, als den Urheber des Bundes, Gott selbst, anzugreifen.*[11]

Lesen wir weiter in Daniel 11:

> *Und mit einem großen Heer wird er seine Kraft und seinen Mut gegen den König des Südens aufbieten. Und auch der König des Südens wird sich mit einem großen und überaus starken Heer zum Krieg rüsten. Aber er wird nicht standhalten, denn man wird Anschläge gegen ihn planen. Und die, die seine Tafelkost essen, werden ihn zerbrechen; und sein Heer flutet auseinander, und viele werden erschlagen fallen. Und die beiden Könige: Ihre Herzen werden auf Bosheit bedacht sein, und an einem Tisch werden sie Lügen reden. Aber es wird nicht gelingen, denn das Ende verzögert sich noch bis zur bestimmten Zeit.* (Dan 11,25–27)

11 Joyce Baldwin, *Daniel.* Tyndale Old Testament Commentaries (Nottingham und Downers Grove: IVP, 2009), S. 213.

Im Jahre 170 v.Chr. rieten die Höflinge Eulaeus und Lenaeus dem noch jugendlichen König Ptolemäus VI. von Ägypten (er war der Sohn Kleopatras, der Schwester des Antiochus), den Wiederanschluss Coelesyriens an Ägypten zu betreiben. 169 v.Chr. startete Antiochus einen Präventivangriff. Es gelang ihm, Ptolemäus gefangen zu nehmen und den Großteil Ägyptens zu erobern, bis auf die Stadt Alexandria. Die Stadtväter übergaben die Herrschaft dem jüngeren Bruder des Ptolemäus – dem späteren Ptolemäus VIII. mit dem legendären »Dickbauch« – und dessen Schwester und Ehefrau Kleopatra. Antiochus konterte mit der Einsetzung Ptolemäus VI. (Philometor) als Vasallenkönig in Memphis.

Daniels Darstellung des gegenseitigen Ränkespiels der beiden Könige (Antiochus und Ptolemäus VI.), die »an einem Tisch Lügen reden«, ist eine zeitlos gültige Beschreibung der Kunst der Diplomatie. Sie ist offensichtlich nicht zynisch gemeint, sondern eine realistische Analyse, warum das, was bei solchen Diplomatie-Veranstaltungen herauskommt, letztlich zu nichts führt, »weil die Zeit für das Ende noch nicht gekommen ist« (Dan 11,27; NeÜ). Auch wenn gewisse Aspekte der Ränke dieser Könige manchen wie die Zeit des Endes erschienen sein mögen – noch war das Ende nicht da.

Antiochus führte zwei Feldzüge gegen Ägypten (169 und 168 v.Chr.). Die historischen Aufzeichnungen über ihre Beziehung und Antiochus' Aggression gegen die Juden auf seinem Weg nach und aus Ägypten sind insofern etwas unklar, als nicht sicher ist, welche brutale Tat mit welchem Feldzug in Verbindung gebracht wird. Jedoch stehen die allgemeinen Umrisse des Geschehens nicht in Zweifel – es war entsetzlich.

> *Der König des Nordens wird mit großer Beute in sein Land zurückkehren. Doch sein Sinn ist gegen den heiligen Bund gerichtet. Er handelt auch entsprechend und kehrt schließlich in sein Land zurück.* (Dan 11,28; NeÜ)

Das 2. Makkabäerbuch berichtet:

> *Als diese Vorfälle dem König zu Ohren kamen, dachte er, ganz Judäa würde von ihm abfallen. Und er zog in wildem Grimm von Ägypten herauf und nahm Jerusalem mit Gewalt ein und befahl den Kriegsleuten, ohne Erbarmen alle zu erschlagen, die ihnen in die Hände fielen, und auch die abzuschlachten, die sich auf die Häuser hinaufflüchteten. Da mordete man hin Junge und Alte, Frauen und Kinder, Jungfrauen und auch die Kinder in der Wiege, sodass in drei Tagen achtzigtausend Menschen zugrunde gingen, vierzigtausend wurden getötet und nicht weniger wurden in die Knechtschaft verkauft.*
>
> *Aber dem Antiochus genügte selbst das nicht, sondern er wagte sogar, in die heiligste Stätte auf Erden einzudringen; und Menelaus, der Verräter der Gesetze und der Vaterstadt, führte ihn hinein. Da raubte er mit seinen unreinen Händen die heiligen Geräte; und alles, was andere Könige zu Mehrung, Glanz und Ehre der Stätte gegeben hatten, das raffte er mit seinen befleckten Händen hinweg, und Antiochus überhob sich sehr und sah nicht, dass der Herr um der Sünden derer willen, die in der Stadt wohnten, für kurze Zeit erzürnt war. Das war der Grund, dass der Herr sein Angesicht von der heiligen Stätte abgewandt hatte. […]*
>
> *Als Antiochus nun achtzehnhundert Talente Silber aus dem Tempel geraubt hatte, zog er eilends nach Antiochia; aus Hoffart und Überheblichkeit dachte er, er könnte schaffen, dass man auf dem Land mit Schiffen fahren könnte wie auf dem Meer und auf dem Meer gehen wie auf dem Land.* (2Mak 5,11–17.21; LUT)

Bereits im 1. Makkabäerbuch lesen wir – ganz offensichtlich zu denselben Vorgängen –:

> *Als aber Antiochus in Ägypten gesiegt hatte [...], zog er hinauf gegen Israel und kam nach Jerusalem mit einem großen Heer, ging frech und ohne Scheu in das Heiligtum und ließ wegnehmen den goldenen Altar, den Leuchter und alle Geräte, die dazugehören, den Tisch, auf dem die Schaubrote lagen, die Kannen, die Schalen, die goldenen Kellen, den Vorhang, die Kronen. Auch den goldenen Schmuck an der Vorderseite des Tempels rissen sie ab. Er nahm das Silber und Gold, die kostbaren Gefäße und verborgene Schätze, so viel er fand, und führte alles mit sich in sein Land. Dann richtete er ein Blutbad an und führte lästerliche Reden.* (1Mak 1,20–24; LUT)

In Daniel 11 folgt ein weiterer Feldzug des Antiochus gegen Ägypten:

> *Zur bestimmten Zeit wird er wieder nach Süden ziehen, aber es wird beim zweiten Mal nicht so sein wie beim ersten Mal. Denn Schiffe aus Kittim werden gegen ihn kommen. Und er wird verzagen und umkehren; aber er wird den heiligen Bund verfluchen und entsprechend handeln.* (Dan 11,29–30)

»Kittim« war ursprünglich der Name einer Stadt auf Zypern; später bezeichnete es die Bewohner der Insel und noch später wurde es zur allgemeinen Bezeichnung für die Inseln und Küsten im Mittelmeer. Die Septuaginta übersetzt »Schiffe aus Kittim« mit »Römer«. Es handelte sich um Schiffe, die Rom geschickt hatte, als Reaktion auf ein Hilfeersuchen der Brüder Ptolemäus; sehr wahrscheinlich gehörten sie zur Flotte des

Laenas, die im Juni 168 v. Chr., nach dem Sieg der Römer über Perseus von Mazedonien, nach Ägypten fuhr.

Die römische Intervention gegen Antiochus war erfolgreich; Antiochus musste gegenüber Ägypten einlenken. Es war der Anfang vom Ende der Macht der Seleukiden. Polybios berichtet:

> *Als Antiochos gegen Ptolemaios heranzog, um Pelusion zu besetzen, [trat ihm] der römische Gesandte [C.] Popilius [Laenas in den Weg]. Der König begrüßte ihn schon von weitem durch lauten Zuruf und streckte ihm die Hand entgegen. Popilius aber reichte ihm die Schreibtafel, die er bereit hielt und auf der der Senatsbeschluss geschrieben stand, und hieß ihn zuerst das Schriftstück lesen, wie mir scheint, weil er ihm den Gruß als Zeichen der Freundschaft nicht eher zu bieten wünschte, als er sich von der Gesinnung des anderen überzeugt hatte, ob er Freund oder Feind sei. Als der König gelesen hatte, erklärte er, seinen Freunden das Schreiben mitteilen und sich mit ihnen über die neue Lage beraten zu wollen. Darauf tat Popilius etwas, was man nicht anders als hart und im höchsten Maße demütigend bezeichnen kann: er zog mit einem Weinrebenstab, der ihm gerade zur Hand war, einen Kreis um Antiochos und hieß ihn in diesem Kreis seine Antwort auf den Senatsbeschluss erteilen. Der König, obwohl befremdet über dieses Ansinnen und die Anmaßung des römischen Gesandten, zögerte doch nur kurze Zeit und erwiderte dann, er werde alles tun, was die Römer von ihm verlangten. Jetzt ergriff Popilius seine Hand, und er und seine Mitgesandten begrüßten Antiochos auf das herzlichste. In dem Schreiben hatte gestanden, er solle auf der Stelle den Feldzug gegen Ptolemaios abbrechen und den Krieg beenden. Infolgedessen führte er innerhalb der ihm*

> *gesetzten Frist sein Heer nach Syrien zurück, mit Ingrimm und Widerstreben, jedoch für jetzt der Not gehorchend.*[12]

Was danach geschah, können Sie oben in Kapitel 22 nachlesen.

12 Polybios, *Geschichte, Bd. 2,* S. 1175f. (= Buch XXIX.27).

Anhang E

Die Datierung des Buches Daniel

Laut dem Buch Daniel erlebte Daniel das Ende des Babylonischen Reiches und seine Ablösung durch das Reich der Meder und Perser. Dieses musste später dem griechischen Reich Alexanders des Großen weichen. Es folgen, auch wenn das Buch Daniel hier keine Namen nennt, detaillierte, korrekte Aussagen über den weiteren Gang der Geschichte, die sich schließlich auf die Aktivitäten eines Herrschers konzentrieren, der deutlich als Antiochus IV. »Epiphanes« zu identifizieren ist.

Die große Übereinstimmung der Prophezeiungen im Buch Daniel mit den tatsächlichen historischen Ereignissen hat zu großen Kontroversen in der Frage der Datierung des Buches geführt. Die traditionelle Sicht ist die, dass das Buch zu der Zeit geschrieben wurde, die es beschreibt, also im Babylon des 6. Jh. v. Chr., doch diese Position ist im Laufe der Jahrhunderte wiederholt angegriffen worden von Stimmen, die davon ausgehen, dass das Buch Daniel erst auf das 2. Jh. v. Chr. datiert.

Ich habe an verschiedenen Stellen meines Buches dargelegt, warum ich die Datierung auf das 6. Jh. v. Chr. für die richtige halte. Im Folgenden gebe ich eine kurze Zusammenfassung meiner Argumente.

1. Die Realität übernatürlicher Offenbarung

Das Buch Daniel betont, dass es einen Gott im Himmel gibt, der seinen auserwählten Dienern Geheimnisse enthüllt. Dabei offenbart er die Bedeutung vergangener, gegenwärtiger und zukünftiger Ereignisse, die für Gott selbst in seiner Ewigkeit alle »Gegenwart« sind.

Jetzt kann man natürlich fragen, warum Gott all diese Dinge enthüllt. Eine mögliche Antwort finden wir, wenn wir uns fragen, warum Jesus seinen Jüngern im Voraus sagte, was ihm (und ihnen) widerfahren würde. Jesus wollte, dass dann, wenn Verfolgungen, Kriege, Hungersnöte und Epidemien kamen, seine Leute vorgewarnt waren und die tröstliche Gewissheit hatten, dass diese Dinge nicht für immer andauern würden, sondern die Geburtswehen einer neuen Welt waren.

2. Historische Belege und Indizien

Die Stimmen, die die Möglichkeit übernatürlicher Offenbarungen verneinen, favorisieren gemeinhin eine Abfassung des Buches Daniel im 2. Jh. v. Chr., zur Zeit des Makkabäeraufstandes. Diese Position wurde mit dem Aufkommen der historisch-kritischen Theologie und der Aufklärungsphilosophie mit ihrem Anti-Supernaturalismus zunehmend populär. Inzwischen gibt es jedoch im Zusammenhang mit der Entdeckung der Schriftrollen von Qumran historische Belege, die eine solche Datierung schwierig machen. Zur Zeit von Qumran galt das Buch Daniel bereits als Teil des Kanons der heiligen Schriften; es ist jedoch undenkbar, dass es um 100 v. Chr. kanonischen Status erlangt hatte, wenn es erst 50 Jahre zuvor von einer makkabäischen Sekte verfasst worden war.

3. Die innere Struktur des Buches selbst

Die Parallelisierung von Daniel 9 und Daniel 4 in der Gesamtstruktur des Buches bedeutet, dass der Autor Gottes Gerichtshandeln an Nebukadnezar mit seinem Gerichtshandeln an

Jerusalem vergleicht, während wir für die Zeit des Makkabäeraufstandes eine Parallele zwischen Nebukadnezar und Antiochus erwartet hätten, dessen Verurteilung auf die ewige Verdammnis der Bösen hindeutete und nicht auf die vorübergehende Züchtigung des Volkes Gottes.

Fragen zur Vertiefung

Die folgenden Fragen sind sowohl zum Einzelstudium als auch z. B. für Hausbibelkreise geeignet. Sie folgen der Kapiteleinteilung des Buches Daniel; in den Zwischenüberschriften sind in Klammern jeweils die entsprechenden Kapitel von *Gegen den Strom* angegeben.

Daniel 1, Teil A (Kapitel 1–4 aus diesem Buch)

1. Inwiefern erfordert Ihre persönliche Sicht von der Bibel den Glauben an ihre historische Zuverlässigkeit? Was bedeutet die Frage der historischen Verlässlichkeit für die Anwendung des Buches Daniel a) in der persönlichen Andacht und b) beim Evangelisieren?
2. Wie antworten Sie auf die Behauptung, dass alles menschliche Handeln letztlich von Ereignissen gesteuert werde, auf die wir keinen Einfluss haben, und dass folglich im Grunde niemand für sein Handeln verantwortlich sei?
3. Das Babylon zur Zeit Daniels war eine überaus prächtige Stadt. Was meinen Sie: Können Kunst und Architektur zu einem Götzen werden? Was für »Götter« betet unsere Gesellschaft an? Was sind die geistigen und moralischen Auswirkungen von Götzendienst (vgl. Röm 1,21–32)?
4. Was verstehen Sie unter »heilig«? Inwiefern sind »heilige« Dinge für die Gesellschaft, in der Sie leben, wichtig?

5. Wie würden Sie einem Skeptiker erklären, dass wir nach Gottes Bild erschaffen sind, und nicht anders herum?
6. Ergänzen Sie den folgenden Satz: »Mein Leben bekommt Bedeutung durch ...« (Vielleicht ist Ihnen hier der Unterschied zwischen »leben in« und »leben für« wichtig oder die Notwendigkeit eines Maßstabs für unser Leben, der außerhalb dieser Welt liegt.)

Daniel 1, Teil B (Kapitel 5–8)

1. Was können wir aus Daniels Einstellung zur babylonischen Bildung und Kultur lernen? Was würden Sie einem jungen Christen raten, der gerade ein Studium beginnt und von einer Universitätskarriere träumt?
2. a) Was war der Sinn der alttestamentlichen Speisegesetze, vor allem angesichts der Tatsache, dass Jesus sie aufhob (Mk 7,18–20; vgl. 1Tim 4,3–5; Röm 14,14)? Vgl. 3Mo 11,44 mit Apg 10,11–16.28. Zu dem Verbot des Verzehrs von Blut siehe 3Mo 17,10–16.
   b) Hat das Verbot des Essens von Götzenopferfleisch für uns heute noch eine Bedeutung? Siehe 1Kor 10,19–22 und Offb 2,14.20.
3. Was würden Sie auf die Behauptung antworten, die Wissenschaft habe »bewiesen«, dass es Gott nicht gibt? Was ist der Hauptunterschied zwischen Gott, wie er sich in der Bibel offenbart hat, und den Göttern der Antike? Inwieweit ist diese Unterscheidung hilfreich für die christliche Mission und inwieweit könnte sie ein Gespräch über Gott erschweren?

4. Was verstehen Sie unter Apologetik? Kann man Apologetik als Evangelisation durch Überzeugen beschreiben? Warum bzw. warum nicht?
5. Sollten Christen protestieren, und wenn ja, bei welchen Themen und wie? Was können wir von der Art, wie Daniel und seine Freunde protestierten, lernen?
6. Was für Dinge hindern Sie womöglich daran, Ihren Glauben offen und respektvoll weiterzusagen?
7. Wie würden Sie versuchen, jemanden zum Glauben zu führen, der Ihnen intellektuell überlegen ist?

Daniel 2 (Kapitel 9–10)

1. Was ist der Unterschied zwischen klugen Prognosen und Offenbarung? Warum ist es wichtig, ob es Offenbarungen gibt oder nicht? Wie würden Sie das Zusammenwirken von Verstand und Offenbarung beschreiben?
2. Was für ein Bild von den verschiedenen menschlichen Regierungsformen malt Nebukadnezars Traumbild? Warum können sich diese Regierungen auf Dauer nicht halten?
3. Gott offenbarte Daniel, was Nebukadnezar geträumt hatte. Heute haben viele Menschen eine verständliche Skepsis gegenüber religiösen Fanatikern. Wie reagieren Sie, wenn jemand sagt: »Gott hat mir gesagt, dass …«?
4. Glauben Sie, dass Demokratie der beste Schutz vor der totalen Kontrolle durch eine Diktatur ist? Hat die Demokratie systemimmanente Schwachstellen, und wie könnte man diese minimieren?

5. Was würden Sie jemandem antworten, der behauptet, dass die allermeisten Menschen grundsätzlich gut sind?
6. Das Neue Testament nennt Jesus Christus den »Stein« (Apg 4,11). Hat dieser Stein bereits Reiche dieser Welt zermalmt? Und falls nicht, wann wird dies geschehen?

Daniel 3 (Kapitel 11)

1. Wie sollte die normale Einstellung des Christen zum Staat sein? (Vgl. Lk 20,19–26; Röm 13,1–7; 1Tim 2,1–4; 1Petr 2,13–17.) In welchen Situationen sollten wir den Gehorsam gegenüber dem Staat verweigern? (Vgl. Apg 4,19–20; 5,27–29.)
2. Was sind die besonderen Stärken und Schwächen einer Kirche, die formell mit dem regierenden Staat verbunden ist?
3. Was bedeutete Nebukadnezars Befehl zur »Anbetung« der Statue (vgl. Mt 4,9)? Finden wir etwas Ähnliches bereits in unserer heutigen Zeit, ist es in der Zukunft denkbar (2Thes 2,3–4; Offb 13,4)?
4. Wie beten wir am besten für Christen, die durch Verfolgung gehen?
5. Warum griff Gott bei Daniels Freunden nicht früher ein? Vor welche zusätzlichen Probleme stellte sie dies?

Daniel 4 (Kapitel 12)

1. Nebukadnezar war hochkultiviert und ein brillanter Architekt. Was für eine Rolle sollten Kunst und Kultur in unserem Leben spielen? Ist jede kulturelle Aktivität

gesund? Was war falsch an der Einstellung Nebukadnezars? Was kann bei uns falsch laufen? Tauschen Sie sich über diese Fragen anhand von Phil 4,8 aus.
2. Was können wir von Nebukadnezars Bestrafung durch Gott lernen? Handelt Gott auch heute noch so (Röm 1,24–28)?
3. Wie würden Sie den Hauptunterschied zwischen Tieren und Menschen beschreiben? Was bedeutet dieser Unterschied für die Moral und für »Tierrechte«?

Daniel 5 (Kapitel 13)

1. Was ist die Tragweite dessen, dass Belsazar die goldenen Gefäße aus dem Jerusalemer Tempel verwendet?
2. Was sind »Werte«? Was sagt uns Daniel 5 über ihr Wesen? Was waren Belsazars Werte? Wie definiert Gott »Werte«? (Vgl. Lk 12,13–24; 1Petr 1,18–19; 2,6–7.)
3. Warum war Gottes Gericht über Belsazar so viel härter als das über Nebukadnezar?
4. Daniel überbrachte Belsazar eine Botschaft von Gott. Wie können wir heute Menschen in hohen Positionen prophetische Einsichten, ja, Warnungen bringen?

Daniel 6 (Kapitel 14–15)

1. Wie würden Sie Ergebnisse der Archäologie bei der Verteidigung der historischen Zuverlässigkeit der Bibel verwenden?

2. Ist die Erfindung von Gesetzen, die ausnahmslos für alle gelten, ein echter Fortschritt in der Geschichte der Menschheit? Wo lauern hier Probleme?
3. Was würden Sie auf das Argument antworten, dass eine weltweite staatlich durchgesetzte Einheitsreligion sinnvoll sei, weil religiöse Unterschiede schon so viel Krieg und Blutvergießen verursacht haben?
4. Daniel glaubte an ein universell gültiges Gesetz. Was bedeutet dies für uns heute? Wenn wir für Gottes Reich leben und gleichzeitig gute Bürger unseres Staates sein wollen, wie sollen wir dann reagieren, wenn die Sitten und Gepflogenheiten unserer Gesellschaft gegen Gottes Gebote verstoßen?
5. Wie würden Sie Toleranz zeigen, wenn Sie die Worte oder das Verhalten eines Menschen nicht richtig finden?
6. Was können wir aus Daniel 6 über das Gebet lernen?

Daniel 7 (Kapitel 16)

1. Was lernen wir aus einem Vergleich der Darstellung der Weltreiche in Dan 7 mit der in Dan 2?
2. Was sagt uns die Bildersprache von Vers 9–10 über das Wesen des Gerichtes Gottes? (Vgl. Offb 1,12–16.)
3. Was zeigt uns ein Vergleich von Dan 7,11.25 mit Offb 13,5–7?
4. a) Wie verstehen Sie den Titel »Menschensohn« bzw. »Sohn des Menschen« als Bezeichnung für den Herrn Jesus? Im Matthäusevangelium findet sich die erste Erwähnung in 8,20, die letzte in 26,64, im Johannesevangelium entsprechend in 1,51 und 13,31. Was zeigen uns

diese Verse über das Wesen des Menschensohns und über die Art seiner Herrschaft?
b) Inwiefern hat der Titel »Menschensohn« etwas mit dem Gericht zu tun? (Siehe auch Joh 5,27; Offb 1,12–16.)

5. Was für Argumente würden Sie bringen, um jemanden davon zu überzeugen, dass Gottes kommendes Gericht über die Menschheit etwas Gutes ist?
6. Inwiefern kann die Tatsache, dass Gott nicht immer eingreift, wenn seine Leute durch Krisen gehen, etwas Ermutigendes haben?

Daniel 8 (Kapitel 17)

1. Die Verse 9–14 sind eine Beschreibung von Antiochus IV. »Epiphanes«. Was macht ihn zu solch einer bedeutenden Figur in der Geschichte der Menschheit?
2. Antiochus schaffte das tägliche Opfer ab und trat die Wahrheit mit Füßen. Was bedeuten diese Handlungen? Wie ist das Verhältnis zwischen Wahrheit und Macht (Joh 18,37; 19,10–11)?
3. Inwiefern geht es in dieser Vision um die »Zeit des Endes« (Verse 17 und 19)?
4. Inwiefern kann man die historischen Ereignisse, die dem Chanukka-Fest der Juden zugrunde liegen, als Belege für den Anspruch Jesu, der Messias und Herr zu sein, nutzen?

Daniel 9 (Kapitel 18-20)

1. Was meinen Sie: Warum trieb Jer 29,10–14 Daniel ins Gebet? Was für Hauptlektionen können wir diesem Gebet entnehmen? Gibt es Parallelen zwischen Daniels Bußgebet und dem Schmerz des Paulus in Röm 9,1–4?
2. Warum war die Wiederherstellung Israels notwendig (Hes 39,25–29)?
3. Was für einen Platz hat Gottes Wort (die Bibel) in Ihrem Gebetsleben – in Ihrer Anbetung und Ihrer Fürbitte?
4. Kurz vor seiner Kreuzigung sprach Jesus zu seinen Jüngern über den Tempel und die Stadt Jerusalem (Lk 21,5–6.20–24). Inwiefern ist dies eine Verständnishilfe für Dan 9,26? Wie führen Apg 1,6–7 und 3,14.19–21 diese Themen weiter aus?
5. Was bedeutet der »verwüstende Gräuel« bzw. »Gräuel der Verwüstung«? (Vgl. Dan 11,31; 8,13 mit Mt 24,15–28.)

Daniel 10 (Kapitel 21)

1. Daniel fastete, als er für das Volk Gottes betete und flehte. Wie könnte dies hilfreich gewesen sein?
2. Vergleichen Sie die Vision von dem Mann über dem Strom (Vers 4–8) mit der in Offb 1,12–17.
3. Was ist die »Mühsal« (NeÜ: »großer Kampf«) in Dan 10,1? Hat dies etwas mit dem geistlichen Kampf der Christen in Eph 6,12–18 zu tun? Wie sieht dieser geistliche Kampf aus?

4. Wie würden Sie jemandem, der nicht an eine unsichtbare Welt glaubt, die Welt der Engel und Dämonen beschreiben?

Daniel 11 (Kapitel 22)

1. Was würden Sie jemandem antworten, der die Warnungen der Bibel abtut, weil sich doch schon so viele Weltuntergangsvorhersagen als falsch erwiesen haben?

Daniel 12 (Kapitel 23)

1. Wie würden Sie jemandem erklären, dass Joh 3,16 sowohl eine Verheißung als auch eine Warnung ist?
2. Was für eine Ermutigung können wir aus der Botschaft von Dan 12 ableiten? Was für Hoffnung gibt sie Christen, die wegen ihres Glaubens unter Druck stehen?
3. Gehen wir zurück zu der allerersten Frage in Dan 1. Inwiefern erfordert Ihre persönliche Sicht von der Bibel den Glauben an ihre historische Zuverlässigkeit? Hat sich diese Einstellung durch Ihr Studium des Buches Daniel verändert?

Bildrechte

Alamy: S. 44, 266, 354 BibleLandPictures; S. 46 B. O'Kane; S. 204 Jan Palmer; S. 239 World History Archive; S. 240 Fine-Art; S. 265 B Christopher; S. 280 EmmePi Images; S. 290 VPC Travel Photo

Bridgeman: S. 45 Chinch Gryniewicz

British Museum: S. 19, 237

Corbis: S. 346 Araldo de Luca

Getty: S. 289 Alinari Archives

Lion Hudson: S. 345

Topfoto: S. 211

Jniemenmaa/wikimedia: S. 437

Literaturverzeichnis

ANDERSON, SIR ROBERT, *The Coming Prince* (Grand Rapids: Kregel, 1975)

APPIAN VON ALEXANDRIA, *Römische Geschichte. Erster Teil: Die römische Reichsbildung*, übers. von Otto Veh (Stuttgart: Hiersemann, 2. Aufl. 2019)

Archaeological Study Bible (Grand Rapids: Zondervan, 2011)

BALDWIN, JOYCE, DANIEL. *Tyndale Old Testament Commentaries* (Nottingham und Downers Grove: IVP, 2009)

BOSCH, DAVID J., *Mission im Wandel. Paradigmenwechsel in der Missionstheologie*, hg. von Martin Reppenhagen (Gießen: Brunnen Verlag, 2012)

BOUTFLOWER, CHARLES, *In and around the Book of Daniel* (Grand Rapids: Kregel, 1977)

BUTTERFIELD, HERBERT, *Christentum und Geschichte* (Stuttgart: Engelhornverlag Adolf Spemann, 1952)

CARSON, D. A., *Die intolerante Toleranz* (Waldems: 3L-Verlag, 2014)

Codex Hammurabi. Die Gesetzesstele Hammurabis, in der Übersetzung von Dr. Wilhelm Eilers (Wiesbaden: Marixverlag, 3. Aufl. 2013)

COSTAS, ORLANDO E., *Christ Outside the Gate* (Maryknoll, New York: Orbis Books, 1982)

DANTE ALIGHIERI, *Das Gastmahl*. Viertes Buch, übers. von Thomas Ricklin, Italienisch-Deutsch (Hamburg: Meiner, 2004)

DAVIES, PAUL, *The Cosmic Blueprint* (New York: Simon and Schuster, 1988), dt.: *Prinzip Chaos* (München: Goldmann, 1990)

DAWKINS, RICHARD, *Unweaving the Rainbow* (Boston: Houghton Mifflin, 1998); dt.: *Der entzauberte Regenbogen* (Reinbek: Rowohlt, 2002)

DAWKINS, RICHARD, *A Devil's Chaplain* (London: Weidenfeld and Nicholson, 2003)

DAWKINS, RICHARD, *Forscher aus Leidenschaft. Gedanken eines Vernunftmenschen* (Berlin: Ullstein, 2017)

DAWKINS, RICHARD, *Der Gotteswahn* (Berlin: Ullstein, 2016)

EINSTEIN, ALBERT, *Aus meinen späten Jahren* (Stuttgart: Deutsche Verlagsanstalt, 1952)

ERRINGTON, R. MALCOLM, *A History of the Hellenistic World* (Oxford: Blackwell, 2008)

FEUERBACH, LUDWIG, *Das Wesen des Christentums* (Stuttgart: Reclam, 2019)

FRANKL, VIKTOR, *Der Mensch auf der Suche nach Sinn* (Freiburg i. Br.: Herder, 1972)

FUREDI, FRANK, *On Tolerance* (London: Continuum, 2011)

FYALL, ROBERT, *Daniel: A Tale of Two Cities* (Fearn: Christian Focus, 1998)

GOLDINGAY, JOHN E., *Daniel* (Dallas: Word Books, 1989)

Gooding, David W., *»The Literary Structure of Daniel and Its Implications«*, Tyndale Bulletin 32 (1981)

Gooding, David W., *According to Luke* (Leicester: IVP,1987); dt.: *Das Evangelium nach Lukas* (Bielefeld: CLV, 2012)

Gooding, David W., *True to the Faith* (London: Hodder & Stoughton, 1990; Myrtlefield House, 2013)

Gray, John, *Von Menschen und anderen Tieren. Abschied vom Humanismus* (Stuttgart: Klett-Cotta, 2010)

Gray, John, *Politik der Apokalypse. Wie Religion die Welt in die Krise stürzt* (Stuttgart: Klett-Cotta, 2009)

Habermas, Jürgen, *Zeit der Übergänge. Kleine politische Schriften IX* (Frankfurt/M: Suhrkamp, 2001)

Harris, Sam, *Das Ende des Glaubens. Religion, Terror und das Licht der Vernunft* (Winterthur: Edition Spuren, 2007)

Harrison, Roland K., *Introduction to the Old Testament* (Grand Rapids: Eerdmans, 1969)

Herodot, *Das Geschichtswerk des Herodot von Halikarnassos,* übers. von Theodor Braun (Frankfurt/M: Insel, 2001)

Hesiod, *Theogonie*, hg., übersetzt und erläutert von Karl Albert (Kastellaun: A. Henn Verlag, 1978)

Hoffmeier, J. K., und Magary, D. R. (ed.), *Do Historical Matters Matter to Faith? A Critical Appraisal of Modern and Postmodern Approaches to Scripture* (Wheaton: Crossway, 2012)

Humphreys, Colin J., *Die letzten Tage Jesu und das Geheimnis des Abendmahls* (Stuttgart: Urachhaus, 2012)

Jaeger, Werner, *Die Theologie der frühen griechischen Denker* (Stuttgart: W. Kohlhammer, 1953)

Jerome [Hieronymus], *Commentary on Daniel,* transl. Gleason L. Archer Jr. (Grand Rapids: Baker, 1958)

Johannes von Damaskus, *Des heiligen Johannes von Damaskus genaue Darlegung des orthodoxen Glaubens,* aus dem Griechischen übersetzt (München: Kösel & Pustet, 1923 = Bibliothek der Kirchenväter Bd. 44)

Josephus, Flavius, *Jüdische Altertümer,* übers. von Dr. Heinrich Clementz (Wiesbaden: Marixverlag, 3. Aufl. 2011)

Kant, Immanuel, *Zum ewigen Frieden – ein philosophischer Entwurf,* hg. von Rudolf Malter (Stuttgart: Reclam, 2013),

King, L. W., *The Seven Tablets of Creation* (London, 1902)

Koestler, Arthur, et. al., *Ein Gott, der keiner war* (Konstanz: Europa Verlag, 1950)

Lennox, John, *Gott im Fadenkreuz.* Warum der Neue Atheismus nicht trifft (Witten: SCM R. Brockhaus, 2013)

Lennox, John, *Hat die Wissenschaft Gott begraben?* (Holzgerlingen: SCM R. Brockhaus, 2010)

Lewis, C. S., *Wunder* (Basel, Gießen: Brunnen Verlag, 4. Taschenbuchauflage 1999)

LUCAS, ERNEST C., *Daniel. Apollos Old Testament Commentary* (Leicester: IVP, 2002)
MARX, KARL; ENGELS, FRIEDRICH, *Über Religion* (Berlin: Dietz Verlag, 1958)
MONTGOMERY, JAMES A., *A Critical and Exegetical Commentary on the Book of Daniel, International Critical Commentary* (Edinburgh: T. & T. Clark, 1927)
MOTYER, ALEC, *The Prophecy of Isaiah* (Leicester: IVP, 1993)
MOULE, C. F. D., *The Phenomenon of the New Testament* (London: SCM Press, 1967)
NEWBIGIN, LESSLIE, *Das Evangelium in einer pluralistischen Gesellschaft* (Neukirchen-Vluyn: Neukirchener Aussaat, 2017)
NEWTON, ISAAC, *The Chronology of Ancient Kingdoms Amended* (London, 1728)
The Oxford Companion to Philosophy, ed. Ted Honderich (Oxford, New York: Oxford University Press, 1995)
PINKER, STEVEN, *Gewalt. Eine neue Geschichte der Menschheit* (Frankfurt/M: Fischer, 2011)
POLYBIOS, *Geschichte, Bd. 1,* eingeleitet und übertragen von Hans Drexler (Zürich: Artemis, 2. Aufl. 1978)
POLYBIOS, *Geschichte, Bd. 2,* eingeleitet und übertragen von Hans Drexler (Zürich: Artemis, 1963)
PRITCHARD, JAMES B. (ED.), *Ancient Near Eastern Texts Relating to the Old Testament,* 3rd ed. (Princeton: Princeton University Press, 1969)
RIENECKER, FRITZ; MAIER, GERHARD; SCHICK, ALEXANDER; WENDEL, ULRICH (HG.), *Lexikon zur Bibel* (Holzgerlingen: SCM R. Brockhaus, 4. Aufl. 2019)
ROUX, GEORGES, *Ancient Iraq* (London: Penguin, 1992)
SACKS, JONATHAN, *The Great Partnership: God, Science and the Search for Meaning* (London: Hodder and Stoughton, 2011)
SCHAEFFER, FRANCIS A., *... und er schweigt nicht* (Wuppertal: Brockhaus, 1991)
SINGER, PETER, *Practical Ethics* (Cambridge: Cambridge University Press, 1979); dt.: *Praktische Ethik* (Stuttgart: Reclam, ab 1984)
SINGER, PETER, *Leben retten* (Zürich: Arche, 2010)
SINGER, PETER, *Leben und Tod. Der Zusammenbruch der traditionellen Ethik* (Erlangen: Harald Fischer Verlag, 1998)
TATFORD, FREDRICK A., *The Climax of the Ages* (London: Oliphants, 1953)
VARGHESE, ROY ABRAHAM (ED.), *The Missing Link* (Lanham: University Press of America, 2013)
WALVOORD, JOHN F., *Daniel* (Chicago: Moody, 2012)
WARD, KEITH, *Why There Almost Certainly Is a God* (Oxford: Lion Hudson, 2008)
WARD, KEITH, Gott. *Das Kursbuch für Zweifler* (Darmstadt: Primus, 2007)
WILSON, ANDREW, *If God, Then What?* (Nottingham: IVP, 2012)

Wiseman, D. J., *Nebuchadnezzar and Babylon: The Schweich Lectures* (Oxford: O. U. P., 1991)
WITTGENSTEIN, LUDWIG, *Tractatus Logico-Philosophicus* (Frankfurt/M: Suhrkamp, 9. Aufl. 2019)
WITTGENSTEIN, LUDWIG, *Tagebücher 1914–1916,* in *Schriften,* (Frankfurt/M: Suhrkamp, 1963)
YOUNG, EDWARD J., *The Prophecy of Daniel* (Grand Rapids: Eerdmans, 1949)

Register

Empfehlungen

Wie sollen wir unseren Weg finden in einer sich rasant verändernden Welt? In dieser Buchreihe, die mit »Was ist der Mensch?« beginnt, nehmen Gooding und Lennox unterschiedliche Weltanschauungen unter die Lupe: Was ist die Wahrheit über unsere Welt? Dabei hören sie auf die Bibel als Gottes Offenbarung, nehmen aber auch auf, was Intuition, Wissenschaft, Philosophie und die Geschichte zu sagen haben. Was ist der Grundwert eines Menschen? Wo ist menschliche Freiheit gefährdet? Was sind die Maßstäbe für Moral? Welche Macht hat der Mensch über die Natur und wo sind die Grenzen? Und was ist die letzte Bestimmung des Menschen? Warum leben wir?

David Gooding / John Lennox
Was ist der Mensch?
Würde, Möglichkeiten, Freiheit und Bestimmung
Gb., 400 S., 15,1 × 22,8 cm
Best.-Nr. 271 651
ISBN 978-3-86353-651-0

»Was ist Wahrheit?«, fragte Pilatus, als er Jesus verhörte. Gibt es überhaupt eine für alle gültige Wahrheit? Das ist eine zentrale Frage dafür, wie wir die Welt grundsätzlich sehen. Und hier gibt es sehr unterschiedliche Antworten. Hinter der Wahrheitsfrage verbergen sich weitere wichtige Themen, die die Wissenschaft, Philosophie, Ethik, Literatur, aber auch unser tägliches Leben betreffen: Was können wir überhaupt wissen? Wie ist das Verhältnis von Glauben und Denken? Die Autoren Gooding und Lennox gehen in ihrem Buch diesen Fragen nach: Ist wirkliche Erkenntnis möglich, und welche Grenzen hat sie? Sie gehen auch auf die postmoderne Debatte des Wahrheitsrelativismus ein. Dabei wird deutlich, dass es nicht nur um die Frage geht, was Wahrheit ist, sondern auch darum, wer die Wahrheit ist.

Die Evangelien – Matthäus, Markus, Lukas und Johannes – sind vier Berichte über Jesu Leben und Lehre. Doch sind sie auch als historisch akkurat anzuerkennen? Welche Belege gibt es dafür, dass die aufgezeichneten Ereignisse wirklich stattgefunden haben? In dieser Argumentation für die historische Zuverlässigkeit der Evangelien untersucht der Neutestamentler Peter Williams Belege aus nichtchristlichen Quellen, bewertet den Übereinstimmungsgrad zwischen biblischen und außerbiblischen Informationen zum kulturellen Kontext der damaligen Zeit, vergleicht verschiedene Berichte desselben Ereignisses und begutachtet, wie diese Texte über die Jahrhunderte weitergegeben wurden. Jeder, vom Laien bis zum Lehrer, wird hier überzeugende Argumente dafür finden, dass die Evangelien vertrauenswürdige Berichte über Jesu irdisches Leben sind.

Peter J. Williams
glaubwürdig
Können wir den Evangelien vertrauen?
Pb., 160 S., 13,5 × 21 cm
Best.-Nr. 271 715
ISBN 978-3-86353-715-9

Sind wir frei – oder bestimmt Gott alles im Voraus? Eine kontroverse Frage unter Christen. Doch häufig ersetzen Schlagworte wie *Prädestination* und *Determinismus* eine gründliche Bibelexegese. Der Autor setzt sich respektvoll-kritisch mit aktuellen Positionen auseinander, ume dann wesentliche Bibeltexte zu diskutieren. Er hält bewusst an der völligen Souveränität Gottes fest, betont aber auch die gottgegebene menschliche Verantwortung. Das Ergebnis ist ermutigend: Ein Christ kann sich seines Heils gewiss sein, aus einem ganz bestimmten Grund …

John Lennox
Vorher bestimmt?
Die Souveränität Gottes, Freiheit, Glaube und menschliche Verantwortung
Gb., 400 S., 13,5 × 20,5 cm
Best.-Nr. 271 616
ISBN 978-3-86353-616-9